Abundância

Abundância

O futuro é
melhor do que
você imagina

PETER H. DIAMANDIS
STEVEN KOTLER

ALTA BOOKS
EDITORA
Rio de Janeiro, 2019

Copyright © 2019 Starlin Alta Editora e Consultoria Eireli.
Copyright © 2012 by Peter H. Diamandis e Steve Kotler.
Título original: Abundance – the future is better than you think

Tradução: Ivo Korytowski
Revisão e preparação: Lizete Mercadante Machado
Adaptação do projeto gráfico e editoraçao eletrônica A2
Capa (adaptação feita com base na capa original, by Karen Diamandis): A2
Produção Editorial: HSM Editora - CNPJ: 01.619.385/0001-32

Todos os direitos estão reservados e protegidos por Lei. Nenhuma parte deste livro, sem autorização prévia por escrito da editora, poderá ser reproduzida ou transmitida. A violação dos Direitos Autorais é crime estabelecido na Lei nº 9.610/98 e com punição de acordo com o artigo 184 do Código Penal.

Erratas e arquivos de apoio: No site da editora relatamos, com a devida correção, qualquer erro encontrado em nossos livros, bem como disponibilizam os arquivos de apoio se aplicáveis à obra em questão.

Acesse o site www.altabooks.com.br e procure pelo título do livro desejado para ter acesso às erratas, aos arquivos de apoio e/ou a outros conteúdos aplicáveis à obra.

Suporte Técnico: A obra é comercializada na forma em que está, sem direito a suporte técnico ou orientação pessoal/exclusiva ao leitor.

A editora não se responsabiliza pela manutenção, atualização e idioma dos sites referidos pelos autores nesta obra.

Dados Internacionais de Catalogação na Publicação (CIP)

Diamandis, Peter H.
    Abundância : o futuro é melhor do que você
imagina / Peter H. Diamandis, Steven Kotler ; [tradução Ivo Korytowski].
-- Rio de Janeiro : Alta Books, 2019.

    Título original: Abundance : the future is better than you think.
    ISBN 978-85-508-0782-9

    1. Ciência - Aspectos sociais 2. Inclusão social 3. Inovações tecnológicas
4. Política social 5. Tecnologia - Aspectos sociais I. Kotler, Steven. II. Título.

12-14104   CDD-303.483

Índices para catálogo sistemático:
1. Desenvolvimento tecnológico : Sociologia
303.483
2. Tecnologia social : Mudanças sociais :
Sociologia 303.483

Rua Viúva Cláudio, 291 — Bairro Industrial do Jacaré
CEP: 20.970-031 — Rio de Janeiro (RJ)
Tels.: (21) 3278-8069 / 3278-8419
www.altabooks.com.br — altabooks@altabooks.com.br
www.facebook.com/altabooks — www.instagram.com/altabooks

Dedicatória de Peter

Enquanto eu escrevia este livro, minha esposa, Kristen, deu à luz nossos dois filhos, Jet James Diamandis e Daxton Harry Diamandis. É a ela, e a eles, que dedico esta obra. May, Dax e Jet vivem num mundo de verdadeira Abundância.

Dedicatória de Steven

Quando eu era mais jovem, foi um quinteto de homens que me ensinou a importância de sonhar grande: Daniel Kamionkowski, Joshua Lauber, Steve Peppercorn, Howard Shack e Michael Wharton. Quando fiquei mais velho, foi um trio de mulheres que me ensinou o quanto é preciso lutar para tornar esses sonhos realidade: minha esposa, Joy Nicholson, dra. Kathleen Ramsey e dra. Patricia Wright. É a todos vocês que dedico este livro.

SUMÁRIO

Nota dos autores   9

PARTE UM: PERSPECTIVA

Capítulo 1 Nosso maior desafio   15

Capítulo 2 Construindo a pirâmide   25

Capítulo 3 Vendo a floresta através das árvores   42

Capítulo 4 A coisa não está tão terrível como você imagina   55

PARTE DOIS: TECNOLOGIAS EXPONENCIAIS

Capítulo 5 Ray Kurzweil e o botão de acelerar   71

Capítulo 6 A singularidade está mais próxima   80

PARTE TRÊS: CONSTRUINDO A BASE DA PIRÂMIDE

Capítulo 7 As ferramentas da cooperação   101

Capítulo 8 Água   111

Capítulo 9 Alimentando 9 bilhões   128

PARTE QUATRO: AS FORÇAS DA ABUNDÂNCIA

Capítulo 10 O inovador do Faça-Você-Mesmo   149

Capítulo 11 Os tecnofilantropos   164

Capítulo 12 O bilhão ascendente   174

PARTE CINCO: PICO DA PIRÂMIDE

Capítulo 13 Energia   193

Capítulo 14 Educação   215

Capítulo 15 Assistência médica   232

Capítulo 16 Liberdade   250

PARTE SEIS: ACELERANDO AINDA MAIS

Capítulo 17 **Promovendo inovações e mudanças revolucionárias** 263

Capítulo 18 **Risco e fracasso** 275

Capítulo 19 **Que caminho seguir agora?** 285

Posfácio: Próximo passo: Aderir ao eixo da abundância 291

Seção de dados brutos para consulta 293

Apêndice: Perigos dos exponenciais 343

Notas 357

Agradecimentos 407

Índice remissivo 408

Nota dos autores

Uma perspectiva histórica

Vivemos numa época turbulenta. Uma rápida espiada nas manchetes é suficiente para deixar qualquer um preocupado, e – com o fluxo incessante de mídia que tomou conta de nossas vidas – é difícil se afastar dessas notícias. Ainda pior, a evolução moldou o cérebro humano para ter uma consciência aguda dos perigos potenciais. Como exploraremos em capítulos adiante, essa funesta combinação exerce um impacto profundo na percepção humana: ela literalmente bloqueia nossa capacidade de assimilar boas novas.

Isso cria um desafio para nós, já que *Abundância* é uma história otimista. Em seu núcleo, este livro examina os fatos objetivos, a ciência e a engenharia, as tendências sociais e as forças econômicas que vêm rapidamente transformando nosso mundo. Mas não somos tão ingênuos a ponto de achar que não haverá obstáculos ao longo do caminho. Alguns serão grandes obstáculos: crises econômicas, desastres naturais, ataques terroristas. Durante esses períodos, o conceito de abundância parecerá distante, estranho, até absurdo, mas uma breve observação da história mostra que o progresso continua através das épocas boas e ruins.

O século 20, por exemplo, testemunhou avanços incríveis e tragédias indizíveis. A epidemia de gripe de 1918 matou 50 milhões de pessoas. A Segunda Guerra Mundial matou outras 60 milhões. Ocorreram tsunamis, furacões, terremotos, incêndios, inundações, até pragas de gafanhotos. Apesar dessas perturbações, esse período também viu a mortalidade infantil cair

90%, a mortalidade materna cair 99% e, no todo, a expectativa de vida humana aumentar mais de 100%. Nas duas últimas décadas, os Estados Unidos experimentaram enormes distúrbios econômicos. Mesmo assim, hoje em dia até os norte-americanos mais pobres têm acesso ao telefone, à televisão e a vasos sanitários com descarga – três luxos que nem os mais ricos podiam imaginar na virada do último século. Na verdade, como logo ficará claro, por quaisquer parâmetros disponíveis, a qualidade de vida melhorou mais no último século do que em qualquer outra época. Assim, ainda que ocorram muitas interrupções violentas e angustiantes ao longo do caminho, como este livro demonstrará, os padrões de vida globais continuarão melhorando, independentemente dos horrores que dominarem as manchetes.

Por que você deve se importar

Este é um livro sobre a melhoria dos padrões de vida globais, e os padrões que precisam de mais aprimoramento são aqueles encontrados no mundo em desenvolvimento. Isso suscita uma segunda pergunta: por que os habitantes do mundo desenvolvido devem se importar? Afinal, existem problemas suficientes para enfrentarem em seus próprios países. As taxas de desemprego e as execuções de hipotecas estão disparando nos Estados Unidos. Portanto, questões humanitárias à parte, os norte-americanos devem realmente desperdiçar seu tempo se empenhando por uma era de abundância global?

A resposta curta é: sim. A época do isolamento passou. No mundo atual, o que acontece "lá fora" tem impacto "aqui dentro". As pandemias não respeitam fronteiras, as organizações terroristas atuam em escala global, e a superpopulação é um problema de todos. Qual a melhor forma de solucionar esses problemas? É aperfeiçoar os padrões de vida globais. As pesquisas mostram que quanto mais rica, mais educada e mais saudável uma nação, menores são a violência e os distúrbios civis entre sua população, bem como as chances de que tais perturbações se alastrem além de suas fronteiras. Governos estáveis estão mais bem preparados para deter um surto de doença infecciosa antes que se torne uma pandemia global. E, como um bônus, existe uma correlação direta entre qualidade de vida e taxas de crescimento populacional: com o aumento da qualidade, as taxas de natalidade diminuem. O fato é que, no atual mundo hiperconectado, resolver problemas em qualquer lugar resolve problemas em todos os lugares.

Além disso, a maior ferramenta de que dispomos para enfrentar nossos grandes desafios é a mente humana. A revolução da informação e comunicação agora em andamento está se espalhando rapidamente pelo planeta. Nos próximos oito anos, 3 bilhões de novos indivíduos estarão se conectando à internet, aderindo à conversa global e contribuindo para a economia planetária. Suas ideias – às quais nunca tivemos acesso antes – resultarão em descobertas, produtos e invenções novos que beneficiarão todos nós.

Uma colaboração de duas mentes

Peter e Steven se conheceram em 2000, quando Steven escreveu um artigo sobre a Fundação X PRIZE para a revista *GQ*. Peter gostou da forma de escrever de Steven e o consultou quanto a uma possível colaboração em um livro sobre o conceito de abundância. Peter chegara a esse princípio organizador por meio da criação da X PRIZE Foundation e da Singularity University e de seu trabalho em inovação e tecnologias experimentais. Steven vinha cogitando sobre ideias semelhantes e trouxe sua perspectiva singular e seu *know-how* em neurociência, psicologia, tecnologia, educação, energia e meio ambiente para este livro. Esse esforço é uma verdadeira parceria, já que as ideias e a redação de *Abundância* foram igualmente compartilhadas entre Peter e Steven.

Peter H. Diamandis
Santa Monica, Califórnia

Steven Kotler
Chimayo, Novo México

PARTE UM

PERSPECTIVA

CAPÍTULO 1

NOSSO MAIOR DESAFIO

A lição do alumínio

Gaius Plinius Cecilius Secundus, conhecido como Plínio, o Velho,[1] nasceu na Itália no ano 23. Foi um comandante naval e do exército no início do Império Romano, mais tarde um escritor, naturalista e filósofo natural, mais conhecido por sua *Naturalis Historia*, uma enciclopédia em 37 volumes que descreve, bem, tudo que havia por descrever. Sua obra inclui um livro sobre cosmologia, outro sobre agricultura, um terceiro sobre magia. Precisou de quatro volumes para cobrir a geografia do mundo, nove para a flora e fauna e mais nove para a medicina. Em um dos seus últimos volumes, *Terra*, livro XXXV, Plínio conta a história de um ourives que trouxe um prato de jantar incomum à corte do imperador Tibério.

Aquele prato era espantoso, feito de um metal novo, bem leve, quase tão brilhante quanto a prata. O ourives contou que o extraíra da argila comum, usando uma técnica secreta, cuja fórmula somente ele e os deuses conheciam. Tibério, porém, ficou um pouco preocupado. O imperador foi um dos grandes generais de Roma, um guerreiro que conquistou grande parte da atual Europa e no processo acumulou uma fortuna em ouro e prata. Era também um *expert* financeiro que sabia que o valor de seu tesouro despencaria se as pessoas subitamente tivessem acesso a um novo metal reluzente mais raro que o ouro. "Portanto", narra Plínio, "em vez de dar ao ourives a recompensa esperada, ordenou que fosse decapitado."

O novo metal brilhante era o alumínio,[2] e aquela decapitação marcou sua perda para o mundo por quase dois milênios. Depois reapareceu no início do século 19, mas era ainda bastante raro para ser considerado o metal mais valioso do mundo. O próprio Napoleão III ofereceu um banquete ao rei do Sião onde os convidados de honra receberam talheres de alumínio, enquanto os demais tiveram de se contentar com ouro.

A raridade do alumínio é uma questão de química. Tecnicamente, depois do oxigênio e silício, é o terceiro elemento mais abundante na crosta da Terra, constituindo 8,3% do peso do mundo. Atualmente é barato, generalizado, e usado de forma perdulária, mas – como o banquete de Napoleão demonstra – nem sempre foi assim. Devido à alta afinidade do alumínio com o oxigênio, ele nunca aparece na natureza como um metal puro. Pelo contrário, combina-se em óxidos e silicatos, formando um material semelhante à argila chamado bauxita.

Embora a bauxita seja 52% alumínio, separar o minério de metal puro era uma tarefa complexa e difícil. Mas entre 1825 e 1845, Hans Christian Oersted e Frederick Wohler descobriram que aquecer cloreto de alumínio anídrico com amálgama de potássio e depois eliminar o mercúrio por destilação deixava um resíduo de puro alumínio. Em 1854, Henri Sainte-Claire Deville criou o primeiro processo comercial de extração, reduzindo o preço em 90%. Mas o metal continuava dispendioso e com pouca oferta.

Foi a criação de uma tecnologia revolucionária conhecida como eletrólise, descoberta de forma independente e quase simultânea em 1886 pelo químico norte-americano Charles Martin Hall e pelo francês Paul Héroult, que mudou tudo. O processo Hall-Héroult, como é agora conhecido, usa eletricidade para liberar alumínio da bauxita. Subitamente todos no planeta tiveram acesso a quantidades absurdas de metal barato, leve e maleável.

Salvo a decapitação, não há nada de tão incomum neste caso. A história está repleta de relatos de recursos antes raros que se tornaram abundantes pela inovação. O motivo é bem simples: a escassez é muitas vezes contextual. Imagine uma laranjeira gigante cheia de frutas. Se eu colho todas as laranjas dos galhos inferiores, as frutas acessíveis acabam. De minha perspectiva limitada, as laranjas agora são raras. Mas uma vez que alguém invente uma tecnologia chamada escada de mão, subitamente meu alcance aumenta. Problema resolvido. A tecnologia é um mecanismo liberador de recursos. Pode transformar o outrora escasso no agora abundante.

Desenvolvendo um pouco mais esta discussão, vejamos a cidade planejada de Masdar[3], nos Emirados Árabes Unidos, que vem sendo construída pela Abu Dhabi Future Energy Company. Localizada na periferia de Abu Dhabi, depois da refinaria de petróleo e do aeroporto, Masdar em breve abrigará 50 mil moradores, enquanto outros 40 mil trabalham ali. Eles não produzirão nenhum resíduo nem liberarão qualquer carbono. Nenhum carro será permitido dentro do perímetro da cidade, e nenhum combustível fóssil será consumido dentro de seu território. Abu Dhabi é o quarto maior produtor da Opep, com 10% das reservas conhecidas de petróleo. A revista *Fortune* certa vez a designou a cidade mais rica do mundo. Tudo isso torna interessante o fato de estarem dispostos a gastar US$ 20 bilhões dessa riqueza construindo a primeira cidade pós-petróleo do mundo.

Em fevereiro de 2009, viajei a Abu Dhabi para descobrir mais detalhes. Logo após chegar, deixei o hotel, peguei um táxi e pedi que me levasse ao canteiro de obras de Masdar. Foi uma viagem de volta no tempo. Eu estava hospedado no Emirates Palace, um dos hotéis mais caros já construídos e um dos poucos lugares que conheço onde alguém (com um orçamento bem maior do que o meu) pode alugar uma suíte folheada a ouro por US$ 11.500 a diária. Até a descoberta de petróleo em 1960, Abu Dhabi havia sido uma comunidade de pastores e pescadores de pérolas nômades. Enquanto meu táxi passava pelo cartaz "Bem-vindo ao futuro local de Masdar", vi sinais dessa época. Eu estava esperando que a primeira cidade pós-petróleo do mundo parecesse um pouco como um cenário de *Star Trek*. O que encontrei foram uns poucos trailers fixos para canteiro de obras estacionados num trecho árido de deserto.

Durante minha visita, tive a chance de conhecer Jay Witherspoon, o diretor técnico de todo o projeto. Witherspoon explicou os desafios que estavam enfrentando e os motivos de tais desafios. Masdar, ele disse, estava sendo construída com base num fundamento conceitual conhecido como One Planet Living (OPL – Convivendo em um único planeta).[4] Para compreender o OPL, Witherspoon explicou, eu teria primeiro que entender três fatos. Fato um: atualmente a humanidade consome 30% a mais dos recursos naturais do planeta do que podemos repor. Fato dois: se todos neste planeta quisessem viver com o estilo de vida do europeu médio, precisaríamos de três planetas em termos de recursos. Fato três: se todos neste planeta quisessem viver como um norte-americano médio, precisaríamos de cinco planetas. OPL, portanto, é uma iniciativa global que visa combater essa escassez.

A iniciativa OPL, criada pela BioRegional Development e pelo World Wildlife Fund, é na verdade um conjunto de dez princípios básicos. Eles variam de preservar culturas indígenas ao desenvolvimento de materiais sustentáveis do "berço ao berço" (*cradle-to-cradle*), mas tudo gira em torno de aprender a compartilhar. Masdar é um dos projetos de construção mais caros da história. A cidade inteira está sendo erguida para um futuro pós--petróleo, ameaçado pela falta dessa matéria-prima fóssil, e pelos conflitos por água. Mas é aqui que a lição do alumínio se aplica.

Mesmo num mundo sem petróleo, Masdar continuará banhada pela luz solar. Muita luz solar. A quantidade de energia solar que atinge nossa atmosfera foi calculada como sendo de 174 petawatts ($1.740 \times 10\char`^17$ watts),[5] com variação de 3,5% para mais ou para menos. Desse fluxo solar total, cerca de metade atinge a superfície da Terra. Como a humanidade consome atualmente cerca de 16 terawatts anuais (em cifras de 2008), existe mais de 5 mil vezes energia solar atingindo a superfície do planeta do que consumimos num ano. De novo, o problema não é de escassez, mas de acessibilidade.

Além disso, no tocante aos conflitos pela água, Masdar fica no Golfo Pérsico – um grande corpo aquoso. A própria Terra é um planeta aquoso, coberta em 70% por oceanos. Mas esses oceanos, como o Golfo Pérsico, são salgados demais para o consumo ou a produção agrícola. De fato, 97,3% de toda a água neste planeta é salgada. Mas e se, assim como a eletrólise transformou facilmente bauxita em alumínio, uma tecnologia nova conseguisse dessalinizar uma fração minúscula de nossos oceanos? Quão sedenta ficaria Masdar então?

O fato é que, vistos pelas lentes da tecnologia, poucos recursos são realmente escassos. Eles são principalmente inacessíveis. Contudo a ameaça de escassez continua dominando a nossa visão de mundo.

Os limites do crescimento

A escassez tem sido um problema desde que a vida emergiu neste planeta, mas sua encarnação contemporânea – o que muitos denominam o "modelo da escassez" – data do final do século 18, quando o economista inglês Thomas Robert Malthus[6] percebeu que enquanto a produção de alimentos se expandia linearmente, a população crescia exponencialmente. Por causa disso, Malthus convenceu-se de que chegaria um ponto no tempo em que excederíamos a nossa capacidade de nos alimentarmos. Em suas palavras: "O poder da população é indefinidamente maior do que o poder da Terra de produzir subsistência para o homem"[7].

Desde essa época, uma série de pensadores ecoou essa preocupação. No início dos anos 1960, uma espécie de consenso havia sido atingido. Em 1966, o dr. Martin Luther King Jr. observou: "Ao contrário das pestes da Idade Média ou das doenças contemporâneas, que não entendemos, a peste moderna de superpopulação é solucionável por meios que descobrimos e com recursos que possuímos"[8]. Dois anos depois, o biólogo da Universidade de Stanford dr. Paul R. Ehrlich fez soar um alarme ainda mais alto com a publicação de *The population bomb*.[9] Mas foi o resultado posterior de uma pequena reunião realizada em 1968 que realmente alertou o mundo para a profundidade da crise.

Naquele ano, o cientista escocês Alexander King e o industrial italiano Aurelio Peccei reuniram um grupo multidisciplinar de grandes pensadores internacionais numa pequena vila em Roma. O Clube de Roma,[10] como esse grupo passou a ser conhecido, havia se juntado para discutir os problemas do pensamento de curto prazo em um mundo de longo prazo.

Em 1972, publicaram os resultados daquela discussão. *Limites do crescimento** tornou-se um clássico instantâneo, vendendo 12 milhões de cópias em 30 idiomas, e assustando quase todos que o leram. Usando um modelo desenvolvido pelo fundador da dinâmica de sistemas, Jay Forrester, o clube comparou as taxas de crescimento populacional mundiais com as taxas de consumo de recursos globais. Se a ciência por trás do modelo se mostrou

---

* MEADOWS, Donella H; MEADOWS, Dennis L.; RANDERS, Jørgen; BEHRENS III, William W. *Limites do crescimento*. São Paulo: Perspectiva, 1973.

complicada, a mensagem foi simples: nossos recursos estão se esgotando, e nosso tempo também.

Já decorreram quatro décadas desde que o relatório foi divulgado. Embora muitas de suas previsões mais catastróficas não se concretizassem, os anos não atenuaram a avaliação. Atualmente continuamos encontrando provas de sua veracidade na maioria dos lugares que examinamos. Um dentre cada quatro mamíferos está ameaçado de extinção,[12] enquanto 90% dos grandes peixes já desapareceram[13]. Nossos lençóis aquíferos estão começando a secar,[14] nosso solo está se tornando salgado demais para a produção agrícola. O nosso petróleo está se esgotando,[15] bem como o urânio[16]. Até o fósforo – um dos principais ingredientes dos fertilizantes – anda escasso.[17] No tempo decorrido para ler esta frase, uma criança morrerá de fome.[18] No tempo que se gasta para ler este parágrafo, outra morrerá de sede (ou por beber água contaminada para matar essa sede).[19]

E isso, dizem os especialistas, é só o começo.

Existem agora mais de 7 bilhões de pessoas no planeta. Se a tendência não se reverter, em 2050 estaremos próximos de 10 bilhões. Os cientistas que estudam a capacidade biótica da Terra – o cálculo de quantas pessoas conseguem viver aqui de forma sustentável – têm apresentado estimativas bem divergentes.[20] Os otimistas acreditam que seja algo próximo de 2 bilhões. Os pessimistas pensam que poderiam ser 300 milhões. Mas quem concorda ainda que com a menos alarmante dessas previsões – como a dra. Nina Fedoroff, consultora de ciência e tecnologia do secretário de Estado norte-americano, recentemente contou aos repórteres – só pode chegar a uma conclusão: "Precisamos reduzir a taxa de crescimento da população global; o planeta não consegue suportar muito mais pessoas".[21]

Algumas coisas, porém, são mais fáceis de dizer do que de fazer.

O mais deplorável exemplo de controle da população de cima para baixo foi o programa de eugenia dos nazistas,[22] mas houve alguns outros pesadelos também. A Índia realizou ligações das trompas e vasectomias em milhares de pessoas em meados da década de 1970.[23] Algumas foram pagas pelo sacrifício, enquanto outras foram simplesmente forçadas a se submeter ao procedimento. Os resultados derrubaram o partido dominante do poder, gerando uma controvérsia que persiste até hoje. Já a China passou 30 anos sob uma política de um único filho por família[24] (embora costume ser discutida como um programa universal, essa política na verdade se estende a apenas uns 36% da população). De acordo com o governo chinês, os resultados foram 300 milhões de pessoas a menos. De acordo com a Anistia Internacional, o que ocorreu foi um aumento do suborno, da corrupção, de taxas de suicídio, taxas de aborto, esterilizações forçadas e rumores persistentes de infanticídio.[25] (Segundo tais rumores, dada a preferência por um filho homem, meninas recém-nascidas são assassinadas.) De qualquer modo, como nossa espécie infelizmente descobriu, o controle da população de cima para baixo é bárbaro, tanto na teoria como na prática.

Com isso parece só restar uma opção. Se não se consegue se livrar das pessoas, é preciso ampliar os recursos que essas pessoas consomem. E ampliá-los substancialmente. Como atingir essa meta tem sido tema de muitos debates, mas atualmente os princípios do OPL vêm sendo defendidos como a única opção viável. Essa opção me incomodou, não porque eu não estivesse comprometido com a ideia de maior eficiência. Use menos, ganhe mais: quem poderia seriamente se opor à eficiência? Pelo contrário, o motivo de minha preocupação era que a eficiência vinha sendo defendida como a única opção disponível. Mas tudo que eu fazia na minha vida mostrava que havia caminhos adicionais dignos de ser seguidos.

A fundação que dirijo, a X PRIZE Foundation,[26] é uma organização sem fins lucrativos dedicada a promover avanços radicais em benefício da humanidade, pelo planejamento e organização de grandes competições com prêmios de incentivo. Um mês antes de viajar para Masdar, presidi nossa reunião do conselho anual "Engenharia Visionária", onde grandes inventores como Dean Kamen e Craig Venter, empresários da tecnologia brilhantes como Larry Page e Elon Musk e gigantes internacionais dos negócios como Ratan Tata e Anousheh Ansari estavam debatendo como obter avanços radicais em energia, ciências da vida, educação e desenvolvimento global. Todas essas são pessoas que criaram indústrias de grande impacto em setores antes inexistentes. Muitas delas realizaram essa façanha resolvendo problemas por muito tempo considerados insolúveis. Conjuntamente, constituem um grupo cujo histórico mostrou que uma das melhores respostas à ameaça da escassez não é cortar fatias menores de nosso bolo, e sim descobrir como produzir mais bolos.

A possibilidade de abundância

Claro que a abordagem de produzir mais bolos não é novidade, mas existem algumas diferenças importantes agora. Essas diferenças compreenderão grande parte deste livro. Em síntese, pela primeira vez na história, nossas capacidades começaram a alcançar nossas ambições. A humanidade está adentrando um período de transformação radical em que a tecnologia tem o potencial de elevar substancialmente os padrões de vida básicos de todos os homens, mulheres e crianças do planeta. Dentro de uma geração, seremos capazes de fornecer bens e serviços, antes reservados para uma minoria rica, a toda e qualquer pessoa que precisar deles. Ou que os desejar. A abundância para todos está na verdade ao nosso alcance.

Nesta era moderna de ceticismo, muita gente acha absurda uma tal proclamação, mas elementos dessa transformação já são visíveis. Nos últimos 20 anos, as tecnologias sem fio e a internet se tornaram universais, acessíveis e disponíveis a quase todo mundo. A África saltou uma geração tecnológica, trocando as linhas de telefone fixo que riscam nossos céus ocidentais pela alternativa sem fio. A penetração dos telefones celulares vem crescendo exponencialmente: de 2% em 2000 para 28% em 2009, com uma estimativa de 70% em 2013.[27] Pessoas sem escolaridade e com pouco para comer já conquistaram o acesso à conectividade celular, fato inimaginável 30 anos atrás. Neste momento, um guerreiro Masai com um telefone celular dispõe de mais recursos de telefonia móvel do que o presidente dos Estados Unidos 25 anos atrás. E se estiver com um *smartphone* com acesso ao Google, terá mais acesso às informações do que o presidente apenas 15 anos atrás. No final de 2013, a grande maioria da humanidade terá sido capturada por essa mesma World Wide Web de comunicações e informações instantâneas e de baixo custo. Em outras palavras, estamos agora vivendo num mundo de abundância de informações e comunicações.

De forma semelhante, o avanço de tecnologias transformacionais novas – sistemas computacionais, redes e sensores, inteligência artificial, robótica, biotecnologia, bioinformática, impressão tridimensional, nanotecnologia, interfaces homem-máquina e engenharia biomédica – logo permitirá que a vasta maioria da humanidade experimente aquilo a que apenas os mais

NOSSO MAIOR DESAFIO

abastados hoje têm acesso. Ainda melhor, essas tecnologias não são os únicos agentes de mudança em ação.

Existem três forças adicionais atuando, cada uma ampliada pelo poder de tecnologias em crescimento exponencial, cada uma com um grande potencial de produção de abundância. Uma revolução do Faça-Você-Mesmo (conhecido pela sigla inglesa DIY de Do-It-Yourself), que veio fermentando nos últimos 50 anos, ultimamente começou a crescer. No mundo atual, o alcance dos inventores de fundo de quintal se estendeu bem além de carros personalizados e computadores feitos em casa, e agora chega a áreas antes misteriosas como genética e robótica. Além disso, hoje em dia grupos pequenos de adeptos do DIY, bastante motivados, conseguem realizar o que antes era monopólio das grandes corporações e de governos. Os gigantes da indústria aeroespacial achavam que era impossível, mas Burt Rutan voou ao espaço.[28] Craig Venter desafiou o poderoso governo norte-americano na corrida para sequenciar o genoma humano.[29] O poder recém-descoberto desses ousados inovadores é a primeira de nossas três forças.

A segunda força é o dinheiro – uma montanha de dinheiro – sendo gasto de uma forma bem específica. A revolução da alta tecnologia criou uma espécie inteiramente nova de tecnofilantropos ricos que estão usando suas fortunas para solucionar desafios globais relacionados à abundância. Bill Gates trava uma cruzada contra a malária, Mark Zuckerberg vem trabalhando para reinventar a educação, enquanto Pierre e Pam Omidyar se concentram em trazer eletricidade ao mundo em desenvolvimento. E essa lista prossegue indefinidamente. Em seu conjunto, nosso segundo propulsor é uma força tecnofilantrópica sem igual na história.

Finalmente, existem os mais pobres dentre os pobres, o bilhão mais carente, que estão enfim se plugando na economia global e tendem a se tornar o que denomino "o bilhão ascendente". A criação de uma rede global de transportes foi o passo inicial nesse caminho, mas é a combinação de internet, microfinanças e tecnologia de comunicação sem fio que está transformando os mais pobres dentre os pobres numa força de mercado emergente. Agindo de forma isolada, cada uma dessas três forças possui um enorme potencial. Mas atuando juntas, e com a amplificação das tecnologias em crescimento exponencial, o antes inimaginável se torna agora possível.

Então o que *é* possível?

Imagine um mundo de 9 bilhões de pessoas com água limpa, alimentos nutritivos, moradia acessível, educação personalizada, assistência médica de primeira e energia abundante e não poluente. Construir esse mundo melhor é o maior desafio da humanidade. O que se segue é a história de como podemos enfrentar tal desafio.

CAPÍTULO 2

CONSTRUINDO A PIRÂMIDE

O problema das definições

A abundância é uma visão radical, e antes de começarmos a lutar por ela precisamos defini-la. Na tentativa de mapear esse território, alguns economistas adotam uma abordagem de baixo para cima e começam pela pobreza, mas isso pode ser traiçoeiro. O governo norte-americano define pobreza usando dois indicadores diferentes: "pobreza absoluta" e "pobreza relativa".[1] A pobreza absoluta mede o número de pessoas que vivem abaixo de certo limite de renda. A pobreza relativa compara a renda de um indivíduo com a renda média da economia inteira. Mas a dificuldade de ambos os termos é que a abundância é uma visão global, e nenhum deles se sustenta além das fronteiras nacionais.

Por exemplo, em 2008 o Banco Mundial revisou sua linha da pobreza internacional – um indicador da pobreza absoluta empregado de longa data – mudando-a de "aqueles que vivem com menos de US$ 1 diário" para "aqueles que vivem com menos de US$ 1,25 dólar diário".[2] Por essa cifra, alguém que trabalhe seis dias por semana por 52 semanas aufere US$ 390 ao ano. Mas naquele mesmo ano, o governo norte-americano divulgou que 39,1 milhões de indivíduos que viviam nos 48 estados contíguos (Alasca e Havaí tinham números ligeiramente diferentes) e ganhavam US$ 10.400 anuais também viviam em pobreza absoluta.[3] Claramente, existe um abismo entre esses totais. Retificar essa disparidade – o que precisa ser feito se quisermos fixar uma meta uniforme de redução global da pobreza – é um problema para o indicador de pobreza absoluta.

Um problema do indicador de pobreza relativa é que não importa quanto a pessoa ganha em relação aos seus vizinhos, se esse dinheiro não permite comprar o que é necessário. A fácil disponibilidade de bens e serviços é outro fator crítico na determinação da qualidade de vida, mas essa disponibilidade varia tremendamente de acordo com a geografia. Atualmente, a maioria dos norte-americanos assolados pela pobreza possuem televisão, telefone, eletricidade, água corrente e canalização interna. A maioria dos africanos não dispõe desses confortos. Se os bens e serviços desfrutados pelos pobres da Califórnia fossem transferidos para o somaliano comum que vive com menos de US$ 1,25 ao dia, aquele somaliano subitamente ficaria riquíssimo. Isso inviabiliza qualquer indicador de pobreza relativa na definição de padrões globais.

Além disso, ambos os termos se tornam ainda mais questionáveis numa linha do tempo. Os norte-americanos atuais que vivem abaixo da linha da pobreza estão não apenas a anos-luz de distância da maioria dos africanos, como estão a anos-luz dos norte-americanos mais ricos de apenas um século atrás. Atualmente 99% dos norte-americanos que se encontram abaixo da linha da pobreza possuem eletricidade, água encanada, toalete com descarga e um refrigerador, 95% possuem uma televisão, 88% têm um telefone, 71% têm um carro e 70% têm até ar-condicionado.[4] Isso pode não parecer grande coisa, mas cem anos atrás homens como Henry Ford e Cornelius Vanderbilt, que estavam entre os mais ricos do planeta, desfrutavam de poucas dessas comodidades.

Uma definição prática

Talvez um meio melhor de chegarmos a uma definição de abundância seja começar por aquilo sobre o que não estou falando. Não estou falando sobre Trump Towers, Mercedes-Benz e Gucci. Abundância não significa propor-

CONSTRUINDO A PIRÂMIDE

cionar a todos neste planeta uma vida de luxo – pelo contrário, significa proporcionar a todos uma vida de possibilidades. Ser capaz de viver uma tal vida requer ter as necessidades básicas satisfeitas e muito mais. Significa também estancar algumas sangrias absurdas. Alimentar os famintos, dar acesso a água limpa, acabar com a poluição do ar em ambientes fechados e erradicar a malária – quatro flagelos totalmente preveníveis que matam, respectivamente, sete, três, três e duas pessoas por minuto no mundo inteiro – é uma necessidade.[5] Mas em última análise, abundância significa criar um mundo de possibilidades: um mundo onde os dias de todos sejam gastos com sonhos e realizações, não em luta pela sobrevivência.

Certamente, as ideias acima ainda são nebulosas demais, mas representam um bom ponto de partida. Na tentativa de solidificar esse alvo, examino níveis de necessidade que tenham alguma semelhança com a agora famosa pirâmide de Abraham Maslow.[6] De 1937 a 1951, Maslow foi uma estrela em ascensão na equipe do Brooklyn College, sendo orientado pela antropóloga Ruth Benedict e pelo psicólogo gestaltista Max Wertheimer. Naquela época, grande parte da psicologia se concentrava em resolver problemas psicológicos, em vez de celebrar as possibilidades psicológicas, mas Maslow teve ideias diferentes. Achou Benedict e Wertheimer "seres humanos tão maravilhosos" que começou a estudar seu comportamento, tentando descobrir em que estavam acertando.

Com o tempo, começou a analisar o comportamento de outros modelos do supremo desempenho humano. Albert Einstein, Eleanor Roosevelt e Frederick Douglass foram objetos da sua pesquisa. Maslow estava em busca de traços em comum e circunstâncias em comum que explicassem por que aquelas pessoas conseguiam atingir alturas tão incríveis, enquanto tantos outros continuavam fracassando.

Para ilustrar seu pensamento, Maslow criou sua "Hierarquia das Necessidades Humanas", uma teoria disposta como uma pirâmide.[7] Em sua pirâmide existem cinco níveis de necessidades humanas – sendo que o topo corresponde à "autorrealização" ou a necessidade de um ser humano de alcançar seu pleno potencial. De acordo com Maslow, as necessidades em cada nível precisam ser satisfeitas antes que uma pessoa possa avançar para a próxima etapa. Por esse motivo, as necessidades físicas, como ar, água, comida, calor, sexo e sono, estão na base da pirâmide, seguidas de perto por necessidades de segurança como proteção, defesa, lei, ordem e estabilidade. O nível do meio é ocupado pelo amor e a afiliação: família, relacionamentos, afeição e trabalho. E acima disso vem a estima: realização, *status*, responsabilidade e reputação. No nível máximo estão as "necessidades de autorrealização" que envolvem o crescimento e a realização pessoal – embora na verdade constituam a devoção a um propósito superior e a disposição em servir a sociedade.

Minha pirâmide da abundância, embora um pouco mais compacta que a de Maslow, segue um esquema análogo, por razões semelhantes. Existem três níveis, o inferior correspondendo a comida, água, abrigo e outras preocupações de sobrevivência básicas. O do meio é dedicado aos catalisadores de mais crescimento, como energia abundante, oportunidades educacionais amplas e acesso a comunicações e informações globais, enquanto o nível mais alto está reservado à liberdade e à saúde, dois pré-requisitos básicos que permitem ao indivíduo contribuir para a sociedade.

Vejamos mais de perto.

A base da pirâmide

Na base de minha pirâmide, criar abundância global significa suprir necessidades fisiológicas simples: fornecer água, alimento e abrigo suficientes. Dispor de três a cinco litros de água potável por pessoa por dia[8] e 2 mil ou mais calorias de alimento balanceado e nutritivo[9] proporciona a todos no planeta a satisfação das necessidades de água e alimentos para uma saúde ótima. Certificar-se de que todos recebam um complemento pleno de vitaminas e minerais, seja por meio da comida ou em forma de suplementos alimentares, também é crítico. Por exemplo, simplesmente fornecer às populações a quantidade necessária de vitamina A remove da equação da saúde global a causa principal da cegueira prevenível em crianças.[10] Alem desses itens, 25 litros de água adicionais são necessários para banho, cozinha e limpeza[11] e, considerando que 837 milhões de pessoas agora moram em favelas[12] – e as Nações Unidas preveem que essa cifra aumentará para 2 bilhões em 2050 – um abri-

CONSTRUINDO A PIRÂMIDE

go durável, que proteja contra as intempéries e forneça ao mesmo tempo luz ambiente, ventilação e saneamento adequados, também é uma necessidade.

Claro que, no mundo desenvolvido, isso pode não parecer grande coisa, mas é fundamental em quase todos os outros lugares – e não apenas pelos motivos óbvios. Os motivos não óbvios começam pelo Mundo Plano de Thomas Friedman.[13] Neste planeta pequeno, nossos grandes desafios não são preocupações isoladas. Pelo contrário, estão enfileirados como carreiras de dominós. Se derrubarmos um dominó, solucionando um desafio, vários outros também cairão. Os resultados são ciclos de *feedbacks* positivos. Ainda melhor, as reverberações dessa cascata se estendem bem além das fronteiras – o que significa que satisfazer as necessidades fisiológicas básicas nos países em desenvolvimento também melhora a qualidade de vida nos países desenvolvidos.

Este é um ponto tão importante que, antes de retornarmos à pirâmide da abundância, vale a pena mergulhar mais fundo no lado positivo de uma dessas metas: fornecer água limpa a todos no planeta.

O lado positivo da água

Atualmente, um bilhão de pessoas não tem acesso à água potável segura e 2,6 bilhões não têm acesso ao saneamento básico.[14] Como resultado, metade das hospitalizações no mundo resultam de pessoas que bebem água contaminada por agentes infecciosos, substâncias químicas tóxicas e riscos radiológicos. De acordo com a Organização Mundial de Saúde (OMS), apenas um desses agentes infecciosos – a bactéria que causa a diarreia – representa 4,1% da carga global de doenças, matando 1,8 milhão de crianças por ano.[15] Agora mesmo, mais pessoas têm acesso a celulares do que a uma privada.[16] De fato, os antigos romanos dispunham de água de melhor qualidade do que metade das pessoas que vivem hoje.

Então o que acontece se resolvemos esse problema? Cálculos de Peter Gleick, do Pacific Institute, estimam que 135 milhões de pessoas morrerão antes de 2020 por falta de água potável e saneamento apropriado.[17] Antes de mais nada, acesso a água limpa significa salvar essas vidas. Mas também significa que a África Subsaariana deixará de perder os 5% do Produto Interno Bruto (PIB) atualmente desperdiçados com gastos de saúde, perdas de produtividade e faltas ao trabalho associados à água suja.[18] Além disso, como a desidratação também reduz a capacidade de absorver nutrientes, fornecer água limpa ajuda aos que sofrem de fome e desnutrição. Ainda por cima, todo um rol de doenças e vetores de doenças é exterminado do planeta, assim como vários problemas ambientais (menos árvores serão derrubadas para ferver água; menos combustíveis fósseis serão queimados para purificar a água). E isso é só o começo.

Uma das vantagens de que dispomos agora ao atacar os males do mundo é a informação. Dispomos de grande quantidade dela, especialmente sobre o crescimento da população e seus diferentes determinantes e efeitos. Por exemplo, juntando o que sabemos sobre a capacidade biótica do planeta com o que sabemos sobre as taxas de crescimento da população, não surpreende que tanta gente sinta que estamos caminhando para o desastre. Essa ameaça parece tão terrível que uma das críticas frequentes ao conceito de abundância é que, ao resolvermos problemas como o da água suja, o resultado, por melhores que sejam as intenções, apenas servirá para aumentar a população global e piorar nossa situação.

Em certo nível, isso é absolutamente correto. Se os 884 milhões que hoje sofrem com falta de água subitamente obtivessem o suficiente para beber, um grande número de pessoas permaneceria vivo por bem mais tempo. Resultaria daí um aumento da população. Mas existem boas razões evolucionárias para isso não perdurar.

Embora o *Homo sapiens* habite este planeta por uns 150 mil anos, até 1900 somente em um país do mundo a mortalidade infantil era inferior a 10%.[19] Como os filhos cuidam dos pais na velhice, em lugares onde morrem muitas crianças, famílias grandes asseguram aos pais um final de vida mais confortável. A boa notícia é que o inverso também é verdade. Como observou o cofundador da Microsoft Bill Gates em sua recente palestra sobre o tema: "A principal coisa que você pode fazer para reduzir o crescimento da população é realmente melhorar a saúde. [...] Existe uma correlação perfeita: conforme você melhora a saúde, dentro de meia geração a taxa de crescimento da população diminui".[20]

A razão pela qual Gates sabe disso é que ele viu uma abundância de dados sobre população coletados nos últimos 40 anos. O Marrocos, por exemplo, é agora uma nação jovem.[21] Mais de metade da população tem menos de 25 anos; quase um terço tem menos de 15. Possuir uma população jovem assim é um fenômeno histórico recente, mas não por falta de tentativas. Em 1971, quando as taxas de mortalidade infantil eram altas e a expectativa de vida média era baixa, as mulheres marroquinas tinham em média 7,8 filhos. Mas após grandes esforços para melhorar a água, o saneamento, a assistência médica e os direitos das mulheres, atualmente a taxa de natalidade vem caindo. O número médio de nascimentos por mulher é agora de 2,7, enquanto a taxa de crescimento da população despencou para menos de 1,6% – tudo porque as pessoas estão tendo vidas mais longas, saudáveis e livres.

John Oldfield, diretor-executivo da WASH Advocacy Initiative, dedicada a solucionar desafios globais referentes à água, explica o fenômeno nestes termos: "A melhor forma de controlar a população é aumentar a sobrevivência infantil, educar as meninas e disseminar as informações e a disponibilidade do controle de natalidade. De longe o mais importante desses fatores é aumentar a sobrevivência infantil. Nas comunidades onde as taxas de mortalidade infantil estão perto de um terço, a maioria dos pais opta por inchar o tamanho de sua família. Eles terão filhos substitutos, filhos como seguros e filhos como uma loteria – e a população aumentará. Parece absurdo, mas a verdade é que erradicar a varíola e as doenças preveníveis por vacinas e deter as doenças diarreicas e a malária são os melhores programas de planejamento familiar já concebidos. Mais doenças, especialmente as que afetam os pobres, aumentarão a mortalidade infantil, o que, por sua vez, aumentará a taxa de natalidade. Com menos mortes na infância, obtém-se taxas de fertilidade menores – simples assim."[22]

Ao solucionar nossas preocupações com a água, estamos também aliviando a fome e a pobreza mundial, reduzindo a carga de doenças global, reduzindo o crescimento populacional descontrolado e preservando a biosfera. As crianças não serão mais afastadas da escola para apanhar água e lenha necessária para fervê-la, de modo que os níveis educacionais começarão a melhorar. Como as mulheres também gastam horas por dia realizando essas mesmas tarefas, fornecer água limpa melhora igualmente desde a qualidade de vida da família à quantidade da renda familiar (porque a mulher da casa agora tem tempo para obter um emprego). Mas a melhor notícia é que a água não passa de um exemplo desse fenômeno interdependente. A solução de todos os nossos grandes desafios segue essa mesma lógica: derrubar um desses dominós provoca uma reação em cadeia positiva – mais uma razão para a abundância geral estar mais perto do que muitos suspeitam.

A busca da catalaxia

Uma vez satisfeitas nossas necessidades de sobrevivência básicas, o próximo nível na pirâmide da abundância é energia, educação e informação/comunicação. Por que esse trio específico de vantagens? Porque essas três coisas rendem dividendos duplos. No curto prazo, aumentam os padrões de vida. No longo prazo, abrem caminho para dois dos maiores criadores de abundância da história: especialização e intercâmbio. A energia fornece os meios de realizar trabalho. A educação permite aos trabalhadores se especializarem. A abundância de informação/comunicação, além de promover a especialização (expandindo as oportunidades educacionais), permite aos especialistas o intercâmbio de especialidades, criando assim o que o economista Friedrich Hayek denominou catalaxia: a possibilidade de expansão ilimitada gerada pela divisão de trabalho.[23] Em seu excelente livro *The rational optimist: How prosperity evolves*, Matt Ridley entra em mais detalhes: "'Se eu costuro uma túnica de couro para você hoje, você pode me costurar uma amanhã' traz recompensas limitadas e retornos decrescentes. 'Eu faço as roupas, você vai atrás da comida' traz retornos crescentes. De fato, possui a bela propriedade de que sequer precisa ser justo. Para o escambo funcionar, dois indivíduos não precisam oferecer coisas de mesmo valor. O comércio costuma ser desigual, mas mesmo assim beneficia ambos os lados".[24]

Dessa trilogia, a energia tem os efeitos mais profundos. Portanto, quanta energia é necessária para virar o jogo? Comecemos pela Nigéria. No país mais populoso da África, o domicílio médio possui cinco pessoas morando em um quarto.[25] Sob tais circunstâncias, quatro lâmpadas forneceriam uma

CONSTRUINDO A PIRÂMIDE

boa iluminação. Uma lâmpada incandescente de 60 watts é suficiente para a leitura – e essa é a cifra que usaremos em nosso cálculo – mas atualmente a mesma luminosidade pode ser fornecida por uma lâmpada fluorescente de 15 watts e no futuro com ainda menos energia, por meio de uma tecnologia LED (sigla inglesa de diodo emissor de luz) ainda mais eficiente. Acrescentemos à lista um refrigerador eficiente de 0,5 metro cúbico que funciona com 150 watts e evita que alimentos e remédios se deteriorem, um fogão de duas bocas de 1200 watts, dois ventiladores elétricos de 100 watts cada, dois computadores laptop de 45 watts cada e – já que estamos sendo generosos – uma TV LCD, um aparelho de DVD e um rádio de 100 watts (embora os laptops venham a substituir essas necessidades). Inclua mais 35 watts para carregar cinco telefones celulares, e obtemos uma carga de pico total de 1,73 kilowatt. Se pressupomos um consumo médio para esses itens, obtemos um mínimo-alvo de 8,7 kilowatts-hora por domicílio por dia. Embora isso seja cerca de um quarto da energia consumida num domicílio norte-americano médio (um domicílio médio de 2,6 pessoas consome 16,4 kilowatts-hora por dia, ou 6,32 kilowatts-hora por pessoa por dia, excluindo o gás e o petróleo usados na calefação),[26] trata-se de uma melhoria radical para a Nigéria.

Também é uma melhoria radical para muitos outros lugares. Por exemplo, o fogão elétrico de duas bocas é um dispositivo simples, mas traria uma mudança magnífica para as 3,5 bilhões de pessoas que agora cozinham e obtêm luz e calor queimando biomassa: madeira, esterco e resíduos agrícolas.[27] De acordo com um relatório da OMS de 2002, 36% das infecções respiratórias superiores agudas, 22% das doenças pulmonares obstrutivas crônicas e 1,5% de todos os cânceres são causados pela poluição do ar em ambientes fechados resultante dessa prática.[28] Assim, um fogão elétrico alivia 4% da carga global de doenças.

Ainda melhor – e à semelhança da água – o fogão elétrico é outro exemplo de uma solução interconectada. Um relatório da ONU de 2007 constatou que 90% de toda a remoção de madeira na África serve para obter energia.[29] Portanto, fornecer energia para um fogão também ajudará a preservar as florestas ameaçadas e toda a lista de serviços de ecossistema que essas florestas fornecem. Serviços de ecossistema[30] são coisas como polinização das culturas, isolamento do carbono, regulação do clima, purificação da água, purificação do ar, dispersão de nutrientes, reciclagem de nutrientes, processamento de refugo, controle de enchentes, controle de pragas, controle de doenças etc. que o meio ambiente nos oferece gratuitamente. Isso é importante por dois motivos. O primeiro é que o valor dos serviços de ecossistema que nosso meio ambiente agora proporciona (de graça) foi calculado em US$ 36 trilhões ao ano – uma cifra quase igual a toda a economia global anual.[31] O segundo motivo é que – como o experimento Biosfera 2, que custou US$ 200 milhões, provou claramente[32] – nenhum desses são serviços de que já possamos desfrutar.

Mas as vantagens do fogão não são apenas econômicas. Livres da tarefa de coletar combustível, mulheres e crianças podem obter empregos e educação e, como todos esses fatores promovem menor mortalidade infantil e aumentam os direitos das mulheres, ocorrerá uma redução simultânea do crescimento da população. Além disso, se um fogão sozinho consegue trazer tantas mudanças positivas, imagine as vantagens dos 8,7 kilowatts-hora de energia propostos acionando um conjunto bem maior de eletrodomésticos.

Lendo, escrevendo e pronto

Outra mudança profunda seria a educação, especificamente ensinar a cada criança do planeta os fundamentos da alfabetização, da matemática, as habilidades da vida e o pensamento crítico.[33] Isso também pode parecer uma oferta modesta, mas a maioria dos especialistas sente que esse quarteto de fundamentos no ensino básico é o alicerce do autoaperfeiçoamento, que é obviamente a espinha dorsal da abundância. Além disso, o autoaperfeiçoamento não significa o mesmo que no passado. Desde o advento da internet, esses fundamentos são os requisitos necessários para se entender uma parte significativa dos materiais online, fornecendo assim a base de acesso ao que é claramente a maior ferramenta de autoaperfeiçoamento da história.

Essa ênfase no crescimento e na responsabilidade pessoais é fundamental, porque estamos em meio a uma revolução da educação. Como têm dito repetidamente especialistas como Sir Ken Robinson – que recebeu esse título por suas contribuições à educação –, salas de aula antiquadas são a menor de nossas preocupações. "Subitamente os diplomas não valem mais nada", disse Robinson.. "Quando eu era estudante, se você tinha um diploma, garantia um emprego. Se não tinha um emprego, era porque não queria."[34]

O problema é que existem muitos lugares no mundo sem qualquer infra-estrutura educacional, e, nos lugares onde existe, ela depende de um sistema pedagógico totalmente ultrapassado. A maioria dos sistemas educacionais atuais se baseia na mesma hierarquia de aprendizado: matemática e ciências no topo, humanidades no meio, arte na base.[35] A razão é que esses sistemas foram desenvolvidos no século 19, em meio à Revolução Industrial, quando essa hierarquia fornecia a melhor base para o sucesso. A situação não é mais a mesma. Numa cultura tecnológica em rápida mudança e numa economia cada vez mais baseada nas informações, ideias criativas são o recurso derradeiro. No entanto, nosso sistema educacional atual pouco faz para cultivar esse recurso.

Além disso, nosso sistema atual se baseia no aprendizado factual, mas a internet torna instantaneamente acessíveis quase todos os fatos desejáveis. Isso significa que estamos treinando nossos filhos em habilidades de que raramente precisam, enquanto ignoramos aquelas absolutamente necessárias. Ensinar às crianças como cultivar sua criatividade e curiosidade, ao mesmo tempo fornecendo uma base sólida em pensamento crítico, leitura e matemática, é a melhor forma de prepará-las para um futuro de mudança tecnológica cada vez mais rápida.

Ainda melhor é a mudança tecnológica que se aproxima. Ao contrário do modelo genérico que é nosso sistema educacional atual, a versão do amanhã que está chegando através dos computadores pessoais (ou dispositivos de computação pessoal como o *smartphone*) é um sistema descentralizado, personalizado e extremamente interativo. *Descentralizado* significa que o aprendizado não pode ser facilmente tolhido por governos autocráticos e está bem mais imune às reviravoltas socioeconômicas. *Personalizado* significa que pode ser ajustado às necessidades e ao estilo de aprendizado preferido de um indivíduo. Essas são duas melhorias significativas, mas muitos acham que é a interatividade que poderia trazer os maiores benefícios. Como explica Nicholas Negroponte, fundador do Media Lab do Massachusetts Institute of Technology (MIT) e da organização One Laptop Per Child (Um Laptop por Criança – OLPC) – cujo objetivo é colocar um laptop nas mãos de cada criança em idade escolar no mundo: "Epistemologistas de John Dewey a Paulo Freire e Seymour Papert concordam que você aprende fazendo. Daí decorre que, se você quer mais aprendizado, quer fazer mais coisas. Por isso a OLPC enfatiza as ferramentas de software para explorar e expressar, em vez da instrução. O amor é melhor mestre do que o dever. Usar o laptop como instrumento para envolver as crianças na construção do conhecimento com base em seus interesses pessoais e fornecer ferramentas para compartilharem e criticarem essas construções fará com que se tornem aprendizes e professores".[36]

Abrindo a torneira dos dados

O último item neste nível de nossa pirâmide é a abundância de informações e comunicação. O tema já foi abordado, mas nunca é demais enfatizar o impacto dessas melhorias. No Quênia, um serviço de colocação profissional conhecido como Kazi 560 usa telefones celulares para conectar trabalhadores em potencial com possíveis empregadores.[37] Em seus sete primeiros anos, cerca de 60 mil quenianos encontraram empregos por intermédio dessa rede. Na Zâmbia, fazendeiros sem contas bancárias agora dispõem de telefones celulares para comprar sementes e fertilizantes, aumentando seus lucros em quase 20%.[38] No Níger, em 2005, os telefones celulares atuaram como um sistema nacional *de facto* de distribuição de alimentos, evitando assim uma onda de fome. Em 2007, a executiva Isis Nyong (então na MTV, agora no Google) contou à BBC que o impacto do telefone celular na África "teve mais ou menos o mesmo efeito de uma mudança democrática de liderança".[39]

Talvez mais importante, os telefones celulares produziram essa mudança quase organicamente. A tecnologia não precisou ser "vendida" em nenhum sentido tradicional. Pelo contrário, os telefones celulares se espalharam viralmente, de forma quase ininterrupta. Emprestando uma expressão de Malcolm Gladwell, a ideia encontrou o ponto da virada. Uma vez que as pessoas compreenderam a tecnologia e uma vez que a tecnologia se tornou mais ou menos acessível (mais ou menos porque no Terceiro Mundo os telefones celulares costumam ser microfinanciados), sua taxa de crescimento tornou-se exponencial – basta olhar para a Nigéria.

Em 2001, 134 milhões de nigerianos estavam compartilhando 500 mil telefones fixos.[40] Naquele mesmo ano, o governo começou a encorajar a competição do mercado no setor das comunicações sem fio, e o mercado reagiu. Em 2007, a Nigéria possuía 30 milhões de assinantes de celulares. Isso obviamente produziu um grande avanço na economia local, mas é importante lembrar que não só os nigerianos se beneficiaram. Quando os lucros da Nokia atingiram US$ 1 bilhão em 2009, a empresa informou que a penetração no mercado africano foi um dos grandes responsáveis.[41] Em 2010, quando a multinacional finlandesa vendeu seu bilionésimo aparelho, ninguém se surpreendeu que a venda ocorresse na Nigéria.

O alto da pirâmide

A abundância é uma ideia inclusiva. Ela visa todos. Significa que o indivíduo é mais importante do que em qualquer outra época. À luz desse fato, minha pirâmide da abundância culmina com um par de conceitos que fortalecem a capacidade individual de ser importante: saúde e liberdade. Começaremos pela saúde.

Se o indivíduo é importante, então seu bem-estar também é. Portanto, preservar a boa saúde e fornecer uma boa assistência médica são componentes essenciais de um mundo abundante. E uma coisa é certa: a criação desse mundo começa por impedir as mortes desnecessárias de milhões, por doenças totalmente evitáveis ou já fáceis de tratar.

As infecções respiratórias agudas são uma das causas principais de graves doenças no mundo inteiro, provocando cerca de 2 milhões de mortes a cada ano e estando entre os principais fatores de anos de vida perdidos por morte prematura, doença ou invalidez nos países em desenvolvimento.[42] As populações em maior risco são os jovens, os idosos e os imunodeficientes. Por que isso acontece? Porque essas infecções não costumam ser diagnosticadas. A pneumonia, uma doença tratável há quase um século, ainda causa 19% das mortes de crianças com menos de 5 anos. O mais desconcertante é que os remédios para tratar a pneumonia são genéricos, baratos e fartos. Isso significa que o problema é mais de diagnóstico e/ou distribuição.

Hoje em dia, para realizar um exame de sangue, as pessoas precisam de acesso a equipamento esterilizado e funcionários treinados. Claramente, obter uma amostra não é complicado, mas depois de obtida, tem de ser enviada a laboratórios apropriados e ainda é necessário esperar alguns dias, às vezes semanas, pelos resultados. Além de os exames serem proibitivamente caros, no mundo em desenvolvimento, onde os transportes públicos podem ser precários, a maioria das pessoas tem dificuldade simplesmente para chegar a um médico, sem falar nas semanas subsequentes para saber os resultados e obter tratamento.

Uma tecnologia agora em desenvolvimento conhecida como Lab-on-a-Chip (Laboratório em um Chip, conhecido pela sigla LOC), tem o potencial de solucionar esses problemas. Embutido num dispositivo portátil, do tamanho de um celular, o LOC permitirá aos médicos, enfermeiras ou mesmo aos próprios pacientes extrair uma amostra de líquido corporal (como urina, saliva ou uma simples gota de sangue) e realizar dezenas, se não centenas, de diagnósticos no local e em uma questão de minutos. "É uma tecnologia revolucionária", diz John T. McDevitt, professor de biotecnologia e química da Rice University e um pioneiro no campo. "No mundo em desenvolvimento, isso trará assistência médica confiável para bilhões que atualmente não dispõem dela. No mundo desenvolvido, como aqui nos Estados Unidos – onde os custos médicos aumentam 8% a cada ano e 16,5% da economia vai para a assistência médica –, se tecnologias médicas personalizadas como o LOC não forem adotadas, acabaremos levando o país à falência."

Outro lado positivo das tecnologias LOC é sua capacidade de coletar dados. Como esses chips estão online, as informações que coletam – digamos, um surto de febre suína – podem ser imediatamente carregadas em uma nuvem e ali ser analisadas em busca de padrões mais profundos. "Pela primeira vez", diz McDevitt, "teremos acesso a grandes quantidades de dados médicos globais. Isso será crucial para deter a disseminação de pandemias e doenças novas, emergentes."

Além do mais, os LOCs são apenas uma dessas tecnologias em desenvolvimento. De acordo com um relatório de 2010 da PricewaterhouseCoopers, o campo da medicina personalizada – um setor realmente inexistente antes de 2001 (o sequenciamento do genoma humano costuma ser citado como sua data inicial) – está crescendo a uma taxa de 15% ao ano. Em 2015, o mercado global de medicina personalizada deverá, segundo as projeções, alcançar US$ 452 bilhões.[43] Ou seja, em breve disporemos dos meios, métodos e motivação para avaliar o bem-estar de um indivíduo como nunca dantes.

Liberdade

O elemento final em nossa pirâmide da abundância é a liberdade. Isso pode parecer pedir demais, mas é fundamental. Em seu livro de 1999, *Desenvolvimento com liberdade**, o economista indiano vencedor do Prêmio Nobel, Amartya Sen, observou que a liberdade política anda de mãos dadas com o desenvolvimento sustentável.[44] Como a abundância, por definição, é uma meta sustentável, certo nível de liberdade constitui o pré-requisito para alcançar tal meta. Felizmente, certo nível de liberdade também emerge organicamente em resposta a certas tecnologias novas – especialmente aquelas na área da comunicação e informação.

Essa ideia não é nova. Em seu livro de 1962, *Mudança estrutural da esfera pública***, o filósofo social Jurgen Habermas argumenta que fortalecer as pessoas com ferramentas para a livre expressão pressiona cada vez mais os líderes não democráticos, ao mesmo tempo em que expande os direitos dos cidadãos.[45] Mas nem mesmo um pensador brilhante como Habermas poderia ter previsto o que Jared Cohen descobriu em junho de 2009.

Cohen é um jovem da geração internet graduado por Harvard que ingressou no Departamento de Estado do presidente Barack Obama pela chance de trabalhar sob a direção da secretária de Estado Hillary Clinton. Foi Cohen quem, em meio aos protestos pós-eleições no Irã, em junho de 2009, contatou o fundador do Twitter, Jack Dorsey, e pediu que a empresa adiasse sua manutenção planejada do site para que os iranianos pudessem continuar

---

* SEN, Amartya. *Desenvolvimento como liberdade*, São Paulo: Companhia das Letras, 2000.

** HABERMAS, Jurgen. *Mudança estrutural da esfera pública*. 2. ed. Rio de Janeiro: Tempo Brasileiro, 2003.

twitando. Dado que todas as demais formas de comunicação haviam sido bloqueadas ou desativadas, o Twitter tornou-se o canal de comunicação dos iranianos com o mundo exterior.

A importância desse canal tem sido objeto de muitos debates. O Webby Awards, importante prêmio internacional que homenageia a excelência on-line, incluiu a chamada Revolução do Twitter em sua lista dos dez maiores momentos da internet na década (junto com a campanha presidencial norte-americana de 2008 e a abertura de capital do Google),[46] enquanto outros observaram que as mensagens no Twitter não conseguem deter balas. Mas de qualquer modo, a revolução certamente provou que as tecnologias da informação são agentes de mudança de grande potência. "Usando mídias novas para estender as ligações horizontais e pressionar o regime atual", escreveu o analista político Patrick Quirk na *Foreign Policy in Focus*, "esta geração reforçou a base de uma força potencialmente robusta a favor da mudança democrática."[47]

Tampouco essa mudança foi um fenômeno meramente iraniano. Um relatório de 2009 da Agência de Desenvolvimento e Cooperação Internacional Sueca examinou o impacto das tecnologias de informação e comunicações (conhecidas pela sigla inglesa ICT) para promover a democracia e a delegação de poderes no Quênia, na Tanzânia e em Uganda e descobriu: "O acesso às ICTs e seu uso estratégico revelaram um potencial em ajudar a promover o desenvolvimento econômico, a redução da pobreza e a democratização – incluindo a liberdade de expressão, o livre fluxo das informações e a promoção dos direitos humanos."[48]

O desafio maior

Você acabou de ter conhecimento de nossas metas concretas. Em termos de intervalo de tempo para atingir essas metas, tudo que foi delineado nas páginas anteriores (e o muito mais a ser discutido adiante) deveria ser alcançável dentro de 25 anos, e já seria possível observar mudanças nos próximos dez anos. Claro que, agora que definimos nossas metas e cronograma, existe outro problema por resolver: o fato de que tudo isso parece um pouco distante.

CONSTRUINDO A PIRÂMIDE   41

Acabar com grande parte de nossos problemas em 2035? Fala sério!

E aí está o foco de nossos próximos capítulos. Enquanto as partes 2, 3 e 5 deste livro são dedicadas às tecnologias envolvidas nessa mudança, a parte 4 examina as três forças que estão se juntando para possibilitar a abundância e a parte 6 analisa os meios de acelerar e direcionar tal processo. O restante da parte 1 dedica-se a explorar por que muitos de nós, ao ouvirem a promessa de abundância, simplesmente não conseguem acreditar na possibilidade.

As pessoas se mostram céticas por vários motivos. Existem algumas que acreditam que o fosso de doença, fome e guerra em que nos achamos atualmente parece fundo demais para conseguirmos sair. Para outras, o intervalo de tempo é curto demais, e o progresso tecnológico nas próximas décadas será insuficiente para atacar os problemas. Existem ainda aqueles que veem uma piora cada vez maior de nossos problemas: os ricos ficando ainda mais ricos e os pobres empobrecendo mais, enquanto a lista de ameaças globais – pandemias, terrorismo, conflitos regionais crescentes – continua com força total. Todas essas são preocupações válidas, e nós abordaremos cada uma delas nos capítulos à frente. Mas primeiro convém entender um pouco mais as raízes do ceticismo e por que essa reação – a incapacidade das pessoas de verem pontos positivos através do mar de más notícias – talvez seja o maior obstáculo no caminho rumo à abundância.

CAPÍTULO 3

VENDO A FLORESTA ATRAVÉS DAS ÁRVORES

Daniel Kahneman

A abundância é uma visão grandiosa comprimida num pequeno intervalo de tempo. Os próximos 25 anos podem recriar o mundo, mas isso não acontecerá por milagre. Existem muitos problemas a ser enfrentados, nem todos de natureza tecnológica. Superar as barreiras psicológicas – ceticismo, pessimismo e todas aquelas outras muletas do pensamento contemporâneo – que impedem muitos de nós de acreditarmos na possibilidade da abundância é igualmente importante. Para conseguir isso, precisamos entender como o nosso cérebro molda nossas crenças e como as nossas crenças moldam nossa realidade. Talvez a pessoa mais adequada para nos ajudar a examinar essa questão seja o economista vencedor do Prêmio Nobel, Daniel Kahneman.

Kahneman nasceu judeu em Tel Aviv em 1934, mas sua infância transcorreu na Paris ocupada pelos nazistas. Em uma tarde de 1942, ele estava brincando na casa de um amigo cristão, perdeu a noção do tempo e permaneceu após o toque de recolher nazista às seis da tarde. Ao perceber seu erro, Kahneman virou o suéter ao avesso para esconder a Estrela de David que os judeus eram forçados a usar nas roupas e partiu para casa. Não avançou muito quando topou com um soldado da SS vindo em sua direção em uma

VENDO A FLORESTA ATRAVÉS DAS ÁRVORES

rua deserta. Não havia onde se esconder. Certo de que o soldado notaria a estrela, Kahneman acelerou o passo, mas o soldado o deteve mesmo assim. No entanto, em vez de levá-lo preso, como contado na autobiografia de Kahneman, "ele acenou para mim, ergueu-me e me abraçou. [...] Falou comigo com grande emoção, em alemão. Quando me pôs de volta ao chão, abriu sua carteira, mostrou a foto de um menino, e me deu algum dinheiro. Voltei para casa mais convencido do que nunca de que minha mãe tinha razão: as pessoas eram infinitamente complicadas e interessantes".[1]

Kahneman nunca esqueceu aquele encontro. Sua família sobreviveu à guerra e se mudou para Israel, onde sua curiosidade sobre o comportamento humano transformou-se num diploma de psicologia. Após se graduar pela Universidade Hebraica em 1954, Kahneman foi imediatamente convocado pelas Forças de Defesa Israelenses. Devido à sua formação em psicologia, o exército pediu que ajudasse a avaliar candidatos à formação de oficiais. Kahneman aceitou o cargo – e o estudo do comportamento humano nunca mais foi o mesmo.

Os israelenses haviam desenvolvido um teste bem interessante para candidatos a oficiais. Eles eram reunidos em grupos pequenos, trajando uniformes neutros, e incumbidos de uma tarefa difícil, como levantar do chão um poste telefônico e passá-lo sobre um muro de dois metros sem que o poste tocasse no chão ou no muro. "Sob a tensão do evento", escreve Kahneman, "sentíamos que a verdadeira natureza dos soldados se revelaria, e poderíamos saber quem seria um bom líder e quem não seria."

Mas aquilo não funcionava como planejado. "O problema foi que na verdade não conseguíamos prever aquilo. Mais ou menos a cada mês, tínhamos um 'dia de estatísticas' durante o qual obtínhamos *feedback* da escola de formação de oficiais, indicando a exatidão de nossas previsões do potencial dos candidatos. A história era sempre a mesma: nossa capacidade de prever o desempenho na escola era mínima. Mas no dia seguinte, apareceria um novo grupo de candidatos a serem levados ao campo de obstáculos, onde os defrontaríamos com o muro e veríamos suas verdadeiras naturezas sendo reveladas. Fiquei tão impressionado pela total dissociação entre as informações estatísticas e a experiência convincente de previsão, que cunhei um termo para ela: a 'ilusão da validade'".[2]

Kahneman descreve a ilusão da validade como "a sensação de que você entende alguém e consegue prever como se comportará". Mais tarde o conceito foi expandido para "uma tendência de as pessoas verem suas próprias crenças como realidade". Os israelenses estavam convictos de que o teste do poste telefônico revelaria o verdadeiro caráter de um soldado, e por isso continuavam a empregá-lo, apesar do fato de não haver nenhuma correlação entre os resultados do teste e o desempenho posterior. O que estava gerando aquela ilusão e por que as pessoas eram tão suscetíveis ao seu feitiço tornaram-se o foco do trabalho futuro de Kahneman: uma odisseia de meio século que mudaria para sempre como pensamos sobre como pensamos – inclusive como pensamos sobre a abundância.

Viés cognitivo

Uma razão pela qual a abundância continua difícil de aceitar é que vivemos num mundo extremamente incerto, e a tomada de decisões em face da incerteza nunca é fácil. Num mundo perfeitamente racional, diante de uma escolha, avaliaríamos a probabilidade e a utilidade de todos os resultados possíveis e depois combinaríamos esses dois fatores para tomar nossa decisão. Mas os seres humanos raramente dispõem de todos os fatos, não é possível saber todos os resultados e, ainda que soubéssemos, carecemos da flexibilidade temporal e da capacidade neurológica para analisar todos os dados. Pelo contrário, nossas decisões são tomadas com base em informações limitadas e muitas vezes não confiáveis e são ainda mais dificultadas por limites internos (o poder de processamento do cérebro) e externos (as limitações de tempo sob as quais precisamos tomar nossa decisão). Por isso desenvolvemos uma estratégia subconsciente, um auxílio para a solução de problemas nessas situações: recorremos à heurística.

Heurística são atalhos cognitivos: regras práticas poupadoras de tempo e energia que nos permitem simplificar o processo de tomada de decisões.[3] São de vários tipos. No estudo da percepção visual, a clareza é uma heurística que nos ajuda a avaliar distâncias: quanto mais nítido um objeto é visto, mais perto parece. No campo da psicologia social, a heurística se manifesta

VENDO A FLORESTA ATRAVÉS DAS ÁRVORES

quando atribuímos probabilidades – como avaliar a possibilidade de um ator de Hollywood ser viciado em cocaína. Para responder a essa pergunta, a primeira coisa que o cérebro faz é checar seu banco de dados de notórios usuários de drogas de Hollywood. Isso é conhecido como heurística da disponibilidade – quão disponíveis são os exemplos para comparação – e nossa facilidade de acesso a essa informação se torna uma parte importante de nossa base para avaliação.

Normalmente, esse não é um mau caminho. A heurística é uma solução evolucionária para um problema: dispomos de recursos mentais limitados. Assim, ela tem um longo histórico, comprovado pelo tempo, de nos ajudar – na média – a tomarmos decisões melhores. Mas o que Kahneman descobriu é que existem certas situações em que nossa dependência da heurística nos conduz ao que denomina "erros graves e sistemáticos".[4]

Vejamos a claridade. Na maior parte do tempo, depender desse tipo de heurística funciona perfeitamente para medir a distância entre A e B. Porém, quando a visibilidade é fraca e os contornos dos objetos são indistintos, tendemos a superestimar a distância. O inverso também é verdadeiro. Quando a visibilidade é boa e os objetos são nítidos, erramos na direção oposta. "Desse modo", escreveram Kahneman e o psicólogo da Universidade Hebraica Amos Tversky, em seu artigo de 1974, "Judgment Under Uncertainty: Heuristics and Biases" ("Julgamento sob Incerteza: Heurística e Vieses"), "contar com a claridade como uma indicação de distância leva a um viés comum."

Nossos vieses comuns passaram a ser conhecidos como vieses cognitivos, definidos como "padrões de desvio no julgamento que ocorrem em situações específicas". Os pesquisadores já coletaram uma lista bem longa desses vieses, muitos deles tendo um impacto direto na nossa capacidade de acreditar na possibilidade da abundância. Por exemplo, o viés da confirmação é uma tendência a buscar informações ou interpretá-las de modo a confirmar os nossos pressupostos – mas muitas vezes ela pode limitar nossa capacidade de assimilar dados novos e mudar opiniões antigas. Isso significa que, se a oposição à abundância se baseia na hipótese de que "o fosso onde estamos é fundo demais para conseguirmos sair", qualquer informação que confirme tais suspeitas serão lembradas, enquanto dados conflitantes sequer serão registrados.

Eis um ótimo exemplo: os supostos "painéis da morte" de Sarah Palin. Em 2009 e 2010, durante os debates sobre o projeto de lei de reforma da assistência médica do governo Obama, a ideia dos painéis se espalhou como um incêndio florestal apesar das fontes confiáveis que denunciavam sua falsidade. O *New York Times* ficou intrigado: "O rumor persistente, mas falso, de que as propostas de assistência médica do presidente Obama criarão 'painéis da morte' patrocinados pelo governo para decidir quais pacientes merecem viver parece ter surgido do nada nas últimas semanas".[5] Mas esse "do nada" foi realmente nosso viés da confirmação. Os republicanos direitistas já desconfiavam de Obama, de modo que aqueles desmentidos confiáveis dos painéis da morte caíram em ouvidos surdos.

E o viés da confirmação é apenas um de uma série de vieses que causam impacto na ideiade abundância. O viés da negatividade – a tendência a dar mais peso a informações e experiências negativas do que às positivas – com certeza não está ajudando. Depois existe a ancoragem: a preferência por confiar demais numa informação isolada ao tomar decisões. "Quando as pessoas acreditam que o mundo está desmoronando", diz Kahneman, "trata-se com frequência de um problema de ancoragem.[6] No final do século 19, Londres estava se tornando inabitável devido ao acúmulo de esterco de cavalos. As pessoas estavam em pânico. Devido à ancoragem, não conseguiam imaginar quaisquer outras soluções possíveis. Ninguém tinha a menor ideia de que o automóvel estava chegando e logo estariam se preocupando com a sujeira do ar, e não com a sujeira da rua."

A situação é ainda mais dificultada pelo fato de que nossos vieses cognitivos muitas vezes funcionam conjuntamente. Devido ao nosso viés da negatividade, nadar contra a corrente e afirmar que o mundo está ficando melhor faz a pessoa parecer uma sonhadora. Mas sofremos também do efeito manada: a tendência a fazer coisas ou acreditar em coisas porque os outros também fazem ou acreditam. Assim sendo, ainda que se suspeite de que há causas reais para o otimismo, esses dois vieses se juntarão para fazer a pessoa duvidar de sua própria opinião.

Nos últimos anos, os cientistas começaram a perceber padrões maiores em nossos vieses. Um deles costuma ser descrito como nosso "sistema imunológico psicológico".[7] Se alguém acha a própria vida desesperadora, de que adianta continuar tentando? Para nos protegermos disso, desenvolve-mos um sistema imunológico psicológico: um conjunto de vieses que nos mantêm ridiculamente seguros. Em centenas de estudos, os pesquisadores sistematicamente constataram que superestimamos a nossa própria atrati-vidade, inteligência, ética, chance de sucesso (seja ganhar na loto ou obter uma promoção), chance de evitar um resultado negativo (falência, contrair câncer), bem como nosso impacto sobre acontecimentos externos e sobre as outras pessoas, ou mesmo a superioridade de nosso próprio grupo social (o denominado Efeito do Lago Wobegon, nome do paraíso ficcional criado por Garrison Keillor, "onde todas as crianças estão acima da média"). Mas existe um outro lado da moeda: enquanto nos superestimamos, também subesti-mamos fortemente o mundo em geral.

Os seres humanos estão estruturados para ser otimistas locais e pessimis-tas globais, e esse é um problema ainda maior para a abundância. O psicólogo Thomas Gilovich, da Universidade de Cornell, colaborador de Kahneman e Tversky, acredita que o problema seja duplo: "Primeiro, como mostra a an-coragem, existe um vínculo direto entre imaginação e percepção. Segundo, somos controladores fanáticos e bem mais otimistas sobre coisas que acre-ditamos sob nosso controle. Se eu lhe pergunto que providência pode tomar para melhorar sua nota de matemática – bem, você pode imaginar estudar mais, ir menos às baladas, talvez contratar um professor particular. Você está no controle aqui. E por causa disso, seu sistema imunológico psicológico faz você se sentir superconfiante. Mas se pergunto o que você pode fazer para solucionar a fome mundial, tudo que você consegue imaginar são hordas de criancinhas famintas. Não existe sensação de controle, nem confiança exces-siva, e aquelas crianças famintas se tornam sua âncora – e eliminam todas as demais possibilidades".[8]

E uma dessas possibilidades é que dispomos de certo controle sobre a fome mundial. Como veremos nos capítulos vindouros, graças ao crescimento das tecnologias exponenciais, grupos pequenos estão agora se habilitando para fa-zer o que somente governos antes realizavam, inclusive combater a fome. Mas antes de chegarmos lá, para realmente entendermos todos os obstáculos psico-lógicos a tal progresso, temos de explorar como o projeto arquitetônico e a his-tória evolucionária de nosso cérebro conspiram para nos manter pessimistas.

Se sangrar dá audiência

A cada segundo, uma avalanche de dados flui por nossos sentidos. Para processar esse dilúvio, o cérebro está constantemente filtrando e classificando informações, tentando separar os dados críticos dos fortuitos. E como nada é mais crítico ao cérebro do que sobreviver, o primeiro filtro com que depara grande parte das informações que chegam é a amígdala.[9]

A amígdala é um pedaço em forma de amêndoa do lobo temporal responsável pelas emoções básicas como raiva, ódio e medo. É nosso sistema de advertência primitivo, um órgão sempre alerta, cuja função é encontrar qualquer coisa em nosso ambiente capaz de ameaçar a sobrevivência. Alerta sob condições normais, uma vez estimulada a amígdala fica supervigilante. Aí nossa concentração aumenta e nossa reação de lutar pela vida é ativada. Os batimentos cardíacos se aceleram, os nervos se excitam mais rápido, os olhos se dilatam para melhorar a visão, a pele esfria conforme o sangue atravessa nossos músculos para acelerar a reação. Cognitivamente, nosso sistema de reconhecimento de padrões esquadrinha nossas lembranças, procurando situações semelhantes (para ajudar a identificar a ameaça) e soluções potenciais (para ajudar a neutralizá-la). Mas tão potente é a reação que, uma vez ativada, é quase impossível desativá-la, o que constitui um problema no mundo moderno.

Atualmente estamos saturados de informações. Dispomos de milhões de fontes de notícias novas competindo por um quinhão de nossas mentes. E como elas competem? Chamando a atenção da amígdala. O velho ditado jornalístico "Se sangrar dá audiência" funciona, porque a primeira parada com que deparam todas as informações que chegam é um órgão já preparado para procurar o perigo. Estamos alimentando um pequeno diabo.[7] Pegue o *Washington Post* e compare o número de notícias positivas e negativas. Se sua experiência se assemelhar à minha, você constatará que mais de 90% dos artigos é pessimista. O fato é que as boas notícias não prendem a nossa atenção. Más notícias vendem porque a amígdala está sempre procurando algo para temer.

Mas isso tem um impacto imediato sobre nossa percepção. David Eagleman, o neurocientista do Baylor College of Medicine, explica que mesmo

VENDO A FLORESTA ATRAVÉS DAS ÁRVORES 49

sob circunstâncias corriqueiras a atenção é um recurso limitado. "Imagine que você está assistindo a um filme curto, em que um ator sozinho prepara uma omelete. A câmera corta para um ângulo diferente, enquanto o ator continua cozinhando. Claro que você notaria se o ator mudasse para uma pessoa diferente, certo? Dois terços dos observadores não notam."[10] Isso acontece porque a atenção é um recurso seriamente limitado e, uma vez que nos concentremos numa coisa, costumamos não perceber outras. Claro que qualquer reação de medo apenas amplia o efeito. O que tudo isso significa é que, uma vez que a amígdala comece a caçar más notícias, acabará encontrando.

Para piorar, nosso sistema de advertência evoluiu numa era de ameaças imediatas, como o tigre no matagal. As coisas mudaram desde essa época. Muitos dos perigos atuais são probabilísticos – a economia poderia desabar, poderia ocorrer um ataque terrorista – e a amígdala não consegue ver a diferença. Pior, o sistema também está projetado para não desligar enquanto o perigo potencial não desaparecer por completo, mas os perigos probabilísticos nunca desaparecem por completo. Acrescente-se uma mídia onipresente continuamente nos assustando, na tentativa de conquistar o mercado, e a pessoa tem um cérebro convicto de que está vivendo num estado de sítio – um estado especialmente perturbador, como o dr. Marc Siegel, da Universidade de Nova York, explica em seu livro *False alarm: The truth about the epidemic of fear*, porque nada poderia estar mais distante da verdade:

Estatisticamente, o mundo industrializado nunca esteve tão seguro. Muitos de nós estamos vivendo mais tempo e com menos contratempos. Mesmo assim, vivemos em cenários do pior caso possível. Nos últimos cem anos, os norte--americanos reduziram drasticamente seu risco em praticamente todas as áreas da vida, resultando numa expectativa de vida, em 2000, 60% maior do que em 1900. Os antibióticos reduziram as chances de morrer de infecções. [...] Medidas de saúde pública determinam padrões para a água potável e o ar respirável. Nosso lixo é removido rapidamente. Vivemos vidas com temperatura e doenças controladas. No entanto, preocupamo-nos mais do que em qualquer outra época. Os perigos naturais não estão mais aí, mas os mecanismos de resposta continuam operando, e agora estão ativados grande parte do tempo. Nós implodimos, transformando nosso mecanismo de medo adaptativo em uma reação de pânico desajustado.[11]

Para a abundância, tudo isso representa um tríplice obstáculo. Primeiro, é difícil ser otimista, porque a arquitetura de filtragem do cérebro é estruturalmente pessimista. Segundo, as boas notícias são abafadas, porque a mídia tem interesse em superenfatizar as notícias ruins. Terceiro, os cientistas recentemente descobriram um ônus ainda maior: não apenas esses instintos da sobrevivência nos fazem acreditar que "o fosso onde estamos é fundo demais para conseguirmos sair", mas também limitam nosso desejo de sair do fosso.

Um desejo de melhorar o mundo baseia-se em parte na empatia e compaixão. A boa notícia é que agora sabemos que esses comportamentos pró-sociais estão gravados no cérebro. A má notícia é que esses comportamentos estão associados ao córtex pré-frontal, de evolução recente e reação mais lenta. Mas a amígdala evoluiu muito tempo atrás, numa era de ameaças próximas, quando o tempo de reação era crucial à sobrevivência. Quando existe um tigre no matagal, não dá tempo para pensar, e o cérebro toma um atalho: não pensa.

Em situações perigosas, a amígdala direciona as informações contornando o córtex pré-frontal. Por isso você salta para trás ao ver uma forma contorcida no chão antes de ter tempo de deduzir que se trata de um galho, não de uma cobra. Mas devido à diferença nas velocidades de processamento neuronal, uma vez que nossos instintos de sobrevivência primitivos assumam o controle, nossos instintos pró-sociais mais novos ficam à margem.[12] Compaixão, empatia, altruísmo – mesmo a indignação – são abafados. Depois que a mídia nos põe em alerta máximo, por exemplo, o abismo entre ricos e pobres parece grande demais para ser eliminado, porque as emoções que nos fariam querer reduzi-lo estão agora excluídas do sistema.

"Não é de admirar que estejamos exaustos"

Nos últimos 150 mil anos, o *Homo sapiens* evoluiu em um mundo que era "local e linear", mas o ambiente atual é "global e exponencial".[13] No ambiente

VENDO A FLORESTA ATRAVÉS DAS ÁRVORES   51

local de nossos ancestrais, quase tudo que lhes acontecia em 24 horas ocorria num raio de um dia de caminhada. Em seu ambiente linear, a mudança era lentíssima – a vida de uma geração para a próxima era efetivamente igual – e as mudanças que chegavam a ocorrer seguiam uma progressão linear. Para dar uma ideia da diferença, se eu dou 30 passos lineares (de um metro) a partir da porta de minha casa em Santa Monica, vou parar 30 metros adiante. Porém se eu dou 30 passos exponenciais (um, dois, quatro, oito, dezesseis, trinta e dois, e assim por diante), vou parar um bilhão de metros adiante, ou seja, darei 26 voltas ao mundo.

O atual mundo global e exponencial é bem diferente daquele que nosso cérebro evoluiu para entender. Vejamos a extensão dos dados com que agora deparamos. Uma semana do *New York Times* contém mais informações do que um cidadão comum do século 17 encontrava durante toda a vida.[14] E o volume vem crescendo exponencialmente. "Desde o princípio do tempo até o ano 2003", diz o presidente-executivo da Google, Eric Schmidt, "a humanidade criou cinco exabytes de informações digitais. Um exabyte é um bilhão de gigabytes – ou um 1 seguido de dezoito zeros. Enquanto escrevo este livro, no ano 2010, a espécie humana está gerando cinco exabytes de informações a cada dois dias. No ano 2013, o número será de cinco exabytes produzidos a cada dez minutos. [...] Não é de admirar que estejamos exaustos."[15]

O problema, então, é que estamos interpretando um mundo global com um sistema desenvolvido para paisagens locais. "Quinhentos anos atrás, as tecnologias não estavam dobrando de potência, e seu preço caindo para a metade, a cada dezoito meses", escreve Kevin Kelly em seu livro *What technology wants*. "Os moinhos d'água não estavam ficando mais baratos a cada ano. Um martelo não era mais fácil de usar de uma década para a seguinte. O ferro não estava ficando mais resistente. O rendimento das sementes de milho variava conforme o clima da estação, em vez de aumentar a cada ano. A cada doze meses você não conseguia trocar a canga de seu boi por um modelo mais avançado."[16]

A dissociação entre a estrutura linear e local de nosso cérebro e a realidade global e exponencial do nosso mundo está criando o que chamo de "convergência perturbadora". As tecnologias estão explodindo e se unindo como nunca antes, e nossos cérebros não conseguem prever com facilidade uma transformação tão rápida. Nossos meios de governança atuais e suas estruturas regulatórias de apoio não foram projetados para esse ritmo acelerado. Vejamos os mercados financeiros. Nos últimos dez anos, companhias valendo bilhões de dólares como Kodak,[17] Blockbuster[18] e Tower Records[19] entraram em colapso quase da noite para o dia, enquanto empresas novas valendo um bilhão de dólares surgiram do nada.[17] O YouTube levou dezoito meses desde sua criação até a compra pela Google por US$ 1,65 bilhões.[20] O site de compra coletiva Groupon, enquanto isso, desde sua criação até ser avaliado em US$ 6 bilhões levou dois anos.[21] Historicamente nunca se criou valor tão rápido.

Isso representa um problema psicológico fundamental. A abundância é uma visão global baseada na mudança exponencial, mas nossos cérebros locais e lineares são cegos para a possibilidade, as oportunidades que pode apresentar e a velocidade com que chegará. Pelo contrário, somos prisioneiros do que passou a ser conhecido como "ciclo *hype*".[22] Temos expectativas exageradas quando uma tecnologia nova é lançada, seguidas de um desapontamento em curto prazo quando não se mostra à altura das expectativas. Mas esta é a parte importante: sistematicamente também deixamos de reconhecer a natureza pós-*hype* fortemente transformadora das tecnologias exponenciais – significando que literalmente temos um ponto cego para as possibilidades tecnológicas subjacentes à nossa visão de abundância.

O Número de Dunbar

Cerca de vinte anos atrás, o antropólogo evolucionário da Universidade de Oxford, Robin Dunbar, descobriu outro problema com nossas perspectivas locais e lineares. Dunbar estava interessado no número de relacionamentos interpessoais ativos que o cérebro humano conseguia processar ao mesmo tempo. Após examinar tendências globais e históricas, descobriu que as pessoas tendem a se auto-organizar em grupos de 150.[23] Isso explica por que as forças armadas norte-americanas, após um longo período de tentativas e erros, concluíram que 150 é o tamanho ótimo para uma unidade de combate funcional. De forma semelhante, quando Dunbar examinou os padrões de tráfego dos sites de rede social como Facebook, descobriu que, embora as pessoas possam ter centenas de "amigos", na verdade interagem com apenas 150 deles.[24] Reunindo os dados, ele percebeu que os seres humanos evoluíram em grupos de 150,[25] e esse número – agora conhecido como Número de Dunbar – é o limite superior do número de relacionamentos interpessoais que nossos cérebros conseguem processar.

Na sociedade contemporânea – onde, por exemplo, a família nuclear substituiu a família estendida – pouquíssima gente realmente mantém 150 relacionamentos. Mas continuamos com esse padrão primitivo gravado em nosso cérebro, e assim preenchemos as lacunas com aqueles com quem temos mais "contato" diário – ainda que esse contato se restrinja a ver aquela pessoa na televisão. A fofoca, em suas formas anteriores, continha informações cruciais à sobrevivência, porque em clãs de 150 o que acontecia com qualquer um tinha um impacto direto sobre todos.[26] Mas o tiro sai pela culatra hoje em dia. A razão por que nos importamos tanto com o que acontece com celebridades como Lady Gaga não é que suas traquinagens afetarão nossas vidas, e sim que nosso cérebro não percebe a diferença entre astros do rock que conhecemos impessoalmente e os parentes que conhecemos pessoalmente.

Por si mesmo, esse artefato evolucionário torna a televisão ainda mais viciante (talvez nos roubando tempo e energia que poderiam ser gastos melhorando o planeta), mas o Número de Dunbar nunca age sozinho. Tampouco agem sozinhos quaisquer dos processos neurológicos discutidos neste capítulo. Nosso cérebro é um sistema maravilhosamente integrado, de modo que esses processos funcionam em conjunto – e a sinfonia nem sempre é bonita.

Devido à função da amígdala e à concorrência da mídia, as nossas ondas aéreas estão cheias de profetas da catástrofe. O viés da negatividade e o viés da autoridade – nossa tendência para confiar em figuras de autoridade – nos tornam propensos a acreditarmos neles. E por causa de nossos cérebros locais e lineares – de que o Número de Dunbar é apenas um exemplo – tratamos essas figuras de autoridade como amigos, o que desencadeia o viés endogrupal (uma tendência a dar tratamento preferencial às pessoas que acreditamos pertencerem ao nosso grupo), que faz com que confiemos ainda mais nelas.

Uma vez que comecemos a acreditar que o apocalipse está próximo, a amígdala entra em alerta máximo, filtrando quaisquer sinais contestatórios. As informações que escapam à amígdala acabam sendo captadas por nosso viés da confirmação, agora inclinado a confirmar a nossa destruição iminente. Em seu conjunto, o resultado é uma população convicta de que o fim está próximo e que nada se pode fazer.

Isso suscita uma última preocupação: qual é a verdade? Se nosso cérebro distorce tanto assim nossa capacidade de perceber a realidade, qual é de fato a realidade? Eis uma questão importante. Se estamos à beira do desastre, então ter esses vieses poderia ser uma vantagem. Mas é aí que as coisas ficam ainda mais estranhas. No próximo capítulo, veremos os fatos que já foram confirmados. E esses fatos são surpreendentes. Esqueça "o fosso fundo demais para conseguirmos sair". Como logo veremos, esse fosso é papo furado.

CAPÍTULO 4
A COISA NÃO ESTÁ TÃO TERRÍVEL COMO VOCÊ IMAGINA

Esse pessimismo desenfreado

No capítulo 2, delineamos nossas metas objetivas para a abundância. Aquela foi uma visão introdutória de nossa linha de chegada, mas o destino não é a viagem. Para entender plenamente aonde queremos chegar, convém dispor de uma avaliação exata de nosso ponto de partida. Se conseguimos eliminar o nosso ceticismo, qual o aspecto real de nosso mundo? Quanto progresso foi feito e passou despercebido?

Matt Ridley passou as duas últimas décadas tentando responder a essas mesmas perguntas. Ridley, com pouco mais de 50 anos, é um inglês alto com cabelos castanhos ralos e um sorriso fácil. Zoólogo formado por Oxford, dedicou grande parte da carreira a escrever sobre ciência, especializando-se nas origens e evolução do comportamento. Ultimamente, o comportamento que mais tem atraído sua atenção é uma manifestação estritamente humana: a predileção de nossa espécie por más notícias.

"É incrível", ele disse, "esse pessimismo desenfreado, essa reação automática tipo 'as coisas estão indo de mal a pior' de pessoas vivendo em meio a um luxo e segurança pelos quais seus ancestrais teriam dado a vida. A tendência a ver o vazio de cada copo é generalizada. Parece que as pessoas se aferram às más notícias como a uma muleta."[1] Ao tentar entender esse pessimismo, Ridley, assim como Kahneman, vê uma combinação de vieses cognitivos e psicologia evolucionária como o cerne do problema. Ele aponta a aversão à perda – uma tendência de as pessoas lamentarem uma perda mais do que apreciam um ganho semelhante – como o viés que mais causa impacto à abundância. A aversão à perda costuma ser o que mantém as pessoas presas à rotina. É uma relutância em mudar maus hábitos, por medo de que a mudança as deixe pior do que antes. Mas esse viés não está agindo sozinho. "Acho também que poderia haver um componente de psicologia evolucionária", ele sustenta. "Podemos ser pessimistas porque pessoas pessimistas conseguiam evitar serem comidas por leões no Pleistoceno."

De qualquer modo, Ridley passou a acreditar que nosso divórcio da realidade está fazendo mais mal do que bem, e ultimamente começou a contra-atacar. "Tornou-se um hábito para mim agora desafiar tais observações. Sempre que alguém diz algo negativo sobre o mundo, tento pensar no outro lado do argumento e – após examinar os fatos – repetidamente constato que a outra pessoa estava equivocada."

Essa conversão ao pensamento positivo não ocorreu da noite para o dia. Quando era ainda um repórter de ciência novato, Ridley encontrou centenas de ambientalistas profetizando fervorosamente um futuro mais sombrio. Mas quinze anos atrás, começou a perceber que o desastre previsto por aqueles *experts* não dava o ar de sua graça.

A chuva ácida foi o primeiro sinal de que os fatos não correspondiam ao que se alardeava. Antes considerada a pior ameaça ambiental de nosso planeta, a chuva ácida se desenvolve porque os combustíveis fósseis queimados liberam dióxido de enxofre e óxidos de nitrogênio na atmosfera, causando uma mudança de acidez no pH das precipitações – daí o nome "chuva ácida". Primeiramente observada pelo cientista inglês Robert Angus Smith em 1852,[2] a chuva ácida levou mais um século para florescer de uma curiosidade científica em uma catástrofe presumida. No final da década de 1970, as profecias assumiram tinturas bíblicas. Em 1982, o ministro do Meio Ambiente canadense, John Roberts, sintetizou, para a revista *Time,* o que muitos vinham

A COISA NÃO ESTÁ TÃO TERRÍVEL COMO VOCÊ IMAGINA   57

pensando: "A chuva ácida é uma das formas de poluição mais devastadoras imagináveis, uma malária insidiosa da biosfera".[3]

Naquela época, Ridley concordava com essa opinião. Mas algumas décadas decorreram, e ele percebeu que nada daquilo estava acontecendo. "Não se tratava apenas de que as árvores não vinham morrendo, mas de que nunca haviam morrido em alguma quantidade exagerada por causa da chuva ácida. Florestas que deveriam ter sumido do mapa estavam mais saudáveis do que nunca."

Na verdade, a inovação humana desempenhou um papel relevante em evitar aquele desastre. Nos Estados Unidos, o pânico produziu desde emendas à Lei do Ar Limpo à adoção de conversores catalíticos para automóveis. Os resultados foram uma redução da emissão de dióxido de enxofre de 26 milhões de toneladas, em 1980, para 11,4 milhões de toneladas em 2008, e de óxidos de nitrogênio de 27 milhões de toneladas para 16,3 milhões de toneladas durante o mesmo período.[4] Embora alguns especialistas achem que as taxas de emissão de SO_2 /NO ainda são altas demais, o fato é que o ecoapocalipse previsto na década de 1970 jamais surgiu.

Essa ausência deixou Ridley curioso. Passou a examinar outras profecias pessimistas e encontrou um padrão semelhante. "As previsões sobre população e fome estavam totalmente erradas", ele diz, "enquanto as epidemias nunca foram tão devastadoras como se supunha que seriam. As taxas de câncer, descontada a idade, por exemplo, estão caindo, não aumentando. Além disso, observei que as pessoas que observavam esses fatos eram fortemente criticadas, mas não refutadas."

Tudo isso o levou a outra pergunta: se as previsões realmente negativas não estavam se concretizando, qual seria a veracidade de hipóteses mais comuns, como a ideia de que o mundo vem piorando? Para descobrir, Ridley passou a examinar as tendências globais: econômicas e tecnológicas, relacionadas à longevidade e assistência médica e uma série de preocupações ambientais. O resultado daquela pesquisa tornou-se a espinha dorsal de seu *The rational optimist*, um livro de 2010 que sustenta ser o otimismo, e não o pessimismo, a posição filosófica mais sensata para aproveitarmos as chances de nossa espécie de um futuro melhor. Seu argumento edificante baseia-se em um fato óbvio mas muitas vezes despercebido: o tempo é um recurso. Na verdade, o tempo sempre foi nosso recurso mais precioso, e isso tem consequências importantes para o modo como acessamos o progresso.

Tempo poupado, vidas poupadas

Cada um de nós começa com as mesmas 24 horas ao dia. Como utilizamos essas horas determina a qualidade de nossas vidas. Fazemos um esforço extraordinário para administrar nosso tempo, para poupar tempo, para ganhar tempo. No passado, a simples satisfação das necessidades básicas preenchia a maior parte de nossas horas. No presente, para uma enorme porção do mundo, pouca coisa mudou. Uma camponesa do Malawi moderno gasta 35% de seu tempo cultivando alimentos, 33% cozinhando e limpando, 17% buscando água potável limpa e 5% coletando lenha.[5] Assim, restam apenas 10% do seu dia para outras atividades, inclusive encontrar um emprego lucrativo para escapar dessa rotina estafante. Por causa disso tudo, Ridley sente que a melhor definição de prosperidade é simplesmente "tempo poupado". "Esqueça os dólares, conchas de búzios ou ouro", ele diz. "A verdadeira medida do valor de algo são as horas despendidas para adquiri-lo."[6]

Portanto, como as pessoas conseguiram poupar tempo ao longo dos anos? Bem, tentamos a escravidão – humana e animal – e isso funcionou bem até desenvolvermos uma consciência. Também aprendemos a incrementar a força muscular com forças mais elementares: fogo, vento e água, depois o gás natural, petróleo e energia atômica. Mas a cada passo desse caminho, além de desenvolveremos mais energia, também poupamos mais tempo.

A luz é um exemplo fabuloso. Na Inglaterra, a iluminação artificial em torno de 1300 era 20 mil vezes mais cara do que hoje. Mas quando Ridley estendeu a equação e examinou como a quantidade de luz comprada com o trabalho de uma hora (a um salário médio) mudou através dos anos, a economia é ainda maior:

> Atualmente a luz custará menos de meio segundo de seu tempo de trabalho se você ganha um salário médio: metade de um segundo de trabalho por uma hora de luz! Se estivesse usando uma lâmpada de querosene na década de 1880, você

A COISA NÃO ESTÁ TÃO TERRÍVEL COMO VOCÊ IMAGINA 59

teria de trabalhar quinze minutos para obter a mesma quantidade de luz. Uma vela de sebo no início do século 19: mais de seis horas de trabalho. E obter essa quantidade de luz de uma lâmpada de óleo de gergelim na Babilônia em 1750 a.C. custar-lhe-ia mais de quinze horas de trabalho.[7]

Em outras palavras, se você comparar o custo da iluminação atual com o custo do óleo de gergelim usado em 1750 a.C., encontrará uma diferença de economia de tempo de 350 mil vezes. E isso cobre apenas a economia de tempo relacionada ao trabalho. Como quem dispõe de eletricidade raramente esbarra num lampião e põe fogo no celeiro ou sofre das doenças respiratórias decorrentes de respirar fumaça de vela, ganhamos ainda aquelas horas ocultas, perdidas ao cuidar da saúde e reparar o hábitat.

O transporte segue uma curva desenvolvimental de economia de tempo ainda maior. Por milhões de ano, íamos apenas até aonde nossos pés conseguiam nos transportar. Seis mil anos atrás, domesticamos o cavalo.[8] Um grande progresso, com certeza, mas os equinos não se comparam aos aviões. No século 19, viajar de Boston a Chicago em diligência consumia duas semanas de tempo e um mês de salário.[9] Hoje em dia, leva duas horas e um dia de salário. Mas quando se trata de transpor os oceanos, bem, o cavalo não ajuda muito, e nossas embarcações antigas não eram exatamente modelos de eficiência. Em 1947 o aventureiro norueguês Thor Heyerdahl gastou 101 dias navegando na balsa *Kon-Tiki* do Peru ao Havaí.[10] Num 747, você leva 15 horas – uma economia de cem dias, com o bônus extra de reduzir exponencialmente as chances de morrer ao longo do caminho.

E a economia de tempo não é a única melhoria não alardeada da qualidade de vida a ser encontrada. Na verdade, como Ridley explica, elas aparecem onde quer que olhemos:

> Algumas das bilhões de pessoas atualmente vivas continuam na miséria e sofrem privações ainda piores do que as da Idade da Pedra. Algumas estão em situação mais precária do que alguns meses ou anos atrás. Mas a grande maioria está mais bem alimentada, mais bem abrigada, entretida, protegida contra doenças e tem bem mais chances de viver até a velhice do que seus ancestrais. A disponibilidade de quase tudo que uma pessoa possa desejar vem aumentando ra-

pidamente há duzentos anos e aumentou de forma intermitente nos 10 mil anos antes disso: anos de expectativa de vida, abundância de água e ar limpo, horas de privacidade, meios de viajar mais rápido do que você consegue correr, meios de se comunicar mais longe do que você consegue berrar. Mesmo admitindo as centenas de milhões que ainda vivem na pobreza abjeta, doença e privação, a atual geração de seres humanos tem acesso a mais calorias, *watts*, lumens-hora, metros quadrados, gigabytes, megahertz, anos-luz, nanômetros, alqueires por hectare, quilômetros por galão, distâncias percorridas pelos alimentos da origem ao consumidor e, é claro, dólares do que qualquer geração anterior.[11]

O que isso significa é que, se o argumento contra a abundância se baseia na alegação de que "o fosso onde estamos é fundo demais para conseguirmos sair", então ter-se-á de achar uma justificativa melhor. Mas se essa crítica familiar contra a abundância não é tão grave como se supõe, que tal outra crítica comum: o abismo crescente entre ricos e pobres?

O problema não é tão grave como muitos suspeitam. Tomemos a Índia. Em 1º de agosto de 2010, o Conselho Nacional de Pesquisa Econômica Aplicada da Índia estimou que o número de domicílios de alta renda na Índia (46,7 milhões) agora excede o número de domicílios de baixa renda (41 milhões) pela primeira vez na história.[12] Além disso, o abismo entre os dois extremos vem também diminuindo rapidamente. Em 1995, a Índia possuía 4,5 milhões de domicílios de classe média. Em 2009, esse número aumentara para 29,4 milhões. Ainda melhor, a tendência vem se acelerando. De acordo com o Banco Mundial, o número de pessoas que vivem com menos de US$ 1 diário caiu para menos de metade desde a década de 1950 e hoje está abaixo de 18% da população mundial.[13] No entanto, ainda existem bilhões vivendo na penúria, mas à taxa atual de declínio, Ridley estima que o número de pessoas no mundo em situação de "pobreza absoluta" chegará a zero em 2035.[14]

Possivelmente o número não cairá tanto assim, mas os indicadores de pobreza absoluta não são os únicos a serem considerados. Precisamos também examinar a disponibilidade de bens e serviços, que já se provou serem duas categorias que impactam fortemente a qualidade de vida. Também aqui os ganhos foram incríveis. Entre 1980 e 200, a taxa de consumo – um indicador

A COISA NÃO ESTÁ TÃO TERRÍVEL COMO VOCÊ IMAGINA   61

de bens usados por uma sociedade – cresceu no mundo em desenvolvimento duas vezes mais rápido do que no resto do planeta. Como o tamanho, saúde e longevidade da população são impactados pelo consumo, esses indicadores melhoraram também. Em comparação com cinquenta anos atrás, hoje em dia os chineses são dez vezes mais ricos, têm um terço a menos de bebês e vivem 28 anos a mais. Nesse mesmo intervalo de meio século, os nigerianos estão duas vezes melhor, com 25% menos filhos e um aumento de nove anos na expectativa de vida. No todo, de acordo com as Nações Unidas, a pobreza se reduziu mais nos últimos cinquenta anos do que nos quinhentos anos precedentes.[15]

Além disso, é uma aposta segura que não haverá uma reversão da tendência. "Uma vez que a melhora da posição das classes inferiores ganha velocidade", escreveu o economista Friedrich Hayek em seu livro de 1960, *The constitution of liberty*, "fornecer aos ricos cessa de ser a fonte principal de grandes lucros, dando lugar aos esforços voltados às necessidades das massas. As forças que de início fazem com que a desigualdade se autoperpetue mais tarde tendem a diminuí-la."[16]

Isso é exatamente o que vem ocorrendo na África atual: as classes inferiores estão ganhando velocidade e independência. Por exemplo, a disseminação dos telefones celulares está possibilitando as microfinanças, e as microfinanças estão possibilitando a disseminação dos telefones celulares, e ambos estão criando mais oportunidades intraclasses (significando menos empregos que dependem diretamente dos ricos) e mais prosperidade para todos os envolvidos.

Além dos indicadores econômicos, tanto a liberdade política como os direitos civis também melhoram substancialmente nesses últimos séculos.[17] A escravidão, por exemplo, passou de prática global comum para uma atividade considerada ilegal em toda parte.[18] Uma mudança similar ocorreu na consagração dos direitos humanos nas constituições mundiais e na disseminação dos processos eleitorais. É bem verdade que em muitos lugares esses direitos e processos são mais jogo de cena do que experiência diária, mas em menos de um século esses memes atingiram tal proeminência que pesquisas globais constatam ser a democracia a forma de governo preferida por mais de 80% da população do mundo.[19]

Talvez a melhor notícia seja o que o psicólogo evolucionário de Harvard, Steven Pinker, descobriu quando começou a analisar padrões globais de violência. Em seu ensaio "A History of Violence: We're Getting Nicer Every Day" ("História da Violência: Estamos Ficando Mais Gentis a Cada Dia"), ele escreve:

> A crueldade como entretenimento, o sacrifício humano para alimentar a superstição, a escravidão como um meio de poupar trabalho, a conquista como uma declaração de missão do governo, o genocídio como um meio de adquirir propriedades imobiliárias, a tortura e mutilação como punições rotineiras, a pena de morte por delitos leves e diferenças de opinião, o assassinato como mecanismo de sucessão política, estupros como despojos de guerra, *pogroms* como escoadouros da frustração, o homicídio como forma principal de resolução de conflitos: todos esses foram aspectos comuns da vida em grande parte da história humana. Mas atualmente são raros, quase inexistentes, no Ocidente, e bem menos comuns nas outras partes do que costumavam ser, ocultados quando ocorrem, e amplamente condenados quando revelados.[20]

O que tudo isso significa é que, nas últimas centenas de anos, nós, seres humanos, demos grandes passos. Estamos vivendo vidas mais longas, mais ricas, mais saudáveis e mais seguras. Aumentamos maciçamente o acesso aos bens, serviços, transportes, informações, educação, remédios, meios de comunicações, direitos humanos, instituições democráticas, abrigos duráveis, e assim por diante. Mas essa não é a história toda. Tão importante para essa discussão como o progresso que fizemos são as razões por que fizemos tal progresso.

Progresso cumulativo

Os seres humanos compartilham conhecimentos. Trocamos ideias e informações. Em *The rational optimist*, Ridley compara esse processo ao sexo, e sua comparação é mais do que uma simples metáfora espalhafatosa.[21] O sexo é uma troca de informações genéticas, uma polinização cruzada que torna a evolução biológica cumulativa. As ideias também seguem essa trajetória.

A COISA NÃO ESTÁ TÃO TERRÍVEL COMO VOCÊ IMAGINA   63

Elas se encontram, acasalam e mudam. Chamamos esse processo de aprendizado, ciência, invenção – mas qualquer que seja o termo, é exatamente o que Isaac Newton quis dizer quando escreveu: "Se eu vi mais longe, foi por estar de pé sobre ombros de gigantes".[22]

O intercâmbio é o início, não o fim dessa linhagem. À medida que o processo evolui, a especialização é o próximo passo. Se você é o novo ferreiro da cidade, forçado a competir com cinco outros ferreiros já conhecidos, só há duas formas de progredir. Uma é trabalhar feito doido e aperfeiçoar suas habilidades, tornando-se o melhor ferreiro da cidade. Mas essa é uma opção arriscada. Você terá de ser um ferreiro tão bom que a excelência de seu ofício supere os laços do nepotismo, porque numa cidade pequena a maioria dos seus clientes são amigos próximos ou parentes. Infelizmente, a evolução trabalhou muito para forjar esses vínculos. Mas desenvolva uma tecnologia nova – uma ferradura ligeiramente melhor ou um processo mais rápido de produzi-la – e você incentivará as pessoas a olharem além da própria rede social.

Ridley sente que esse processo cria um ciclo de *feedback* adicional de ganho positivo: "A especialização encorajou a inovação, porque encorajou o investimento de tempo em uma ferramenta produtora de ferramentas. Esse tempo poupado, e a prosperidade é simplesmente tempo poupado, é proporcional à divisão de trabalho. Quanto mais os seres humanos diversificaram como consumidores e se especializaram como produtores, e quanto mais então trocaram, em melhor situação estiveram, estão e estarão."[23]

Para um exemplo concreto, retornemos à viagem de barco de Thor Heyerdahl do Peru ao Havaí. Digamos que alguém quisesse repetir a mesma viagem hoje. O que a pessoa não precisa fazer é entrar numa floresta, derrubar uma árvore, passar dias cultivando um fogo para abrir uma cavidade no tronco, trabalhar semanas entalhando aquela cavidade até obter um barco navegável, levar um tempão transportando seu barco até a praia, estocando água potável, caçando animais e encontrando sal para preservar a carne ou fazer qualquer das outras tarefas que precederiam uma viagem de veleiro ao Havaí. Pelo contrário, como a especialização já se encarregou de todos esses passos intermediários, a pessoa acessa um site e compra uma passagem. Simples assim. O resultado é um grande avanço em sua qualidade de vida.

Cultura é a capacidade de armazenar, trocar e melhorar ideias. Esse vasto sistema cooperativo sempre foi um dos grandes motores da abundância. Quando as boas ideias de um avô podem ser aperfeiçoadas pelas boas ideias de seus netos, esse motor está em pleno funcionamento. A prova é a abundância de inovações cumulativas produzidas por especialização e troca. "Uma grande proporção de nosso alto padrão de vida atual deriva não apenas de nossa capacidade de produzir, de forma mais barata e produtiva, as mercadorias de 1800", escreve J. Bradford DeLong, economista da Universidade da Califórnia em Berkeley, "mas de nossa capacidade de produzir tipos de mercadorias totalmente novas, algumas das quais atendem mais nossas necessidades do que o que tínhamos em 1800, e algumas das quais satisfazem necessidades que eram inimagináveis em 1800."[24]

Dispomos agora de milhões de opções poupadoras de tempo que nossos ancestrais não podiam sequer imaginar. Meus ancestrais não conceberiam um bufê de saladas, porque não conseguiam imaginar uma rede de transporte global capaz de fornecer vagens do Oregon, maçãs da Polônia e cajus do Vietnã juntos na mesma refeição.

"Esse é o aspecto definidor da vida moderna", escreve Ridley, "a definição exata de um padrão de vida alto: consumo diversificado, produção simplificada. Produza uma coisa, use um monte delas. O predecessor camponês ou caçador-coletor autossuficiente define-se, em contraste, por sua produção múltipla e consumo simples. Ele não produz apenas uma coisa, mas muitas: seu abrigo, suas roupas, seu entretenimento. Como só consome o que produz, não pode consumir muito. O abacate, Tarantino ou Manolo Blahnik não lhe dizem nada. Ele é sua própria marca."[25]

Mas a melhor de todas as notícias é que ultimamente nos especializamos tanto que agora comercializamos um tipo de mercadoria totalmente diferente. Quando as pessoas afirmam que temos uma economia baseada na informação, o que realmente querem afirmar é que descobrimos como trocar informações. As informações são nossa última e mais brilhante mercadoria. "Num mundo de bens tangíveis e trocas tangíveis, o comércio é um jogo de soma zero", diz o inventor Dean Kamen. "Tenho uma pepita de ouro e você tem um relógio. Se negociarmos, eu terei um relógio e você terá uma pepita de ouro. Mas se eu tiver uma ideia e você tiver uma ideia, e nós as trocarmos, ambos teremos duas ideias. A soma não é zero."[26]

As melhores estatísticas que você já viu

Hans Rosling tem pouco mais de 60 anos, usa óculos de armação de metal, tem uma predileção por jaquetas *tweed* e mais energia do que a maioria. Começando como um médico na África rural, onde passou anos na trilha do *konzo* – uma doença de paralisia epidêmica para a qual acabou encontrando a cura –, Rosling veio a fundar a divisão sueca dos Médicos Sem Fronteiras, tornou-se professor de saúde internacional numa das melhores faculdades de medicina do mundo, o Instituto Karolinska sueco, e escreveu um dos mais ambiciosos livros sobre saúde global de todos os tempos (examinando a saúde de todas as 6,5 bilhões de pessoas no planeta).

A pesquisa para seu livro enviou Rosling às entranhas dos arquivos da ONU, onde toneladas de dados globais sobre taxas de pobreza, taxas de fertilidade, expectativa de vida, distribuição de renda, acumulação de renda etc. haviam sido cuidadosamente escondidas como fileiras de números em planilhas obscuras. Rosling não apenas se apoderou daqueles dados, mas também descobriu um meio novo de visualizá-los, transformando alguns dos maiores segredos do mundo numa apresentação inacreditável.

A primeira vez em que vi Rosling em ação foi a primeira vez em que a maioria das pessoas também viu: na conferência Tecnologia, Entretenimento e Design (TED) em Monterey, Califórnia. A apresentação de Rosling na TED – agora conhecida como "As melhores estatísticas que você já viu"[27] – começou com ele no palco, com um telão atrás e um gráfico enorme preenchendo o telão. O eixo horizontal do gráfico era dedicado às taxas de fertilidade nacionais, enquanto o eixo vertical mostrava as expectativas de vida nacionais. No gráfico estavam traçados círculos de diferentes cores e tamanhos. As cores representavam continentes; os círculos, nações. Havia uma correlação entre o tamanho do círculo e o tamanho da população da nação, enquanto sua posição no gráfico representava uma combinação do tamanho de família médio e expectativa de vida média para um dado ano. Quando Rosling começou a falar, um grande "1962" apareceu sobre a tela.

"Em 1962", ele disse, apontando para o canto superior direito da tela, "havia um grupo de países – as nações industrializadas – com famílias pequenas e vidas longas." Depois, voltando-se para o canto inferior esquerdo:

"E aqui estão os países em desenvolvimento, com grandes famílias e vidas relativamente curtas".

Aquela visualização brutal da diferença em 1962 entre os ricos e os pobres era impressionante, mas não durou. Com um clique do mouse, o gráfico começou a se animar. As datas mudaram – 1963, 1964, 1965, 1966 – cerca de um ano a cada segundo. À medida que o tempo avançava, os pontos começaram a saltar na tela, seu movimento impelido pelo banco de dados da ONU. Rosling saltava junto com eles. "Estão vendo aqui? É a China mudando para a esquerda à medida que a saúde está melhorando. Todos os países latino-americanos verdes estão mudando para famílias menores, todos os países árabes amarelos estão ficando mais ricos e aumentando a expectativa de vida." Os anos decorreram, e o progresso tornou-se mais claro. Em 2000, excluindo as nações africanas atingidas pela guerra civil e HIV, a maioria dos países estava reunida no canto superior direito, rumo a um mundo melhor de vidas mais longas e famílias menores.

Um gráfico novo surgiu na tela. "Agora vejamos a distribuição de renda mundial." Ao longo do eixo horizontal havia uma escala logarítmica do PIB per capita (a renda média por pessoa por ano); no eixo vertical esquerdo estava a taxa de sobrevivência infantil. De novo, o relógio começou em 1962. No canto inferior esquerdo estava Serra Leoa, com uma taxa de sobrevivência infantil de apenas 70% e uma renda média de US$ 500 por ano. Logo acima ficava a bola maior, China, financeiramente pobre e com má saúde. De novo, Rosling clicou seu mouse, e seu gráfico adivinhador avançou no tempo. A China foi para cima, depois para a direita. "Este é Mao Tse-tung", ele disse, "trazendo saúde para a China. Depois ele morreu. [...] E Deng Xiaoping trouxe dinheiro à China."

A China era apenas parte do quadro. A maioria do mundo seguiu o mesmo padrão, o resultado final aparecendo como um agregado denso de países no canto superior direito, com uma cauda extravagante de pontos menores descendo para a esquerda. Tratava-se de uma representação gráfica da diferença entre ricos e pobres, mas mesmo com aquela cauda a diferença não era tão grande assim. Numa apresentação atualizada em 2010, Rosling sintetizou suas descobertas nestes termos: "Apesar das disparidades atuais, vimos duzentos anos de progresso enorme. Aquele fosso histórico entre o

A COISA NÃO ESTÁ TÃO TERRÍVEL COMO VOCÊ IMAGINA   67

Ocidente e o resto está se fechando. Tornamo-nos um mundo convergente inteiramente novo. E vejo uma tendência clara futuro adentro. Com ajuda, comércio, tecnologia verde e paz, é totalmente possível que todos possam evoluir para o canto mais saudável e rico".[28]

Então o que tudo isso significa? Se Rosling tem razão e o abismo entre ricos e pobres é em grande parte uma lembrança do passado, e se Ridley tem razão ao dizer que o fosso onde estamos não é tão fundo assim, o único obstáculo restante contra a abundância é que a taxa atual de progresso tecnológico pode ser lenta demais para evitar os desastres que agora enfrentamos. Mas e se esse fosse um tipo diferente de problema de visualização, que não foi tão facilmente resolvido pelas teorias de Ridley e pelos gráficos animados de Rosling? E se esse último problema não é nossa taxa atual de progresso? E se, como logo veremos, o problema é a incapacidade de nosso cérebro linear compreender nossa taxa atual de progresso exponencial?

PARTE DOIS

TECNOLOGIAS EXPONENCIAIS

CAPÍTULO 5
RAY KURZWEIL E O BOTÃO DE ACELERAR

Melhor do que seu arúspice comum

Se você quiser saber se a tecnologia está acelerando com velocidade suficiente para trazer uma era de abundância, precisa saber como prever o futuro. Claro que essa é uma arte antiga. Os romanos, por exemplo, empregavam um arúspice – um homem treinado para adivinhar a sorte pela interpretação das entranhas de uma ovelha estripada.[1] Atualmente aperfeiçoamos o processo. De fato, quando se trata de prever tendências tecnológicas, somos quase científicos. E talvez ninguém se destaque mais nessa ciência do que Ray Kurzweil.

Kurzweil nasceu em 1948 e não tentou ser um prognosticador de tecnologia desde o início, embora não começasse como a maioria.[2] Aos 5 anos, queria ser um inventor, mas não um inventor qualquer. Seus pais, ambos judeus seculares, fugiram da Áustria para Nova York a fim de escapar de Hitler. Ele cresceu ouvindo histórias sobre os horrores dos nazistas, mas também ouviu outros relatos. O avô materno adorava conversar sobre sua primeira viagem de volta à Europa do pós-guerra e a oportunidade incrível que tivera de manusear os textos originais de Leonardo da Vinci – experiência que sempre descreveu com reverência. Com base naquelas narrativas, Kurzweil descobriu que as ideias humanas eram poderosíssimas. As ideias de da Vinci simbolizavam o poder da invenção de transcender as limitações humanas. As ideias de Hitler mostraram o poder de destruir. "Assim, desde cedo", diz Kurzweil, "dei uma importância crítica a buscar ideias que corporificassem o melhor de nossos valores humanos."

Aos 8 anos, Kurzweil obteve ainda mais provas de que estava no caminho certo. Em 1956, descobriu os livros de Tom Swift Jr. As tramas da série eram quase sempre as mesmas: Swift descobria uma situação terrível que ameaçava o destino do mundo, depois se retirava ao seu laboratório de porão para raciocinar. No final, vinha o estalo, ele desenvolvia alguma solução engenhosa e emergia como herói. A moral da história era clara: ideias, acopladas à tecnologia, podiam solucionar todos os problemas do mundo.

Desde essa época, Kurzweil tem estado à altura de sua meta. Inventou dezenas de maravilhas: o primeiro scanner de mesa CCD, o primeiro sintetizador texto-fala do mundo, a primeira máquina de leitura para cegos – e muito mais. No total, detém agora 39 patentes, com 63 pedidos de patentes adicionais e 12 doutorados *honoris causa*. Ele foi empossado na Galeria da Fama dos Inventores Nacionais em Akron, Ohio e recebeu a Medalha Nacional de Tecnologia e o prestigioso Prêmio Lemelson-MIT de US$ 500 mil, que reconhece "indivíduos que traduzem suas ideias em invenções e inovações que melhoram o mundo onde vivem".

Mas não foram apenas as invenções que tornaram Ray Kurzweil famoso. Talvez sua maior contribuição tenha sido o motivo pelo qual chegou a essas invenções – embora isso requeira uma explicação um pouco maior.

Uma curva numa folha de papel

No início da década de 1950, os cientistas começaram a suspeitar de que poderia haver padrões ocultos na taxa de mudança da tecnologia e de que, ao descobrir tais padrões, talvez fossem capazes de prever o futuro.[3] Uma das primeiras tentativas oficiais de fazer exatamente isso foi um estudo de 1953 da Força Aérea norte-americana que rastreou o progresso acelerado dos voos aéreos, dos irmãos Wright em diante. Ao criar aquele gráfico e ex-

RAY KURZWEIL E O BOTÃO DE ACELERAR

trapolar para o futuro, a Força Aérea chegou ao que foi então uma conclusão chocante: uma viagem à Lua logo seria possível.

Em *What technology wants* (O que a tecnologia quer), Kevin Kelly dá mais explicações:

> É importante lembrar que em 1953 nenhuma das tecnologias para essas viagens futuristas existia. Ninguém sabia como atingir aquelas velocidades e sobreviver. Nem mesmo os visionários mais otimistas esperavam uma alunissagem antes do proverbial "Ano 2000". A única voz dizendo que as viagens espaciais eram possíveis foi uma curva numa folha de papel. Mas a curva estava certa. Só não estava politicamente certa. Em 1957 a URSS lançou o *Sputnik*, no prazo certo. Foguetes norte-americanos rumaram para a Lua doze anos depois. Como [Damien] Broderick observa, os seres humanos chegaram na Lua "cerca de um terço de século mais cedo do que aficionados lunáticos pelas viagens espaciais, como Arthur C. Clarke, esperavam que ocorresse".

Cerca de uma década depois que a Força Aérea concluiu seu estudo, um homem chamado Gordon Moore descobriu o que logo se tornaria a mais famosa de todas as tendências técnicas.[4] Em 1965, enquanto trabalhava na Fairchild Semiconductor (e antes de ser um dos fundadores da Intel), Moore publicou um artigo intitulado "Cramming More Components onto Integrated Circuits" ("Comprimindo Mais Componentes em Circuitos Integrados"), onde observou que o número de componentes de circuito integrado num chip de computador havia dobrado a cada ano desde a invenção do circuito integrado em 1958. Moore previu que a tendência prosseguiria "por ao menos dez anos". Ele estava certo. A tendência continuou por dez anos, e depois por mais dez, e outros dez subsequentemente. No todo, sua previsão manteve-se precisa por cinco décadas, tornando-se tão durável que passou a ser conhecida como a Lei de Moore, servindo agora à indústria de semicondutores como um guia para o planejamento futuro.

A Lei de Moore afirma que a cada 18 meses o número de transistores em um circuito integrado dobra, o que essencialmente significa que a cada 18 meses os computadores ficam duas vezes mais rápidos pelo mesmo preço. Em 1975, Moore alterou sua fórmula para uma duplicação a cada dois anos,[5] mas na nova versão continua descrevendo um padrão de crescimento exponencial.

Como já mencionamos, o crescimento exponencial não passa de uma duplicação simples: 1 torna-se 2, 2 torna-se 4, 4 torna-se 8, mas como a maioria das curvas exponenciais começa bem abaixo de 1, o crescimento inicial quase sempre é imperceptível. Quando se dobra 0,0001 para 0,0002, depois para 0,0004, depois para 0,0008, num gráfico todos esses pontos parecem zero. Na verdade, a essa taxa, a curva permanece abaixo de 1 por um total de 13 duplicações. Para a maioria das pessoas, parece uma linha horizontal. Mas apenas sete duplicações à frente, a mesma linha disparou acima de 100. E é esse tipo de explosão, do escasso para o enorme, quase da noite para o dia, que torna o crescimento exponencial tão poderoso. Mas para nossos cérebros locais e lineares tal crescimento pode ser chocante.

Para vermos esse mesmo padrão se desenrolar na tecnologia, examinemos o Osborne Executive Portable, um computador de vanguarda lançado em 1982.[6] Essa engenhoca pesava quase 13 quilos e custava pouco mais de US$ 2.500. Comparemo-lo com o primeiro iPhone, lançado em 2007, que pesava um centésimo disso, a um décimo do preço, enquanto oferecia uma velocidade de processamento 150 vezes maior e uma memória mais de 100 mil vezes maior.[7] Pondo de lado o universo dos aplicativos de software e conectividade sem fio que leva o iPhone anos-luz à frente dos primeiros computadores pessoais, se fôssemos simplesmente medir a diferença em termos de "dólares por grama por cálculo", o desempenho de preço do iPhone é 150 mil vezes melhor do que o do Osborne Executive Portable.

Esse aumento espantoso de potência, velocidade e memória dos computadores, associado a uma queda simultânea no preço e tamanho, é um caso típico de mudança exponencial. No início da década de 1980, os cientistas estavam começando a suspeitar que esse padrão não se manifestava apenas no tamanho dos transistores, mas também em uma série maior de tecnologias baseadas na informação – ou seja, qualquer tecnologia, como um computador, usada para digitar, armazenar, processar, recuperar e transmitir informações digitais.

E é aí que Kurzweil retorna à nossa história.[8] Na década de 1980, ele percebeu que as invenções baseadas nas tecnologias atuais estariam ultrapassadas no momento em que chegassem ao mercado. Seu verdadeiro sucesso dependia de prever onde estaria a tecnologia dentro de três a cinco anos e basear seus projetos na previsão. Assim, Kurzweil tornou-se estudioso das tendências técnicas. Começou a traçar suas próprias curvas de crescimento exponencial, tentando descobrir quão generalizada era realmente a Lei de Moore.

Ao que se revela, está bem generalizada.

Google no cérebro

Kurzweil descobriu dezenas de tecnologias que seguiam um padrão de crescimento exponencial: por exemplo, a expansão das linhas telefônicas no Estados Unidos, a quantidade de tráfego de dados na internet ao ano, e os bits por dólar de armazenagem magnética de dados.[9] Além disso, as tecnologias baseadas na informação, além de estarem crescendo exponencialmente, cresciam independentemente do que estivesse acontecendo no mundo. Tomemos a velocidade de processamento do computador. Nos últimos cem anos, seu crescimento exponencial permaneceu constante – apesar da imposição violenta de guerras mundiais, depressões globais e uma série de outros contratempos.

Em seu primeiro livro, *The age of intelligent machines* (A era das máquinas inteligentes),[10] de 1988, Kurzweil usou seus gráficos do crescimento exponencial para fazer algumas previsões sobre o futuro.[11] É bem verdade que inventores e intelectuais vivem fazendo previsões sobre o futuro, mas as dele mostraram uma precisão extraordinária: previsão da queda da União Soviética, de um computador vencendo um campeonato mundial de xadrez, do surgimento de armas inteligentes e computadorizadas nas guerras, de carros autônomos e, talvez a mais famosa, da World Wide Web. Em sua continuação de 1999, *A era das máquinas espirituais*[*],[12] Kurzweil estendeu aquele projeto profético aos anos 2009, 2019, 2029 e 2099. A precisão da maioria das previsões levará tempo para ser conhecida, mas das 108 para 2009, 89 se mostraram verdadeiras e outras 13 chegaram perto, fazendo Kurzweil bater um recorde inédito na história do futurismo.

* KURZWEIL, Ray. *A era das máquinas espirituais.* São Paulo: Aleph, 2007.

Em seu livro seguinte, *The singularity is near** (A singularidade está próxima), Kurzweil e uma equipe de dez pesquisadores dedicaram quase uma década traçando o futuro exponencial de dezenas de tecnologias, enquanto tentavam entender as ramificações desse progresso para a espécie humana. Os resultados são espantosos e controversos. Para explicar por quê, retornemos ao futuro da potência computacional.

Atualmente um computador simples realiza cerca de 10^{11}, ou 100 bilhões, de cálculos por segundo.[13] Os cientistas estimam que o nível de reconhecimento de padrão necessário para distinguir vovô de vovó ou o som de cascos de cavalo do som da chuva caindo requer que o cérebro calcule em velocidades de cerca de 10^{16} ciclos por segundo, ou 10 milhões de bilhões de cálculos por segundo.[14] Usando essas cifras como base e projetando à frente, de acordo com a Lei de Moore, conclui-se que um laptop comum de US$ 1.000 deveria estar calculando na velocidade do cérebro humano em menos de 15 anos. Avançando-se mais 23 anos, o laptop de US$ 1.000 comum estará efetuando 100 milhões de bilhões de bilhões (10^{26}) de cálculos por segundo – o que equivaleria a todos os cérebros de toda a espécie humana.

Eis a parte controvertida: à medida que nossos computadores mais rápidos ajudarem a projetar tecnologias melhores, os seres humanos começarão a incorporar essas tecnologias aos seus corpos: neurupróteses para aumentar a cognição, nanorrobôs para reparar a devastação das doenças, corações biônicos para protelar a decrepitude. Em *Google – A biografia: Como o Google pensa, trabalha e molda nossas vidas***, o cofundador da Google, Larry Page, descreve o futuro da pesquisa em termos semelhantes: "Ele [o Google] será incluído nos cérebros das pessoas. Quando você pensar em algo de que não conhece muita coisa, automaticamente obterá a informação".[15] Kurzweil celebra essa possibilidade futura. Outros estão apreensivos com a transição, acreditando ter chegado o momento de pararmos de ser "nós" e começarmos a nos tornar "eles" – embora isso possa ser um pouco alheio à questão.

O importante aqui é a difusão inacreditável das tecnologias em crescimento exponencial e o potencial impressionante dessas tecnologias de me-

---

* Publicado nos EUA por Penguin Books, 1ª edição, 2006

** LEVY Steven; PROTÁSIO, Luis. *Google – A biografia: Como o Google pensa, trabalha e molda nossas vidas*. São Paulo: Universo dos Livros, 2012.

lhorar os padrões de vida globais. Um futuro distante em que tenhamos inteligência artificial em nossos cérebros soa auspicioso (ao menos para mim), mas que tal um futuro próximo onde inteligências artificiais pudessem ser usadas para diagnosticar doenças, ajudar a educar nossas crianças ou supervisionar uma rede inteligente de energia? As possibilidades são imensas. Mas quão imensas?

Em 2007 percebi que, se quiséssemos começar a empregar estrategicamente as tecnologias em crescimento exponencial para melhorar os padrões de vida globais, não bastava saber quais campos estavam acelerando exponencialmente. Precisávamos saber também onde esses campos se sobrepunham e como poderiam funcionar conjuntamente. Havia a necessidade de uma visão macroscópica. Em 2007, porém, nenhuma estava disponível. Nenhuma escola do mundo oferecia um currículo integrado, concentrado nas tecnologias em crescimento exponencial. Talvez tivesse chegado a hora de um tipo novo de universidade, apropriada a um futuro de mudança tecnológica rápida e concentrada em solucionar os grandes desafios do mundo.

Universidade da Singularidade

As primeiras universidades se dedicavam aos ensinamentos religiosos, a primeira de todas tendo sido uma escola budista criada na Índia no século 5.[16] Essa prática continuou ao longo da Idade Média, quando a Igreja católica foi responsável por muitas das grandes universidades europeias.[17] O fundamento da fé pode ter mudado, mas a metodologia básica não mudou. O aprendizado baseado em fatos dominava. A ênfase na memorização mecânica perdurou por mais de um milênio até o século 19, quando o objetivo mudou da regurgitação de conhecimentos para o encorajamento do pensamento produtivo. Com alguns detalhes a mais ou a menos, é por aí que estamos hoje.

Mas quão adequadas são as instituições acadêmicas atuais para enfrentar os grandes desafios do mundo? O diploma de graduação moderno tornou-se o domínio da ultraespecialização. Uma tese de doutorado típica enfoca um tema tão obscuro que poucos conseguem decifrar seu título, menos ainda seu conteúdo. Embora tal minúcia extrema seja importante para a especialização – que, como Ridley observou, tem um grande lado positivo –, também criou um mundo onde as melhores universidades raramente produzem pensadores integrativos e macroscópicos. Quando estudei genética molecular no MIT, sempre imaginava como seria explicar minha pesquisa ao meu trisavô.[18]

– Vovô – eu começaria –, está vendo aquela sujeira lá?

– Você é um *expert* em solo? – ele poderia perguntar.

– Não, mas na sujeira existe essa forma de vida microscópica chamada bactéria.

– Ah, você é especialista nisso!

– Não – eu responderia. – Dentro da bactéria existe algo chamado DNA.

– Então você é *expert* em DNA.

– Não exatamente. Dentro do DNA estão aqueles segmentos chamados genes, e tampouco sou especialista neles. Mas no início desses genes está o que se denomina uma sequência promovedora...

– Ahn.

– Bem, sou especialista nisso!

O mundo não precisa de mais universidades de pesquisa geradoras de ultraespecialistas. Já temos em número suficiente. Lugares como o MIT, a Universidade de Stanford e o California Institute of Technology já dão conta de criar supergênios capazes de se destacar em seus nanonichos. Precisamos de um lugar onde as pessoas possam ir para ouvir as maiores e mais ousadas ideias, aquelas possibilidades exponenciais que ecoam Arquimedes: "Deem-me um ponto de apoio e uma alavanca e moverei a Terra".[19]

Em 2008, levei essa ideia à frente em parceria com Ray Kurzweil para fundar a Universidade da Singularidade.[20] Em seguida, envolvi meu velho amigo dr. Simon "Pete" Worden, um general aposentado pela Força Aérea com um doutorado em astronomia, que dirige o Centro de Pesquisas Ames da Nasa, em Mountain View, Califórnia. Esse centro é um grande catalisador de ideias da agência espacial, e suas áreas de concentração técnica estão perfeitamente alinhadas com os interesses da Universidade da Singularidade. Worden viu a ligação, e logo obtivemos um local para nossa nova universidade.

Após muita ponderação, oito campos em crescimento exponencial foram escolhidos como o núcleo do currículo da universidade: biotecnologia e bioinformática, sistemas computacionais, redes e sensores, inteligência artificial, robótica, fabricação digital, medicina, e nanomateriais e nanotecnologia. Cada um deles tem o potencial de afetar bilhões de pessoas, resolver grandes desafios e reinventar indústrias. Esses oito campos são tão importantes para nosso potencial de abundância que o próximo capítulo se dedica a explorar cada um. O objetivo é dar uma visão mais profunda do poder dos exponenciais de melhorar os padrões de vida globais e apresentar alguns dos personagens brilhantes que dedicam suas vidas exatamente a isso. Por onde começar? Bem, provavelmente ninguém é mais brilhante do que o dr. J. Craig Venter.

CAPÍTULO 6

A SINGULARIDADE ESTÁ MAIS PRÓXIMA

Viagem pela Terra do Amanhã

Craig Venter tem 65 anos, altura mediana, um corpo compacto, barba e bigode, e um amplo sorriso. Seu traje é casual; seus olhos não. São azuis e fundos, e quando combinados com o trecho cinzento em sua sobrancelha direita e o arco moderado na sobrancelha esquerda, dão a aparência de um mago dos tempos modernos – uma espécie de Gandalf* com uma carteira de ações valiosa e um par de sandálias havaianas.

Hoje, além das sandálias havaianas, Venter também ostenta uma camisa havaiana colorida e jeans desbotados. É seu traje de guia, pois está me conduzindo por seu homônimo: o Instituto J. Craig Venter (JCVI).[1] Localizado na "alameda da biologia" em San Diego, a Divisão Oeste do JCVI é um modesto centro de pesquisa de dois andares, que abriga 60 cientistas e um *poodle* minúsculo. O nome do *poodle* é Darwin, ele está a poucos passos de nós, depois dispara pela entrada principal do prédio. O cãozinho para na base de um lance de escadas, ao lado de um modelo arquitetônico de um prédio de quatro andares. Uma placa lateral diz: "O primeiro laboratório verde, neutro em carbono". Trata-se do JCVI 2.0, a visão de Craig para seu futuro instituto.

* Personagem de *O senhor dos anéis*, de Tolkien. (N. do T.)

"Se eu conseguir verbas", diz Venter, "é isto que quero construir."

O preço desse sonho chega a superar US$ 40 milhões, mas ele obterá as verbas. Venter é para a biologia o que Steve Jobs foi para os computadores. Gênio com sucesso repetido.

Em 1990 o Departamento de Energia (DOE) e os Institutos Nacionais de Saúde (NIH) norte-americanos lançaram conjuntamente o Projeto do Genoma Humano, um programa de 15 anos visando sequenciar os 3 bilhões de pares de bases que constituem o genoma humano. Alguns julgaram o projeto impossível; outros previram que levaria meio século até ficar pronto. Todos concordaram que seria caro. Um orçamento de US$ 10 bilhões foi reservado, mas muitos acharam o montante insuficiente. Talvez estivessem achando até hoje, se em 2000 Venter não decidisse entrar na corrida.

Não foi propriamente uma corrida. Baseando-se no trabalho já feito antes, Venter e sua empresa, a Celera, forneceram um genoma humano plenamente sequenciado em menos de um ano (empatando com o esforço de dez anos do governo) por pouco menos de US$ 100 milhões (enquanto o governo gastou US$ 1,5 bilhão). Ao celebrar o evento, o presidente Bill Clinton disse: "Hoje estamos aprendendo a linguagem com que Deus criou a vida".[2]

Como um bis, em maio de 2010 Venter anunciou seu próximo sucesso: a criação de uma forma de vida sintética.[3] Descreveu-a como "a primeira espécie autorreplicante que tivemos no planeta cujo pai é um computador". Em menos de dez anos, Venter desvendou o genoma humano e criou a primeira forma de vida sintética do mundo – gênio com sucesso repetido.

Para levar a cabo essa segunda façanha, Venter enfileirou mais de 1 milhão de pares de bases, criando a maior porção de código genético artificial até agora. Após ser projetado, o código foi enviado à Blue Heron Biotechnology, empresa especializada em sintetizar DNA. (Você pode literalmente enviar por e-mail à Blue Heron uma longa cadeia de As, Ts, Cs e Gs – as quatro letras do alfabeto genético – que ela devolverá um frasco repleto com cópias daquele filamento exato de DNA.) Venter então pegou o filamento da Blue Heron e inseriu-o em uma célula bacteriana hospedeira. A célula hospedeira "pôs em ação" o programa sintético e começou a gerar proteínas especificadas pelo DNA novo. À medida que a replicação prosseguia, cada célula nova realizava apenas as instruções sintéticas, fato que Venter autenticou incorporando uma marca d'água à sequência. A marca d'água, uma sequência codificada de Ts, Cs, Gs e As, contém instruções para traduzir o código do DNA em letras inglesas (com pontuação) e uma mensagem cifrada anexa. Quando traduzida, essa mensagem diz os nomes das 46 pessoas que trabalharam no projeto, citações do romancista James Joyce, bem como dos físicos Richard Feynman e Robert Oppenheimer e a URL de um site ao qual os decifradores do código podem enviar um e-mail.

Mas o objetivo real não eram mensagens secretas nem a vida sintética. Esse projeto era apenas o primeiro passo. A meta real de Venter é a criação de uma espécie nova bem específica de vida sintética – a espécie capaz de produzir combustíveis de baixíssimo custo.[4] Em vez de perfurar a Terra em busca de petróleo, Venter está desenvolvendo uma alga nova, cujo maquinário molecular consiga absorver dióxido de carbono e água e criar petróleo ou qualquer outro tipo de combustível. Interessado em pura octanagem? Gasolina de aviação? Diesel? Sem problema. Basta dar à sua alga artificial as instruções de DNA apropriadas que a biologia fará o resto.

Para realizar seu sonho, Venter também passou os últimos cinco anos em seu iate de pesquisa, o *Sorcerer II*, navegando ao redor do mundo e coletando algas no percurso.[5] As algas foram então submetidas a uma máquina de sequenciamento de DNA. Usando essa técnica, Venter acumulou uma biblioteca de mais de 40 milhões de genes diferentes, que podemos agora consultar para projetar os biocombustíveis do futuro.

E esses combustíveis são apenas um de seus objetivos. Venter pretende usar métodos similares para projetar vacinas humanas em 24 horas, em vez dos dois ou três meses atualmente requeridos.[6] Está pensando em engendrar culturas agrícolas com uma produção 50 vezes maior do que na agricultura atual. Combustíveis de baixo custo, vacinas de alto desempenho e uma agricultura de alto rendimento são apenas três das razões pelas quais o crescimento exponencial da biotecnologia é crucial à criação do mundo da abundância. Nos capítulos a seguir, examinaremos isso em detalhes, mas por ora vejamos a próxima categoria de nossa lista.

Redes e sensores

Estamos no outono de 2009 e Vint Cerf, *chief internet evangelist* do Google,[7] veio à Universidade da Singularidade falar sobre o futuro das redes e sensores.[8] No Vale do Silício, onde camisetas e jeans constituem o uniforme normal, a preferência de Cerf por ternos elegantes e gravatas borboleta é incomum. Mas não é apenas seu traje que o faz se destacar. Nem o fato de ter ganho a Medalha Nacional de Tecnologia, o Prêmio Turing e a Medalha Presidencial da Liberdade. Pelo contrário, o que realmente distingue Cerf é ser ele uma das pessoas mais associadas ao projeto, criação, promoção, orientação e crescimento da internet.

Durantes seus anos como estudante de pós-graduação, Cerf trabalhou no grupo de criação da rede que interligou os primeiros dois nodos da Advanced Research Projects Agency Network (Arpanet). Depois se tornou gerente de programas da Defense Advanced Research Projects Agency (DARPA), financiando diferentes grupos para desenvolverem tecnologia de TCP/IP. Durante o final da década de 1980, quando a internet começou sua transição para uma oportunidade comercial, Cerf mudou-se para a empresa de telefonia de longa distância MCI, onde projetou o primeiro serviço de e-mail comercial. Depois ingressou na ICANN (Internet Corporation for Assigned Names and Numbers), a principal organização do governo norte-americano para a web, onde foi presidente por mais de uma década. Por todos esses motivos, Cerf é considerado um dos "pais da internet".

Atualmente, o criador está empolgado com o futuro de sua criação – ou seja, o futuro das redes e sensores. Uma rede é qualquer interligação de sinais e informações, sendo a internet o exemplo mais significativo. Um sensor é um dispositivo detector de informações – temperatura, vibração, radiação e assemelhados – que, quando ligado a uma rede, também consegue transmitir essas informações. Em seu conjunto, o futuro das redes e sensores é algo chamado a "internet das coisas",[9] muitas vezes imaginada como uma rede sem fios, autoconfiguradora, de sensores que interligam, bem, todas as coisas.

Em recente palestra sobre o tema, Mike Wing, vice-presidente de comunicações estratégicas da IBM, descreve-a nestes termos: "Nos últimos cem anos, mas acelerando nas últimas décadas, vimos o surgimento de uma espécie de campo de dados global. O próprio planeta – sistemas naturais, sistemas humanos, objetos físicos – sempre gerou uma quantidade enorme de dados, mas não éramos capazes de ouvi-los, de vê-los, de capturá-los. Agora somos, porque todo esse negócio está hoje instrumentado. E está todo interligado, portanto agora podemos realmente ter acesso a ele. Assim, com efeito, o planeta desenvolveu um sistema nervoso central".[10]

Esse sistema nervoso é a espinha dorsal da internet das coisas. Agora imagine este futuro: trilhões de dispositivos – termômetros, carros, interruptores de luz etc. – todos interligados por meio de uma rede colossal de sensores, cada um com seu próprio endereço IP, cada um acessível pela internet.[11] Subitamente o Google pode ajudá-lo a encontrar as chaves do carro. Propriedades roubadas tornam-se algo do passado. Quando o estoque de papel higiênico, produtos de limpeza ou café expresso de sua casa estiver acabando, a própria casa poderá automaticamente encomendar a reposição. Se prosperidade é realmente tempo poupado, então a internet das coisas é um grande pote de ouro.

Por mais poderoso que seja, o impacto da internet das coisas sobre nossas vidas pessoais é ofuscado por seu potencial de negócios. Logo as empresas serão capazes de compatibilizar perfeitamente a demanda de produtos com os pedidos de matérias-primas, otimizando as cadeias de suprimentos e minimizando o desperdício num grau extraordinário. A eficiência baterá recordes. Com os aparelhos críticos ativados somente quando necessários (luzes que acendem quando alguém chega no prédio), o potencial de economia de energia sozinho seria revolucionário. E salvador do mundo. Alguns anos atrás, a Cisco associou-se à Nasa para instalarem sensores por todo o planeta a fim de fornecerem informações em tempo real sobre mudança climática.[12]

Para levar a internet das coisas ao nível previsto – com uma população planetária projetada de 9 bilhões e uma pessoa normal cercada por mil a cinco mil objetos – precisaremos de 45 mil bilhões de endereços IP únicos (45 x 1012).[13] Infelizmente, a versão atual do IP (IPv4), inventada por Cerf e seus colegas em 1977, consegue fornecer apenas uns 4 bilhões de endereços (e provavelmente chegará ao limite em 2014). "Minha única defesa", diz Cerf, "é que a decisão foi tomada numa época em que não se sabia se a internet

A SINGULARIDADE ESTÁ MAIS PRÓXIMA

funcionaria"[14] depois acrescentando que "mesmo um espaço de endereço de 128 bits parecia excessivo então".

Felizmente, Cerf vem liderando os esforços pela próxima geração de protocolos de internet (denominada IPv6), com espaço suficiente para 3,4 × 1038 (340 trilhões de trilhões de trilhões) de endereços únicos – aproximadamente 50 mil trilhões de trilhões de endereços por pessoa. "O IPv6 viabiliza a internet das coisas", ele diz, "que por sua vez encerra a promessa de reinventar quase todos os setores. Como manufaturamos, como controlamos nosso meio ambiente e como distribuímos, consumimos e reciclamos recursos. Quando o mundo à nossa volta estiver conectado e efetivamente autoconsciente, isso trará eficiências nunca vistas. É um grande passo rumo a um mundo de abundância."

Inteligência artificial

Estamos num sábado de julho de 2010, e Júnior está me conduzindo pela Universidade de Stanford.[15] Ele é um chofer calmo: permanece no lado certo da rua, fazendo curvas elegantes, parando nos semáforos, evitando pedestres, cães e ciclistas. Isso pode não parecer grande coisa, mas Júnior não é um chofer qualquer. Especificamente, não é humano. Pelo contrário, Júnior é uma inteligência artificial (IA) embutida em uma camionete Volkswagen Diesel Passat 2006, para ser inexato.[16] Para ser exato, bem, é mais complicado.

É verdade que Júnior possui a elegância padrão da engenharia alemã, mas também possui um sistema Velodyne HD LIDAR preso ao teto – que sozinho custa US$ 80 mil e gera 1,3 milhão de pontos de dados 3-D de informações por segundo. Depois existe um sistema de câmera de vídeo HD 6 omnidirecional, seis detectores de radar para distinguir objetos mais distantes e um dos GPSs tecnologicamente mais avançados do planeta (valendo US$ 150 mil). Além disso, o banco traseiro de Júnior possui monitores de 56 centímetros e seis Intel Xeons básicos, proporcionando o poder de processamento de um pequeno supercomputador. E ele precisa de tudo isso, porque Júnior é um veículo autônomo, conhecido no jargão dos especialistas como um "Robocar".

Júnior foi construído em 2007 na Universidade de Stanford pelo Stanford Racing Team. É o segundo veículo autônomo construído pela equipe. O primeiro foi outro VW chamado Stanley. Em 2005, Stanley venceu o Grande Desafio da DARPA (Defense Advanced Research Projects Agency – Agência de Projetos de Pesquisa Avançados de Defesa), uma competição com um prêmio de US$ 2 milhões para o veículo autônomo que completasse primeiro um trajeto *cross-country* de 209 quilômetros.[17] A competição foi organizada após a invasão do Afeganistão em 2001, para contribuir ao projeto de veículos robóticos para o ressuprimento das tropas. Júnior é a segunda versão, projetada para o concurso de 2007 da DARPA: Desafio Urbano, uma corrida de 97 quilômetros através da paisagem urbana em que ficou em segundo lugar.

Tamanho foi o sucesso do Grande Desafio – e tão lucrativamente irresistível é o desejo do Departamento de Defesa por veículos dirigidos por IA – que quase todo grande fabricante de automóveis possui agora uma divisão de autônomos. E as aplicações militares são apenas parte da história. Em junho de 2011, o governador de Nevada aprovou uma lei que requer regulamentos estaduais para a permissão a veículos autônomos de operarem em ruas públicas.[18] Se as previsões dos *experts* estiverem certas, isso deverá ocorrer em torno de 2020. Sebastian Thrun, ex-diretor do Laboratório de Inteligência Artificial de Stanford e agora chefe do laboratório de carros autônomos da Google, crê que os benefícios serão grandes. "Ocorrem cerca de 50 milhões de acidentes de carro no mundo inteiro a cada ano, com mais de 1,2 milhão de mortes desnecessárias. Aplicações de IA, como freios automáticos ou sistemas *lane guidance* (que mostram as faixas de rolamento indicadas), evitarão que os motoristas se machuquem quando adormecerem ao volante. É aí que a inteligência artificial pode ajudar a salvar vidas todo dia."[19]

Brad Templeton, divulgador do Robocar, acredita que vidas poupadas são apenas o começo. "Cada ano, gastamos 50 bilhões de horas e US$ 230 bilhões em custos de acidentes – ou 2% a 3% do PIB – devido a falhas dos motoristas humanos. Além disso, esses veículos facilitam bastante a adoção de tecnologias de combustíveis alternativos. Quem se incomoda que o posto de hidrogênio mais próximo fique a 40 quilômetros de distância se seu carro pode se reabastecer sozinho enquanto você está dormindo?"[20]

A SINGULARIDADE ESTÁ MAIS PRÓXIMA

No outono de 2011, para estimular esse processo, a Fundação X PRIZE anunciou sua intenção de criar uma "corrida de carros máquinas *versus* homens" anual, através de uma pista de obstáculos dinâmica, para determinar quando os motoristas autônomos começarão a superar os melhores pilotos de corrida humanos.

E os carros autônomos são apenas uma pequena parte de um quadro bem maior. Diagnosticar pacientes, ensinar aos nossos filhos, servir de espinha dorsal para um paradigma energético novo – a lista de maneiras como a IA reformulará as nossas vidas nos anos à frente não tem fim. A melhor prova disso, por sinal, é a lista de como a IA *já* reformulou nossas vidas. Seja a resposta instantânea do mecanismo de pesquisa Google ou o reconhecimento de fala nas chamadas de consulta à lista telefônica, já somos codependentes da IA. Embora alguns ignorem essas aplicações de "IA fracas", que aguardam pelo computador de "IA forte" HAL 9000 de Arthur C. Clarke do filme *2001: Uma odisseia no espaço*, já fizemos algum progresso. "Consideremos a competição de xadrez homem *versus* máquina entre Garry Kasparov e o Deep Blue da IBM", diz Kurzweil. "Em 1992, quando a ideia de um computador que disputasse uma partida contra um campeão mundial de xadrez foi proposta pela primeira vez, foi imediatamente rejeitada. Mas a duplicação constante da potência dos computadores a cada ano permitiu ao supercomputador Deep Blue derrotar Kasparov apenas cinco anos depois. Atualmente você pode comprar um Chess A1 para seu iPhone por menos de US$ 10."[21]

Assim sendo, quando teremos uma IA no nível do HAL? É difícil prever. Mas a IBM recentemente divulgou duas novas tecnologias de chip que nos levam nessa direção. A primeira integra dispositivos elétricos e ópticos na mesma peça de silício.[22] Esses chips se comunicam com a luz. Sinais elétricos requerem elétrons, que geram calor, o que limita a quantidade de trabalho que um chip consegue realizar e requer um monte de energia para refrigeração. A luz não tem nenhuma dessas limitações. Se as estimativas da IBM estiverem corretas, nos próximos oito anos seu projeto novo de chip aumentará mil vezes o desempenho de um supercomputador, levando-nos dos atuais 2,6 *petaflops* para um *exaflop* (ou seja, 10 elevado à 18ª potência, ou um quintilhão de operações por segundo) – cem vezes a rapidez do cérebro humano.

A segunda é SyNAPSE, o chip de silício imitador do cérebro do Big Blue.[23] Cada chip possui uma grade de 256 filamentos paralelos representando dendritos e um conjunto perpendicular de filamentos para os axônios. A intersecção desses filamentos são as sinapses, e um chip possui 262.144 sinapses. Em testes preliminares, os chips conseguiram jogar uma partida de Pong, controlar um carro virtual numa pista de corrida e identificar uma imagem desenhada numa tela. Todas essas são tarefas que computadores já realizaram antes, mas esses chips novos não precisam de programas especializados para realizar cada tarefa. Pelo contrário, respondem a circunstâncias do mundo real e aprendem com sua experiência.

Claro que não há garantia de que esses avanços serão suficientes para criarem HAL – a IA forte pode requerer mais do que uma simples solução de força bruta – mas definitivamente irão impelir para diante a pirâmide da abundância. Simplesmente pense no que isso significará para o potencial de diagnóstico da medicina personalizada, ou o potencial educacional da educação personalizada. (Se você está tendo dificuldades em imaginar esses conceitos, aguarde alguns capítulos, que os descreverei em detalhes.) No entanto, por mais intrigante que tudo isso possa se afigurar, não é nada comparado com os benefícios que a IA proporcionará quando combinada com nossa próxima categoria exponencial: robótica.

Robótica

Scott Hassan tem uns 35 anos, altura média, cabelos pretos lustrosos e grandes olhos amendoados. É um programador de sistemas, considerado um dos melhores do ramo, mas sua paixão verdadeira é a construção de robôs. Não máquinas industriais de montagem de carros, ou aspiradores robóticos Roombas pequenos e engraçadinhos, mas robôs tipo *Eu, robô*, capazes de auxiliar no trabalho doméstico e dignos de serem exibidos numa grande exposição internacional.

Claro que estamos tentando criar tais robôs há anos. Ao longo do caminho, aprendemos várias "lições": primeira, que esses robôs são bem mais difíceis de montar do que se esperava; segunda, que são também consideravelmente mais caros. Mas nas duas categorias, Hassan possui uma vantagem.

Em 1996, quando estudante de ciência da computação em Stanford, Hassan conheceu Larry Page e Sergey Brin. A dupla vinha então trabalhando num pequeno projeto secundário: o mecanismo de busca predecessor do Google. Hassan ajudou na codificação, e os fundadores da Google ofereceram-lhe ações. Ele fundou a eGroups, que foi mais tarde comprada pelo Yahoo! por US$ 412 milhões.[25] O resultado é que, ao contrário dos outros aspirantes a construtores de robôs, Hassan dispõe do capital para explorar esse campo.

Além disso, ele despendeu esse capital reunindo os melhores e mais brilhantes cérebros em sua empresa, a Willow Garage (cujo nome se deve ao endereço Willow Road, em Menlo Park). O projeto principal da Willow Garage é um robô pessoal conhecido pelo nome exótico PR2 (Personal Robot 2).[26] O PR2 possui câmeras estéreos acopladas à cabeça e tecnologia óptica LIDAR, dois grandes braços, dois ombros amplos, um tronco grande e retangular e uma base de quatro rodas. A coisa toda se assemelha a um ser humano ou ao robô R2D2 de *Guerra nas estrelas* depois de tomar esteroides. Isso pode não parecer grande coisa, mas a invenção de Hassan é literalmente uma nova estirpe de robôs.

Durante décadas, o progresso da robótica havia sido tolhido porque os pesquisadores careciam de uma plataforma estável para experimentação. Os primeiros aficionados em computadores tinham o Commodore 64 em comum, permitindo que as inovações fossem compartilhadas por todos. Esse não foi o caso com a robótica, mas é aí que o PR2 entra em ação. Sem ter como alvo os consumidores, o robô da Willow Garage é uma plataforma de pesquisa e desenvolvimento criada especificamente para que os *nerds* possam se esbaldar. E é o que têm feito. Uma rápida olhada no YouTube mostra o PR2 abrindo portas, dobrando roupa lavada, apanhando uma cerveja, jogando sinuca e limpando a casa.[27]

Mas a maior revolução pode ser o código que controla o PR2. Em vez de um código fonte fechado, o projeto de Hassan possui código aberto. "Os sistemas fechados retardam as coisas", ele diz. "Queremos as melhores mentes ao redor do mundo trabalhando nesse problema. Nossa meta não é controlar ou possuir essa tecnologia, mas acelerá-la. É meter o pé na tábua para fazer isso acontecer o mais rápido possível."[28]

Portanto, o que acontecerá a seguir, e o que tem a ver com um mundo de abundância? Hassan possui uma lista de aplicações benéficas, incluindo enfermeiras mecânicas cuidando dos idosos e médicos mecanizados tornando a assistência médica acessível e barata. Mas ele está mais empolgado com as possibilidades econômicas. "Em 1950 o produto mundial global era de uns US$ 4 trilhões", ele diz. "Em 2008, 58 anos depois, era de US$ 61 trilhões. De onde veio esse aumento de 50 vezes? Veio da maior produtividade de nossas fábricas equipadas com automação. Cerca de dez anos atrás, ao visitar o Japão, percorri uma montadora da Toyota capaz de produzir 500 carros diários com apenas 400 funcionários, graças à automação. Pensei comigo: 'Imagine se você pudesse trazer essa automação e produtividade para fora da fábrica e colocá-la em nossas vidas diárias?' Acredito que isso aumentará nossa economia global substancialmente nas décadas futuras."[29]

Em junho de 2011, o presidente Obama anunciou a Iniciativa Robótica Nacional (NRI), um esforço de US$ 70 milhões com várias partes envolvidas para "acelerar o desenvolvimento e uso de robôs nos Estados Unidos que trabalhem junto, ou em colaboração com pessoas".[30] Assim como a tentativa da Willow Garage de criar uma plataforma estável para o desenvolvimento no P2P, a NRI está estruturada em torno de "capacitadores críticos", ancorando tecnologias que permitem aos fabricantes padronizarem processos e produtos, reduzindo assim o tempo de desenvolvimento e aumentando o desempenho. Como Helen Greiner, presidente do Robotics Technology Consortium, contou à revista *PCWorld*: "Investir em robótica é mais do que apenas dinheiro para pesquisa e desenvolvimento; é um veículo para transformar as vidas norte-americanas e revitalizar a economia dos Estados Unidos. De fato, estamos num ponto crítico onde vemos a transição da robótica do laboratório para a geração de novas empresas, a criação de empregos e o enfrentamento dos desafios importantes de nossa nação".[31]

Fabricação digital e computação infinita

Carl Bass vem produzindo coisas nos últimos 35 anos: prédios, barcos, máquinas, esculturas, software. É o CEO da Autodesk, que produz software usado por projetistas, engenheiros e artistas em toda parte. Hoje está me conduzindo pela galeria de demonstração de sua empresa no centro de San Francisco. Passamos por sistemas de imagens arquitetônicas avançadas alimentados pelo código da Autodesk, por telas mostrando cenas de *Avatar* criadas com suas ferramentas e no final chegamos aos motores de uma motocicleta e avião, ambos fabricados por uma impressora 3-D que executa – você adivinhou – o software da Autodesk.

A impressão 3-D é o primeiro passo rumo aos famosos replicadores de *Star Trek*. As máquinas atuais não são alimentadas por cristais de dilítio, mas conseguem manufaturar com precisão objetos tridimensionais intricados, de modo bem mais barato e rápido do que antes. A impressão 3-D é a forma mais nova de fabricação digital, campo que já existe há décadas. Os fabricantes digitais tradicionais utilizam fresas controladas por computador, lasers e outras ferramentas de corte para moldar precisamente uma peça de metal, madeira ou plástico por um processo subtrativo: cortando e dividindo até que a forma desejada seja tudo que resta. As impressoras 3-D atuais fazem o inverso. Utilizam uma forma de fabricação aditiva, onde o objeto tridimensional é criado depositando-se camadas sucessivas de materiais.

Enquanto as máquinas iniciais eram simples e lentas, as versões atuais são rápidas e ágeis, capazes de imprimir uma enorme variedade de materiais: plástico, vidro, aço, até titânio.[32] Os projetistas industriais usam impressoras 3-D para produzir tudo, de abajures e óculos a próteses de membros humanos sob medida.[33] Os adeptos de *hobbys* estão produzindo robôs funcionais e operando aviões autônomos. Empresas de biotecnologia estão testando a impressão 3-D de órgãos,[34] enquanto o inventor Behrokh Khoshnevis, um professor de engenharia da Universidade de Southern California, desenvolveu uma impressora 3-D de larga escala extrusora de concreto para construir casas de custo baixíssimo, com vários aposentos, nos países menos desenvolvidos.[35] A tecnologia também está destinada a deixar o nosso mundo. Um desdobramento da Universidade da Singularidade, Made in Space,[36] demonstrou uma impressora 3-D que funciona em gravidade zero, permitindo aos astronautas a bordo da Estação Espacial Internacional imprimirem peças sobressalentes quando necessário.

"O que me deixa mais empolgado", diz Bass, "é a ideia de que cada pessoa logo terá acesso a uma dessas impressoras 3-D, assim como temos impressoras a jato de tinta hoje. E uma vez que isso aconteça, mudará tudo. Encontrou algo na Amazon que lhe agradou? Em vez de fazer um pedido e aguardar 24 horas por seu pacote do FedEx, aperte uma tecla e você obterá o produto em minutos."[37]

As impressoras 3-D permitem que qualquer um, em qualquer lugar, crie objetos físicos a partir de projetos digitais. Neste momento, a ênfase é sobre formas geométricas novas. Logo estaremos alterando as propriedades fundamentais dos próprios materiais. "Esqueça as limitações tradicionais impostas pela fabricação convencional, em que cada peça é feita de um único material", explica o professor adjunto da Universidade de Cornell Hod Lipson em um artigo para a *New Scientist*. "Estamos produzindo materiais dentro de materiais, e incrustando e entrelaçando vários materiais para adquirirem padrões complexos. Podemos imprimir materiais duros e moles em padrões que criam comportamentos estruturais estranhos e novos."

A impressão 3-D faz os custos de fabricação caírem substancialmente, ao permitir um processo de prototipagem inteiramente novo. Antes, a invenção era um jogo linear: crie algo em sua cabeça, construa no mundo real, veja o que funciona, veja o que não funciona, passe para a próxima etapa. Aquilo consumia tempo, limitava a criatividade e era proibitivamente caro. A impressão 3-D muda tudo, permitindo a "rápida prototipagem", de modo que os inventores podem literalmente imprimir dezenas de variações sobre um projeto com pouco custo adicional e numa fração do tempo antes necessário para a prototipagem física.

E esse processo será vastamente ampliado quando acoplado ao que Carl Bass chama de "computação infinita". "Durante a maior parte de minha vida", ele explica, "a computação tem sido tratada como um recurso escasso. Continuamos pensando assim, embora já não seja necessário. Meu computador caseiro, incluindo a eletricidade, custa menos de dois décimos de centavo por hora de utilização de CPU. A computação, que já é barata, está

A SINGULARIDADE ESTÁ MAIS PRÓXIMA

ficando ainda mais barata, e podemos facilmente extrapolar essa tendência a ponto de pensarmos na computação como praticamente gratuita. De fato, hoje em dia é o recurso menos caros na resolução de um problema."

Outra melhoria imensa é a escalabilidade agora proporcionada pela nuvem. Qualquer que seja o tamanho do problema, posso mobilizar centenas, até milhares de computadores para resolvê-lo. Embora não tão barato como a computação doméstica, alugar uma hora de CPU na Amazon custa menos de um níquel."[39]

Talvez mais impressionante seja a capacidade da computação infinita de encontrar soluções ótimas para problemas complexos e abstratos antes insolúveis ou caros demais para analisar. Questões do tipo "Como projetar uma usina nuclear capaz de suportar um terremoto Richter 10?" ou "Como monitorar padrões globais de doença e detectar pandemias em seus estágios iniciais?", embora não sejam fáceis, são respondíveis. Em última análise, porém, o progresso mais empolgante será quando a computação infinita for acoplada à impressão 3-D. Essa combinação revolucionária democratiza por completo o projeto e a fabricação. Subitamente uma invenção desenvolvida na China pode ser aperfeiçoada na Índia e depois impressa e utilizada no Brasil no mesmo dia – fornecendo ao mundo em desenvolvimento um mecanismo de combate à pobreza nunca antes visto.

Medicina

Em 2008, a OMS anunciou que a falta de médicos diplomados na África ameaçará o futuro do continente no ano de 2015.[40] Em 2006, a Association of American Medical Colleges previu que a geração *baby boomer* dos Estados Unidos em envelhecimento criará uma enorme escassez de 62.900 médicos em 2015, que crescerá para 91.500 em 2020.[41] A escassez de enfermeiras poderia ser ainda pior. E essas são apenas algumas das razões por que nosso sonho de abundância de assistência médica não pode vir dos profissionais de *wellness* tradicionais.

Como preencher essa lacuna? Antes de mais nada, contamos com as tecnologias Lab-on-a-Chip (LOC). O professor de Harvard, George M. Whitesides, um líder nesse campo emergente, explica por quê: "Dispomos agora de remédios para tratar muitas doenças: Aids, malária, tuberculose etc. O que precisamos desesperadamente é de diagnósticos exatos, de baixo custo, de fácil uso *in loco*, projetados especificamente para os 60% do mundo em desenvolvimento que vivem fora do alcance dos hospitais urbanos e das infraestruturas médicas. É isso que a tecnologia Lab-on-a-Chip pode proporcionar".

Como a tecnologia LOC provavelmente fará parte de um dispositivo sem fio, os dados que coletar para fins de diagnóstico poderão ser transferidos até uma nuvem e analisados em busca de padrões mais profundos. "Pela primeira vez", diz a dra. Anita Goel, professora do MIT cuja empresa, Nanobiosym, vem se esforçando para comercializar a tecnologia LOC, "seremos capazes de fornecer informações sobre doenças no mundo inteiro, em tempo real, que podem ser carregadas na nuvem e usadas para detectar e combater as fases iniciais das pandemias."

Agora imagine o que acontece quando a inteligência artificial é acrescentada à equação. Parece conto de fadas? Já em 2009 a Mayo Clinic usou uma "rede neural artificial" para ajudar os médicos a eliminarem a necessidade de procedimentos invasivos, diagnosticando com 99% de precisão pacientes com suspeita de sofrerem de endocardite, uma doença cardíaca perigosa.[42] Programas similares têm sido usados para fazer de tudo, desde interpretar tomografias computadorizadas[43] até detectar sopros em corações de crianças.[44] Mas a combinação da IA, computação na nuvem e tecnologia LOC oferecerá o maior benefício. Agora seu dispositivo do tamanho de um celular pode não apenas analisar sangue e saliva, mas também ter uma conversa com o paciente sobre os sintomas, oferecendo um diagnóstico bem mais exato do que era possível no passado e potencialmente compensando nossa escassez iminente de médicos e enfermeiras. Dado que os pacientes poderão usar essa tecnologia em suas próprias casas, ela também liberará tempo e espaço nas salas de emergência superlotadas. Os epidemiologistas terão acesso a conjuntos de dados riquíssimos, permitindo previsões incrivelmente acuradas. Mas o verdadeiro benefício será a transformação da medicina de reativa e genérica a preventiva e personalizada.

Nanomateriais e nanotecnologia

A maioria dos historiadores remonta o surgimento da nanotecnologia – ou seja, a manipulação da matéria em escala atômica – à palestra de 1959 do físico Richard Feynman "There's Plenty of Room at the Bottom" ("Há Bastante Espaço no Fundo").[45] Mas foi o livro de K. Eric Drexler de 1986, *Engines of creation: The coming era of nanotechnology*, que realmente marcou o surgimento da ideia.[46] A concepção básica é simples: construir coisas átomo por átomo, um de cada vez. Que tipos de coisas? Bem, para começar, montadores: pequenas nanomáquinas que constroem outras nanomáquinas (ou se autorreplicam). Como esses replicadores são também programáveis, depois que um deles construiu um bilhão de cópias de si mesmo, é possível orientar esse bilhão a construir o que se desejar. Ainda melhor, como a construção ocorre em escala atômica, esses nanorrobôs, como são chamados, podem partir de quaisquer materiais que estejam à mão – solo, água, ar etc. –, desmontá-los átomo por átomo e usar esses átomos para construir, bem, qualquer coisa que se quiser.

À primeira vista, isso parece ficção científica, mas quase tudo que estamos pedindo que os nanorrobôs façam já foi dominado pelas formas de vida mais simples. Duplicar-se um bilhão de vezes? Sem problema: as bactérias em seus intestinos farão isso em apenas dez horas. Extrair carbono e oxigênio do ar e transformá-los em açúcar? A espuma na superfície de qualquer laguinho tem feito isso há um bilhão de anos. E se os gráficos exponenciais de Kurzweil tiverem alguma precisão, não demorará muito até que a nossa tecnologia ultrapasse o que a biologia faz.

Alguns especialistas temem que, se a nanotecnologia atingir esse ponto, cheguemos a perder nossa capacidade de controlá-la. O próprio Drexler descreve um cenário catastrófico, em que nanorrobôs autorreplicantes se libertam e consomem tudo no seu caminho.[47] Essa não é uma preocupação trivial. A nanotecnologia é um dos vários campos em crescimento exponencial (junto com a biotecnologia, IA e robótica) com o potencial de criar graves perigos. Esses perigos não são o tema deste livro, mas seria cegueira não mencioná-los. Portanto, em nossa seção de dados para consulta, pode ser encontrado um longo apêndice discutindo todas essas questões. Pode ser usado como uma base para leituras adicionais.

Embora as preocupações com nanorrobôs e cenários catastrofistas estejam a décadas de distância (provavelmente além da linha do tempo deste livro), a nanociência já está fornecendo retornos incríveis. Nanocompósitos são agora bem mais fortes do que aço e podem ser criados por uma fração do custo.[48] Nanotubos de carbono de parede única exibem uma enorme mobilidade de elétrons e estão sendo usados para aumentar a eficiência da conversão de energia nas baterias solares.[49] E Buckminsterfullerenes (C60), ou Buckyballs, são moléculas em forma de bolas de futebol contendo 60 átomos de carbono, com usos potenciais que variam de materiais supercondutores a sistemas de administração de remédios.[50] No todo, como observou recente relatório da National Science Foundation sobre o assunto, "a nanotecnologia tem o potencial de melhorar o desempenho humano, trazer desenvolvimento sustentável aos materiais, água, energia e comida, proteger contra bactérias e vírus desconhecidos e até reduzir os pretextos para se romper a paz [criando abundância universal]".[51]

Você está mudando o mundo?

Por mais empolgantes que sejam essas novidades, não havia um lugar onde se pudesse aprender sobre eles de forma abrangente. Por essa razão organizei a aula inaugural da Universidade da Singularidade, no Centro de Pesquisas Ames da Nasa, em setembro de 2008.[52] Vieram representantes da Nasa, acadêmicos de Stanford, Berkeley e outras instituições, e líderes dos negócios da Google, Autodesk, Microsoft, Cisco e Intel.[53] O que lembro mais claramente do evento foi o discurso de improviso do cofundador da Google, Larry Page, quase ao final do primeiro dia.[54] Falando para uns cem participantes, Page fez um discurso fervoroso sustentando que essa universidade nova deve se concentrar no ataque aos maiores problemas do mundo. "Agora tenho um indicador bem simples que uso: você está trabalhando em algo que possa mudar o mundo? Sim ou não? A resposta de 99,99999% das pessoas é 'não'. Acho que precisamos treinar as pessoas em como mudar o mundo. Obviamente, isso se faz mediante as tecnologias. É o que vimos no passado; é o que impele toda mudança."

Foi isso que construímos. Aquela aula inaugural deu lugar a uma instituição singular. Oferecemos programas de graduação e de educação executiva, e já temos mais de mil graduados. O desafio de Page foi incorporado ao DNA da universidade. A cada ano, os estudantes de graduação são desafiados a desenvolver uma empresa, um produto ou uma organização que venha a afetar positivamente as vidas de um bilhão de pessoas dentro de dez anos. Chamo-as de empresas "dez elevado a nove mais" (ou 10^{9+}).[75] Embora nenhuma dessas empresas novas já tenha atingido a meta (afinal, começamos três anos atrás), grande progresso foi obtido.

Devido à taxa de crescimento exponencial da tecnologia, esse progresso continuará em um ritmo diferente de tudo que já experimentamos antes. O que tudo isso significa é que, se o fosso onde estamos sequer é um fosso, o abismo entre ricos e pobres não é tão abissal assim e a taxa atual de progresso tecnológico está avançando com rapidez mais que suficiente para enfrentamos os desafios atuais, conclui-se que as três críticas mais comuns contra a abundância não devem mais nos incomodar.

PARTE TRÊS

CONSTRUINDO A BASE DA PIRÂMIDE

CAPÍTULO 7
AS FERRAMENTAS DA COOPERAÇÃO

As raízes da cooperação

As duas primeiras partes deste livro exploraram a promessa de abundância e como os exponenciais podem cumprir essa promessa. Embora exista uma espécie de tecnoutopistas que acreditam que os exponenciais sozinhos serão suficientes para provocar tal mudança, esse não é o argumento defendido aqui. Considerando-se o poder combinatório da IA, nanotecnologia e impressão 3D, parece que estamos caminhando nessa direção, mas (provavelmente) o intervalo de tempo requerido para esses progressos estende-se além do escopo deste livro. Aqui estamos interessados nas próximas duas ou três décadas. Para promovermos a nossa visão global nesse período compacto, os exponenciais irão precisar de alguma ajuda.

Mas a ajuda está a caminho. Adiante neste livro, examinaremos as três forças que estão acelerando tal avanço. Certamente todas essas três forças – a maturidade do inovador Faça-Você-Mesmo (DIY), uma nova estirpe de tecnofilantropos e o poder criativo/de mercado em expansão do bilhão ascendente – são ampliadas pela tecnologia exponencial. Na verdade, a tecnologia exponencial poderia ser vista como seu meio de crescimento, um substrato que ancora e estimula o surgimento dessas forças. Mas as tecnologias em crescimento exponencial são apenas uma parte de um processo cooperativo maior – um processo que começou muito tempo atrás.

Em nosso planeta, as formas de vida unicelulares mais antigas foram as chamadas procariotas.[1] Não mais do que um saco de citoplasma com seu DNA flutuando livre no meio, essas células vieram a existir aproximadamente 3,5 bilhões de anos atrás. Os eucariotas emergiram 1,5 bilhão de anos depois. Essas células são mais poderosas que seus ancestrais procariotas, por serem mais capazes e cooperadoras, empregando o que podemos denominar tecnologia biológica: "dispositivos" como núcleos, mitocôndrias e complexos de Golgi que tornam a célula mais poderosa e eficiente. Existe uma tendência em imaginar essas tecnologias biológicas como partes menores de uma máquina maior – não diferentes do motor, chassis e transmissão que se combinam para formar um carro –, mas os cientistas acreditam que algumas dessas partes começaram como formas de vida separadas, entidades individuais que "decidiram" trabalhar juntas por uma causa maior.[2]

Essa decisão não é incomum. Vemos essa mesma cadeia de efeitos em nossas vidas atuais: tecnologias novas criam mais oportunidades de especialização, que aumentam a cooperação, que levam a mais capacidade, que gera tecnologias novas e começa todo o processo de novo. Também a vemos repetida ao longo da evolução.

Um bilhão de anos após o surgimento dos eucariotas, a próxima grande inovação tecnológica aconteceu: a criação da vida multicelular. Nessa fase, as células começaram a se especializar, e essas células especializadas aprenderam a cooperar de um modo extraordinário. O resultado foram algumas formas de vida bem capazes. Um tipo de célula lidava com a locomoção, enquanto outro desenvolvia a capacidade de sentir gradientes químicos. Logo formas de vida com tecidos e órgãos individualizados começaram a emergir, entre elas a nossa própria espécie – cujos 10 trilhões de células[3] e 76 órgãos exibem um nível de complexidade quase inconcebível de tão grande.

"Como 10 trilhões de células se organizam num ser humano", indaga o profissional de *wellness* canadense Paul Ingraham, "muitas vezes sem nenhuma falha, por várias décadas? Como 10 trilhões de células chegam a ficar de pé? Mesmo algo simples como se erguer a uma altura de 1,50 m ou 1,80 m é uma

AS FERRAMENTAS DA COOPERAÇÃO

proeza bem impressionante para um bando de células cuja altura, individualmente, não é maior que uma borra de café."[4]

A resposta claro que está nessa mesma cadeia de efeitos: tecnologia (ossos, músculos, neurônios) levando à especialização (o fêmur, bíceps e nervo femoral), levando à cooperação (todas essas partes e muitas outras levando à nossa verticalidade bipedal), levando à maior complexidade (cada oportunidade nova que surgiu de nossa postura ereta). Mas a história não termina aqui. Nas palavras de Robert Wright, autor de *Não zero: a lógica do destino humano**: "A seguir os humanos começaram um segundo tipo de evolução completamente diferente: a evolução cultural (evolução de ideias, memes e tecnologias). Surpreendentemente, essa evolução tem sustentado a trajetória que a evolução biológica havia estabelecido rumo à maior complexidade e cooperação".

Em nenhuma época essa cadeia causal foi mais evidente do que no século 20, quando, como logo veremos, a evolução cultural forneceu as mais poderosas ferramentas para a cooperação já vistas pelo mundo.

Dos cavalos ao Hercules

Em 1861, William Russell, um dos maiores investidores no Pony Express, decidiu usar a eleição presidencial do ano anterior para fins promocionais.[6] Seu objetivo foi transmitir o discurso de posse de Abraham Lincoln da extremidade leste de sua linha de telégrafo, localizada em Fort Kearny, Nebraska, até a extremidade oeste, em Fort Churchill, Nevada, o mais rápido possível. Para consegui-lo, gastou uma pequena fortuna, contratou centenas de homens extras e posicionou cavalos de muda a cada 16 quilômetros. Como resultado, a Califórnia leu as palavras de Lincoln 17 dias e 7 horas após serem proferidas.[7]

Em comparação, em 2008 o país inteiro soube que Barack Obama se tornara o 44º presidente dos Estados Unidos no instante em que foi declarado vencedor. Quando Obama fez seu discurso de posse, suas palavras viajaram de Washington, D.C., até Sacramento, Califórnia, 14.939.040 segundos mais

---

* WRIGHT, Robert. *Não zero: a lógica do destino humano*. Rio de Janeiro: Campus, 2000.

rápido do que o discurso de Lincoln. Mas suas palavras também chegaram a Ulan Bator, Mongólia, e Karachi, Paquistão, menos de um segundo depois. De fato, exceto por alguns casos de precognição e telepatia global, tal informação não poderia ter se deslocado mais rapidamente.

Esse progresso vertiginoso torna-se ainda mais impressionante quando se considera que nossa espécie vem enviando mensagens há 150 mil anos. Embora sinais de fumaça fossem inovadores, e o correio aéreo ainda mais, nos últimos cem anos ficamos tão hábeis nesse jogo que, não importa a distância envolvida, com pouco mais que um *smartphone* e uma conta no Twitter, as palavras de qualquer um podem alcançar as telas de todos num instante. Isso pode acontecer sem despesas adicionais, funcionários extras ou planejamento prévio. Pode acontecer sempre que queremos e não importa por qual motivo. Com um upgrade para uma webcam e um laptop, pode acontecer ao vivo e em cores. Pasmem: com o equipamento certo, pode até acontecer em 3-D.

Esse é mais um exemplo do ciclo de *feedback* positivo, autoamplificador que tem caracterizado a vida há bilhões de anos. Desde o eucariota habilitado pelos mitocôndrias ao guerreiro Masai habilitado pelo celular, a tecnologia aperfeiçoada permite uma especialização crescente que leva a mais oportunidades de cooperação. Um mecanismo autoamplificador. Do mesmo modo que a Lei de Moore é o resultado de computadores mais rápidos usados para projetar a próxima geração de computadores mais rápidos, as ferramentas da cooperação sempre geram a próxima geração de ferramentas de cooperação. O discurso de Obama tornou-se instantaneamente global porque, durante o século 20, esse mesmo ciclo de *feedback* positivo alcançou uma espécie de apogeu, produzindo as duas mais poderosas ferramentas cooperativas que o mundo jamais viu.

A primeira dessas ferramentas foi a revolução dos transportes que nos trouxe dos animais de carga aos aviões, trens e automóveis em menos de duzentos anos. Nesse período, construímos rodovias, criamos rotas aéreas e, usando a expressão de Thomas Friedman, tornamos o "mundo plano". Quando a fome atacou o Sudão, os norte-americanos não ficaram sabendo anos depois. Receberam relatórios em tempo real e imediatamente decidiram dar uma mão.[8] E como aquela ajuda podia ser dada mediante um avião

AS FERRAMENTAS DA COOPERAÇÃO

de transporte C-130 Hercules, em vez de um sujeito a cavalo, muitas pessoas tiveram sua fome atenuada rapidamente.

Se alguém quiser medir a mudança nas capacidades cooperativas ilustradas aqui, pode começar com a potência do Hercules 18.800 vezes maior que a de um cavalo. A capacidade de carga total ao longo do tempo talvez seja um indicador mais adequado, mostrando ganhos maiores. Um cavalo consegue transportar 90 quilos por uns 50 quilômetros em um dia, mas um C-130 carrega 19 toneladas por 13 mil quilômetros durante as mesmas 24 horas. Isso corresponde a um aumento de 56 mil vezes em nossa capacidade de cooperarmos uns com os outros.

A segunda ferramenta cooperativa é a revolução das tecnologias de informação e comunicações (ICT), que já documentamos. Isso gerou ganhos ainda maiores durante esse mesmo período de duzentos anos. Em seu livro *Common wealth: Economics for a crowded planet*, o economista Jeffery Sachs da Universidade de Colúmbia arrola oito contribuições distintas das ICT para o desenvolvimento sustentável – todas de natureza cooperativa.[9]

O primeiro desses ganhos é a conectividade. Atualmente, não há como evitar o mundo. Todos fazemos parte do processo, já que estamos informados uns sobre os outros. "Nas aldeias mais remotas do mundo", escreve Sachs, "a conversa agora com frequência aborda os acontecimentos políticos e culturais mais atuais ou as mudanças nos preços das *commodities*, tudo isso possibilitado por telefones celulares, ainda mais do que pelo rádio e a televisão." A segunda contribuição é uma divisão de trabalho maior, pois a conectividade maior produz uma especialização maior, que permite a todos nós participarmos da cadeia de suprimentos global. Depois vem a escala, onde mensagens se espalham por vastas redes, alcançando milhões de pessoas em quase nenhum tempo. A quarta é a replicação: "As ICT permitem que processos padronizados, por exemplo, treinamentos online ou especificações de processos, alcancem pontos distantes instantaneamente". A quinta é a responsabilização. As plataformas novas atuais permitem mais auditorias, monitoramento e avaliação, uma evolução que levou a tudo: desde uma democracia melhor ao banco online e à telemedicina. A sexta é a capacidade da internet de reunir compradores e vendedores – que Sachs denomina "compatibilização" – que, entre muitas outras coisas, é o fator habilitador por trás do que o escritor e editor-chefe da revista *Wired*, Chris Anderson, denomina economia "de cauda longa". A sétima é o uso das redes sociais para construir "comunidades de interesses", um ganho que levou do Facebook ao SETI@home. Em oitavo lugar vem a educação e o treinamento, pois as ICT tornaram global a sala de aula, ao mesmo tempo atualizando o currículo para cada bit de informação que se possa desejar.

Obviamente, o mundo é um lugar bem melhor graças a essas novas ferramentas de cooperação, mas o impacto das ICT não termina nas novas formas de disseminar informações ou compartilhar recursos naturais. Como Rob McEwen descobriu quando partiu em busca de ouro nas montanhas do noroeste de Ontário, as ferramentas da cooperação também podem criar possibilidades novas de compartilhar recursos mentais – e esse pode ser um incentivo bem mais importante para a abundância.

Ouro nas montanhas

Um canadense animado com uns 55 anos, Rob McEwen comprou o conjunto heterogêneo de empresas mineradoras de ouro conhecidas como Goldcorp em 1989. Uma década após, havia unificado aquelas empresas e estava pronto para a expansão – processo que queria começar com a construção de uma refinaria nova.[10] Para descobrir exatamente que tamanho a refinaria deveria ter, McEwen deu o passo lógico de perguntar aos seus geólogos e engenheiros quanto ouro estava oculto em sua mina. Ninguém sabia. Ele estava empregando as melhores pessoas que podia contratar, mas nenhuma soube responder à sua pergunta.

Mais ou menos na mesma época, enquanto participava de um treinamento de executivos na Sloan School of Management do MIT, McEwen ouviu falar do Linux. Esse sistema operacional de fonte aberta surgiu em 1991, quando Linus Torvalds, então um estudante de 21 anos da Universidade de Helsinque, Finlândia, postou uma curta mensagem na Usenet:

Estou fazendo um sistema operacional (grátis, só de *hobby*, não será grande e profissional como o GNU) para clones do 386(486) AT. Venho pensando na

AS FERRAMENTAS DA COOPERAÇÃO

ideia desde abril, e agora estou pronto para executá-la. Gostaria de qualquer *feedback* sobre coisas que as pessoas gostam/odeiam no Minis...[11]

Tantas pessoas responderam à sua postagem que a primeira versão daquele sistema operacional ficou pronta em apenas três anos. O Linux 1.0 tornou-se publicamente disponível em março de 1994, mas não foi o fim do projeto. Depois, a ajuda continuou chegando. E chegando. Em 2006, um estudo financiado pela União Europeia estimou o custo de reformulação da versão 2.6.8 do Linux em US$ 1,14 bilhão. Em 2008, a receita de todos os servidores, desktops e pacotes de software executados no Linux foi de US$ 35,7 bilhões.

McEwen ficou espantado com tudo aquilo. O Linux possui mais de 10 mil linhas de código. Ele não conseguia acreditar que centenas de trabalhadores pudessem colaborar num sistema tão complexo. Não conseguia acreditar que a maioria colaborasse de graça. Retornou aos escritórios da Goldcorp com uma ideia maluca: em vez de pedir aos próprios engenheiros que estimassem a quantidade de ouro existente no subsolo, pegaria o maior patrimônio de sua empresa – os dados geológicos normalmente trancados num cofre – e o disponibilizaria ao grande público. Decidiu também incentivar o esforço, tentando ver se conseguiria obter os resultados de Torvald num período de tempo limitado. Em março de 2000, McEwen anunciou o Desafio Goldcorp: "Mostre-me onde posso achar os próximos 6 milhões de onças de ouro, e pagarei a você US$ 500 mil."[12]

Nos meses seguintes, a Goldcorp recebeu mais de 1.400 solicitações de seus 400 megabytes de dados geológicos. No final, 125 equipes entraram na competição. Um ano depois, ela havia terminado. Três equipes foram declaradas vencedoras. Duas eram da Nova Zelândia, uma era da Rússia. Nenhuma jamais visitou a mina de McEwen. No entanto, as ferramentas da cooperação haviam se tornado tão boas, e era tão grande a disposição em usá-las em 2001, que o ouro apontado por aquelas equipes (ao custo de US$ 500 mil) valia bilhões de dólares no mercado aberto.

Na época em que McEwen não conseguiu descobrir a quantidade de minério que tinha em sua mina, estava sofrendo de "escassez de conhecimento". Esse não é um problema incomum em nosso mundo moderno. Porém, as ferramentas da cooperação se tornaram tão poderosas que, uma vez corretamente incentivadas, é possível envolver as mentes mais brilhantes nos problemas mais difíceis. Isso é fundamental, como o cofundador da Sun Microsystems, Bill Joy, observou de forma memorável: "Não importa quem você seja, a maioria das pessoas mais inteligentes trabalha para outra pessoa".[13]

Nossas novas capacidades cooperativas permitiram aos indivíduos entender e afetar as questões globais como nunca antes, mudando sua esfera de cuidado e sua esfera de influência substancialmente. Podemos agora trabalhar o dia inteiro com nossas mãos na Califórnia, mas passar as noites emprestando nossos cérebros à Mongólia. O professor de comunicação Clay Shirky, da Universidade de Nova York, emprega o termo "excedente cognitivo" para descrever esse processo.[14] Ele o define como "a capacidade da população do mundo de contribuir voluntariamente e colaborar em grandes projetos às vezes globais".

"A *Wikipedia* levou 100 milhões de horas de tempo de voluntários para ser criada", diz Shirky.[15] "Como medimos isso em relação a outros gastos do tempo? Bem, assistir à TV, que é o maior gasto de tempo, consome 200 bilhões de horas a cada ano – só nos Estados Unidos. Para pôr isso em perspectiva, despendemos o tempo de uma Wikipedia a cada fim de semana somente vendo comerciais. Se abríssemos mão de nosso vício da TV por apenas um ano, o mundo teria mais de um trilhão de horas de excedente cognitivo para dedicar aos projetos compartilhados." Imagine o que poderíamos fazer pelos grandes desafios do mundo com um trilhão de horas de atenção concentrada.

Um Android acessível

Até agora, examinamos as ferramentas de cooperação enraizadas no passado, mas o que já aconteceu é pouco diante do que vem pela frente. Pode-se argumentar que, devido à natureza positiva das informações, a economia global mais saudável se baseia na troca de informações. Mas isso só é possível quando os nossos melhores dispositivos de compartilhamento de in-

AS FERRAMENTAS DA COOPERAÇÃO

formações – dispositivos que sejam portáteis, financeiramente acessíveis e ligados à internet – se tornam globalmente disponíveis.

Esse problema foi agora solucionado. No início de 2011, a empresa chinesa Huawei lançou seu *smartphone* Android acessível de US$ 80, por intermédio do gigante das telecomunicações queniano Safaricom.[16] Em menos de seis meses, as vendas ultrapassaram 350 mil aparelhos, uma cifra impressionante para um país onde 60% da população vive com menos de US$ 2 ao dia.[17] Ainda melhor que o preço são os mais de 300 mil aplicativos que os usuários podem agora acessar. E se isso não é impressionante o suficiente, no outono de 2011 o governo indiano fez uma parceria com a empresa canadense Datawind e anunciou um *tablet* Android de 18 centímetros com um preço básico de US$ 35.[18]

Mas eis o maior obstáculo. Como a tecnologia disseminadora de informações tem sido tradicionalmente cara, as ideias mais rapidamente disseminadas geralmente têm emergido das potências dominantes, mais ricas – aquelas nações com acesso à tecnologia mais atual e melhor. Entretanto, por causa das reduções de custos associados às curvas exponenciais de preço, essas regras estão mudando muito depressa. Pense em como essa mudança afetou Hollywood. Na maior parte do século 20, foi o centro do mundo do entretenimento: os melhores filmes, os astros mais brilhantes, uma hegemonia no entretenimento sem igual na história. Mas em menos de 25 anos, a tecnologia digital alterou esses fatos. Em média, Hollywood produz 500 filmes anuais e alcança um público mundial de 2,6 bilhões.[19] Se cada filme dura em média duas horas, Hollywood produz mil horas de conteúdo por ano. Os usuários do YouTube, por sua vez, fazem upload de 48 horas de vídeos por minuto.[20] Isso significa que, a cada 21 minutos, o YouTube fornece mais entretenimento novo do que Hollywood em 12 meses. E o público do YouTube? Em 2009, recebeu 129 milhões de visitas por dia,[21] portanto em 21 dias o site alcançou mais pessoas do que Hollywood em um ano. Como o número de criadores de conteúdo no mundo em desenvolvimento agora superou aquele do mundo desenvolvido, podemos dizer que as ferramentas da cooperação permitiram à maioria silenciosa real do mundo enfim encontrar sua voz.

E essa voz vem sendo ouvida como nunca antes. "A mobilização global das ICT democratizou por completo as ferramentas da cooperação", diz

Salim Ismail, diretor-executivo fundador da Universidade da Singularidade e agora seu embaixador global. "Vimos isso nitidamente durante a Primavera Árabe. Os recursos de autopublicação agregados do homem comum permitiram a transparência radical e transformaram a paisagem política. À medida que cada vez mais pessoas aprendem como usar essas ferramentas, rapidamente começaremos a aplicá-las a todo tipo de grandes desafios."[22] Inclusive, como veremos no capitulo seguinte, a primeira parada em nossa pirâmide da abundância: o desafio da água.

CAPÍTULO 8
ÁGUA

O problema da água

Peter Thum não pretendia se tornar um empreendedor social.[1] Em 2001 estava prestando consultoria à McKinsey & Company sobre um projeto de água engarrafada na África do Sul – país com uma crise permanente nesse campo. Diariamente, observava mulheres e crianças encherem cântaros vazios e partirem numa jornada que podia chegar a quatro horas para trazer água suficiente à sobrevivência de suas famílias. Certa tarde, enquanto dirigia numa estrada de terra deserta a quilômetros de distância da cidade mais próxima, Thum deparou com uma mulher solitária lutando para carregar um cântaro de 18 quilos na cabeça. "Aquele era o fim do mundo", ele conta. "Estava bem claro que aquela mulher vinha andando há um longo tempo e teria que continuar andando por mais um longo tempo. Embora eu tivesse visto sinais da crise de água na África do Sul, naquele momento ela se tornou cristalina: algo tinha que ser feito para resolver o problema."

Thum concluiu que a forma mais fácil de facilitar a mudança era relacionar a água engarrafada, que estava se tornando uma das mercadorias mais procuradas no mundo, com a escassez de água que vinha se tornando uma das piores crises mundiais.. Ele retornou aos Estados Unidos e, em sociedade com seu velho amigo Jonathan Greenblatt, criou a Ethos Water: uma marca de água engarrafada *superpremium* que doaria parte de sua receita para ajudar crianças do mundo a obterem água limpa e aumentar a conscientização sobre o problema. Em 2005, Howard Schultz, CEO da Starbucks, decidiu adquirir a Ethos, colocando sua água em cerca de 7 mil lojas nos EUA.[2] Com a ajuda da Starbucks, doando cinco centavos por garrafa vendida a projetos ligados à água, a Ethos desde essa época já fez donativos de mais de US$ 10 milhões e trouxe água e saneamento a meio milhão de pessoas.

Dito isso, a crise de água global afeta um bilhão de pessoas, portanto sejamos claros: US$ 10 milhões não darão conta do recado.[3] Mas a chegada da Ethos funcionou como que um divisor de águas. Historicamente, devido à enorme infraestrutura requerida pela maioria dos projetos de água, esse espaço tem sido dominado por instituições no estilo do Banco Mundial.[4] A Ethos foi uma das primeiras empresas a provar que o empreendedorismo social poderia ter um papel em enfrentar os desafios da água. A empresa também ajudou a aumentar a consciência sobre o problema, e isso criou um efeito bola de neve. Após uma década, a água se tornara uma categoria de alto crescimento para os empreendedores sociais e, como o inventor Dean Kamen observa, ainda há muita margem para crescimento:

Quando você fala com os *experts* sobre desenvolver tecnologias novas para fornecer água potável ao mundo em desenvolvimento, eles dizem que – com 4 bilhões de pessoas ganhando menos de US$ 2 ao dia – não existe um modelo de negócios viável, um modelo econômico e um meio de financiar os custos de desenvolvimento. Mas os 25 países mais pobres já gastam 20% de seu PIB em água. Esses 20%, cerca de trinta centavos, não são muito, mas repitamos a conta: 4 bilhões de pessoas gastando trinta centavos ao dia é um mercado de US$ 1,2 bilhão *a cada* dia. São US$ 400 bilhões ao ano. Não consigo lembrar de muitas empresas no mundo com vendas de US$ 400 bilhões ao ano. E não é preciso um estudo do mercado para descobrir qual é a necessidade. É de água. Existe uma necessidade![5]

Satisfazer essa necessidade, por mais lucrativo que seja, não será fácil. A questão não é apenas a quantidade de água necessária para hidratação

ÁGUA

e saneamento, mas o fato de que a água está completamente associada às nossas vidas, fazendo parte de quase tudo que fabricamos ou consumimos.[6] O motivo por que 70% da água do mundo é usada na agricultura[7] é que um ovo requer 454 litros para ser produzido.[8] Existem 380 litros numa melancia. A carne está entre nossas mercadorias mais sedentas, requerendo 21 mil litros por quilo ou, como a *Newsweek* certa vez explicou, "a água gasta por um touro de 450 quilos faria flutuar um destróier."[9]

E o sustento é apenas o início. Na verdade, tudo em nossa pirâmide da abundância é afetado por questões de hidrologia. Além da comida, a educação é afetada, já que 443 milhões de dias escolares ao ano são perdidos devido a doenças relacionadas à água.[10] Para produzir um microchip são consumidos 132 litros[11] – e uma única fábrica da Intel produz milhões de chips ao mês – de modo que a abundância de informações também é afetada. Depois vem a energia, onde cada etapa na cadeia de produção torna o mundo um local mais seco.[12] Nos Estados Unidos, por exemplo, a energia requer 20% da água não agrícola. No pico da pirâmide, ameaças à liberdade também têm sido associadas à escassez. Em 2007, o professor de economia da UC Berkeley, Edward Miguel, encontrou "fortes indícios de que mais chuvas tornam os conflitos menos prováveis na África".[13] Até agora, esses conflitos se limitaram a guerras civis travadas dentro dos países, mas cerca de 200 rios e 300 lagos compartilham fronteiras internacionais,[14] e nem todos esses vizinhos são amigáveis. (Israel e Jordânia, por exemplo, compartilham o Rio Jordão.) Finalmente, com 3,5 milhões de pessoas morrendo anualmente de doenças ligadas à água,[15] nada é mais claro do que o vínculo direto entre saúde e hidratação.

Além das exigências humanocêntricas de nossa pirâmide da abundância, existem preocupações ambientais ainda mais problemáticas. Retornemos por um momento à água engarrafada. Anualmente, os seres humanos consomem quase 50 bilhões de litros de água engarrafada.[16] Grande parte dessa água é o que conhecemos por "água fóssil", significando que levou dezenas de milhares de anos para se acumular em aquíferos e não é fácil de repor.[17] Mas a água fóssil também abriga os mais delicados ecossistemas do mundo. A sede das modernas práticas agrícolas, práticas industriais e da indústria da água engarrafada levaram esses sistemas à beira do colapso. Não podemos arriscar mais degradação. Em termos simples: sem ecossistemas ficaremos sem os serviços de ecossistema, uma perda que põe em risco a sobrevivência de nossa espécie.

Portanto, atacar todos esses problemas requererá todas as ferramentas disponíveis. As nossas práticas agrícolas precisam ser totalmente reformuladas, nossas práticas industriais idem. Precisaremos de máquinas menos consumidoras de água, de novas soluções de infraestrutura e de muita honestidade sobre uma população planetária que se aproxima dos 9 bilhões. O que essa cifra nos informa é o que realmente precisamos: de uma mudança radical. Com 97,3% da água no planeta salgada demais para o consumo, e mais 2% imobilizados como gelo polar, tal mudança radical não advirá de brigas em torno do restante 0,5%. Isso não significa que devemos ignorar a conservação e eficiência, mas se nossa meta final é a abundância, precisamos de uma abordagem totalmente nova. A água fresca precisa seguir a rota do alumínio, de um dos recursos mais escassos da Terra para um dos mais corriqueiros. Chegar nesse ponto requer uma grande dose de inovação: o tipo de inovação significativa desencadeada pela Lei de Moore – que, como logo veremos, é exatamente o que os inovadores do Faça-Você-Mesmo (DIY), como Dean Kamen, estão viabilizando.

Dean *versus* Golias

Dean Kamen é um físico autodidata, empresário multimilionário e – com suas 440 patentes e a Medalha Nacional de Tecnologia – um dos maiores inovadores do DIY de nossa época.[18] Como a maioria desses cientistas, Kamen adora resolver problemas. Na década de 1970, quando ainda cursava a faculdade, o irmão de Kamen (então um estudante de medicina e agora um oncologista pediátrico renomado) mencionou que não havia nenhuma forma confiável de ministrar a bebezinhos doses regulares de remédios. Sem uma tal tecnologia, os bebês tinham de permanecer longas horas no hospital, e as enfermeiras tinham de cumprir horários inflexíveis.

Aquilo deixou Kamen curioso. Começou a experimentar. Uma coisa levou à outra, e logo havia inventado a primeira bomba de infusão portátil

ÁGUA

capaz de ministrar automaticamente as mesmas doses exatas de remédio que antes exigiam uma supervisão hospitalar de 24 horas. Depois daquilo, a miniaturização da tecnologia médica tornou-se sua especialidade. Em 1982, Kamen fundou a Deka Research and Development, que logo criou uma máquina portátil de diálise do tamanho de um videocassete, em vez do modelo anterior semelhante a uma máquina de lavar louças. Depois veio o iBot: uma cadeira de rodas motorizada que sobe escadas; o Segway, a tentativa de Kamen de reinventar o transporte local; e o Braço "Luke" – um radical passo à frente no desenvolvimento de membros protéticos.[19]

Ao longo de tudo aquilo, Kamen nunca perdeu o interesse pelos desafios em torno da diálise. "A cada dia", ele diz, "19 litros de água esterilizada fluem pelo sistema dos pacientes de diálise. Obter essa quantidade de água limpa é um problema. Muitas vezes significa enviar camionetes de entrega às casas dos pacientes uma vez por semana e lotar suas garagens com centenas de bolsas de água esterilizada. Eu vivia pensando que deveria haver um meio melhor."

A primeira ideia de Kamen foi reciclar a água esterilizada, mas após consultar biólogos, percebeu que não havia como filtrar mecanicamente o que o rim retira naturalmente. "Existe amônia, ureia, todas aquelas moléculas no meio. O que o rim elimina não dá para filtrar." Assim, não sendo possível reciclar a água, talvez houvesse um meio de tornar a água da torneira suficientemente limpa para a injeção.

Aquela aventura levou mais alguns anos. "Descobri que transformar água potável em água esterilizada usando filtros era impossível", ele explica. "Membranas de osmose não funcionam. O padrão de excelência era água deionizada, pura e destilada, mas não havia destiladores em miniatura capazes de satisfazer tal padrão." Assim Kamen decidiu construir um. Infelizmente, após realizar os cálculos, percebeu que a quantidade de energia elétrica necessária para acionar ainda que uma unidade pequena exigiria mudar a fiação em muitos lares.

Depois veio uma ideia mais maluca: construir um destilador capaz de reciclar sua própria energia. "Alguns anos depois, enfim obtivemos aquela pequena caixa com 98% de recuperação de energia e que produz uma quantidade razoável de água esterilizada. Testamos o aparelho com todas aquelas

116   CONSTRUINDO A BASE DA PIRÂMIDE

diferentes águas de torneira, e funcionou perfeitamente. Era tão bom que nem precisávamos usar água da torneira: podíamos usar água cinza* em seu lugar. Depois me ocorreu: se eu consigo esterilizar água cinza para injeção com 98% de recuperação de energia, por que estou tentando otimizar um dispositivo para produzir de 75 a 150 litros por dia? Aquela máquina poderia ajudar algumas dezenas de milhares de pacientes de diálise. Mas se eu produzisse uma máquina diferente [com uma produção maior] poderia ajudar alguns bilhões de pessoas. Em vez de criar uma alternativa a um problema minimamente difícil [fornecimento de água], eu poderia impedir que pessoas morressem [de doenças ligadas à água]."

Aquela máquina diferente ficou pronta em 2003.[20] Como essa é a tecnologia com que Kamen pretende reduzir o grave problema das doenças transmitidas pela água, batizou-a de Slingshot (Estilingue), a tecnologia usada por Davi para derrubar Golias. Do tamanho de uma minigeladeira, possui um cabo de alimentação, uma mangueira de entrada e uma mangueira de saída. Explica o inventor: "Coloque a mangueira de entrada em qualquer coisa molhada – água contaminada com arsênico, água salgada, a latrina, os tanques de detritos de uma planta de tratamento de resíduos químicos, realmente qualquer coisa molhada – e a saída é água farmacêutica injetável 100% pura".

A versão atual consegue purificar mil litros de água por dia usando a mesma quantidade de energia consumida por um secador de cabelos. A fonte de energia é uma versão atualizada de um motor Stirling, projetado para queimar quase tudo. Após um teste de campo de seis meses em Bangladesh, o motor funcionou apenas com esterco de vaca e forneceu aos aldeões eletricidade suficiente para carregarem seus celulares e acenderem suas lâmpadas. E como Kamen pretende levar seu sistema a algumas das aldeias mais remotas do mundo, também foi projetado para funcionar sem precisar de manutenção por ao menos cinco anos.

"Espero que funcione bem assim", diz Greenblatt, "porque o mundo está cheio de bombas d'água e purificadores que não eram sustentáveis. Estive numa aldeia da Etiópia que havia feito uma bomba d'água com peças

---

* Água cinza, cinzenta ou servida é a denominação dada a qualquer água residual (não-industrial) de processos domésticos como lavagem de louça, banho de chuveiro ou banheira, lavagem de roupa, lavagem de autos etc.

ÁGUA

de bicicleta. Funcionava porque, quando quebrava, as pessoas conseguiam consertá-la, conseguiam obter peças de bicicleta. Esse é o tipo de cadeia de suprimentos que se quer."[21]

Greenblatt não está sozinho nessa afirmação. Muitos acreditam que a água é uma questão de dinheiro, a ser resolvida localmente, sem a ajuda de engenhocas tecnológicas. É uma opinião baseada na visão retrospectiva. O último século viu governos tremerem enquanto buscavam uma solução mágica de alta tecnologia. Milhões morreram nesse ínterim, e o mundo está cheio de dispositivos inadequados às condições adversas de sua área de utilização ou de manutenção impossível devido às limitações das cadeias de suprimentos. Algumas daquelas ideias brilhantes, como ninguém se deu ao trabalho de discuti-las abertamente antes, violaram barreiras culturais. Rob Kramer, presidente do Global Water Trust, gosta de contar uma história apócrifa de um projeto de extensão de uma linha tronco nos confins da África. Os canos trazidos para perto de uma aldeia carente viviam sendo danificados. "Descobrimos", ele conta, "que as quatro horas, dia sim, dia não, que as mulheres gastavam na procura de água, eram o único período em que se afastavam de seus maridos. Eles gostavam daquela privacidade, por isso ficavam sabotando o cano."[22]

Todos esses fatos estão corretos, mas não levam em conta outros. Por mais engenhosa que seja a bomba de peças de bicicleta, não é uma solução de longo prazo. A bomba de peças de bicicleta é uma tecnologia de transição, não diferente dos antigos sistemas telefônicos de fios de cobre que levaram às redes 3G sem fio. Para uma sustentabilidade de longo prazo, ainda precisamos de soluções com o impacto de um estilingue.

Em segundo lugar, podemos aprender com nossos erros. O abastecimento de água é problemático (não apenas no mundo em desenvolvimento: a infraestrutura dos Estados Unidos é tão antiga que canos de madeira ainda funcionam sob a cidade de Filadélfia),[23] mas a conscientização sobre o problema está no auge. E graças à revolução dos aparelhos sem fio, estamos comunicando as melhores práticas como nunca antes. Além disso, agora entendemos que o apoio da comunidade é o componente mais crítico para qualquer solução ao fornecimento d'água. Sem esse apoio, todos os esforços são em vão. Sabemos também que as peças precisam estar prontamente disponíveis, que os trabalhadores da manutenção precisam ser incentivados e que o ideal é que essas tecnologias sejam de montagem e manutenção local. Mas aprendemos que isso vale para todas as soluções, tanto de alta quanto de baixa tecnologia. Ademais, a ideia de que soluções de alta tecnologia não funcionarão no ambiente rural foi contestada pelos telefones celulares. Um celular da Nokia possui tecnologia bastante avançada. No entanto, bilhões de celulares dessa marca estão funcionando por toda a África.

Energia e capitalização em infraestrutura são os dois principais problemas das soluções mais tecnológicas contra a falta d'água. Com energia abundante, metade desse problema se resolve. Como geraremos essa energia é um tema guardado para o último capítulo, de modo que veremos agora a capitalização. April Rinne, diretora do WaterCredit, diz: "O microfinanciamento médio na área da água está entre US$ 200 e US$ 800".[24] O custo atual de produção de um único Slingshot são US$ 100 mil. De acordo com Kamen, a fabricação comercial em grande volume traz o custo para US$ 2.500 por unidade, além de US$ 2.500 pelo motor Stirling para acionar o dispositivo. Se o sistema realmente funcionar por cinco anos, o custo de produzir mil litros de água potável por dia é de US$ 0,002 por litro. Ainda que tripliquemos a cifra para cobrir os juros e mão de obra, o preço de cinco litros são apenas quatro *cents* – menos que os trinta *cents* atuais pela mesma quantidade.

Kamen, porém, concluiu que existe outra forma de resolver a questão. Ele entrou em negociações com a Coca-Cola para produzir, distribuir e, mais importante, usar sua enorme cadeia de suprimentos (a maior da África) para ajudar na manutenção do Slingshot. "Esse não é o fim da linha", ele diz. "Acho que é preciso uma terceira parte envolvida, alguém que torne o processo todo transparente, seguro, que eduque as pessoas a respeito. Mas também acho que a Coca-Cola poderia contribuir com a sustentação principal, a capitalização principal, o maior canal de distribuição, desenvolvimento, suporte, educação e manutenção. Serviço completo. Quase tudo que precisa ser feito acho que ela poderia fazer."

A Coca-Cola concordou em tentar.[25] Em maio de 2011, o maior fabricante de refrigerantes do mundo iniciou uma série de testes de campo com o Slingshot. O sucesso poderia ser a salvação de comunidades rurais por toda parte, mas existem limites. De acordo com Kamen, o Slingshot é construído para ser-

ÁGUA

vir cem pessoas. Várias máquinas poderiam fornecer água para comunidades bem maiores, mas elas não foram projetadas para o uso urbano em larga escala, nem conseguem satisfazer nossas necessidades agrícolas ou industriais. Mas antes de examinarmos soluções a essas dificuldades, vejamos como o Slingshot reduz outro problema fundamental que muitos têm: a explosão populacional.

Preservativo

Os malthusianos costumam usar a palavra "cornucopianos" para descrever pessoas que fazem lobby em prol da abundância.[26] Não é um termo elogioso. A discussão gira em torno do crescimento populacional. Os cornucopianos acham que o ritmo do crescimento econômico superará o ritmo do crescimento populacional, resolvendo assim nossos problemas. Os malthusianos acreditam que já excedemos a capacidade biótica do planeta e que, se o crescimento populacional prosseguir incontrolado, nada que inventarmos será poderoso o suficiente para reverter tais efeitos. Mas a tecnologia de Kamen proporciona um providencial caminho do meio.

A população está diretamente ligada à fertilidade.[27] Atualmente a maioria dos países desenvolvidos possui taxas de natalidade nos níveis de reposição ou abaixo – significando que a população está estável ou declinando. O problema reside no mundo em desenvolvimento, onde o número de bebês nascidos é bem maior, e não está nas cidades. A urbanização na verdade reduz as taxas de fertilidade.[28] O problema está no interior, já que a população mais fecunda do planeta é formada por pobres que vivem nas áreas rurais.. São necessárias várias mãos para o trabalho agrícola, por isso os agricultores têm famílias grandes. Mas eles querem meninos – geralmente três no mínimo. A lógica deles é comovente. Três meninos são desejáveis porque um provavelmente morrerá, enquanto o segundo permanecerá em casa para cuidar da terra e dos pais quando envelhecerem, além de ganhar dinheiro suficiente para que o terceiro filho possa estudar, obter um trabalho melhor e encerrar aquele ciclo. Assim a mortalidade infantil entre os pobres rurais é um dos principais fatores que promovem o crescimento populacional,[29] e a água suja costuma ser a raiz do problema.

Do 1,1 bilhão de pessoas sem acesso a água segura, 85% vivem no campo.[30] Dos 2,2 milhões de crianças que morrem atualmente por beber água contaminada, a grande maioria é rural também. Portanto, uma máquina capaz de fornecer água potável a essas comunidades, melhorando a saúde e as taxas de sobrevivência infantil, na verdade reduz a fertilidade onde isso é mais importante. Além de ser um purificador da água, o Slingshot é um dispositivo de planejamento familiar extremamente bem direcionado: um preservativo disfarçado de bebedouro.

A indústria da nanotecnologia

Por melhor que o Slingshot pareça, a solução para o problema da água não é uma tecnologia isolada. Pelo contrário, será uma combinação de tecnologias desenvolvidas para uma combinação de necessidades. Uma dessas necessidades é a prontidão nos desastres. Mesmo no mundo desenvolvido, nossos sistemas de socorro estão aquém da devastação dos terremotos, maremotos e tempestades tropicais. Quando o furacão Katrina atingiu New Orleans em 2005, decorreram cinco dias até que a água chegasse aos refugiados no Superdome.

Um engenheiro inglês chamado Michael Pritchard ficou chocado com o Katrina, menos de um ano após ter se chocado com o tsunami asiático.[31] Pritchard era um especialista em tratamento de água, uma questão crucial no núcleo das duas tragédias. Além de os sobreviventes não conseguirem obter água limpa logo após o desastre, a solução àquele problema exacerbou outros. "Tradicionalmente", Pritchard contou a um público da conferência TED, "numa crise, o que fazemos? Enviamos água. Após algumas semanas, erguemos acampamentos, e as pessoas são forçadas a virem àqueles acampamentos para obterem sua água potável. O que acontece quando 20 mil pessoas se reúnem num acampamento? As doenças se espalham, mais recursos são necessários, e o problema apenas se torna autoperpetuador."

Assim Pritchard decidiu fazer algo. Alguns anos depois, em 2009, completara a garrafa Lifesaver. Com uma bomba manual numa ponta e um filtro na outra, a garrafa não parece de alta tecnologia, mas aquele filtro é diferente

ÁGUA

dos outros. Os pesquisadores da nanotecnologia trabalham em escalas minúsculas, cujas distâncias são medidas em átomos. Um bilionésimo de metro – um nanômetro no jargão técnico – é seu referencial. Antes que Pritchard surgisse, os melhores filtros d'água com bomba manual no mercado funcionavam até um nível de 200 nanômetros. Isso é pequeno o suficiente para capturar a maioria das bactérias, mas os vírus, que são bem mais microscópicos, ainda conseguiam escapar. Assim Pritchard projetou uma membrana com poros de 15 nanômetros de largura. Em segundos, remove tudo que precisa ser removido: bactérias, vírus, cistos, parasitas, fungos e outros patógenos transmitidos pela água. Um filtro dura o suficiente para produzir 6 mil litros de água, e o sistema desliga automaticamente quando o cartucho expira, impedindo o usuário de beber água contaminada.

O Lifesaver foi projetado para socorro em desastres, mas por que esperar? Uma versão maior do sistema produz 25 mil litros de água – o suficiente para uma família de quatro membros durante três anos. O melhor é que custa apenas meio *cent* por dia para operar. "Por US$ 8 bilhões", diz Pritchard, "podemos alcançar a meta do milênio de reduzir à metade o número de pessoas sem acesso a água potável. [...] Por 20 bilhões, todo mundo pode ter acesso a água potável."

E o Lifesaver é apenas o começo. A indústria da nanotecnologia está explodindo.[32] Entre 1997 e 2005, os investimentos dispararam de US$ 432 milhões para US$ 4,1 bilhões, e a National Science Foundation prevê que atingirão US$ 1 trilhão em 2015.[33] Estamos adentrando uma era de fabricação molecular, e quando se trabalha nessa escala, reagrupar os átomos leva a propriedades físicas totalmente novas.

Retornando à água, existem agora nanomateriais com maior afinidade, capacidade e seletividade por metais pesados, entre outros contaminantes.[34] Isso significa que metais pesados são atraídos por essas partículas, e essas partículas conseguem transformar com mais eficiência esses metais em compostos inofensivos, ajudando assim a limpar canais sujos, aquíferos contaminados e outros locais muito poluídos.

Enquanto isso, pesquisadores da IBM e da empresa Central Glass sediada em Tóquio desenvolveram uma nanofibra capaz de remover tanto o sal quanto o arsênico – o que até recentemente era uma missão impossível.[35] No *front* do saneamento, instalações hidráulicas vêm sendo construídas com nanomateriais autolimpantes que removem entupimentos e eliminam a corrosão.[36] Numa etapa ainda prematura de desenvolvimento estão os canos autovedantes baseados na nanotecnologia que reparam vazamentos por si próprios. Mas visionária mesmo, digna da série *Duna*, é a ideia do cientista alemão Helmut Schulze e dos pesquisadores da Dime Hydrophobic Materials, empresa sediada nos Emirados Árabes Unidos.[37] Eles desenvolveram uma areia hidrofóbica com base na nanotecnologia. Uma faixa de 10 centímetros dessa areia, colocada sob a camada superior do solo do deserto, reduz a perda de água em 75%. No Oriente Médio, onde 85% da água é usada na irrigação, essa areia hidrofóbica permitiria culturas agrícolas e o combate à desertificação.

Com 40% da população terrestre vivendo dentro de um raio de 100 quilômetros do litoral,[38] é na combinação de nanotecnologia e dessalinização que residem as maiores esperanças. Atualmente a maioria das 7 mil usinas de dessalinização do mundo depende da dessalinização térmica ou da osmose reversa.[39] A primeira significa ferver a água e condensar o vapor; a última faz a água passar por membranas semipermeáveis. Nenhuma é a solução ideal.

A dessalinização térmica consome energia demais para ser usada em larga escala (cerca de 80 megawatts/hora por megalitro) e a salmoura, gerada como subproduto, polui aquíferos e é devastadora para as populações aquáticas. A osmose reversa, por outro lado, consome bem menos energia, mas toxinas como o boro e o arsênico conseguem escapar da filtragem, e as membranas entopem com frequência, reduzindo a duração do filtro. Mas a empresa NanoH$_2$O de Los Angeles conseguiu chegar à lista Cleantech 100[*] de 2010 com um filtro novo que consome 20% menos energia enquanto produz 70% mais água.[40]

Claro que poderíamos continuar abordando esse tema pelo resto do livro. Existem dezenas e dezenas de nanotecnologias em desenvolvimento que afetarão a água. E para cada solução surpreendente de nanotecnologia, existem progressos paralelos em biotecnologia. Para cada solução de biotecnologia, existe uma solução de reciclagem de águas servidas igualmente empolgante. Mas muitos acreditam que a linha de desenvolvimento mais promissora não está na área da água, e sim nas nanotecnologias em torno dessa área.

---

* Lista das cem principais empresas privadas de tecnologia limpa. (N. do T.)

ÁGUA

A rede inteligente para a água

Quando Peter Williams, o "Cientista Eminente" da IBM e executivo principal de tecnologia da Big Green Innovations,[41] diz que "a maior oportunidade em termos de água não está na água: está nas informações", está falando de águas servidas. Atualmente nos Estados Unidos, 70% da água é usada para a agricultura, mas 50% dos alimentos produzidos são jogados fora. Cinco por cento de nossa energia vai para bombear água, mas 20% dessa água vaza por furos nos canos esburacados. "Os exemplos são infinitos", diz Williams, "e a conclusão é a mesma: mostre-me um problema de água e eu lhe mostrarei um problema de informação."

A solução para esse problema de informação é criar redes inteligentes para todos os nossos sistemas de distribuição de água, o que vem sendo chamado de "Rede Inteligente para a Água". O plano é incorporar todos os tipos de sensores, medidores inteligentes e automação por IA aos nossos canos, esgotos, rios, lagos, reservatórios, portos e, no final, nossos oceanos. Mark Modzelewski, diretor executivo da Water Innovations Alliance, acredita que uma rede inteligente poderia levar os Estados Unidos a reduzir seu consumo total de água em 35%.[42]

A IBM acredita que a rede inteligente para a água valerá mais de US$ 20 bilhões nos próximos cinco anos,[43] e a empresa está determinada a entrar no negócio desde cedo. Na bacia do Amazonas, formou uma sociedade com a Nature Conservancy para desenvolver um sistema novo de modelagem computadorizada que permita aos usuários simularem os comportamentos de bacias de rios e tomarem decisões bem melhores sobre problemas atualmente insolúveis, como prever antecipadamente se a derrubada de uma floresta rio acima destruirá as espécies de peixes nas bacias hidrográficas rio abaixo.[44] Na Irlanda, a Big Blue aliou-se ao Marine Institute no projeto Baía Inteligente, monitorando as condições das ondas, níveis de poluição e a vida marinha na Baía de Galway. Existe ainda um projeto de "dique inteligente" na Holanda, uma melhoria analítica do sistema de esgotos em Washington, D.C. e dezenas de outras iniciativas ao redor do globo.

Outras empresas estão seguindo seus passos. Operando em Detroit, a Hewlett-Packard implementou um sistema de medição inteligente que já aumentou a produtividade em 15%.[45] No setor acadêmico, pesquisadores na Northwestern University de Chicago criaram um "Cano Inteligente" – um conjunto com vários nanossensores que mede desde a qualidade até o fluxo da água.[46] No âmbito internacional, os esforços também estão aumentando. A Espanha acaba de instalar um sistema de irrigação nacional auxiliado por computador que visa levar os agricultores a pouparem 20% dos 3,4 *trilhões* de litros consumidos anualmente.[47]

A irrigação auxiliada por computador é uma subcategoria da "agricultura de precisão", que é uma grande parte do potencial da rede inteligente. O sistema completo mescla a irrigação auxiliada por computador com o rastreamento por GPS e tecnologias de sensoriamento remoto para obter, como o nome diz, mais colheita por gota d'água. Essa combinação permite aos fazendeiros saberem tudo que ocorre em seus campos: temperatura, transpiração, umidade do ar e solo, previsão do tempo, quanto fertilizante foi aplicado a cada planta, quanta água cada planta recebeu, e assim por diante. Insustentáveis 70% da água na Terra são agora gastos no cultivo de alimentos. "Com a agricultura de precisão", diz Doug Miell, um consultor de gestão de água que presta consultoria ao estado da Geórgia, "os fazendeiros podem reduzir seu consumo de água entre 35% e 40% e aumentar sua produção em 25%."[48]

As economias gigantescas mencionadas nesta seção são apenas o início da discussão, não seus argumentos finais. Uma vez que nossos sistemas de distribuição de água se tornem uma rede inteligente, a água realmente se transforma numa ciência da informação – integrando assim a corrente ascendente do crescimento exponencial. O que vem sendo agora discutido como a rede inteligente para a água é realmente uma aplicação em nível beta. Essa rede gerará a próxima, e a seguinte, e – como nós, seres humanos, somos falhos na previsão dos resultados do crescimento exponencial – não se sabe realmente aonde iremos parar. Uma coisa é certa, porém: será um lugar com muito mais água.

ÁGUA

Solução para o saneamento

Eis um debate em aberto: quem inventou a privada moderna? Dizem que foi Thomas Crapper, um bombeiro inglês do século 19,[49] mas a história real começa bem antes. No Ocidente, a invenção é atribuída a Sir John Harington, que criou uma privada com descarga em 1596 para sua madrinha, a rainha Elizabeth I, embora sua tecnologia nunca fosse comercializada.[50] No Oriente, a inovação remonta a muito antes. Arqueólogos recentemente desenterraram uma latrina da dinastia Han datando de 206 a.C.[51] Com suprimento de água corrente, um vaso de pedra e um descanso para o braço, essa tecnologia chinesa com 2.400 anos parece bastante moderna. Eis o problema: quando se trata do sistema hidráulico domiciliar, pouca coisa mudou em muito tempo.

Mas imagine as melhorias potenciais. Imagine privadas que não requerem infraestrutura.[52] Nenhum cano embaixo do chão, nenhum campo séptico do dreno sob o gramado, nenhum sistema de esgoto percorrendo o quarteirão. Essas privadas de alta tecnologia trituram e queimam as fezes e evaporam instantaneamente a urina, deixando tudo esterilizado no processo. Em vez de desperdiçar algo, essas privadas devolvem: pacotes de ureia (como fertilizante), sal de mesa, volumes de água doce e energia suficiente para carregar um celular enquanto se está sentado no trono. Ligando essas privadas à rede inteligente, a eletricidade pode ser vendida de volta à concessionária, fazendo com que, pela primeira vez na história, alguém seja pago para defecar. Como um componente final, tudo isso custa ao consumidor cinco *cents* diários. Isso não é uma simples melhoria: é uma revolução.

É também a meta de um programa recém-anunciado da Fundação Bill & Melinda Gates.[53] Oito universidades receberam dotações para ajudar a trazer a tecnologia da privada ao século 21, e foi assim que Lowell Wood se envolveu no esforço. Wood não é o típico *expert* em saneamento. Ele é um astrofísico no Lawrence Livermore National Laboratory, com experiência em fusão termonuclear, engenharia da computação e lasers de raios X, além de ter participado do programa de defesa antimísseis "Star Wars" do presidente Ronald Reagan.

"O objetivo do projeto de Gates", diz Wood, "é modernizar um sistema que não evoluiu realmente em 130 anos, desde a Inglaterra vitoriana. No mundo em desenvolvimento, onde os problemas de saneamento provocam muitas mortes e doenças, isso obviamente salvará milhões e milhões de vidas, mas no mundo desenvolvido três quartos da conta de água é o custo de remover dejetos e operar usinas de tratamento de esgoto. Portanto o objetivo é resolver os dois problemas: encontrar um meio de as pessoas irem ao banheiro que não envolva água corrente ou esgoto e, ao mesmo tempo, tornar os dejetos humanos completamente inofensivos."

Isso pode parecer fantasia, mas não é preciso nenhuma mágica. "Você pode queimar a porção fecal dos dejetos e usar essa energia para limpar por completo a urina, transformando-a de volta em água e sólidos", explica Wood. "As fezes humanas contêm mais de um megajoule por dia de energia, o suficiente para fazer tudo que a privada precisa fazer, com sobra suficiente para telefones celulares e lâmpadas. E já dispomos da tecnologia. Podemos literalmente fazer isso com peças produzidas em série. O maior desafio é que precisa ser feito a um custo de cinco *cents* ao dia, porque esse é o custo acessível ao mundo em desenvolvimento."

As vantagens dessa privada são quase incalculáveis. Para início de conversa, remover as fezes humanas da equação soluciona uma parte enorme da carga global de doenças (reduzindo assim também o crescimento populacional). Fazê-lo de forma distribuída (sem requerer investimentos maciços iniciais em infraestrutura) e sem desperdiçar água e energia torna essa tecnologia revolucionária. Além disso, o aumento da eficiência fornece uma economia muito necessária. As privadas representam 31% de todo o consumo de água nos Estados Unidos.[54] A Environmental Protective Agency (EPA) estima que 4,7 trilhões de litros de água – o consumo anual combinado de Los Angeles, Miami e Chicago – vazam dos domicílios norte-americanos a cada ano, o maior desperdício vindo das privadas.[55] Finalmente, além de fezes e urina, essa privada tecnológica processa todos os resíduos orgânicos, incluindo restos de refeições, folhas aparadas do jardim e refugo das fazendas, fechando todos os circuitos e fornecendo à família toda a água de que possa necessitar.

O ponto azul-claro

Em 1990, em um dos atos mais célebres de uma carreira ilustre, o astrônomo Carl Sagan decidiu que poderia ser interessante se a espaçonave *Voyager 1*, após completar sua missão em Saturno, desse meia-volta e tirasse uma foto da Terra.[56] Vista daquela grande distância, a Terra é irrelevante, um ponto amorfo entre pontos – ou, nas palavras de Sagan, "um cisco de poeira suspenso num raio de sol". Mas é um cisco azul, daí o nome famoso da fotografia: "O ponto azul-claro".

O nosso planeta é um ponto azul-claro porque é um mundo aquoso, dois terços de sua superfície sendo cobertos por oceanos. Esses oceanos são nossa espinha dorsal e nosso sangue vital. Não há dúvida de que 1 bilhão de pessoas agora carece de acesso a água potável, mas nossos oceanos encerram o segredo para um futuro melhor. Retornando a um tema anterior: a abundância não é uma visão cornucopiana. Embora as inovações que acabamos de ver compartilhem o potencial de explorar esses oceanos – reciclar seu conteúdo e mudar sua química, dotando-nos de toda a água de que precisamos – isso não acontecerá automaticamente. Temos muito trabalho pela frente. Mas por estarem todas em curvas de crescimento exponencial, essas tecnologias de uso eficiente da água representam a maior alavancagem disponível. Elas são o caminho mais fácil de A a B, mas – e este é um "mas" crucial – ainda assim precisamos nos comprometer com o caminho.

Sobre sua fotografia famosa, Sagan certa vez disse: "Essa imagem distante de nosso mundo minúsculo [...] realça nossa responsabilidade de sermos mais gentis uns com os outros e de preservarmos e acalentarmos o ponto azul-claro, o único lar que jamais tivemos". Nós concordamos plenamente. Portanto, neste momento, promovamos a eficiência, tomemos duchas mais breves, comamos menos carne vermelha, façamos todo o possível para preservar um recurso atualmente limitado. Mas quanto ao amanhã, é preciso saber que um mundo de água abundante é uma possibilidade bem real, e chegaremos lá mais rápido se atrelarmos nossas energias aos exponenciais. As tecnologias exploradas neste capítulo e os campos de pesquisa que representam são a melhor forma de preservar o único lar que conhecemos: o ponto azul-claro.

CAPÍTULO 9

ALIMENTANDO 9 BILHÕES

O fracasso da força bruta

Foi dito que alimentar os famintos é o objetivo filantrópico mais antigo do mundo, mas isso não significa que sejamos exímios nisso. De acordo com a ONU, 925 milhões de pessoas atualmente não dispõem de comida suficiente.[1] Isso é quase uma dentre cada sete pessoas, os jovens sendo as vítimas mais visíveis. A cada ano, 10,9 milhões de crianças morrem – metade por problemas relacionados à subnutrição.[2] Nas nações em desenvolvimento, uma dentre cada três crianças tem o crescimento prejudicado pela subnutrição. A deficiência de iodo é a maior causa isolada de retardamento mental e dano cerebral. A falta de vitamina A mata 1 milhão de crianças anualmente. E essa é a situação atual, antes que a população mundial inche em mais alguns bilhões, antes que o aquecimento global reduza a terra arável, ou seja, antes que um problema já complicado se torne totalmente insolúvel.

Isso dito, a situação traz à mente a história de dois vendedores de sapatos da Grã-Bretanha em torno de 1900. Ambos vão à África a fim de explorar novos mercados. Após uma semana, cada um escreve uma carta à família. O primeiro vendedor conta: "As perspectivas são péssimas, ninguém aqui calça sapatos, vou voltar no próximo navio". Mas o segundo vê as coisas de forma

ALIMENTANDO 9 BILHÕES

diferente: "Este lugar é incrível. O potencial de mercado é quase ilimitado. Tão cedo não voltarei". Em outras palavras, quando se trata de alimentos, existem amplas oportunidades de melhoria.

Nos últimos cem anos, a agricultura tem sido principalmente uma equação de força bruta.[3] Primeiro industrializamos nossas fazendas, depois industrializamos nossa comida. Alimentamos nossos sistemas de produção e distribuição de comida com derivados do petróleo. Atualmente são necessárias dez calorias de petróleo para produzir uma caloria de comida.[4] Num mundo que enfrenta escassez de energia, só isso já torna o processo insustentável. Os sistemas de irrigação secaram nossos reservatórios. Os grandes aquíferos na China e Índia quase desapareceram,[5] resultando em tempestades de areia bem piores que as do Meio-Oeste norte-americano nos anos 1930.[6] Herbicidas e pesticidas tóxicos destruíram nossas vias navegáveis.[7] O nitrogênio dos fertilizantes transformou as águas costeiras dos Estados Unidos, uma nação cercada de oceanos, em zonas mortas,[8] obrigando o país a importar agora 80% de seus frutos do mar.[9]

Mas mesmo essa prática estranha não pode perdurar. As práticas pesqueiras modernas são outra parte dessa equação cruel. A pesca de arrasto pelo fundo destrói cerca de 15,6 milhões de quilômetros quadrados de solo oceânico a cada ano[10] – uma área do tamanho da Rússia. Portanto, esqueça-se a importação. Um artigo de 2006 na revista *Science,* escrito por um grupo internacional de ecologistas e ambientalistas, mostrou que, no nosso ritmo atual de exploração, os alimentos marinhos do mundo se esgotarão em 2048.[11]

Além disso, parecemos estar exaurindo o potencial de muitas das tecnologias que produziram os maiores ganhos na produção de alimentos nos últimos cinquenta anos.[12] De acordo com Lester Brown, fundador do Worldwatch Institute e do Earth Policy Institute, "a última década testemunhou o surgimento de mais outra restrição ao crescimento da produtividade agrícola global: a redução do número de tecnologias ainda inexploradas". Por exemplo, embora o Japão empregasse quase todas as tecnologias disponíveis, a produção de arroz está estável há quatorze anos. A Coreia do Sul e China enfrentam situações semelhantes. A produção de trigo na França, Alemanha e Grã-Bretanha, os três países que produzem um oitavo do trigo mundial, também está estabilizada. Escrevendo sobre a região do Punjab na Índia –

que muitos alegam ter sido transformada pela Revolução Verde de uma "cuia de mendigo" em uma "cornucópia de alimentos" –, a célebre ambientalista Vandana Shiva observa: "Longe de trazer prosperidade, duas décadas da Revolução Verde deixaram o Punjab repleto de descontentamento e violência. Em vez de abundância, o Punjab está assolado por solos doentes, culturas infestadas de pragas, terrenos alagados imprestáveis para a agricultura e agricultores descontentes e endividados".[13]

Contudo, apesar de toda essa devastação, os últimos cem anos também viram uma mudança milagrosa em nossa capacidade de produzir alimentos. Conseguimos alimentar mais pessoas usando menos espaço do que em qualquer época anterior. Atualmente cultivamos 38% de todas as terras do mundo.[14] Se as taxas de produção tivessem permanecido como em 1961, precisaríamos de 82% dessas terras para produzir a mesma quantidade de comida. A mudança se tornou possível graças à intensificação agrícola apoiada pela petroquímica. O desafio seguinte é substituir essa força bruta insustentável por uma abordagem mais sutil. Se conseguirmos aprender a colaborar com nossos ecossistemas, em vez de tratá-los sem a menor consideração, ao mesmo tempo otimizando nossa agricultura e os sistemas alimentares, poderíamos facilmente nos ver no lugar daquele segundo vendedor de sapatos: com um mercado escancarado e um potencial infinito.

Cozinhar para 9 bilhões

Muitos sentem que a questão de como melhorar nossa agricultura se reduziu a um dilema: adotar ou não os organismos geneticamente modificados. Mas essa não é mais a questão. Em 1996, havia 1,7 milhão de hectares de culturas de biotecnologia no mundo; em 2010, o número saltara para 148 milhões de hectares.[15] Esse aumento de 87 vezes no número de hectares faz das sementes geneticamente modificadas a tecnologia agrícola mais rapidamente adotada na história da agricultura moderna. Não dá para voltar atrás.

Além do mais, a ideia de que as culturas transgênicas são um pecado contra a natureza, uma espécie de *Frankenfood*,* é ridícula. Baseia-se no pressu-

---

* Uma comida monstruosa como que criada pelo Dr. Frankenstein. (N. do T.)

ALIMENTANDO 9 BILHÕES

posto de que existe algo natural na agricultura. Por mais idílica que pareça, a agricultura é apenas uma prática de 12 mil anos de otimizar o almoço. Na verdade, como explica Matt Ridley:

> Quase por definição, todas as plantas comestíveis são "geneticamente modificadas". Elas são mutantes monstruosos capazes de gerar sementes anormalmente grandes e de fácil debulha ou frutas pesadas e doces e dependentes da intervenção humana para sobreviver. As cenouras têm cor laranja graças apenas à seleção de um mutante descoberto talvez no final do século 16 na Holanda. As bananas são estéreis e incapazes de gerar sementes. O trigo possui três genomas totalmente diploides (duplos) em cada uma de suas células, é descendente de três diferentes capins silvestres, e simplesmente não consegue sobreviver como uma planta silvestre – você nunca encontra trigo silvestre.[16]

A linhagem da agricultura é uma linhagem de humanos alterando o DNA das plantas. Por um longo tempo, a hibridização foi o método preferido, até que surgiu Mendel com suas ervilhas. Quando começamos a entender como a genética funcionava, os cientistas tentaram todos os tipos de técnicas extravagantes para induzir mutações. Mergulhamos sementes em carcinógenos e as bombardeamos com radiação, ocasionalmente dentro de reatores nucleares. Existem mais de 2.250 desses mutantes por aí, a maioria certificada como "orgânica".

A engenharia genética (EG), por outro lado, permite que sejamos mais precisos em nossa busca por novos traços. Pela primeira vez na história do melhoramento vegetal, as ferramentas da engenharia genética permitem compreendermos o que estamos fazendo. Essa é a diferença real. É disso que trata todo esse estardalhaço: uma mudança radical na qualidade e quantidade de informações disponíveis para nós, uma passagem da evolução por seleção natural para a evolução pelo controle inteligente.

O que não significa que não existam técnicas interessantes de otimização de sementes sem EG sendo desenvolvidas. O Land Institute do Kansas vem tentando tornar perenes culturas anuais como de trigo e milho.[17] Os resultados poderiam ser fantásticos. Os ecossistema naturais são bem melhores do que os sistemas agrícolas geridos pelos humanos na conversão de luz solar

132   CONSTRUINDO A BASE DA PIRÂMIDE

em tecidos vivos. Plantas perenes – principalmente em policulturas (significando uma mescla de plantas perenes que crescem lado a lado) – ancoram esses ecossistemas. Essas plantas possuem raízes longas e arquiteturas diversificadas, tornando-as tolerantes ao clima, resistentes às pragas, resistentes a doenças e capazes de produzir mais biomassa por hectare do que a agricultura humana sem precisar de insumos de combustíveis fósseis nem degradar o solo e a água. Trata-se de uma questão de tempo. O Land Institute espera que decorrerão mais 25 anos até que essas plantas perenes sejam rentáveis e produtivas. As culturas de biotecnologia, enquanto isso, já estão disponíveis.

Além disso, após 30 anos de pesquisas, grande parte de nossos temores quanto à EG foram apaziguados.[18] A saúde parece não ser afetada. Mais de um trilhão de refeições de alimentos transgênicos foram servidas sem que se registrasse sequer um caso de doença decorrente. A devastação ecológica foi outra preocupação, mas no todo a EG parece boa para o meio ambiente. As sementes não requerem aragem, deixando a estrutura do solo intacta. Isso detém a erosão, melhora o sequestro de carbono e filtragem de água e reduz substancialmente a quantidade de insumos petroquímicos necessários para cultivar nossos alimentos. O uso de herbicidas também cai, enquanto o rendimento aumenta.

"Quando os agricultores na Índia adotaram o algodão Bt em 2002", escreve Stewart Brand em *Whole Earth discipline: An ecopragmatist manifesto**, "a nação passou de importadora de algodão para exportadora, de 17 milhões de fardos para 27 milhões de fardos. Qual foi o custo social daquilo? O principal acontecimento foi que o algodão Bt aumentou o rendimento em 50% e reduziu o uso de pesticidas em 50%, e a renda total do agricultor indiano aumentou de US$ 540 milhões para US$ 1,7 bilhão."

Esse é um relatório de progresso no tempo presente. A parte agrícola da indústria da biotecnologia vem crescendo 10% ao ano.[19] A tecnologia em si cresce numa curva mais veloz. Em 2000, quando o primeiro genoma de planta foi sequenciado, foram precisos sete anos, US$ 70 milhões e 5 mil pessoas. O mesmo projeto atualmente leva uns três minutos e custa uns US$ 100. Esta é uma boa notícia. Mais informações significa abordagens mais bem direcionadas. Neste momento estamos desfrutando culturas transgênicas de primeira geração. Logo teremos versões capazes de crescer em

* Publicado nos EUA pela Viking Penguin em 2009.

ALIMENTANDO 9 BILHÕES

133

condições áridas, em condições salinas, culturas nutritivamente reforçadas, que agem como remédios, que aumentam a produção e reduzem o uso de pesticidas, herbicidas e combustíveis fósseis. Os melhores projetos atenderão muitos desses objetivos de uma vez. O projeto BioCassava Plus, promovido pela Fundação Gates, pretende pegar a mandioca, uma das principais culturas de subsistência do mundo, e reforçá-la com proteína, vitaminas A e E, ferro e zinco, reduzir seu teor natural de cianeto, torná-la resistente a vírus e armazenável por duas semanas (em vez de um dia).[20] Em 2020, essa cultura geneticamente modificada sozinha poderia melhorar radicalmente a saúde das 250 milhões de pessoas para quem constitui a refeição diária.

Claro que há problemas com a EG. Ninguém quer umas poucas empresas controlando o suprimento de alimentos do mundo. Por isso, a propriedade da semente é uma preocupação real. Mas isso não durará. Como a patologista Pamela Ronald, do Davis Department of Plant Sciences da Universidade da Califórnia, e o *expert* em agricultura orgânica Raoul Adamchak descreveram em seu livro *Tomorrow's table: Organic farming, genetics, and the future of food*: "Ela [a EG] é uma tecnologia relativamente simples que cientistas na maioria dos países, incluindo muitas nações em desenvolvimento, têm aperfeiçoado. O produto da tecnologia de EG, uma semente, não requer nenhuma manutenção extra ou habilidades agrícolas adicionais".[21] O que significa que a EG já é democrática, contanto que consigamos aprender a compartilhar a propriedade intelectual. Isso ainda não aconteceu (ou não em grande medida), mas em recente discurso proferido na Long Now Foundation, o escritor e ativista orgânico Michael Pollan defendeu um movimento de fonte aberta para as culturas transgênicas. Stewart Brand concorda, argumentando que "se a Monsanto estrilar, diga-lhes que, se forem bonzinhos, você poderá licenciar-lhes as adaptações locais feitas por você à sequência de genes patenteada".

Mas mesmo com culturas transgênicas de fonte aberta, alimentar o mundo não envolve apenas o lado da produção da equação – existe também a distribuição a ser considerada. Portanto, que se pense nisto: vivemos num planeta onde cerca de 1 bilhão de pessoas estão famintas, mas já produzimos comida mais do que suficiente para alimentar o mundo. De acordo com o Institute for Food and Development Policy/Food First, existem uns dois qui-

---

* Publicado nos EUA pela Oxford University Press em 2010.

los para cada pessoa a cada dia: 1,1 quilo de grãos, feijões e nozes; umas 450 gramas de carne, leite e ovos; e mais 450 gramas de frutas e legumes.[22] Muitos acreditam que o problema está no desperdício incrível em nosso sistema de distribuição. Embora isso seja verdade, se quisermos realmente alimentar o mundo, a solução não é encontrar novos meios de distribuir a comida com mais eficiência. É hora de mudar a fazenda de lugar.

Plantações verticais

Esta não é a primeira vez que somos forçados a mudar a plantação de lugar. Bem no final da Segunda Guerra Mundial, o exército norte-americano estava com dificuldade em se alimentar. Aquele foi também um problema de distribuição. Com tropas espalhadas pelo mundo, não apenas era proibitivamente caro transportar alimentos perecíveis para lá e para cá, como os navios de suprimentos tendiam a ser presas fáceis de ataques de submarinos. A resposta óbvia foi também cultivar alimentos localmente, mas com os soldados baseados em ilhas áridas no Pacífico e em desertos no Oriente Médio, não havia solo fértil prontamente disponível. De novo, quem precisa de solo quando existe água?

A ideia de cultivar alimentos em água remonta ao menos aos Jardins Suspensos da Babilônia. Mas a hidropônica, o cultivo de alimentos em solução rica em nutrientes, é uma evolução mais moderna. A primeira obra publicada sobre o assunto foi *Sylva Sylvarum: or, a natural history, in ten centuries* de 1627*, de Francis Bacon, mas a técnica só chegou à maioridade na década de 1930, quando os cientistas aperfeiçoaram a composição química do meio de cultivo. Mas além de aplicações estranhas ocasionais – a Pan American Airways cultivava verduras na Ilha Wake nos anos 1930 para poder oferecer aos passageiros folhas fresquinhas na refeição a bordo –, ninguém tentara cultivar alimentos dessa maneira em grande escala.[23]

A Segunda Guerra Mundial mudou o panorama. Em 1945 as Forças Armadas norte-americanas começaram uma série de experimentos hidropô-

---

* BACON, Francis. *Sylva Sylvarum: or, a natural history, in ten centuries* (1627). Whitefish: Kessinger Publishing, 1996.

ALIMENTANDO 9 BILHÕES

nicos em larga escala, primeiro na Ilha Ascensão no Atlântico Sul e mais tarde em Iwo Jima e no Japão – incluindo o que era então a maior instalação hidropônica do mundo: uma fazenda de nove hectares em Chofu. Simultaneamente, como o país tinha tropas guardando seus suprimentos de petróleo, mais fazendas hidropônicas foram construídas no Irã e Bahrein. Todas foram incrivelmente bem-sucedidas. Em 1952 somente, a divisão hidropônica do Exército cultivou umas 4 mil toneladas de verduras frescas.

Após a guerra, a maioria das pessoas esqueceu tais sucessos. A produção de alimentos voltou para o solo. A Revolução Verde ocorreu, e a hidropônica foi trocada por soluções petroquímicas. Mas umas poucas pesquisas continuaram. A Nasa, que queria descobrir como alimentar astronautas em Marte, não abandonou a ideia.[24] Alguns outros também. Em 1983, Richard Stoner fez uma grande descoberta: a possibilidade de suspender plantas acima do solo, alimentando-as por meio de uma névoa rica em nutrientes. Foi o surgimento da *aeroponia*, e a partir de então as coisas começaram a ficar bem interessantes.

A agricultura tradicional consome 70% da água no planeta. A hidroponia é 70% mais eficiente do que a agricultura tradicional. Portanto, se usássemos a aeroponia na agricultura, poderíamos reduzir o consumo de água de 70% para 6% – uma economia e tanto.[25] Com a ameaça de escassez de água aumentando a cada dia, é difícil acreditar que essas tecnologias ainda não foram amplamente adotadas.

"É um problema de RP", explica Dickson Despommier. "Quando as pessoas ouvem *hidroponia*, não pensam na Nasa, pensam no cultivador de maconha. Caramba, até uns dez anos atrás, *eu* próprio pensava no cultivador de maconha."[26]

Mas isso está começando a mudar, e o dr. Despommier é de algum modo responsável. Um homem alto com barba grisalha, Despommier é um microbiologista e economista por formação, um dos maiores especialistas do mundo em parasitismo intracelular e, até sua aposentadoria em 2009, professor de saúde pública na Universidade de Colúmbia. Em 1999, Despommier estava dando uma aula sobre ecologia médica que incluía uma seção sobre mudança climática e seu impacto potencial sobre a produção de alimentos.

"Era realmente deprimente ter que ensinar aquilo", ele recorda. "A FAO [Organização Para a Agricultura e a Alimentação da ONU] estima que a produção agrícola precisa dobrar até 2050 para acompanhar o crescimento populacional. Mas 80% das terras cultiváveis já estão sendo usadas, e nossos relatórios atuais sobre mudança climática mostram a produção agrícola declinando de 10% a 20% nos próximos dez anos. Quando eu terminava de expor tudo isso aos meus alunos, eles queriam atirar tomates podres em mim."

Desgostoso com as perspectivas sombrias, Despommier abandonou seu currículo regular e desafiou os alunos a apresentarem soluções positivas. Após analisarem o problema, eles propuseram a jardinagem no alto dos prédios. "Era uma solução local", diz Despommier. "Parecia factível. Eles queriam saber quantas pessoas conseguiriam alimentar cultivando comida em todos os telhados – não nos prédios comerciais, apenas nos complexos de apartamentos – em Manhattan. Assim dei-lhes o resto do semestre para descobrirem."

Como estávamos na era pré-Google Maps, deduzir o espaço disponível nos telhados levou três semanas de pesquisas na Biblioteca Pública de Nova York. "O que cultivar?", foi a próxima questão. Era preciso uma cultura com produção densa e um alto teor nutritivo. Decidiram pelo arroz. Mas aí fizeram as contas. Cultivar arroz em todos os telhados de Nova York alimentaria somente 2% da população da cidade.

"Eles ficaram bem decepcionados", recorda Despommier. "Todo aquele trabalho para alimentar 2% de Nova York. Tentei consolá-los dizendo: 'Bem, se não dá para cultivar alimentos nos telhados, que tal aqueles prédios de apartamentos que estão abandonados? Que tal a Base da Força Aérea Wright-Patterson? Que tal os arranha-céus? Imaginem quanto comida poderíamos cultivar se a enfiássemos dentro de prédios altos'".

Naquela época, para Despommier, foi apenas uma ideia fugaz, dita rapidamente para acalmar seus alunos. Mas ela não saiu da sua cabeça. Sua mulher quis saber como aquilo funcionaria, levando-o a pesquisar sobre hidroponia na internet. "Li sobre o que os militares conseguiram durante a Segunda Guerra Mundial e percebi duas coisas: a hidroponia não servia apenas para cultivadores de maconha. E minha ideia maluca da plantação vertical não era tão maluca assim."

ALIMENTANDO 9 BILHÕES 137

Seus alunos ficaram igualmente empolgados. Voltaram direto ao trabalho. Após um ano, um projeto rudimentar estava esboçado, e sua plantação vertical conseguia alimentar bem mais que apenas 2% da população de Nova York. "Um prédio de 30 andares", diz Despommier, "um quarteirão completo de Nova York em termos de área, conseguia alimentar 50 mil pessoas ao ano. Cento e cinquenta plantações verticais conseguiam alimentar toda a cidade de Nova York."

E elas têm enormes vantagens. As plantações verticais são imunes ao clima, permitindo o cultivo o ano inteiro sob condições ótimas. Um hectare de solo de arranha-céu produz o equivalente a dez a vinte hectares de solo tradicional. As tecnologias de sala limpa dispensam pesticidas e herbicidas, evitando a contaminação dos cursos d'água. Os combustíveis fósseis agora empregados para arar, fertilizar, semear, arrancar ervas daninhas, colher e distribuir também desaparecem. O melhor de tudo é que poderíamos reverter as antigas terras cultivadas em parques e reduzir a perda devastadora de biodiversidade.

Então como tudo isso funciona? A nutrição obviamente é hidropônica ou aeropônica. As plantas também precisam de luz solar, de modo que as plantações verticais são projetadas para captar o máximo de luminosidade. Espelhos parabólicos refletem a luz por dentro do prédio, enquanto o exterior é revestido com etileno tetrafluoretileno, um polímero revolucionário extremamente leve, quase à prova de balas, autolimpante e transparente como água. Luzes para as plantas também são usadas, tanto à noite como em dias nublados, e a energia necessária para mantê-las acesas será gerada capturando a energia que agora desperdiçamos em nossas privadas. É isso mesmo: reciclaremos nossas próprias fezes. "Só a cidade de Nova York", diz Despommier, "está perdendo nas privadas 900 milhões de quilowatts de eletricidade a cada ano."

Talvez mais importante, os gêneros alimentícios norte-americanos agora percorrem em média 2.400 quilômetros antes de serem consumidos.[27] Essa é apenas a média. A refeição norte-americana típica contém cinco ingredientes cultivados em outros países. Um jantar em Los Angeles poderia facilmente incluir carne do Chile (8.992 quilômetros), arroz da Tailândia (13.303 quilômetros), azeitonas da Itália (10.228 quilômetros), champignons da Nova Zelândia (10.478 quilômetros) e um saboroso *shiraz* da Austrália (12.054 quilômetros). Como 70% do preço de varejo final de um gênero alimentício vem do transporte, armazenamento e manuseio, esses quilômetros saem caros.

As plantações verticais mudam tudo isso. O número de dias que nossos alimentos levam para atingir nossos pratos é reduzido ao número de minutos que uma alface leva para descer dez lances de escada. E apesar da sensação futurista, nenhuma tecnologia nova está envolvida, de modo que as plantações verticais já estão surgindo. Existem vários projetos-piloto nos Estados Unidos,[28] e esforços mais substanciais em outros países. O Japão, embora ainda não tenha mudado da produção horizontal para a vertical, está tentando construir centenas de "fábricas de plantas" para aumentar a segurança alimentar doméstica.[29] Usando técnicas de salas limpas e empregando cidadãos da terceira idade para cuidar das plantas, conseguem agora vinte colheitas de alface ao ano, em vez de uma ou duas usando as práticas tradicionais. Enquanto isso, a Plantagon sueca já trabalha em cinco projetos de plantações verticais: duas na Suécia, duas na China e uma em Cingapura.[30] Seu modelo-padrão, uma enorme esfera de vidro com caixas de plantações dispostas numa espiral gigante, permite que em uma estufa de 10 mil metros quadrados se cultivem 100 mil metros quadrados de verduras.

No entanto, o verdadeiro potencial das plantações verticais vem de acrescentar tecnologias de amanhã às ideias de hoje. Imaginem-se sensores por toda parte melhorando a temperatura, equilíbrio de pH e fluxos de nutrientes. Acrescentem-se a IA e robótica para maximizar a plantação, o crescimento e a colheita de cada metro quadrado. Como a produção de alimentos é limitada pela capacidade da planta de converter luz solar em combustível, que tal usar a EG para melhorar isso também? Pesquisadores da Universidade de Illinois vêm trabalhando nessa ideia faz algum tempo.[31] Eles acreditam que nos próximos dez ou quinze anos a otimização fotossintética poderia aumentar o rendimento agrícola em até 50%. Desenvolvendo essas culturas otimizadas dentro de áreas verticais – e otimizando nossas lâmpadas LED para o espectro preferido pelas plantas – poderíamos poupar ainda mais energia (removendo as larguras de banda que as plantas não usam) e aumentar substancialmente esses rendimentos.

O que tudo isso significa é que, para a população urbana que logo chegará aos 70%,[32] as plantações verticais oferecem o caminho mais claro para acabar com a fome e a subnutrição. Essas plantações já têm a capacidade de decuplicar o número de colheitas possíveis. Elas têm o potencial de produzir toda essa comida, ao mesmo tempo em que requerem 80% menos terra, 90% menos água e 100% menos pesticidas, com custos de transporte quase nulos. Integrando umas poucas tecnologias emergentes – aquaponia para a produção de proteínas em circuito fechado; colheita robótica para reduzir os custos de mão de obra; sistemas de IA acoplados a biossensores para uma melhor regulagem ambiental; o desenvolvimento contínuo de sistemas de energia de biomassa (para que as partes da planta que não são comidas possam ser recicladas como combustível); a melhoria e integração contínua dos sistemas de reciclagem de refugos (para fechar ainda mais o circuito e reduzir os custos de energia) – acabaremos obtendo o padrão-ouro da agricultura sustentável: uma produção de alimentos totalmente local e um sistema de distribuição sem desperdício, com impacto ambiental zero e o potencial escalonável de alimentar o mundo.

Proteína

Continuamos com um problema. As estratégicas discutidas até aqui neste capítulo melhoram a produção agrícola, mas uma saúde ideal requer que de 10% a 20% das calorias totais advenham de proteína.[33] Podemos comer mais tofu, mas para grande parte do mundo a carne é a opção preferida. Só que, infelizmente, a carne está matando o planeta.

O gado, para início de conversa, é grande consumidor de energia: a proporção de energia consumida para a carne produzida é de 54:1.[34] O gado também ocupa uma grande área: a pecuária representa 70% de todas as terras agrícolas e cobre 30% de toda a superfície de terra do planeta. A criação de gado produz mais gases do efeito estufa do que todos os carros do mundo e é a principal causa da erosão do solo e do desflorestamento. As doenças são outro problema. Rebanhos compactos são criadouros de pandemias. A demanda global por carne deverá dobrar até 2050. Portanto, se nada mudar, a ameaça de pandemia só pode aumentar.

140 CONSTRUINDO A BASE DA PIRÂMIDE

E o perigo está crescendo. À medida que as pessoas escapam da pobreza, sua predileção pela carne também aumenta.[35] Entre 1990 e 2002, o nível de consumo de carne na China dobrou. Em 1961, os chineses consumiam 3,6 quilos por pessoa por ano. Em 2002, a cifra saltara para 52,4 quilos. Esse mesmo padrão pode ser visto emergindo globalmente.

Mas algo começa a mudar – na verdade, duas coisas. A curto prazo existe a aquicultura; a longo prazo, a carne *in-vitro*. A aquicultura não é novidade.[36] Quando começou é outra questão. Manuscritos do século 4 a.C. mostram que a criação de peixes era praticada na China antiga. Tanto os egípcios como os romanos cultivaram também ostras. A versão mais moderna foi uma inovação pós-Segunda Guerra Mundial que desde essa época vem sendo irreversível. De 1950 a 2007, a produção da aquicultura global aumentou de 2 milhões de toneladas métricas para 50 milhões de toneladas métricas.[37] Assim, embora a pesca natural tenha declinado durante o mesmo período (a captura global de peixes atingiu o pico na década de 1980), a criação de peixes permitiu que o consumo humano continuasse crescendo. A aquicultura é agora o sistema de produção de alimento animal que mais cresce, fornecendo cerca de 30% de nossos frutos do mar.

E esse número precisa aumentar bem mais. Em 2003, a revista *Nature* informou que 90% de todos os grandes peixes marítimos desapareceram, capturados para consumo humano direto ou para rações de animais, fertilizantes e óleo.[38] Essa lista inclui o atum, o peixe-espada, o espadim e grandes peixes do fundo do mar como bacalhau, halibute, arraias e linguado, todos ameaçados pelo efeito da pesca predatória e das práticas da pesca industrial. Como explicou a famosa oceanógrafa Sylvia Earle (muitas vezes chamada de "Senhora Profundeza") nas páginas da *National Geographic*:[39]

O arrastão provoca a captura acidental de enormes quantidades de aves, mamíferos e outras formas de vida. Muitas criaturas para as quais sequer temos nomes são perdidas, mortas no processo de arrastar redes pelo solo oceânico para capturar camarões, linguados e outros habitantes do mar. E os espinéis – com anzóis a cada poucos metros – podem se estender por 80 ou 100 quilômetros pelo oceano e capturar tudo que encontram pela frente. Não há nenhum aviso no anzol para não se capturarem peixes-espadas ou atuns, e esses são dois peixes

ALIMENTANDO 9 BILHÕES   141

que precisam de proteção agora. Se quisermos que se recuperem, deveríamos dar-lhes uma trégua.

A aquicultura proporciona grande parte dessa trégua. A prática é renovável e escalonável. A National Oceanic and Atmospheric Administration (NOAA) acredita que, além de ajudar a proteger nossos oceanos, a criação de peixes poderá reduzir a necessidade dos Estados Unidos de importar frutos do mar (US$ 10 bilhões por ano), bem como criar empregos, reduzir o déficit comercial e melhorar a segurança alimentar.[40] Outros são mais cautelosos.[41] Para peixes carnívoros como o salmão, a aquicultura requer dois quilos de peixe pescado para alimentar um quilo de peixe criado. Os criadouros de peixes sofrem das mesmas dificuldades das fazendas de confinamento de gado: com milhares de peixes concentrados, os dejetos e doenças se tornam um problema. Outro ponto negativo é a destruição de hábitats naturais. A criação de camarões, por exemplo, devastou manguezais costeiros ao redor do mundo.[42]

Mas também aqui estamos aprendendo com nossos erros. Graças a uma boa dose de pressão internacional, a indústria do camarão está começando a melhorar suas práticas.[42] Proteínas vegetais aperfeiçoadas e subprodutos animais processados, fortificados com aminoácidos, vêm substituindo os peixes capturados na natureza em quase todos os viveiros de salmões.[43] Ganhos ainda maiores são obtidos combinando a agricultura integrativa com a aquicultura.

Em uma escala menor, rizicultores asiáticos lançam mão de peixes para combater pragas do arroz como a lesma dourada, aumentando a produção de arroz e o consumo de proteínas (já que também capturam os peixes).[44] Na África, agricultores vêm instalando laguinhos de peixes em jardins caseiros, pois o lodo do fundo do laguinho serve como um excelente fertilizante rico em minerais.[45] Em escala maior, a inovação mais empolgante talvez pertença a Will Allen, que em 2008 recebeu o prêmio de "genialidade" concedido anualmente pela Fundação MacArthur. Ele atua na Growing Power, uma organização sediada em Milwaukee, que está construindo uma das primeiras plantações verticais dos Estados Unidos.[46] Allen, um pioneiro em aquicultura urbana, pretende dedicar o primeiro andar de sua plantação vertical ao processo. Mais de 400 mil litros de água produzirão 100 mil tilápias, percas e, possivelmente, percas-sóis ao ano. As fezes dos peixes serão recicladas para fertilizar plantas em níveis mais altos da estufa.

Mas esse é só o começo. Se quisermos realmente proteger nossos oceanos e preservar os alimentos marinhos como uma fonte de proteína, a aquicultura integrada precisa tornar-se uma parte significativa de nossa cadeia alimentar inteira. "Se valorizamos o oceano e a saúde do oceano", continua Earle, "temos de entender que os peixes são cruciais à preservação da integridade dos sistemas oceânicos, sistemas esses que fazem o planeta funcionar. Temos sido muito tacanhos em relação aos peixes, achando que só servem para ser devorados, em vez de reconhecer sua importância ao ecossistema, que também tem muito valor para nós."[47]

Carne cultivada

Em 1932, Winston Churchill vaticinou: "Daqui a cinquenta anos, nos livraremos do absurdo de criar um frango inteiro para comer o peito ou a asa, cultivando essas partes separadamente sob um meio adequado".[48] Ao que se revelou, foram necessárias algumas décadas extras para os biotecnologistas cumprirem a promessa de Churchill, mas cada vez mais parece que valeu a pena esperar.

Carne cultivada (ou carne *in-vitro* como preferem alguns) é carne obtida de células-tronco. A pioneira no processo foi a Nasa no final da década de 1990, já que a agência suspeitou que essa poderia ser uma boa forma de alimentar astronautas em longos voos espaciais.[49] Em 2000, células de peixe-dourado vinham sendo usadas para criar proteína muscular comestível,[50] e as pesquisas começaram seriamente. Em 2007, houvera progresso suficiente para um grupo de cientistas internacionais formar o In Vitro Meat Consortium a fim de promover a produção de carne cultivada em larga escala. No ano seguinte, uma análise econômica apresentada no Simpósio de Carne *In Vitro* mostrou que a carne cultivada em tanques gigantescos, conhecidos como biorreatores, poderia ser competitiva em relação aos preços da carne europeia, e o People for the Ethical Treatment of Animals (PETA) criou

ALIMENTANDO 9 BILHÕES

um prêmio de incentivo de US$ 1 milhão para que as coisas avançassem.[51] Em 2009, cientistas na Holanda haviam conseguido transformar células de porco em carne de porco dentro de uma placa de Petri. Novos trabalhos se realizaram desde esse período e, embora estejamos a uma década de distância de levar essa tecnologia ao mercado, temos definitivamente avançado nessa direção.

Fornecer proteínas às pessoas não é o único motivador de tal mudança. "A criação de gado sempre será um desastre ambiental, e carne de hambúrguer sempre será nociva para você", diz Jason Matheny, diretor da New Harvest, uma organização sem fins lucrativos que financia pesquisas de carne cultivada.[52] "A adoção da carne cultivada, ao reduzir as emissões de gases de estufa, será como se todos nos Estados Unidos passassem a dirigir carros elétricos. E do ponto de vista da saúde, a carne real sempre terá ácidos graxos que contribuem para as doenças cardíacas. Não dá para transformar uma vaca num salmão, mas a carne cultivada permite que façamos justamente isso. Com a carne *in vitro*, podemos criar um hambúrguer que previna os ataques cardíacos, em vez de causá-los".

Cultivando carne em biorreatores, também nos tornamos menos vulneráveis às doenças emergentes (70% das doenças emergentes vêm do gado)[53] e contaminação – algo que ocorre quando trabalhadores em matadouros acidentalmente cortam o trato intestinal de um animal. A carne cultivada não possui trato intestinal, portanto não existe o risco de bactérias nocivas contaminarem o nosso suprimento alimentar. Claro que existem temores de que a mesma hostilidade enfrentada pelas culturas transgênicas se dirija à carne cultivada, mas a comunidade médica está empenhada em obter a regeneração dos órgãos. Se estamos dispostos a viver com um rim criado em laboratório dentro de nosso corpo, qual o problema de a carne cultivada passar algumas horas em nossos estômagos?

Além dos benefícios para a saúde tanto da carne com reforço nutricional como das chances reduzidas de pandemias, os 30% da superfície do mundo atualmente usados para o gado podem ser reflorestados.[54] A área do tamanho da Bélgica de floresta úmida derrubada anualmente para a produção de gado pode agora ser mantida intacta, os 40% dos cereais do mundo agora devorados pelo gado podem ser remanejados para o consumo humano, e os 40 *bilhões* de animais mortos a cada ano (somente nos Estados Unidos) não precisarão mais sofrer em nosso benefício. Como a presidente da PETA, Ingrid Newkirk, contou à revista *New Yorker*: "Se as pessoas não estão dispostas a parar de comer animais aos bilhões, será uma alegria poder fornecer carne animal que venha sem o horror do matadouro, do caminhão de transporte e das mutilações, da dor e do sofrimento da fazenda de confinamento de gado".[55]

Entre o presente e o futuro

As três tecnologias apresentadas neste capítulo até agora possuem o potencial de alimentar o mundo, mas ainda há questões a ser discutidas. Embora a aquicultura já seja uma realidade, a indústria da EG está dominada por três sementes (algodão, milho e soja) e precisa penetrar mais fundo no mercado agrícola.[56] Isso dito, o arroz dourado (arroz reforçado com vitamina A) está prestes a superar as barreiras regulatórias e adentrar a cadeia alimentar.[57] Como muitos acreditam que essa tecnologia irá salvar milhões de vidas, sua chegada deverá provocar uma mudança providencial na opinião pública e na rapidez da aceitação de outras culturas de biotecnologia. Mas, considerando os cronogramas de desenvolvimento da EG e as barreiras regulatórias, ainda faltam de cinco a dez anos para uma mudança significativa.

Já a carne cultivada provavelmente estará disponível dentro de dez a quinze anos, e a disseminação generalizada das plantações verticais também levará esse tempo. Além disso, as plantações verticais são projetadas para ser construídas dentro de cidades ou em suas periferias, mas a maioria dos famintos e subnutridos do mundo vivem agora na pobreza rural. Esses fatos levantam a questão das medidas emergenciais.

Embora nenhuma tecnologia única resolva o problema, existe agora um conjunto de práticas agrícolas emergentes que mesclam o melhor de agronomia, silvicultura, ecologia, hidrologia e algumas outras ciências. Conhecidas como agroecologia,[58] a ideia básica é projetar sistemas alimentares que imitem o mundo natural. Em vez de lutarem por impactos ambientais zero, os agroecologistas querem sistemas que produzam mais alimentos com menos

ALIMENTANDO 9 BILHÕES 145

terras, ao mesmo tempo em que melhoram os ecossistemas e promovem a biodiversidade.

E estão chegando lá. Recente pesquisa da ONU constatou que projetos de agroecologia em 57 países aumentaram a produtividade agrícola em média 80%, alguns atingindo 116%.[59] Um dos mais bem-sucedidos é um sistema de expulsão/atração desenvolvido para ajudar os plantadores de milho quenianos a lidar com pestilências, sementes parasitas invasivas e as más condições do solo.[60] Sem entrar em detalhes técnicos, trata-se de um sistema de agricultura partilhada, em que os agricultores cultivam determinadas plantas entre fileiras de milho. Algumas plantas liberam odores que os insetos acham desagradáveis (elas "expulsam" os insetos). Outras, como o capim-gordura pegajoso, "atraem" os insetos, agindo como uma espécie de papel mata-moscas natural. Usando esse processo simples, os agricultores aumentaram o rendimento agrícola entre 100% e 400%.

O mais importante é que, embora essas técnicas agroecológicas estejam amplamente disponíveis atualmente (300 mil agricultores africanos já adotaram o sistema da expulsão/atração), estamos apenas começando a entender o seu potencial real. Ainda que essas práticas pareçam decididamente de baixa tecnologia, todos os campos que as influenciam se baseiam nas ciências da informação e portanto estão em curvas de crescimento exponencial. Além disso, como a agroecologia não sofre do mesmo preconceito que envolve os transgênicos, tais sementes novas podem ser rapidamente integradas a esses sistemas sustentáveis. Como explicou a patologista da UC Davis Pamela Ronald para a revista *Economist*, esse talvez seja o melhor passo à frente:

Uma premissa básica a quase todo sistema agrícola (convencional, orgânico ou qualquer coisa intermediária) é que a semente tem um rendimento limitado. As práticas agrícolas usadas para cultivar a semente são igualmente importantes. As culturas transgênicas sozinhas não fornecerão todas as mudanças necessárias na agricultura. Sistemas agrícolas de base ecológica e outras mudanças tecnológicas, bem como políticas governamentais modificadas, sem dúvida também são necessários. No entanto [...] existe agora um claro consenso científico de que as culturas transgênicas e as práticas agrícolas ecológicas podem coexistir, e se quisermos levar a sério o desenvolvimento de uma agricultura sustentável futura, precisam coexistir.[61]

Um problema espinhoso

Temos portanto uma longa cadeia de intensificação sustentável respaldada por princípios agroecológicos, culturas transgênicas, biologia sintética, policulturas perenes, plantações verticais, robótica e IA, agricultura integrada, aquicultura aprimorada e um negócio florescente de carne cultivada. É disso que precisaremos para alimentar um mundo de 9 bilhões. Não será fácil. Todas essas tecnologias precisarão ter sua escala simultaneamente ampliada, e quanto mais cedo melhor. Este último ponto é fundamental. Temos um indicador da quantidade de massa vegetal produzida a cada ano: chama-se produtividade primária.[62] Como cada animal na Terra come plantas ou animais que comem plantas, esse número é um bom indicador para se examinar o impacto que o consumo de alimento humano tem sobre o planeta. Neste momento, estamos consumindo 40% da produtividade primária do planeta. Esse é um número perigosamente alto. Qual é o ponto de virada? Talvez 45% pudesse ser suficiente para iniciar uma perda catastrófica de biodiversidade da qual nossos ecossistemas não possam se recuperar. Talvez sejam 60%. Ninguém sabe ao certo. O que se sabe é que, com nossa população crescente, se não descobrirmos como melhorar o sistema e reduzir seus impactos, poucas são as esperanças de um futuro sustentável. Mas se seguirmos o plano delineado nesse capítulo, podemos aumentar de forma radical a produtividade primária do planeta, proteger sua biodiversidade e, ao mesmo tempo, cumprir a mais antiga promessa humanitária: alimentar os famintos. E podemos fazê-lo de forma realmente abundante.

PARTE QUATRO

AS FORÇAS DA ABUNDÂNCIA

CAPÍTULO 10
O inovador do "Faça-Você-Mesmo"

Stewart Brand

Nas páginas iniciais de *O teste do ácido do refresco elétrico*[*,1] Tom Wolfe descreve "um sujeito louro e magro com um disco fulgurante em sua testa [...], e uma gravata feita de contas indianas. Nenhuma camisa, porém, apenas o colar de contas indianas em forma de gravata sobre a pele nua e um uniforme de açougueiro com medalhas do Rei da Suécia". Esse sujeito é Stewart Brand: um biólogo formado por Stanford, ex-paraquedista do exército que se tornou colega de Ken Kesey e membro dos Merry Prankster[**] e que viria a se tornar a voz de uma das mais potentes forças pró-abundância já vistas no mundo. Ele foi o inovador do DIY (sigla de *Do-It-Yourself*, Faça-Você-Mesmo).

Eis a história: alguns meses após a publicação do livro de Wolfe, em março de 1968, Brand estava lendo um exemplar de *Spaceship Earth*[***] de Barbara Ward e tentando responder a um par de perguntas: Como posso ajudar

---

[*] WOLFE, Tom. *O teste do ácido do refresco elétrico*. Rio de Janeiro: Rocco, 1993.

[**] Grupo que se formou em torno do escritor Ken Kesey nos anos 1960 e promoveu o psicodelismo. (N. do T.)

[***] Publicado nos EUA pela Columbia University Press, 1966.

todos os meus amigos que estão se mudando para o campo? E, mais importante, como posso salvar o planeta?[2]

Sua solução foi bem direta. Brand publicaria um catálogo, no espírito dos catálogos da rede L. L. Bean, mesclando valores sociais liberais, ideias sobre tecnologia apropriada, noções ecológicas de pensamento sistêmico e – talvez mais importante – uma ética de trabalho DIY. Essa ética tem uma longa história,[3] remontando ao ensaio de Ralph Waldo Emerson de 1841 "Self-Reliance", ressurgindo no renascimento das Artes e Ofícios do início do século 20,[4] depois ganhando ainda mais força com os movimentos *home improvement* (melhorar a sua casa) e *hot-rodding* (modificar o seu carro) dos anos 1950. Mas o final dos anos 1960 foi o ápice da revolução comunitária na história norte-americana, tendo estimativas conservadoras calculado que 10 milhões de norte-americanos voltaram para o campo.[5] Todos esses camponeses de primeira viagem logo aprenderam a mesma lição: o sucesso agrário dependia das capacidades individuais de DIY, e essas capacidades, como Brand percebeu tão claramente, dependiam das ferramentas de acesso – e aqui ferramentas significa desde informações sobre moinhos de vento até ideias de como abrir um pequeno negócio. "Eu estava sob o domínio de Buckminster Fuller", Brand recorda. "Fuller propusera a ideia de que não adianta tentar mudar a natureza humana. Ela é a mesma desde tempos remotos. Em vez disso, vá atrás das ferramentas. Ferramentas novas produzem práticas novas. Ferramentas melhores produzem práticas melhores."[6]

De tudo isso surgiu o *Whole Earth catalog* (WEC – Catálogo da Terra inteira).[7] A primeira versão, publicada em julho de 1968, foi uma edição mimeografada de seis páginas que começava com a declaração agora lendária de Brand, sobre o propósito do DIY: "Somos como deuses e podemos ser bons nisso, também" e depois uma seleção de ferramentas e ideias para facilitar exatamente esse tipo de transformação pessoal. Como tantas pessoas estavam então interessadas em tais ideias, o catálogo teve o efeito de unir os adeptos do DIY, antes dispersos, em uma força potente. Como explica o fundador da conferência TED, Richard Saul Wurman: "Aquele foi um catálogo para *hippies* que venceu o National Book Award. Uma mudança de paradigma na distribuição de informações. Acho que dá para traçar uma linha reta do *WEC* até muita coisa da cultura atual. Ele criou um aroma que foi

O INOVADOR DO "FAÇA-VOCÊ-MESMO"

cheirado por um montão de gente. É tão disseminado que a maioria sequer conhece a origem do cheiro".

No centro daquele aroma estava a adoção pelo *WEC* da tecnologia pessoal, sendo a mais importante o PC. Atribui-se a Brand a invenção do termo "computador pessoal", embora parte devido à sua formação científica, mas principalmente por causa do Stanford Research Institute. Em 1968 o SRI estava na vanguarda das pesquisas de computadores, localizando-se pertinho dos escritórios de Menlo Park do *WEC*.[8] Brand era um visitante frequente. Nessas visitas, travou conhecimento com o mouse de computador, texto interativo, videoconferência, teleconferência, e-mail, hipertexto, um editor colaborativo em tempo real, videogames e mais. Brand viu o incrível potencial dessas ferramentas e, nas páginas do *WEC*, contou ao mundo o que havia visto.

"Steward sozinho é responsável pela aceitação do computador pessoal pela cultura norte-americana", diz Kevin Kelly (que foi um editor do *WEC* antes de fundar a revista *Wired*).[9] "Nos anos 1960, os computadores eram o *Big Brother*. O Cara. Eram usados pelo inimigo: corporações gigantes com executivos de terno cinzento e o governo. Mas Brand viu as possibilidades dos computadores. Entendeu que, se aquelas ferramentas se tornassem pessoais, transformariam o mundo em um lugar onde as pessoas seriam deuses."

O casamento promovido por Brand da autossuficiência com a tecnologia ajudou a moldar o inovador do DIY numa força pró-abundância, mas igualmente importante foi a adoção pelo movimento de dois outros princípios do *WEC*.[10] O primeiro foi o que mais tarde seria conhecido como "ética do *hacker*", a ideia – na frase famosa de Brand – de que "as informações querem ser livres". O segundo seria a ideia então estranha de que os negócios poderiam ser uma força positiva. "Brand juntou a ideia do faça você mesmo com a nova sociedade utópica", explica o escritor sobre tecnologia Howard Rheingold. "Ele realmente acreditava que, dadas as ferramentas certas, qualquer mudança era possível." E, como um homem chamado Fred Moore descobriu, o computador pessoal era exatamente a ferramenta certa.

História do Homebrew

Os inovadores do DIY não se tornaram uma força em prol da abundância da noite para o dia. A ideia precisou ser vendida. Precisou de um sério upgrade do equipamento. E, sobretudo, precisou da ajuda de um velho ativista político transformado em inovador do DIY chamado Fred Moore.

No início da década de 1970, Moore percebeu o poder das redes. Se conseguisse encontrar um meio de interligar todos os protagonistas-chave nos diferentes movimentos de tendência esquerdista operando nos Estados Unidos, talvez aqueles movimentos pudessem realmente se tornar uma força atuante. Começou mantendo o registro dos protagonistas e suas informações de contato em pequenas fichas de anotações, mas eram tantas as fichas que logo ele ficou perdido. Suspeitou que seu banco de dados seria bem mais eficaz se pudesse usar um computador para controlá-lo, mas comprar um computador era o problema real. Como Moore não dispunha de dinheiro suficiente para adquirir uma máquina própria, em 1975 decidiu fundar um clube de aficionados para ajudá-lo nesse objetivo.

Assim surgiu o Homebrew Computer Club,[11] um grupo de aficionados por tecnologia que se reunia no Community Computer Center em Menlo Park para trocar circuitos e histórias. Entre os primeiros membros estavam *hackers* famosos como John Draper (Capitão Crunch), os criadores do Osborne 1, Adam Osborne e Lee Felsenstein, e os fundadores da Apple, Steve Wozniak e Steve Jobs. Moore nunca perdeu de vista seu passado de ativista e estava constantemente lembrando as pessoas de "dar mais do que você toma" – que era uma forma original de dizer "compartilhe seus segredos comerciais" – mas seus membros levaram aquilo a sério. O Homebrew Club acreditava na construção de máquinas incríveis, venda de suas criações (hardware) e compartilhamento da propriedade intelectual (software). Como John Markoff explica em *What the dormouse said: How the 60s counterculture shaped the personal computer industry,*[*] nada mais seria o mesmo:

> O Homebrew Computer Club estava fadado a mudar o mundo [...] Ao menos 23 empresas, incluindo a Apple Computer, teriam suas origens no Homebrew,

---

* Publicado nos EUA pela Penguin Books, reimpressão de 2006.

O INOVADOR DO "FAÇA-VOCÊ-MESMO" 153

no final criando uma indústria vibrante que, em virtude de os computadores pessoais terem se tornado ferramentas de uso generalizado no trabalho e lazer, transformou toda a economia norte-americana. Com o brado de guerra de Ted Nelson do poder para o povo através da computação ecoando pela paisagem, os aficionados iriam derrubar o mundo "redoma de vidro" da computação e transformar-se num movimento que enfatizava um conjunto inteiramente novo de valores, diferente dos negócios norte-americanos tradicionais.

Com sua defesa do inovador DIY, Stewart Brand havia acendido um fósforo, e o Homebrew Computer Club fez parte da conflagração resultante. Mas não foi a única parte. Como veremos na próxima seção, como me tornei adulto numa época em que os inovadores DIY já haviam transformado o mundo das grandes empresas e da grande ciência, a ideia de retirar a corrida espacial das mãos do governo não pareceu totalmente impossível. "O *WEC* não apenas lhe deu permissão para inventar sua vida", Kevin Kelly certa vez disse, "como forneceu as justificativas e ferramentas para fazer exatamente isso. E você acreditava que podia fazê-lo, porque em cada página do catálogo havia outras pessoas fazendo".[12] Portanto, embora transformar as viagens espaciais em um empreendimento de DIY talvez não fosse fácil, as reverberações do *WEC* me deram exatamente o que deram a tantas outras pessoas: a coragem de tentar.

O poder dos grupos pequenos (Parte I)

O argumento no cerne deste capítulo é que, graças a pessoas como Stewart Brand e Fred Moore – e porque a qualidade de nossas ferramentas enfim ficou à altura da visão deles – grupos pequenos de inovadores do DIY podem agora atacar problemas que antes eram o domínio dos grandes governos e corporações. Embora eu tenha visto isso acontecendo repetidamente, nenhum exemplo é mais ilustrativo do que a história de Burt Rutan.

Rutan é um homem alto, com uma testa ampla, cabelos grisalhos e um par de costeletas comparáveis às de Neil Young. Antes de se aposentar em 2010, dirigia uma instalação de projetos e testes aéreos chamada Scaled Composites. Em 2004, a Scaled respondeu ao PRÊMIO X Ansari (mais a respeito adiante) e fez algo que todas as grandes empresas e agências governamentais aeroespaciais julgavam impossível: mudou o paradigma dos voos espaciais tripulados.

Nos Estados Unidos, o relacionamento com a última das fronteiras começou na primavera de 1952, quando o National Advisory Committee for Aeronautics (Naca) – que mais tarde se tornaria a Nasa – decidiu que estava na hora de decolar.[13] O objetivo era fazer um avião voar mais rápido e mais alto do que já havia sido conseguido, a meta oficial sendo de Mach 10 (3.048 metros por segundo) e 100 quilômetros de altura (o meio da mesosfera). O resultado foi a série X de aviões experimentais, incluindo o *X-1*, que transportou o piloto Chuck Yeager pela barreira do som, e o *X-15*, que transportou Joe Walker bem mais longe.[14]

O *X-15* foi uma máquina radical.[15] Construído de uma liga de níquel e cromo chamada Inconel X, o avião conseguia suportar temperaturas suficientemente quentes para derreter alumínio e tornar o aço imprestável. Ele "decolou" da Base da Força Aérea Edwards, preso sob a asa de um B-52. O bombardeiro carregou o *X-15* até quase 14 mil metros de altura, depois o soltou como uma rocha. Após cair para se afastar a uma distância segura, o avião-foguete acionou seus motores e disparou feito louco pelo céu – permitindo que o piloto Joe Walker saísse deste planeta.

A saída de Walker ocorreu em 19 de julho de 1963, dia em que pilotou o *X-15* além da marca de 100 quilômetros, tornando-se o primeiro homem a tripular um avião até o espaço. Uma proeza incrível, que exigiu um esforço inacreditável. A construção do *X-15* envolveu duas grandes empreiteiras aeroespaciais que empregavam milhares de engenheiros. Mas aquele era o custo de voar ao limiar do espaço, até que surgiu Burt Rutan.

Rutan não começou querendo construir espaçonaves, ele começou construindo aviões. Construiu uma porção deles. Projetistas de aviões bem-sucedidos trabalham em três ou quatro máquinas no decorrer de uma carreira. Rutan, em contraste, é prolífico.[16] Desde 1982, projetou, construiu e pilotou o número sem precedentes de 45 aviões experimentais, incluindo o *Voyager*, que fez o primeiro voo ao redor do mundo sem escalas e sem reabastecer, e o *Proteus*, que detém o recorde mundial de altitude, distância e carga útil. Ao longo do caminho, Rutan também foi se frustrando cada vez mais com a incapacidade da Nasa de realmente abrir a fronteira espacial.

O INOVADOR DO "FAÇA-VOCÊ-MESMO"

Em sua mente, o problema era de volume.[17] "Os Irmãos Wright decolaram em 1903", ele diz, "mas em 1908 somente dez pilotos já haviam voado. Depois eles viajaram à Europa para demonstrar seu avião e inspiraram a todos. O mundo da aviação mudou da noite para o dia. Inventores começaram a perceber: 'Puxa, posso fazer isso!' Entre 1909 e 1912, milhares de pilotos e centenas de tipos de aviões surgiram em 31 países. Empresários, e não governos, promoveram tal progresso, e uma indústria da aviação de US$ 50 milhões foi criada."

Contrastemos essa situação com os voos espaciais tripulados. Desde o cosmonauta soviético Yuri Gagarin em 1961, somente um avião espacial e uns poucos foguetes levaram seres humanos ao espaço: *X-15*, *Redstone*, *Atlas*, *Titan*, *Saturn*, *Shuttle*, *Vostok*, *Voskhod* e *Soyuz*. Todos pertencentes e operados por governos. Em abril de 2010, quarenta e nove anos depois que os voos espaciais se tornaram possíveis, cerca de 300 voos tripulados haviam levado pouco mais de 500 pessoas ao espaço – um total inaceitável na cabeça de Rutan.

"Quando Buzz [Aldrin] caminhou pela primeira vez sobre a Lua", ele diz, "aposto que estava pensando que em quarenta anos estaríamos caminhando sobre Marte. Mas não estamos, e sequer nos achamos próximos disso. As viagens espaciais ainda são primitivas. Nosso número de voos espaciais é pateticamente baixo: menos de um voo a cada dois meses. Em vez de prosseguirmos até Marte, recuamos para órbitas terrestres baixas. Abandonamos sucessivas instalações de lançamento anteriores, e agora a única espaçonave de que dispomos, o Ônibus Espacial [o programa dos Ônibus Espaciais encerrou-se em 2011], é o mais complexo, mais caro e mais perigoso. Por que o programa espacial está criando programas de bem-estar social em vez de ter a coragem de lançar aparelhos ao espaço? Aqui na Scales temos a coragem."[18]

Isso não é apenas um papo-furado narcisista. Rutan respaldou suas palavras com ações, derrotando os gigantes em seu próprio jogo. O seu avião espacial tripulado, com o nome inventivo *SpaceShipOne* (SS1), superou o *X-15* do governo em todos os quesitos.[19] Em vez de custar bilhões e requerer uma força de trabalho de milhares, em 2004 o *SS1* alçou voo com apenas US$ 26 milhões e uma equipe de 30 engenheiros. Em vez de um único astronauta, o *SS1* ostentava três assentos. E não se pense em um tempo de preparação medido em semanas. O veículo de Rutan bateu um recorde voando ao espaço duas vezes em apenas cinco dias. "O sucesso do *SpaceShipOne* alterou as percepções do que um pequeno grupo de desenvolvedores consegue fazer," diz Gregg Maryniak, diretor do Planetário James S. McDonnell, em Saint Louis. "Todos passaram a acreditar que somente a Nasa e astronautas profissionais conseguiam chegar ao espaço. O que Burt e sua equipe fizeram foi demonstrar que todos nós teremos uma chance de fazer essa viagem no futuro próximo. Ele mudou o paradigma."[20]

O movimento dos fazedores

Alguns anos após Burt Rutan mudar o paradigma para as viagens espaciais, Chris Anderson fez o mesmo em relação aos veículos aéreos não tripulados.[21] Anderson é o editor-chefe da *Wired* e um pai *nerd*, como era de se esperar, que cerca de quatro anos atrás decidiu passar o fim de semana com seus filhos construindo um robô Mindstorms da Lego e um avião de controle remoto. Mas nada saiu como planejado. Os robôs entediaram as crianças – "Pai, cadê os lasers?" – e o avião se chocou contra uma árvore na entrada da casa. Enquanto Anderson removia os destroços, pôs-se a pensar no que aconteceria se usasse o piloto automático da Lego para manobrar o avião. Seus filhos acharam a ideia "irada" – por umas quatro horas – mas Anderson ficou com aquilo na cabeça. "Eu não sabia nada sobre o assunto", ele diz, "mas descobri que podia comprar um giroscópio da Lego por US$ 20 e transformá-lo num piloto automático que meu filho de 9 anos conseguia programar. Aquilo era surpreendente. Igualmente incrível foi o fato de um aparelho voador autônomo estar na lista de produtos com exportação controlada do Departamento do Comércio – portanto meu filho de 9 anos acabara de transformar um brinquedo da Lego em uma arma."

Curioso em saber mais, Anderson criou uma comunidade online sem fins lucrativos chamada DIY Drones. No princípio, os projetos eram simples, mas com o crescimento da comunidade (atualmente possui 17 mil membros), suas ambições também cresceram. O veículo aéreo militar não tripulado mais barato no mercado é o Raven.[22] Construído pela AeroVironment,

O INOVADOR DO "FAÇA-VOCÊ-MESMO"

esse avião teleguiado é vendido no varejo por US$ 35 mil, o sistema completo custando US$ 250 mil. Um dos primeiros grandes projetos da DIY Drones foi uma tentativa de construir uma plataforma voadora autônoma com 90% da funcionalidade do Raven a um preço radicalmente reduzido. Os membros codificaram e testaram software, projetaram e testaram hardware e acabaram produzindo o QuadCopter. Uma proeza impressionante. Em menos de um ano, e quase sem custos de desenvolvimento, criaram um avião por controle remoto caseiro com 90% da funcionalidade do Raven por apenas US$ 300 – literalmente 1% do preço do avião militar. E essa não é uma demonstração isolada. A comunidade DIY Drones desenvolveu cem produtos diferentes da mesma maneira, cada um em menos de um ano, com custo de desenvolvimento essencialmente zero.

Mas os aviões teleguiados caseiros são apenas o início. A decisão de Anderson de mexer nos brinquedos de seus filhos coloca-o bem no meio do florescente Maker Movement, o movimento dos "fazedores". Inspirado pelo desejo de manipular os objetos de nosso ambiente diário, a maioria situa a origem do movimento em 1902, quando o primeiro número da revista *Popular Mechanics* chegou às bancas. Na década de 1950, manipular se tornara uma virtude da classe média.[23] "Conserte sua casa, conserte um barco velho, conserte um carro velho", diz Dale Daugherty, fundador e editor da revista *Make*. "Mexer nas coisas era uma forma de um sujeito com renda modesta melhorar sua vida."

Com o advento do computador, mexer no código tornou-se mais divertido do que mexer nos objetos, e o movimento tornou-se subterrâneo, ressurgindo como o espírito fundamental da cultura *punk-rock*,[24] mais tarde a base de eventos como Burning Man*. Nos últimos dez anos, porém, ocorreu um salto de volta do software ao hardware. "Atualmente", diz Daugherty, "existe um imperativo de mãos na massa. As pessoas estão realmente empolgadas em obter acesso e controlar a tecnologia em suas vidas. Voltamos a mexer na coisa física."

E a coisa física nunca foi tão fácil de mexer. Menos de cinco anos após Burt Rutan gastar US$ 26 milhões derrotando os gigantes aeroespaciais em seu próprio jogo, a DIY Drones derrubou-os com trabalho voluntário, alguns

---

* Festival anual de oito dias num deserto no norte de Nevada que envolve um ritual de queimar uma escultura de madeira de um homem, daí o nome Burning Man – Homem Queimando. (N. do T.)

brinquedos e umas centenas de dólares em peças sobressalentes. "É a desmonetização radical", diz Anderson, "uma verdadeira história de DIY sobre usar um projeto de fonte aberta para reduzir os custos cem vezes, mantendo 90% da funcionalidade." A indústria aeroespacial, Anderson sente, está madura para tal desmonetização, e seu ponto de vista deve deixar algumas das empresas mais conservadoras bem nervosas. "Duas ordens de magnitude em redução de custos foi fácil", ele diz. "Agora chegaremos a três."

Exatamente por esses motivos, o Movimento dos Fazedores possui um forte potencial de abundância. Aviões teleguiados baratos podem enviar suprimentos para locais como Bangladesh, onde as monções alagam as estradas, ou Botsuana, onde estradas sequer existem. A Matternet, uma empresa da Universidade da Singularidade, planeja uma rede de veículos aéreos não tripulados movidos por IA e postos de recarga abrigados em contêineres espalhados pela África.[25] Os pedidos se fazem por *smartphone*. Para aldeias isoladas da rede de transportes global, isso significa que tudo, desde peças de reposição para o maquinário agrícola a suprimentos médicos, pode agora ser expedido por meio de um QuadCopter autônomo – por menos de seis *cents* por quilograma/quilômetro.

A conservação é outro uso possível para plataformas autônomas de baixo custo. Saber quantos tigres restam na Sibéria é crucial ao desenvolvimento de um plano de proteção, mas com uma área de quase 20 milhões de quilômetros quadrados, como contá-los? Uma frota de aviões teleguiados poderia fazer a contagem para nós, ou patrulhar florestas úmidas para flagrar o desmatamento ilegal, ou ter centenas de outras aplicações agora financeiramente acessíveis.

E os veículos aéreos não tripulados são apenas uma das tecnologias. Os fazedores estão agora impactando quase todos os campos ligados à abundância, da agricultura à robótica e energia renovável. Espero que o leitor se inspire com essa notícia. Uma das mensagens-chave deste livro é que qualquer um pode enfrentar um grande desafio. Em menos de cinco anos, Chris Anderson, que não conhecia nada sobre aviões teleguiados, revolucionou o campo. Você também pode criar uma comunidade e dar uma contribuição. E se software e hardware não forem a sua praia, que tal o *wetware*?[*] Como veremos na próxima seção, grupos de estudantes de ensino médio e

---

[*] O sistema nervoso humano em contraste com o software e hardware dos computadores. (N. do T.)

O INOVADOR DO "FAÇA-VOCÊ-MESMO" 159

faculdade passaram a manipular a própria substância da vida e lançaram o movimento "DIY Bio".

DIY Bio

No início do século 21, um biólogo chamado Drew Endy estava cada vez mais frustrado com a falta de inovação em engenharia genética.[26] Endy cresceu num mundo onde qualquer um podia comprar peças de rádio transistor na RadioShack, juntá-las, e elas funcionavam perfeitamente. Ele queria a mesma confiabilidade na produção em série na área do DNA. Em sua cabeça – e nas cabeças de muitos engenheiros genéticos da época – não havia diferença entre células e computadores. Os computadores usam um código de software de 1s e 0s, enquanto a biologia usa um código de As, Cs, Ts e Gs. Os computadores usam compiladores e registros de memória; a biologia usa RNA (ácido ribonucleico) e ribossomos. Os computadores usam periféricos; a biologia usa proteínas. Como Endy contou ao *New York Times*: "A biologia é a plataforma tecnológica mais interessante e poderosa que já se viu. Já conquistou o mundo com máquinas reprodutoras. Dá para imaginar que deve ser possível programá-la com DNA".

Em 2002 ele foi ao MIT como pesquisador e conheceu alguns outros sujeitos que compartilhavam sua visão. No ano seguinte, junto com Gerald Sussman, Randy Rettberg e Tom Knight, Endy fundou a competição Máquina Internacional Geneticamente Engendrada (iGEM – International Genetically Engineered Machine):[27] uma competição mundial de biologia sintética voltada para alunos de ensino médio e faculdade. O objetivo era desenvolver sistemas biológicos simples a partir de componentes padronizados e intercambiáveis – essencialmente sequências de DNA com estruturas e funções claramente definidas – e depois operá-los dentro de células vivas. Esses componentes padronizados, conhecidos tecnicamente como BioBricks,[28] seriam também colecionados num banco de dados de fonte aberta acessível a qualquer curioso.

O iGEM pode não parecer grande coisa, mas desde que James Watson e Francis Crick descobriram a dupla hélice em 1953, biotecnologia era sinônimo de megaempresas como a Genentech ou de iniciativas governamentais

160 AS FORÇAS DA ABUNDÂNCIA

do tamanho do Projeto do Genoma Humano, ambos requerendo bilhões de dólares e milhares de pesquisadores. Tudo que Endy e seus amigos fizeram foi ministrar um curso de um mês a um grupo de alunos.

Esses alunos foram divididos em cinco equipes, e pediu-se que projetassem uma versão da bactéria *E. coli* que brilhasse em cor verde fluorescente. Várias equipes tiveram êxito. Suas bactérias feitas em casa evoluíram de uma gota banal a um bastão fluorescente numa *rave* em apenas um mês. Novos sucessos se seguiram. Em 2008, equipes do iGEM vinham criando dispositivos genéticos com aplicações no mundo real. Naquele ano, uma equipe da Eslovênia ganhou o primeiro lugar com *immunobricks*: uma vacina contra *Helicobacter pylori*, a bactéria responsável pela maioria das úlceras. Em 2010, após o vazamento de petróleo da BP no Golfo do México, uma equipe vitoriosa da Universidade de Tecnologia de Delft criou o "*alkanivore*", que descreveram como um "kit de ferramentas para ativar a conversão do hidrocarboneto em ambientes aquosos" – ou, em linguagem mais simples, um bichinho capaz de consumir vazamentos de petróleo.

Ainda mais incrível do que a sofisticação desse trabalho é seu ritmo de crescimento acelerado. Em 2004 participaram do iGEM cinco equipes que submeteram 50 BioBricks potenciais. Dois anos depois, 32 equipes submeteram 724 componentes. Em 2010 a competição crescera para 130 equipes submetendo 1.863 componentes – e o bancos de dados de BioBricks contava com mais de 5 mil componentes. Como observou o *New York Times*: "O iGEM vem estimulando toda uma geração das mentes científicas mais brilhantes do mundo a adotar a visão da biologia sintética – sem que ninguém realmente percebesse, antes que os debates públicos e as regulamentações que costumam impor limites a tais novas tecnologias arriscadas e eticamente controvertidas sequer tivessem começado".

Para entender aonde essa revolução poderia chegar, vejamos o "Splice It Yourself" ("Junte você mesmo"), uma convocação às armas do DIY Bio escrita pelo pioneiro da biologia sintética da Universidade de Washington, Rob Carlson, nas páginas de *Wired*:

A era da biologia caseira chegou. Quer participar? Pare um momento para comprar um laboratório de biologia molecular no eBay. Apenas US$ 1.000 obterão

O INOVADOR DO "FAÇA-VOCÊ-MESMO"

um conjunto de pipetas de precisão para manusear líquidos e um equipamento de eletroforese para analisar DNA. Viagens secundárias a sites como BestUse e LabX (dois dos meus favoritos) talvez sejam necessárias para completar suas compras com cilindros graduados ou um termociclador PCR para ampliar DNA. Caso falte dinheiro para um aparelho específico, aguarde seis meses – a oferta de instrumentos de laboratório de segunda mão só aumenta com o tempo. Links para reagentes e protocolos procurados podem ser encontrados em DNAHack. E claro que o Google também ajuda.[29]

Claro que a mídia adorou essa história. Em meio à convocação às armas de Carlson e ao sucesso da competição iGEM, dezenas de artigos vaticinaram que a próxima Amgen* surgiria da garagem de algum adolescente. Ainda mais artigos apareceram, alegando que terroristas logo estariam criando monstrinhos nos porões – embora Carlson e outros acreditem que a situação não é tão grave como muitos suspeitam. (Voltaremos a explorar esse tema no apêndice "Perigos dos Exponenciais".) Qualquer que seja o caso, a era da genética caseira chegou. Rapazes das escolas de ensino médio estão criando novas formas de vida. A última fronteira da grande ciência foi derrubada pelos inovadores do DIY.

O empreendedor social

Se o inovador do DIY é aquele que assume por conta própria os grandes programas de ciência do governo, o empreendedor social é o adepto do DIY que assume os programas sociais. O termo foi cunhado em 1980 por Bill Drayton (legendário investidor de capital de risco, e fundador e presidente da organização global Ashoka) para descrever indivíduos que combinam os métodos pragmáticos, de um empresário, voltados para obtenção de resultados, com as metas de um reformista social.[31] A ideia estava um pouco à frente de seu tempo. Mais dez anos transcorreram até a evolução tecnológica alcançá-la. Com a geração de tecnologia da informação e comunicação que adveio no final da década de 1990, a ideia de Drayton tornou-se uma força real pró-abundância.

---

* Empresa de biotecnologia localizada em Thousand Oaks, Califórnia. (N. do T.)

Após a explosão da internet, sites como DonorsChoose.org, Crowdrise e Facebook Causes começaram a defender causas que antes eram monopólio de órgãos internacionais como as Nações Unidas e o Banco Mundial. Vejamos o Kiva.[31] Lançado em outubro de 2005 – seu nome é a palavra suaíle para unidade – , esse site permite que qualquer um empreste dinheiro direto a uma pequena empresa do mundo em desenvolvimento por intermédio de um modelo de microfinanças ponto-a-ponto (P2P). No início de 2009, o site crescera para 180 mil empresários membros que recebiam US$ 1 milhão em empréstimos *por semana*. Em fevereiro de 2011, um empréstimo do Kiva vinha sendo feito a cada 17 segundos, totalizando mais de US$ 977 milhões. E embora a taxa de juros do Kiva seja nula, seu índice de reembolso supera 98% – significando que não apenas está mudando vidas, mas, como a revista *Time* observou em 2009, "seu dinheiro está mais seguro nas mãos dos pobres do mundo do que no plano de aposentadoria".[32]

O Kiva é apenas um exemplo. O movimento cresceu fortemente nos últimos dez anos. Em 2007, esse terceiro setor empregava cerca de 40 milhões de pessoas, com 200 milhões de voluntários.[33] E em 2009, de acordo com o B Lab, uma organização sem fins lucrativos que certifica empresas que tem um propósito social, só nos Estados Unidos havia 30 mil empreendedores sociais, representando uns US$ 40 bilhões de receita.[34] Mais tarde naquele mesmo ano, o banco J. P. Morgan e a Fundação Rockefeller analisaram o potencial dos investimentos de impacto (em outras palavras, financiamento de empreendedores sociais) e estimaram uma oportunidade de investimento entre US$ 400 bilhões e US$ 1 trilhão, com um potencial de lucro entre US$ 183 bilhões e US$ 667 bilhões.[35]

No cômputo geral, essa força produziu alguns resultados bem reais. A KickStart, criada em julho de 1991 por Martin Fisher e Nick Moon, demonstra como dois indivíduos conseguem exercer um impacto significativo e mensurável.[36] Fundada para dar a milhões de pessoas os meios tecnológicos de saírem da pobreza, essa organização sem fins lucrativos desenvolveu desde sistemas de irrigação de baixo custo e prensas baratas para produzir óleos de cozinha a dispositivos para fabricar tijolos ecológicos para a construção de casas baratas. Essas tecnologias são então compradas por empresários africanos, que as empregam para abrir pequenas empresas altamente lucrativas.

O INOVADOR DO "FAÇA-VOCÊ-MESMO" 163

Em 2010, as empresas financiadas pelo KickStart representaram 0,6% do PIB do Quênia e 0,25% do PIB da Tanzânia.

Um exemplo ainda mais incisivo é a Enterprise Community Partners, que a revista *Fast Company* chamou de "uma das organizações mais influentes de que já se ouviu falar".[37] Essa organização é um empreendimento social híbrido, que combina características de organizações sem fins lucrativos com características de empresas comerciais, especializado em financiar moradias acessíveis aos destituídos. Nos últimos 25 anos, ajudou a revitalizar alguns dos bairros mais pobres dos Estados Unidos, inclusive Fort Apache no Bronx e Tenderloin em San Francisco, mas sua maior realização foi criar uma linha de crédito imobiliário para pessoas de baixa renda que representa cerca de 90% das casas de aluguel de preço acessível nos Estados Unidos. Uma razão por que se acredita que os empreendedores sociais vão acabar com os programas sociais do governo é que, com essa única linha de crédito, a Enterprise superou a atividade básica de mais de duas décadas do Departamento de Moradias e Desenvolvimento Urbano.

E esses são apenas alguns dos grandes desafios que os inovadores do DIY estão agora começando a resolver. Atualmente seu impacto vem sendo sentido em todos os níveis de nossa pirâmide, mas antes de contar o resto da história, voltemos nossa atenção à próxima força da abundância: os tecnofilantropos.

CAPÍTULO 11

OS TECNOFILANTROPOS

Robber Barons

Estamos na manhã de 16 de abril de 2011 e a Fundação X PRIZE promove sua reunião anual de Engenharia Visionária.[1] Esse é o nosso termo para o processo de criar competições de incentivo para resolver os grandes desafios do mundo. Para nos ajudar a pensar grande, convidamos grandes empresários, filantropos e CEOs para um fim de semana mais bem descrito como um cruzamento entre um miniTED e Mardi Gras.*

Nesse ano o encontro está sendo promovido pelo presidente da Fox Filmed Entertainment, Jim Gianopulos, em seus estúdios em Los Angeles. O único salão grande o suficiente para conter todo mundo é o restaurante. As paredes são brancas, decoradas com fotos de ícones do cinema como Cary Grant a Luke Skywalker, mas o grupo hoje reunido é de um tipo diferente, e poucos prestam atenção a essas imagens. Ninguém tem muito a dizer sobre bilheterias dos filmes ou porcentagens da receita, mas fala-se muito em criar empreendedores africanos, reinventar a tecnologia da assistência médica e

---

* TED, acrônimo de Technology, Entertainment, Design, é uma fundação que promove conferências para a disseminação de ideias. Mardi Gras, palavra francesa que significa Terça-Feira Gorda, é a festa carnavalesca em New Orleans. (N. do T.)

OS TECNOFILANTROPOS

aumentar a densidade de energia das baterias em uma ordem de magnitude.

Ao longo dos anos, tive a sorte de promover muitos encontros semelhantes e conhecer muitas pessoas como essas, e o que parece uni-las é exatamente o que está em exibição hoje: um alto nível de otimismo, um domínio generoso de assistência e um apetite enorme pelo grande e ousado. Talvez isso seja previsível. Esses são os mesmos capitães da era digital que, utilizando o código HTML, reinventaram a atividade bancária com o PayPal, a publicidade com o Google e o comércio com o eBay. Eles viram em primeira mão como tecnologias exponenciais e ferramentas de cooperação podem transformar setores e melhorar vidas. Agora acreditam que o mesmo pensamento de alta alavancagem e as mesmas práticas mais eficientes de negócios que levaram ao seu sucesso tecnológico podem promover o sucesso filantrópico. Em seu conjunto, constituem uma força significativa pró-abundância e uma nova estirpe de filantropos: um tecnofilantropo, ou seja, um jovem rico, idealista, munido de um iPad, que se preocupa com o mundo – o mundo inteiro – de uma forma totalmente nova.

De onde surgiu essa estirpe, o que a distingue e por que constitui uma força pró-abundância é o tema deste capítulo, mas antes de chegarmos lá, é bom situar a questão em seu contexto. A filantropia em larga escala, baseada no setor privado, e não no público, é uma evolução histórica relativamente recente. Retrocedendo uns seiscentos anos, a riqueza estava concentrada nas mãos dos membros das famílias reais, cujo único objetivo era manter aquele dinheiro na família. Foi no Renascimento, quando mercadores europeus tentaram mitigar a pobreza em grandes cidades comerciais como Londres, que esse domínio de assistência se expandiu.[2] Dois séculos atrás, a comunidade financeira se envolveu. Mas foram os titãs da industrialização conhecidos coletivamente como os *robber barons** que realmente reescreveram as regras do jogo.[3]

Os *robber barons* foram transformadores. Em menos de setenta anos, transformaram os Estados Unidos de uma nação rural em uma potência industrial. O que John D. Rockefeller fez pelo petróleo, Andrew Carnegie fez pelo ferro e aço, Cornelius Vanderbilt fez pelas rodovias, James B. Duke,

---

* Literalmente "barões ladrões" originalmente nobres medievais que cobravam tributos extorsivos. No século 19 a expressão passou a designar, pejorativamente, os grandes industriais norte-americanos. (N. do T.)

pelo tabaco, Richard Sears, pelas vendas por catálogo e Henry Ford, pelos automóveis. Houve dezenas de outros. E embora a ganância desses "barões" dos negócios tenha recebido grande atenção, os historiadores contemporâneos estão de acordo: foram também esses magnatas da Era Dourada que inventaram a filantropia moderna.[5]

Claro que os estudiosos têm divergido sobre quase tudo que envolve esses "barões", inclusive a natureza de sua caridade. Não faz muito tempo, a *BusinessWeek* escreveu: "John D. Rockefeller tornou-se um grande doador – mas somente depois que um *expert* em relações públicas, Ivy Lee, informou que doações poderiam ajudar a salvar a imagem arranhada de Rockefeller".[5] O trisneto Justin Rockefeller, um empresário e ativista político, discorda: "John David Sr., um batista devoto, começou a pagar o dízimo desde seu primeiro contracheque. Ele mantinha registros financeiros meticulosos. Seu primeiro ano nos negócios foi 1855. Sua renda foi de US$ 95, dos quais doou 10% à Igreja".[6] O fato é que aqueles US$ 9,50 foram apenas o começo. Em 1910 Rockefeller destinou US$ 50 milhões em ações da Standard Oil para criar a fundação que traz seu nome.[7] Na época de sua morte em 1937, metade de sua fortuna havia sido doada.

Carnegie, porém, foi um doador ainda maior, e é a Carnegie que a maioria dos tecnofilantropos atuais remonta suas raízes. Quando Warren Buffett quis inspirar a filantropia em Bill Gates, começou dando-lhe uma cópia do ensaio de Carnegie "O Evangelho da Riqueza", que procura responder a uma pergunta ardilosa: "Qual a maneira apropriada de administrar a riqueza depois que as leis em que a civilização se baseia a entregou nas mãos de uma minoria?"[8]

Carnegie acreditava que a riqueza pessoal deve ser usada para melhorar o mundo, e a melhor forma de fazê-lo não era deixar o dinheiro para os filhos ou legá-lo ao Estado para obras públicas. Seu interesse foi ensinar aos outros como se ajudarem. Por isso, sua maior contribuição foi construir 2.500 bibliotecas públicas.[9] Embora "O Evangelho da Riqueza" não fosse popular na época de Carnegie, grande parte de sua filosofia é agora compartilhada por muitos dos tecnofilantropos, embora, como logo veremos, exatamente *a quem* ajudar e *como* ajudar é o ponto sobre o qual a geração atual e os benfeitores do passado divergem.

OS TECNOFILANTROPOS

A nova estirpe

Em 1892, quando o *New York Tribune* tentou identificar cada milionário nos Estados Unidos, o jornal chegou a 4.047 nomes.[10] Uma espantosa porcentagem de 31% vivia na cidade de Nova York. E quando se tratava de devolver, aqueles milionários devolviam ao local de origem. Mal existe um museu, galeria de arte, sala de concertos, orquestra, teatro, universidade, seminário, organização de caridade ou instituição social ou educacional em Nova York que não deva sua origem e apoio àqueles homens.

Tal miopia regional é de se esperar. Os capitalistas do século 19 trabalhavam em um mundo que era local e linear. A pobreza na África, o analfabetismo na Índia não eram problemas prementes em suas vidas e negócios, e portanto aqueles industriais mantinham seus dólares nas redondezas. Mesmo Carnegie exibiu essa tendência, pois todas as bibliotecas que construiu foram em lugares em que se falava inglês.[11]

Essa mentalidade local não se restringia aos magnatas do Ocidente. Vejamos, por exemplo, Osman Ali Khan, conhecido como Asaf Jah VII, o último *nizam* de Hyderabad e Berar,[12] que governou de 1911 a 1948, quando esses Estados se fundiram com a Índia. Khan foi proclamado o homem mais rico do mundo pela revista *Time* em 1937. Tinha sete esposas, 42 concubinas, 40 filhos e uma fortuna de US$ 210 bilhões (em dólares de 2007). Durante seu governo de 37 anos, gastou uma boa parte de sua fortuna com o povo, construindo escolas, centrais elétricas, ferrovias, estradas, hospitais, bibliotecas, universidades, museus e até um observatório. Mas apesar dessa generosidade, Khan concentrou sua caridade inteiramente em Hyderbad e Berar. Como os barões dos negócios nos Estados Unidos, até o homem mais rico do mundo mantinha sua carteira perto de casa.

Muita coisa mudou nas últimas décadas. Jeff Skoll, o primeiro presidente do eBay e que mais tarde se tornou um magnata da mídia e um tecnofilantropo, diz: "Os tecnofilantropos atuais são de uma estirpe diferente. Enquanto a Revolução Industrial concentrou a filantropia localmente, a revolução da alta tecnologia inverteu a equação. Existe uma mentalidade diferente agora porque o mundo está bem mais globalmente interligado. No passado, coisas que aconteciam na África ou China não chegavam ao nosso conhecimento.

Atualmente, sabe-se delas instantaneamente. Nossos problemas estão bem mais interligados também. Tudo, da mudança climática às pandemias, tem raízes em diferentes partes do mundo, mas afeta a todos. Desse modo, o global tornou-se o novo local".[13]

Quando Skoll vendeu sua participação no eBay por US$ 2 bilhões, também trouxe sua filantropia para o nível global.[14] Criou uma fundação para buscar uma "visão de um mundo sustentável de paz e prosperidade". A Fundação Skoll procura promover mudanças em grande escala investindo no empreendedorismo social.[15] De acordo com Skoll, os empreendedores sociais são "agentes da mudança", ideia que ele explicou melhor num artigo para o *Huffington Post*:

> Quer sejam as doenças e fome na África, a pobreza no Oriente Médio ou a falta de educação no mundo em desenvolvimento, todos conhecemos os problemas. Mas acredito que os empreendedores sociais possuem uma deficiência genética. De algum modo, o gene que lhes permite enxergar o impossível está faltando. [...] Por natureza, os empresários não estão satisfeitos enquanto não mudam o mundo, e não deixam que nada os atrapalhe. As organizações de caridade podem dar comida às pessoas. Mas os empreendedores sociais não apenas ensinam às pessoas como cultivar comida – eles não se satisfazem enquanto não ensinarem um fazendeiro a cultivar comida, ganhar dinheiro, aplicar o lucro de volta no negócio, contratar mais dez pessoas, e no processo transformar o setor inteiro.[16]

Em seus dez primeiros anos, a Fundação Skoll concedeu mais de US$ 250 milhões para 81 empreendedores sociais que atuavam em cinco continentes. Esses empreendedores, por sua vez, espalharam sua benevolência para domínios mais amplos. "Veja o Muhammad Yunus", diz Skoll, "que criou o Banco Grameen e ajudou a tirar mais de 100 milhões de pessoas da pobreza no mundo inteiro; Ann Cotton, que educou mais de 250 mil meninas africanos por intermédio de sua organização Camfed; e Jacqueline Novagratz, CEO do Fundo Acumen, que está afetando as vidas de milhões de pessoas na África e Ásia.

O apoio aos empreendedores sociais é apenas um exemplo da nova direção tomada pelos tecnofilantropos atuais. Investir em empresas socialmente

OS TECNOFILANTROPOS

responsáveis, como faz o Fundo Acumen apoiado pela Fundação Rockefeller, é outro.[17] A Acumen é uma empresa com fins lucrativos, mas obtém seus lucros investindo em empresas que fabricam produtos e serviços de que o mundo em desenvolvimento tem necessidade premente – óculos de leitura, aparelhos de surdez, mosquiteiros – e vendendo-os a preços bem acessíveis. Depois existe a Omidyar Network do fundador do eBay, Pierre Omidyar, uma organização que faz investimentos com fins lucrativos em busca de sua missão do "autoaperfeiçoamento individual" em áreas-chave como microfinanças, transparência e – é claro – empreendedorismo social.[18] Se eles [os tecnofilantropos] podem usar suas doações para criar uma solução rentável para um problema social", escreve o redator chefe de Nova York da *Economist*, Mattew Bishop, em seu livro *Philanthrocapitalism: How the rich can save the world* (que tem como coautor Michael Green), "isso atrairá mais capital, bem mais rápido, e assim terá um impacto bem maior, bem mais cedo, do que uma solução baseada inteiramente em doar dinheiro".[19]

Ao optarem por turvar a fronteira entre a organização com fins lucrativos e aquela de utilidade pública, eles também estão tentando redefinir a caridade. "Os novos filantropos", continua Bishop, "acreditam que estão melhorando a filantropia, equipando-a para enfrentar o novo conjunto de problemas enfrentados pelo atual mundo em mudança; e para ser eficaz, ela precisa se aperfeiçoar – grande parte da filantropia através dos séculos tem sido ineficaz. Eles acreditam que podem prestar um serviço maior do que seus predecessores. Os filantropos atuais estão tentando aplicar às suas doações os segredos por trás de seu bem-sucedido enriquecimento."

Um conceito que vem ganhando impulso é o do "investimento de impacto" ou "investimento em empresas socialmente responsáveis", pelo qual investidores apoiam empresas que geram retornos financeiros *e* atingem metas sociais e ambientais mensuráveis.[20] A prática proporciona aos investidores um alcance maior do que a filantropia tradicional – e essa prática vem crescendo. De acordo com a empresa de pesquisas Monitor Group, os US$ 50 bilhões em investimentos de impacto em 2009 deverão decuplicar daqui a uma década.

Outro desses segredos é o enfoque prático. "Não se trata mais de 'eu preencho o cheque e aqui termina minha participação'", diz Paul Shoemaker, diretor-executivo da Social Ventures Partners Seattle. "Agora é 'eu preencho o cheque e este é o início'." E quando iniciam, os tecnofilantropos fazem bem mais do que trazer capital financeiro à mesa; eles trazem seu capital humano também. "Eles trazem redes, contactos e a capacidade de conseguir reuniões de alto nível", diz Shoemaker. "Quando Gates decidiu lutar pelas vacinas, formou uma equipe e levou essa equipe para reuniões com líderes mundiais e a Organização Mundial de Saúde. A maioria das organizações não tem acesso a tais gabinetes, mas Gates tinha, e isso fez uma enorme diferença." [22]

Existe uma última diferença entre a nova estirpe de filantropos e as gerações mais velhas, e talvez seja aquela com o maior impacto. A maioria dos *robber barons* ficaram generosos em sua velhice, mas muitos dos tecnofilantropos ficaram milionários antes dos 30 anos e se voltaram para a filantropia logo depois. "Os filantropos tradicionais costumavam ser um grupo mais velho", diz Skoll. "Eles fizeram sua fortuna, aposentaram-se e depois, chegando no final de suas vidas, começaram a doá-la. E eram menos ambiciosos em sua filantropia – é mais fácil preencher um cheque para construir um teatro de ópera do que para combater a malária, Aids ou outros problemas globais. Muitos dos tecnofilantropos atuais têm a energia e a confiança que advêm de desenvolver empresas globais numa idade tão prematura. Eles querem atingir metas audaciosas em áreas como a proliferação nuclear, pandemias ou água. Acham que podem realmente fazer uma diferença enquanto viverem."

Todas essas diferenças se combinaram, transformando os tecnofilantropos no que Paul Schervish, do Boston College Center on Wealth and Philanthropy, denomina "hiperagentes".[23] Como explica Matthew Bishop, os hiperagentes "têm a capacidade de fazer certas coisas essenciais bem melhor do que qualquer outro. Eles não enfrentam eleições periódicas, como os políticos, nem sofrem a tirania das exigências cada vez maiores dos acionistas de lucros, como os CEOs da maioria das empresas de capital aberto. Tampouco precisam dedicar vastas quantidades de tempo e recursos à arrecadação de dinheiro, como a maioria dos dirigentes de ONGs. Com isso ficam livres para pensar a longo prazo, para contrariar o pensamento convencional, para assumir ideias arriscadas demais para o governo, para mobilizar recursos substanciais rapidamente quando a situação exige e – acima de tudo, para tentar algo novo. A grande pergunta é: conseguirão realizar seu potencial?"

OS TECNOFILANTROPOS

Como veremos nas próximas seções, cada vez mais a resposta à pergunta de Bishop parece ser um retumbante "sim".

Quantas pessoas e que quantidade?

Naveen Jain cresceu em Uttar Pradesh, Índia, filho de um funcionário públi-co.[25] Tornou-se estudante de empreendedorismo em uma idade bem prematura. "Quando se é pobre", ele diz, "e a sobrevivência básica é a preocupação, não se tem outra alternativa senão ser um empreendedor. É preciso agir decisivamente para sobreviver, assim como um empreendedor precisa agir decisivamente para aproveitar uma oportunidade. As iniciativas e oportunidades de Jain acabaram por colocá-lo numa trajetória rumo à Microsoft e, depois que fundou a InfoSpace e Intelius, na lista das 500 pessoas mais ricas da Forbes.

"Meus pais colocaram na minha cabeça a importância da educação. Foi uma dádiva que eles próprios nunca tiveram. Lembro que a primeira coisa que minha mãe fazia de manhã era me testar em matemática e muitas vezes exigia: 'Não me faça resolver isso para você'. Eu mal sabia que ela não conseguiria resolver aqueles problemas, porque ela nunca aprendeu matemática na escola. Atualmente temos a tecnologia, por meio da IA, videogames e *smartphones*, para testar todas as crianças no planeta e lhes assegurar o acesso à melhor educação disponível."

Jain assumiu a copresidência do Grupo Consultivo de Desenvolvimento Global e Educação da Fundação X PRIZE e agora está concentrando sua riqueza em competições de incentivo para reinventar a educação e a assistência médica no mundo em desenvolvimento. "A tecnologia me permitiu criar o capital que agora uso para filantropia", ele diz, "e não consigo imaginar nenhuma aplicação melhor desses recursos do que me concentrar em erradicar o analfabetismo e as doenças ao redor do mundo. O que é realmente incrível é que agora dispomos das ferramentas para fazer isso acontecer."

Jain não é o único que sente isso. O *Relatório da Riqueza Global* do Credit Suisse de 2010 estimou que o mundo possui mais de mil bilionários: uns quinhentos na América do Norte, 245 na região do Pacífico Asiático e 230 na

Europa.[26] Profissionais das finanças observam que a cifra real deve ser duas vezes maior, já que muitos optam por esconder sua riqueza do escrutínio público. Descendo um degrau na escada econômica, o próximo grupo, conhecido como os indivíduos "de valor líquido ultraelevado", abrange uma faixa maior, variando de US$ 30 milhões em bens líquidos a centenas de milhões de dólares. No total, em 2009 o número de indivíduos de valor líquido ultraelevado superou 93 mil no mundo inteiro. Não apenas esses números são maiores do que nunca, como esses indivíduos estão doando como nunca antes.

"Os ricos da internet estão doando à sua maneira", proclamou o *New York Times* em 2000.[27] Em 2004, as doações de caridade nos Estados Unidos haviam subido para US$ 248,5 bilhões, o maior total anual de todos os tempos.[28] Dois anos depois, o número era de US$ 295 bilhões. Em 2007, a emissora CNBC passou a chamar a nossa era de "uma nova era dourada da filantropia"[29] e a Fundação Giving divulgou um aumento recorde de 77% em novas fundações criadas nos últimos dez anos, um acréscimo de mais de 30 mil organizações.[30] Claro que esses números caíram durante a recessão recente: 2% em 2008, 3,8% em 2009.[31] O nível mais baixo em dez anos foi em 2010, mas esse foi também o ano em que Bill Gates destinou US$ 10 bilhões para vacinas, o maior compromisso já assumido por uma fundação de caridade com uma causa individual.[32]

O ano de 2010 também foi aquele em que Gates e Warren Buffett, os dois homens mais ricos do mundo, anunciaram o "Giving Pledge" (Promessa de Doar), que pede aos bilionários da nação que ofereçam metade de sua riqueza para grupos filantrópicos e de caridade durante suas vidas ou quando morrerem.[33] George Soros, Ted Turner e David Rockefeller aderiram quase que imediatamente. Skoll também foi um adepto prematuro, assim como Pierre Omidyar. O cofundador da Oracle, Larry Ellison, o cofundador da Microsoft, Paul Allen, o criador do AOL, Steve Case e os cofundadores do Facebook, Mark Zuckerberg e Dustin Moskovitz, também aderiram. Em julho de 2011, o total subira para 69 signatários, com mais gente aderindo o tempo todo.

Que os tecnofilantropos estão se revelando uma força significativa pró-abundância não está em dúvida. Eles já causaram impacto em todos os

OS TECNOFILANTROPOS

níveis de nossa pirâmide, incluindo aqueles que são difíceis de alcançar. Mo Ibrahim, um magnata das telecomunicações sudanês recentemente instituiu o Prêmio Ibrahim por Excelência em Liderança Africana, que concede US$ 5 milhões (e US$ 200 mil anuais pelo resto da vida) a qualquer líder africano que conclua seu mandato dentro dos limites da Constituição do país e depois entregue o cargo voluntariamente.[34]

Mas a melhor notícia é que a maioria desses tecnofilantropos ainda são jovens, portanto estão apenas começando sua jornada. "À medida que algumas das pessoas mais inteligentes procuram onde concentrar suas energias", diz Elon Musk, um dos fundadores do PayPal, "estão sendo atraídas para os maiores problemas enfrentados pela humanidade, particularmente em áreas como educação, assistência médica e energia sustentável. Sem querer ser complacente, acredito ser bem provável que eles venham a resolver muitos desafios nessas áreas, e o resultado será a criação de tecnologias, empresas e empregos novos que trarão prosperidade para bilhões na Terra."[35]

CAPÍTULO 12

O BILHÃO ASCENDENTE

O maior mercado do mundo

Stuart Hart conheceu Coimbatore Krishnarao Prahalad, chamado universalmente como CK, em 1985.[1] Hart acabara de concluir seu PhD e fora contratado pela Universidade de Michigan. Prahalad já era professor titular em sua Ross School of Business e uma lenda em ascensão. Suas ideias sobre "competências básicas" e "cocriação" desencadearam uma revolução no mundo empresarial,[2] e seu livro de 1994 *Competindo pelo futuro**, que teve como coautor Gary Hamel, tornou-se um clássico. Além disso, em seu trabalho de consultoria, Prahalad tinha uma reputação de heterodoxia e um forte histórico de fazer o impossível: convencer corporações multinacionais de que agilidade e colaboração era uma abordagem melhor do que seriedade e postura defensiva.[3]

Nos anos seguintes, Hart e CK se conheceram. Ministraram cursos juntos e viraram amigos. No final da década de 1980, quando a maioria dos colegas profissionais de Hart o aconselhava a abandonar seu interesse pelo meio ambiente e permanecer concentrado nos negócios, Prahalad foi um dos poucos que encorajaram sua paixão. "Na verdade", diz Hart, "não fosse

---

* PRAHALAD, C. K.; HAMEL, Gary. *Competindo pelo futuro*. Rio de Janeiro: Campus, 2006.

O BILHÃO ASCENDENTE

por CK, eu nunca teria tomado a decisão consciente (que tomei em 1990) de dedicar o resto de minha vida profissional aos empreendimentos sustentáveis. Foi a melhor decisão que já tomei."

Durante sua permanência em Michigan, a dupla nunca colaborou entre si. Hart saiu para dirigir o Center for Sustainable Enterprise (Centro Pró-Empreendimentos Sustentáveis) da Universidade da Carolina do Norte. (Ele agora é presidente do Cornell Center for Sustainable Global Enterprise.) Naquele cargo, em 1977, escreveu o agora inspirador "Beyond Greening: Strategies for a Sustainable World" ("Além do Amadurecimento: Estratégias para um Mundo Sustentável"), que ajudou a lançar o movimento da sustentabilidade.[4] Esse artigo, publicado na *Harvard Business Review*, levantou uma série de questões complementares que despertaram o interesse de Prahalad, e, no ano seguinte, a dupla se uniu para respondê-las.

O resultado foi outro artigo, dessa vez com apenas 16 páginas, que estava destinado a mudar o mundo – embora, como observa Hart, isso não acontecesse da noite para o dia. "Esperamos quatro anos até que alguém o publicasse. O artigo passou por literalmente dúzias de revisões antes de vir a lume em 2002 como 'The Fortune at the Bottom of the Pyramid' [na revista *Strategy + Business*].[5] Tal artigo tornou-se um sucesso *underground* antes de chegar a ser publicado e criou um campo inteiramente novo: negócios BoP. Para mim foi uma experiência que mudou minha vida. Para CK, foi mais um dia no escritório."

O artigo deles defendeu uma ideia simples: as 4 bilhões de pessoas que ocupavam o estrato inferior da pirâmide econômica, o chamado bilhão inferior, haviam recentemente se tornado um mercado econômico viável. Eles não afirmaram que a base da pirâmide (conhecida pela sigla BoP, de *bottom of the pyramid*) fosse um mercado comum, e sim que era extraordinário. Embora a maioria dos consumidores BoP vivesse com menos de US$ 2 ao dia, era seu poder de compra agregado que oferecia possibilidades extremamente rentáveis.[6] Claro que esse ambiente de negócios radicalmente diferente exigia estratégicas radicalmente diferentes, mas tanto Hart como Prahalad sentiam que para as empresas capazes de se adaptar a negócios incomuns as oportunidades eram imensas.

A afirmação deles era respaldada por uma rápida pesquisa de uma dúzia de grandes empresas muito bem-sucedidas em mercados BoP após adotarem práticas de negócios um pouco fora de sua zona de conforto. Arvind Mills, por exemplo, o quinto maior fabricante mundial de brim, teve um histórico de lutas na Índia.[7] Custando entre US$ 40 e US$ 60, os jeans não eram acessíveis às massas, e seu sistema de distribuição tinha penetração quase zero nos mercados rurais. "Assim Arvind lançou o jeans Ruf & Tuf", Hart e Prahalad escreveram em "The Fortune at the Bottom of the Pyramid", "um kit pronto para ser costurado de componentes de jeans: brim, zíper, rebites e um remendo – custando uns seis dólares. Os kits foram distribuídos por uma rede de milhares de alfaiates locais, muitos em cidades e aldeias rurais, interessados em comercializar amplamente os kits. Os jeans Ruf & Tuf agora são os mais vendidos na Índia, ultrapassando facilmente os Levi's e outras marcas dos Estados Unidos e Europa."

Em 2004, essas ideias foram expandidas no livro de Prahaladb de mesmo nome*. Ele começou com uma forte declaração de propósito: "Se pararmos de pensar nos pobres como vítimas ou como um fardo e começarmos a reconhecê-los como empresários resilientes e criativos e consumidores conscientes do valor, todo um mundo novo de oportunidades se abrirá",[8] e uma declaração ainda mais forte de possibilidade: "O potencial do mercado BoP é enorme: 4 a 5 bilhões de pessoas mal-atendidas e uma economia de mais de US$ 13 trilhões de PPP (paridade de poder de compra)". Embora o livro de Prahalad apresentasse 13 estudos de casos de sucessos empresariais de BoP, seu maior argumento de vendas foi social e não fiscal: encontrar meios criativos de atender esse mercado era uma atividade de desenvolvimento capaz de tirar os pobres da pobreza.

Um dos melhores exemplos é a empresa de telecomunicações Grameenphone, criada em Bangladesh em 1977 e que, em fevereiro de 2011, tinha 30 milhões de assinantes nesse país.[9] No processo, a Grameenphone investiu US$ 1,6 bilhão em infraestrutura de rede – o que significa que o dinheiro arrecadado em Bangladesh permaneceu em Bangladesh. Mas o impacto ainda maior tem sido na redução da pobreza. Economistas da London School of Business and Finance calcularam que acrescentar 10 telefones por 100 pesso-

---

* PRAHALAD, C. K. *A riqueza na base da pirâmide.* São Paulo: Artmed, 2008.

O BILHÃO ASCENDENTE

as aumenta em 0,6% o PIB de um país em desenvolvimento.[10] Nicholas Sullivan, em seu livro sobre o surgimento dos microempréstimos e da tecnologia celular, *You can hear me now: How microloans and cell phones are connecting the world's poor to the global economy* (Você pode me ouvir agora: Como os microempréstimos e telefones celulares estão conectando os pobres do mundo à economia global), explica o que isso realmente significa:

"Extrapolando as cifras da ONU sobre redução da pobreza (1% de crescimento do PIB resulta em uma redução da pobreza de 2%), aquele crescimento de 0,6% reduziria a pobreza em cerca de 1,2%. Dado que 4 bilhões de pessoas vivem na pobreza, isso significa que, com cada 10 telefones novos por 100 pessoas, 48 milhões *terminam* a pobreza, tomando uma expressão de Mohammad Yunus."[11]

Os críticos observaram que essa abordagem só nos leva até certo ponto, mas deixam de mencionar que chegar lá já é muita coisa. O argumento da base da pirâmide de Hart e Prahalad tem essencialmente um aspecto de commoditização:[12] tome produtos e serviços existentes e torne-os substancialmente mais baratos, depois os venda em escala maciça. Mas existem dois aspectos adicionais. Primeiro, a metodologia requerida para abrir esses mercados se baseia em criar produtos conjuntamente com os consumidores BoP. Segundo, os produtos e serviços commoditizados – sabões, roupas, materiais de construção, energia solar, microscópios, membros protéticos, cirurgia cardíaca, cirurgia ocular, cuidados neonatais, telefones celulares, contas bancárias, bombas e sistemas de irrigação, para citar apenas os exemplos de sucesso mais famosos – podem parecer um grupo aleatório, mas compartilham exatamente o que é necessário para elevar números maciços de pessoas na pirâmide da abundância.

Quando a Hindustan Unilever, uma subsidiária da Unilever, desenvolveu uma campanha de marketing baseada na higiene para mercados BoP na Índia, seu objetivo foi vender mais sabão (que a empresa atingiu, aumentando suas vendas em 20%).[13] Mas para nossos propósitos, mais importante foi o fato de que 200 milhões de pessoas aprenderam que a diarreia – que mata 660 mil pessoas na Índia a cada ano – pode ser prevenida simplesmente lavando as mãos.[14] Essa forma de melhoria logo trouxe grandes benefícios, já que a saúde resultante de lavar as mãos aumenta a renda (menos dias de afastamento por licença médica) e mantém as crianças na escola, tornando-se assim um ciclo autorreforçador.

Mas os benefícios não fluem apenas em direção ao consumidor. Como explica Hart em seu (agora também clássico) livro de 1995, *O capitalismo na encruzilhada*: "É muito difícil remover custos de um modelo de negócios voltado para clientes de renda maior sem afetar a qualidade ou integridade".[15] Para competir em mercados BoP, uma nova onda de tecnologia contestadora é requerida. Vejamos as motocicletas da Honda. Nos anos 1950, a Honda começou a vender bicicletas motorizadas bem simples e baratas nas cidades japonesas apinhadas e assoladas pela pobreza.[16] Quando aquelas bicicletas chegaram no mercado norte-americano nos anos 1960, atingiram uma população bem maior do que aqueles que podiam comprar Harley-Davidsons. Hart explica: "A base da Honda no Japão empobrecido proporcionou uma imensa vantagem competitiva para abalar os produtores de motos norte-americanos, porque a empresa japonesa podia ganhar dinheiro com preços que não eram atraentes para os líderes consagrados".

Ratan Tata, o CEO da gigantesca multinacional Tata Industries, oferece outro ótimo exemplo. Em 2008, ele criou o Nano, o primeiro automóvel do mundo a custar US$ 2.500.[17] Em 2008, o *Financial Times* informou: "Se já houve um símbolo das ambições da Índia de se tornar uma nação moderna, certamente seria o Nano, o carro minúsculo com um preço ainda mais minúsculo. Um triunfo da engenharia caseira, o Nano simboliza os sonhos de milhões de indianos que lutam por uma vaga na prosperidade urbana".[18] Além de beneficiar a Índia, o projeto da Tata desencadeou uma tendência de inovação.[19] Mais de uma dúzia de empresas, incluindo a Ford, Honda, GM, Renault e BMW, estão agora desenvolvendo carros para mercados emergentes, um avanço que introduzirá um nível de opção de transporte nas comunidades BoP inimaginável apenas dez anos atrás.

As opções eram o ingrediente que faltava. Subitamente o bilhão ascendente – ou melhor, os 4 bilhões – têm um meio e uma razão para participar dessa conversa global. "Essa nova geração crescendo com liberdade de comunicação", diz Tata, "está conectada a um mundo de informações e entretenimento antes inexistente. Eles têm necessidades e desejos que ultra-

---

* HART, Stuart L. *O capitalismo na encruzilhada*. São Paulo: Artmed, 2008.

O BILHÃO ASCENDENTE

passam os da geração mais velha. E serão exigentes em termos da qualidade de suas vidas."[20]

Pela primeira vez, não apenas suas vozes estão sendo ouvidas, como suas ideias – ideias às quais nunca tivemos acesso antes – estão aderindo à conversa global. E ainda que a única razão seja a lei dos grandes números e o poder dessas ideias, esse fenômeno situa o bilhão ascendente na mesma categoria da tecnologia exponencial, dos adeptos do DIY e dos tecnofilantropos: uma força potente pró-abundância.

A aposta de Quadir

Em 1993, Iqbal Quadir estava trabalhando como um capitalista de risco em Nova York quando uma súbita pane de energia desligou seu computador. A inconveniência lembrou-o de sua infância em Bangladesh, quando certa vez passara um dia inteiro caminhando a fim de comprar um remédio para seu irmão e, ao chegar na farmácia, encontrara-a fechada. Então, como agora, a falta de comunicações acarretava desperdício de tempo e redução da produtividade. Na verdade, em comparação, a pane de energia foi apenas uma inconveniência trivial. Assim Quadir deixou seu emprego e retornou a Bangladesh para enfrentar aquele problema de comunicações. Os telefones celulares, ele pensou, seriam uma solução óbvia, mas naquela época o telefone celular mais barato custava uns US$ 400, com um custo operacional de uns 52 *cents* por minuto, enquanto a renda anual média em Bangladesh era de US$ 286. Portanto, como aquele empreendimento poderia dar certo era um mistério.

"Quando propus originalmente a ideia", conta Quadir, "disseram que eu estava maluco. Fui expulso de escritórios. Certa vez, em Nova York, eu estava vendendo a ideia a uma empresa de telefonia celular, e eles disseram: 'Não somos a Cruz Vermelha; não queremos ir para Bangladesh'. Mas eu estava informado dos acontecimentos no mundo ocidental. Sabia que os celulares eram analógicos e que estavam prestes a se tornar digitais, o que significava que seus componentes básicos estariam sujeitos à Lei de Moore – de modo que continuariam se tornando exponencialmente menores e mais baratos.

Sabia também que conectividade é igual a produtividade. Portanto, se conseguíssemos levar os telefones celulares às mãos dos consumidores BoP, eles seriam capazes de pagar pelos telefones."

Quadir ganhou sua aposta. Os telefones celulares seguiram uma curva exponencial de desempenho de preço, e a Grameenphone transformou a vida em Bangladesh.[22] Em 2006, 60 milhões de pessoas tinham acesso a um telefone celular, e a tecnologia havia acrescentado US$ 650 milhões ao PIB do país. Outras empresas preencheram as lacunas em outros países. Na Índia, em 2010, 15 milhões de novos usuários de celular vinham sendo acrescentados *a cada mês*.[23] No início de 2011, mais de 50% do mundo possuía conectividade celular. E é essa tecnologia que está transformando o "bilhão inferior" no bilhão ascendente. "Colocamos computadores poderosos nas mãos das pessoas", explica Quadir. "Eles vieram junto com o aplicativo irresistível da comunicação de voz." Como resultado, nas próximas décadas, esses dispositivos trazem consigo o potencial de reformular completamente o mundo.

Já estamos vendo isso na atividade bancária. Existem 2,7 bilhões de pessoas no mundo em desenvolvimento sem acesso a serviços financeiros.[24] Os obstáculos à mudança são consideráveis. Na Tanzânia, por exemplo, menos de 5% da população possui conta bancária. Na Etiópia, existe um banco para cada 100 mil pessoas.[25] Em Uganda (em torno de 2005), havia cem caixas automáticos para 27 milhões de pessoas. Abrir uma conta em Camarões custa US$ 700 – mais do que a maioria das pessoas ganha por ano – e uma mulher na Suazilândia só consegue essa proeza com o consentimento do pai, irmão ou marido.[26]

Entra em cena o banco móvel. Permitir que os pobres do mundo abram contas bancárias digitais acessíveis via telefones celulares exerce um forte impacto na qualidade de vida e redução da pobreza. O banco móvel permite que as pessoas confiram seus saldos, paguem contas, recebam pagamentos e enviem dinheiro para casa sem taxas gigantescas de transferência, além de reduzir os riscos de segurança pessoal crescentes que advêm de carregar dinheiro vivo.[27] No Quênia, onde muita gente pobre tem emprego longe de casa, trabalhadores com frequência desapareciam por três ou quatro dias após receberem o salário, já que tinham de levar aquele dinheiro

O BILHÃO ASCENDENTE

até suas famílias. Assim, poder transferir o dinheiro eletronicamente poupa um tempo incrível.

Por todos esses motivos, o banco móvel teve um crescimento exponencial em poucos anos. O serviço de transferência de dinheiro M-Pesa, lançado no Quênia em 2007 pela Safaricom, conquistou 20 mil clientes no primeiro mês. Quatro meses depois, eram 150 mil. Quatro anos mais tarde, 13 milhões.[28] Um mercado inexistente em 2007 – o mercado de pagamentos via celular – explodiu para um setor de US$ 16 bilhões em 2011, e analistas preveem que crescerá mais 68% até 2014. E os benefícios parecem consideráveis.[29] De acordo com a *Economist*, nos últimos cinco anos as rendas dos domicílios quenianos usuários do M-Pesa aumentaram entre 5% e 30%.[30]

Além dos serviços bancários, os telefones celulares agora promovem o progresso em todos os níveis de nossa pirâmide da abundância. Para a água, já existem informações fornecidas por SMS sobre tudo, desde a lavagem das mãos até técnicas de conservação,[31] e uma tecnologia pioneira transforma um *smartphone* em um dispositivo de teste da qualidade da água. Na área dos alimentos, os pescadores podem verificar de antemão quais portos estão pagando mais antes de descarregarem seu pescado,[32] e agricultores podem fazer o mesmo antes de trazerem suas frutas e legumes ao mercado, em ambos os casos maximizando seu tempo e receita. Os impactos da telefonia móvel sobre a saúde se estendem da possibilidade de localizar rapidamente o médico mais próximo a um aplicativo de *smartphone* inventado por Peter Bentley, um pesquisador do University College de Londres, que transforma um iPhone num estetoscópio, do qual mais de 3 milhões de médicos já fizeram download.[33] E esse é apenas um dentre *6 mil* aplicativos de assistência médica agora oferecidos pela Apple.[34]

Os exemplos não param, mas o que todos têm em comum é fortalecerem o indivíduo como nunca antes. A maioria desses serviços exigia uma enorme infraestrutura, recursos e profissionais bem treinados, tornando-os acessíveis basicamente no mundo desenvolvido. Se uma das definições de abundância é a disponibilidade generalizada de produtos e serviços – como estetoscópios e testes da qualidade da água – então o bilhão ascendente agora conectado à rede está rapidamente ganhando acesso a muitos dos mecanismos fundamentais da prosperidade do Primeiro Mundo.

A maldição dos recursos[35]

A maioria dos telefones celulares em funcionamento nos mercados BoP está em redes de segunda geração, que fornecem recursos de voz e mensagem de texto. Como já deve estar claro, esses recursos sozinhos permitiram um progresso incrível em todos os níveis de nossa pirâmide, mas também fizeram o que muitos consideravam impossível: ajudar o bilhão ascendente a escapar da "maldição dos recursos".

Nos últimos cinquenta anos, pesquisadores dedicaram muito tempo tentando descobrir o que vinha mantendo o bilhão inferior no fundo do poço. Como o economista William Easterly tem frequentemente observado, "o Ocidente gastou US$ 2,3 trilhões em ajuda externa nas últimas cinco décadas e mesmo assim não conseguiu levar medicamentos de doze *cents* às crianças para impedir metade de todas as mortes por malária".[36] O problema se reduz às chamadas armadilhas da pobreza. Ser uma nação sem litoral nem portos de embarque é um tipo de armadilha da pobreza. Estar preso num ciclo de guerra civil é outro. Uma das armadilhas mais traiçoeiras é a maldição dos recursos. Vejamos como funciona.

Quando uma nação em desenvolvimento descobre um recurso natural novo, sua moeda se valoriza em relação às demais, privando de competitividade as restantes mercadorias exportáveis. A descoberta de reservas de petróleo na Nigéria na década de 1970 abalou as exportações de amendoim e cacau do país. Depois, em 1986, o preço mundial do petróleo desabou e, como escreve o economista da Universidade de Oxford, Paul Collier, em *The bottom billion: Why the poorest countries are failing and what can be done about it*, "o trem da alegria nigeriano chegou ao fim. Não apenas a receita do petróleo despencou, como os bancos não quiseram mais conceder empréstimos: na verdade queriam ser reembolsados. Essa mudança, de petróleo valorizado mais empréstimos, para petróleo depreciado mais reembolsos, reduziu os padrões de vida na Nigéria mais ou menos à metade".[37]

Não há uma fórmula fácil para romper a maldição dos recursos, mas duas das medidas mais eficazes são o desenvolvimento de mercados diversificados e o surgimento da imprensa livre (e da transparência decorrente).[38] Trinta anos de ajuda fracassada nos ensinaram que nenhuma das duas é de fácil im-

O BILHÃO ASCENDENTE

plementação, mas ambas fazem agora parte da paisagem das comunicações sem fio. O microcrédito fornece às pessoas que estão fora do jogo dos recursos naturais acesso ao dinheiro, encorajando a criação de pequenos negócios dissociados do ciclo de altas e baixas. A terceirização em massa de tarefas minúsculas – conhecidas como microtarefas – dá aos pobres acesso a novos fluxos de renda, rompendo ainda mais esse ciclo. De acordo com o *New York Times*, freelancers no mundo inteiro estão "cada vez mais assumindo tarefas como serviço ao cliente, entrada de dados, redação, contabilidade, recursos humanos, folha de pagamento – e praticamente qualquer 'processo de conhecimento' que possa ser executado remotamente".[39] Trata-se de um grande passo à frente. Ao ajudar a dispersar a produtividade, a tecnologia de comunicações ajuda a dispersar o poder, o que, como escreveu certa vez Quadir, "dificulta aos indivíduos ou grupos monopolizarem recursos ou promoverem políticas estatais que favoreçam interesses escusos".[40] Além disso, o livre fluxo de informações possibilitado pelos telefones celulares substitui a necessidade de uma imprensa livre e, como mostram os acontecimentos recentes no Oriente Médio, pode ter forte impacto na disseminação da democracia.

O mais incrível é que tudo isso foi possível com a tecnologia do passado. Porém *smartphones* conectados a redes de terceira e quarta geração estão chegando ao mundo em desenvolvimento, aumentando exponencialmente o potencial do futuro. O ex-professor de negócios de Harvard, Jeffrey Rayport, agora CEO da empresa de consultoria MarketShare, escreve na *Technology Review*: "O telefone celular atual é o novo computador pessoal. O *smartphone* comum é tão poderoso como um Mac ou PC avançado de uma década atrás. [...] Com mais de 5 bilhões de indivíduos atualmente munidos de telefones celulares, estamos falando de níveis sem precedentes de acesso e penetração nas psiques de mais de dois terços da população mundial".[41]

O mundo é meu café

Em seu excelente livro *De onde vêm as boas ideias: A história natural da inovação**, o escritor Steven Johnson explora o impacto dos cafés sobre a cultura

---

* JOHNSON, Steven. *De onde vêm as boas ideias: A história natural da inovação*. Rio de Janeiro: Zahar, 2011.

do Iluminismo do século 18. "Não é por acaso", ele diz, "que a era da razão acompanha a ascensão das bebidas cafeinadas."[42] Existem dois propulsores principais atuando aqui. o primeiro é que, antes da descoberta do café, grande parte do mundo vivia intoxicada grande parte do dia. Tratava-se sobretudo de um problema de saúde. A água era poluída demais para se beber, fazendo da cerveja a bebida preferida. Em seu ensaio na *New Yorker*, "Java Man", Malcolm Gladwell dá esta explicação: "Até o século 18, é preciso lembrar, muitos ocidentais bebiam cerveja quase continuamente, mesmo começando seu dia com algo chamado 'sopa de cerveja'. Agora começam cada dia com uma xícara de café forte. Uma forma de explicar a Revolução Industrial é considerá-la a consequência inevitável de um mundo onde as pessoas subitamente preferiram estar agitadas a estar bêbadas".[43]

Mas igualmente importante para o Iluminismo foi o café como um centro de partilha de informações. Esses estabelecimentos novos atraíam gente de todas as posições sociais. Subitamente a plebe podia se divertir junto com os nobres, o que permitiu que todo tipo de ideias novas começasse a se encontrar e misturar e, nas palavras de Matt Ridley, "fazer sexo". Em seu livro *London coffee houses*, Bryant Lillywhite dá esta explicação:

> Os cafés de Londres forneciam um local de encontro onde, por uma taxa de admissão de um *penny*, qualquer homem razoavelmente trajado podia fumar seu longo cachimbo de barro, bebericar uma xícara de café, ler os panfletos informativos do dia ou travar conversa com outros fregueses. No período em que o jornalismo estava engatinhando e o sistema postal era desorganizado e irregular, o café servia de centro de comunicação de notícias e informações. [...] Naturalmente, essa disseminação de notícias levava à disseminação de ideias, e o café servia de fórum para sua discussão.[44]

Mas pesquisadores nos últimos anos reconheceram que o fenômeno do café é apenas um reflexo do que ocorre dentro das cidades. Dois terços de todo crescimento ocorre nas cidades porque, com sua densidade populacional elevada, os nossos espaços urbanos são perfeitos laboratórios da inovação. A metrópole moderna está apinhada de gente. As pessoas estão vivendo umas sobre as outras, e suas ideias também. Desse modo, ideias topam com

O BILHÃO ASCENDENTE

palpites, que topam com comentários inesperados, que topam com teorias concretas, que topam com a loucura absoluta, e o resultado prepara o terreno à frente. E quanto mais complicada, poliglota, multicultural e diversificada for uma cidade, maior sua produção de ideias novas.[45] "O que aciona o motor da inovação de uma cidade então – e assim seu motor da riqueza – é sua profusão de diferenças", diz Stewart Brand. De fato, o físico Geoffrey West, do Instituto Santa Fé, descobriu que, quando a população de uma cidade dobra, ocorre um aumento de 15% em sua renda, riqueza e inovação.[46] (Ele mediu a inovação contando o número de patentes novas.)

Mas assim como o café se assemelha apenas parcialmente à cidade, a cidade se assemelha parcialmente à World Wide Web. A rede está permitindo que nos transformemos em uma metainteligência gigante e coletiva. E essa metainteligência continua crescendo à medida que cada vez mais pessoas se conectam à rede. Pense nisto por um momento: até 2020, cerca de 3 bilhões de pessoas serão acrescentadas à comunidade da internet.[47] São 3 bilhões de mentes novas na iminência de aderir ao cérebro global. O mundo ganhará acesso a inteligência, sabedoria, criatividade, visão e experiências que até recentemente estavam permanentemente fora de alcance.

As vantagens dessa onda são imensuráveis. Nunca antes na história o mercado global alcançou tantos consumidores e forneceu acesso a tantos produtores. As oportunidades de pensamento colaborativo também estão crescendo exponencialmente e, como o progresso é cumulativo, as inovações resultantes irão crescer exponencialmente também. Pela primeira vez na história, o bilhão ascendente terá o poder notável de identificar, conceber e implementar suas próprias soluções para a abundância. E graças à rede, essas soluções não permanecerão restritas ao mundo em desenvolvimento.

Talvez mais importante, o mundo em desenvolvimento é a incubadora perfeita para as tecnologias que são as chaves para o crescimento sustentável. "De fato", escreve Stuart Hart, "tecnologias novas – incluindo energia renovável, geração distribuída, biomateriais, purificação da água no local de consumo, tecnologias da informação sem fio, agricultura sustentável e nanotecnologia – poderiam conter as chaves para enfrentarmos os desafios ambientais do topo à base da pirâmide econômica."[48]

Mas ele acrescenta: "Como as tecnologias verdes costumam ter um caráter 'perturbador' (ou seja, elas ameaçam os beneficiários dos mercados existentes), o BoP talvez seja o segmento socioeconômico mais apropriado para concentrar a atenção da comercialização inicial. [...] Se tal estratégia fosse amplamente adotada, as economias em desenvolvimento do mundo se tornariam os locais de incubação dos setores e empresas sustentáveis do futuro, e os benefícios – tanto econômicos como ambientais –iriam depois 'subindo' até os abastados do topo da pirâmide".

Desse modo, esse influxo de intelecto do bilhão ascendente poderá se revelar a redenção de todo o planeta. Por favor, não obstruam o processo.

Desmaterialização e desmonetização

Voltemos portanto ao ponto de partida: One Planet Living. Jay Witherspoon explicou que se todos na Terra quiserem viver como um norte-americano, precisaremos de recursos correspondentes a cinco planetas – mas será que isso ainda é verdade? Bill Joy, o cofundador da Sun Microsystems que se tornou capitalista de risco, observa que uma das vantagens da tecnologia contemporânea é a "desmaterialização", que ele descreve como um dos benefícios da miniaturização: uma redução radical do tamanho de muitos produtos que usamos em nossas vidas.[49] "Neste momento", diz Joy, "estamos obcecados em ter muito de tudo: milhares de amigos, casas de férias, carros, toda essa parafernália. Mas estamos vendo também o alto da onda da desmaterialização, como quando um telefone celular desmaterializa uma câmera. Ela simplesmente desaparece."

Considerem-se todos os bens de consumo e serviços agora disponíveis no *smartphone* comum: câmeras, rádios, televisões, navegadores da internet, estúdios de gravação, softwares de edição, cinemas, navegadores GPS, processadores de textos, planilhas eletrônicas, aparelhos de som, lanternas, tabuleiros de jogos, jogos de cartas, videogames, uma série de dispositivos médicos, mapas, atlas, enciclopédias, dicionários, tradutores, livros-textos, educação de primeira (mais sobre isso no capítulo 14) e o bufê crescente conhecido como loja de aplicativos. Dez anos atrás, a maioria desses produtos e serviços estava

O BILHÃO ASCENDENTE

disponível somente no mundo desenvolvido. Agora quase todo mundo pode tê-los. Quantos produtos e serviços? No verão de 2011, as lojas Android e Apple App ofereciam 250 mil e 425 mil aplicativos, respectivamente, com um número estonteante de 20 bilhões de downloads combinados.[50]

Além disso, todos esses produtos e serviços agora desmaterializados costumavam consumir muitos recursos naturais para serem produzidos, além de exigirem um sistema físico de distribuição para serem dispersados e um quadro de profissionais bem treinados para que tudo funcionasse a contento. Nenhum desses elementos permanece em cena. E a lista desses itens não precisa mais continuar crescendo. Quando se leva em conta também que a robótica e IA logo estarão substituindo bens materiais como o automóvel (pense em ter acesso compartilhado, ao carro-robô de sua preferência, na hora em que precisa), o potencial de crescimento sustentável dos padrões de vida torna-se bem mais aparente. "Antigamente você era considerado saudável e rico se fosse gordo", diz Joy. "Agora não mais. Assim agora achamos que é saudável e sinal de riqueza possuir uma montanha de coisas. Mas e se na verdade for o contrário? E se ser saudável e rico significa que você não precisa de todas essas coisas porque, em vez delas, possui esses dispositivos realmente simples, de baixa manutenção, que concentram tudo de que você tem necessidade?"

Além disso, por grande parte do século 20, sair da pobreza exigia ter um emprego que – de uma forma ou de outra – dependia desses mesmos recursos naturais. Mas as grandes mercadorias atuais não são objetos físicos, são ideias. Os economistas usam os termos "bens rivais" e "bens não rivais" para explicar a diferença. "Imagine-se uma casa sendo construída", diz o economista de Stanford, Paul Romer. "O terreno onde se situa, o capital em forma de uma fita métrica e o capital humano do carpinteiro são todos bens rivais. Podem ser usados para construir a casa, mas não podem ser compartilhados. Compare-se isso com o teorema de Pitágoras, usado implicitamente pelo carpinteiro ao construir um triângulo com lados na proporção de três, quatro e cinco. A ideia é não rival: todos os carpinteiros do mundo podem usá-la ao mesmo tempo para criar um ângulo reto."[51]

Atualmente a categoria de emprego que mais cresce é a do "trabalhador do conhecimento". Como o conhecimento é não rival, a maioria dos empregos no futuro produzirá bens não rivais, eliminando assim outra limitação à

188 AS FORÇAS DA ABUNDÂNCIA

abundância ao permitir que o bilhão ascendente ganhe a vida sem precisar consumir nossa fonte em constante redução de recursos naturais. E essa tendência, como explica Stuart Hart, continuará à medida que avançarmos:

> A bio e nanotecnologia criam produtos e serviços no nível molecular, com o potencial de eliminar por completo o desperdício e a poluição. A biomimética imita os processos da natureza a fim de criar produtos e serviços novos, sem depender da força bruta para extrair produtos de grandes estoques de matérias-primas virgens. A tecnologia da informação sem fio e a energia renovável são de natureza distribuída, significando que podem ser aplicadas aos menores e mais remotos ambientes imagináveis, eliminando a necessidade de infraestrutura centralizada e distribuição por fios, ambas ambientalmente destrutivas. Tais tecnologias portanto têm o potencial de satisfazer as necessidades de bilhões de pobres rurais (até agora em grande parte ignorados pelos negócios globais) de um modo que reduz substancialmente o impacto ambiental.[52]

Além da desmaterialização, também devemos levar em conta a desmonetização, exemplificada pelos aviões teleguiados de Chris Anderson. Nos últimos dez anos, essa força remodelou continuamente os mercados ao redor do globo. O eBay desmonetizou as transações, levando as lojas locais a fecharem as portas, mas aumentando a disponibilidade de produtos e, ao mesmo tempo, reduzindo seu preço. Depois existe o site Craigslist, que desmonetizou os anúncios classificados, retirando 99% dos lucros dos jornais e devolvendo-os aos bolsos dos consumidores.[53] Ou o iTunes, que acabou com as lojas de CDs e deu liberdade aos audiófilos. E a lista de exemplos semelhantes se estende. Ainda que a perda de empregos em curto prazo seja o resultado inevitável e muitas vezes doloroso da desmonetização e desmaterialização, o benefício a longo prazo é inegável: produtos e serviços antes reservados à minoria rica estão agora disponíveis a todos munidos de um *smartphone* – entre os quais felizmente se inclui o bilhão ascendente.

É aqui, portanto, com a ascensão do bilhão ascendente que concluímos a parte 4 deste livro. Continuaremos subindo pela pirâmide na parte 5, para na parte 6 retornarmos a uma de nossas premissas básicas: essa transformação não é inevitável. Para atingirmos a abundância precisamos acelerar a taxa de inovação, aumentar a colaboração global e – talvez mais importante – expandir nossas ideias sobre o que é possível ser feito. Mas primeiro, nosso mundo da abundância precisará de um monte de energia. Portanto, vejamos como podemos dotar nosso planeta de energia nas décadas vindouras.

PARTE CINCO

PICO DA PIRÂMIDE

CAPÍTULO 13
ENERGIA

Pobreza energética

Os arqueólogos divergem sobre quando a humanidade dominou pela primeira vez o fogo.[1] Alguns acreditam que foi apenas 125 mil anos atrás. Outros apontam para indícios remontando a uns 790 mil anos atrás. De qualquer modo, uma vez que nossos ancestrais aprenderam os benefícios de esfregar dois pauzinhos, nunca mais olharam para trás. O fogo proporcionou uma fonte confiável de calor e luz e alterou para sempre a nossa história. Infelizmente, para cerca de uma dentre cada três pessoas hoje vivas, pouquíssimo mudou nos últimos 100 mil anos.

As Nações Unidas estimam que 1 bilhão e meio de pessoas vivam sem eletricidade[2] e 3 bilhões e meio ainda dependam de combustíveis primitivos como madeira ou carvão para cozinhar e se aquecer.[3] Na África Subsaariana, as cifras são ainda maiores, com mais de 70% da população vivendo sem acesso à eletricidade.[4] Esse gargalo traz consigo uma série de consequências. A energia é possivelmente a mais importante base da abundância. Com energia suficiente, solucionamos o problema da escassez de água, o que também ajuda a atacar a maioria dos nossos atuais problemas de saúde. A energia também traz luz, facilitando a educação, o que, por sua vez, reduz a pobreza.

As interdependências são tão profundas que o Programa de Desenvolvimento das Nações Unidas alertou que nenhuma das Metas de Desenvolvimento do Milênio que visam reduzir à metade a pobreza poderá ser atingida sem grandes melhorias nos serviços de energia dos países em desenvolvimento.[5]

Segundo Mercy Njima, uma estudante de doutorado do Quênia, cerca de 85% de sua nação ainda sofre de pobreza energética.[6] Mercy passou o verão de 2010 na Universidade da Singularidade, onde me pintou um quadro dos problemas complexos que observou em sua juventude:

> Imagine ter que depender de queimar lenha, esterco ou refugo das colheitas para cozinhar, sofrendo os efeitos de fumaças tóxicas potencialmente fatais emitidas por esse combustível. Imagine estar desesperadamente doente e ser rejeitado por uma clínica porque falta eletricidade e ela não consegue oferecer sequer o tratamento mais simples. Imagine seus amigos vivendo sob a sombra de doenças ameaçadoras porque não há vacinas vitais, por falta de refrigeração. Imagine que você ou sua parceira esteja grávida, entra em trabalho de parto à noite e não dispõe de luz, analgésicos ou um meio de salvar a si ou ao bebê em caso de complicações.

Mercy se descreve como parte da nova "geração guepardo" de africanos, líderes ágeis e empreendedores que se esforçam para livrar o continente das garras da pobreza, corrupção e má governança – três problemas que ela acredita poderiam ser significativamente mudados com mais acesso à energia. "Imagine as mulheres e crianças que passam horas a cada dia procurando recursos energéticos cada vez mais escassos. Elas correm o risco de ser atacadas por animais selvagens e às vezes de estupro. E uma vez que começam a queimar biomassa, a fumaça cáustica causa graves doenças dos pulmões e transformam as cozinhas em armadilhas mortais. As crianças e suas mães correm o maior risco, sufocando, tendo ânsia de vômito e ofegando. Mais pessoas morrem da inalação de fumaça do que de malária. A poluição do ar em recintos fechados está associada a doenças respiratórias como pneumonia, bronquite e câncer do pulmão. Mulheres e crianças que passam longos períodos a cada dia ao redor de fogueiras tradicionais inalam o equivalente a dois maços de cigarros por dia."

ENERGIA

Ela também observa que, como as crianças precisam ajudar a coletar combustível durante o horário escolar, o tempo dedicado à sua educação é fortemente reduzido. O problema aumenta à noite, quando os alunos precisam fazer o dever de casa, mas falta luz para estudar. O querosene pode ajudar, mas é mais caro e perigoso. Além disso, segundo Mercy, os professores não querem trabalhar em comunidades sem luz e mal equipadas. Mas as consequências da pobreza energética se estendem além dos lares e escolas. "A falta de energia também dificulta a abertura de pequenos negócios", ela explica. "Essa escassez afeta cada aspecto da vida queniana, e se repete pelo continente. Essa é a dura realidade da maioria dos africanos que vivem na pobreza energética."

Mas essa não precisa ser uma realidade permanente, sustenta Emem Andrews, ex-gerente de programas sênior da Shell Nigeria e agora uma empresária de energia do Vale do Silício. "Sem dúvida", ela diz, "a África poderia alcançar a independência energética. A Nigéria sozinha possui petróleo para o continente inteiro. Ultimamente, porém, a maior oportunidade é o sol, por ser descentralizado, plenamente democrático e estar disponível para todos. A África é dotada de desertos subutilizados e se situa em latitudes com altos níveis de insolação. A luz é abundante e essencialmente grátis. Só nos falta tecnologia para acessá-la."[7]

De acordo com a Trans-Mediterranean Renewable Energy Cooperation (Cooperação Transmediterrânea para a Energia Renovável), uma rede internacional de cientistas e especialistas fundada pelo Clube de Roma, a energia solar que atinge um quilômetro quadrado dos desertos africanos é suficiente para produzir o equivalente a 1,5 milhão de barris de petróleo ou 300 mil toneladas de carvão.[8] O Centro Aeroespacial Alemão estima que a energia solar nos desertos do norte da África é suficiente para suprir quarenta vezes a demanda mundial atual de eletricidade.[9] Além disso, David Wheeler, um pesquisador do Center for Global Development, descobriu que a África possui nove vezes o potencial solar da Europa e um equivalente anual a 100 milhões de toneladas de petróleo.[10] Quando combinado com seus vastos recursos de vento, geotérmicos e hidrelétricos, o continente possui energia suficiente para suprir suas próprias necessidades *e* exportar o excedente para a Europa. Talvez a maior vantagem da África na exploração desse vasto potencial de energia renovável esteja no fato paradoxal de que atualmente não existe uma infraestrutura energética.

Assim como a falta de linhas telefônicas fixas propiciou o desenvolvimento explosivo dos sistemas sem fio, a falta de usinas elétricas a carvão ou petróleo grandes e centralizadas poderia abrir o caminho para arquiteturas de geração de energia renovável descentralizadas. Embora adotados inicialmente pelos mais ricos, basicamente em nações do primeiro mundo, que provavelmente financiarão e desenvolverão essas tecnologias (o ideal é que seja em colaboração criativa com o bilhão ascendente), depois que chegarem à África tais sistemas terão uma vantagem imediata em relação às opções existentes. Muitos esquecem que transportar e proteger querosene e geradores para locais remotos custa caro.[11] Na maioria dos lugares, isso eleva o custo da eletricidade para 35 *cents* por quilowatt-hora. Assim mesmo atualmente, com as opções existentes de energia solar a 20 *cents* o quilowatt-hora[12] (e incluindo o custo das baterias necessárias para a armazenagem), a energia solar totalizaria uns 25 *cents* por quilowatt-hora – uma economia de 30% em relação às tecnologias existentes.

E as tecnologias solares existentes estão longe de ser o fim da história.

Um futuro brilhante

Como muitos que sobreviveram ao estouro da bolha das empresas "ponto com", Andrew Beebe retirou-se na hora certa.[13] Em 2002 ele vendeu sua empresa na internet, a Bigstep, e foi em busca de cenários mais verdes. Inspirado pelas ideias do físico visionário Freeman Dyson sobre "fotossíntese artificial", Beebe buscou esses cenários no campo da energia renovável. Inicialmente se juntou a Bill Gross, CEO da Idealab, para lançar a Energy Innovations (EI), uma empresa fotovoltaica de alta concentração. Logo a empresa se dividiu em duas, Beebe ficando com a parte de instalação de sistemas do empreendimento, a EI Solutions. Nos anos seguintes, transformou a EI Solutions em uma empresa de US$ 25 milhões, instalando painéis fotovoltaicos nas sedes de grandes empresas como a Google, Sony e Disney, depois vendendo a operação para a Suntech, maior fabricante de fotovoltaica mundial. Foi gerente

ENERGIA

de produtos globais ali, depois assumiu as vendas e marketing globais – cargo que ocupa até hoje. Como a pessoa incumbida de vender a maioria dos painéis fotovoltaicos no mundo, Beebe está familiarizado com a evolução da energia solar. Segundo ele, esse mercado é forte.

> O mercado da energia solar está indo de vento em popa. A produção e instalação de painéis fotovoltaicos cresceu entre 45% e 50% ao ano na última década. Um crescimento épico, já que o resto do mercado global de energia está crescendo apenas 1% ao ano. Em 2002, quando ingressei no setor, a capacidade total vendida estava em torno de 10 megawatts ao ano. Este ano, será provavelmente de 18 gigawatts. Um aumento de quase 2 mil vezes em menos de uma década. Ao mesmo tempo, o custo está despencando. Quatro anos atrás, quando eu estava comprando painéis solares para a Google, era de US$ 3,20 por watt usando tecnologia extremamente madura. Hoje o preço médio global por watt instalado está abaixo de US$ 1,30. Fico ao telefone noite e dia tentando obter reduções de preço ainda mais radicais. É estranho estar num negócio onde uma das metas principais é achar um meio de vender nosso produto por menos dinheiro, mas é exatamente o que vem ocorrendo.

E ainda não dá para ver o fundo do poço. Nos últimos trinta anos, os dados mostram que, para cada duplicação cumulativa da produção global de células fotovoltaicas, os custos caíram 20%. Essa é outra dessas curvas exponenciais de desempenho de preço, agora conhecida como Lei de Swanson (em referência a Dick Swanson, um dos fundadores da SunPower).[14] De acordo com Swanson, a redução do custo é essencialmente uma curva do aprendizado para técnicas de fabricação e eficiências de produção.

"O silício cristalino caro tem sido o maior custo no painel", ele diz, "e temos produzido pastilhas cada vez mais finas. Usamos metade da quantidade de silício para produzir um watt de energia do que usávamos cinco anos atrás." Reduzir o custo das pastilhas de silício outras dez vezes é a missão da 1366 Technologies, uma empresa de energia solar recém-criada pelo professor de engenharia mecânica do MIT Emanuel Sachs.[15] (O nome da empresa faz referência ao número médio de watts de energia solar que atingem cada metro quadrado da Terra anualmente.) Tendo descoberto um meio de produzir pastilhas finas de silício sem primeiro precisar cortá-las de blocos sólidos do elemento, a 1366 reduz substancialmente a parte mais cara de qualquer sistema fotovoltaico.

Esse tipo de descoberta não deveria surpreender ninguém. O mercado potencial e os benefícios para a humanidade da energia solar são tão vastos que reduzir o custo das células fotovoltaicas, facilitar a instalação e aumentar a produção global são os objetivos de centenas, se não milhares, de empresários, grandes empresas e laboratórios universitários. Nos Estados Unidos, o número de patentes de tecnologia limpa atingiu um recorde de 379 durante o primeiro trimestre de 2010,[16] enquanto o número de patentes ligadas à energia solar quase triplicou, entre meados de 2008 e o início de 2010.

Desde essa época, o ritmo das descobertas não parou de acelerar. Cientistas da IBM recentemente anunciaram que descobriram um meio de substituir caros elementos de terras raras, como o índio e gálio, por elementos menos caros como cobre, estanho, zinco, enxofre e selênio.[17] Engenheiros do MIT, nesse ínterim, usando nanotubos de carbono para concentrar energia solar, produziram painéis fotovoltaicos cem vezes mais eficientes que os modelos tradicionais.[18] "Em vez de precisar transformar todo seu telhado numa célula fotovoltaica", diz o dr. Michael Strano, líder da equipe de pesquisa, "você poderia ter pontos fotovoltaicos minúsculos com antenas que atrairiam os fótons."

Mas para que painéis em telhados? A empresa New Energy Technologies de Maryland descobriu um meio de transformar janelas normais em painéis fotovoltaicos.[19] Sua tecnologia usa as menores células solares orgânicas do mundo que, ao contrário dos sistemas convencionais, conseguem gerar eletricidade de fontes de luz naturais e artificiais, superando em até dez vezes as atuais tecnologias comerciais solares e de película magnética.

Todo esse trabalho poderia em breve ser eclipsado por avanços ainda mais revolucionários. Na Universidade de Michigan, o físico Stephen Rand recentemente descobriu que a luz, viajando na intensidade certa por materiais não condutores como vidro, pode criar campos magnéticos 100 milhões de vezes mais fortes do que se julgava possível.[20] "Você poderia examinar as equações do movimento o dia inteiro e não enxergar essa possibilidade", diz Rand. "Todos nós aprendemos que isso não é possível." Mas nesses experi-

ENERGIA

mentos, os campos são suficientemente fortes para permitir a extração de energia. O resultado seria um meio de produzir painéis fotovoltaicos sem usar semicondutores, reduzindo substancialmente o seu custo.

Beebe, porém, não crê que esses tipos de avanços radicais sejam necessários. "Estou satisfeito com a trajetória de planeio em que estamos", ele diz. "A Itália e os Estados Unidos alcançarão a paridade de rede [o ponto em que a energia renovável se torna tão barata como as fontes tradicionais] em dois e cinco anos, respectivamente. Na Califórnia, atualmente, os proprietários de casas capazes de conseguir crédito podem instalar células fotovoltaicas solares sem nenhum pagamento imediato e pagar menos pela energia solar no primeiro mês do que no mês anterior, adquirindo energia da rede. Claro que isso funciona devido a um incentivo fiscal de 30% na Califórnia,[21] mas assim que os custos da energia solar caírem mais 30%, o que deve ocorrer nos próximos quatro anos, o incentivo fiscal será desnecessário. Uma vez que a energia solar atinja a paridade de rede sem subsídios, nada a deterá. Quando você chega de avião ao Aeroporto Internacional de Los Angeles, vê quilômetros de tetos planos embaixo. Por que não possuem painéis solares? Mais à frente, com a paridade de rede, essas construções estarão cobertas por esses painéis."

Tornar a energia solar suficientemente barata para cobrir os telhados do país e competir com o carvão também é a meta da Iniciativa SunShot recentemente anunciada pelo secretário da Energia norte-americano, Stephen Chu, uma iniciativa ambiciosa inspirada no discurso *"moonshot"* (missão lunar) do presidente John F. Kennedy em 1961, quando desafiou a nação a levar um homem à Lua antes do final da década. O objetivo da SunShot é incentivar a inovação norte-americana e reduzir o custo total dos sistemas de energia solar em mais 75% até 2020.[22] Essa redução traria os custos para cerca de um dólar por watt, ou seis *cents* por quilowatt-hora – um preço capaz de derrotar até o carvão.

Além da energia solar, também a energia eólica está se aproximando da paridade de rede.[23] De acordo com um relatório de 2001 da *Bloomberg New Energy Finance*, em partes do Brasil, do México, da Suécia e dos Estados Unidos, o custo da energia eólica em terra caiu para US$ 68 por megawatt, enquanto o carvão nessas mesmas regiões custa uns US$ 67 por megawatt.

A demanda vem crescendo também. Entre 2009 e 2010, a Vestas, uma das maiores empresas de energia eólica do mundo, registrou um aumento de 182% dos pedidos.[24] Em 2011, as instalações de turbinas no mundo inteiro aumentaram 20%, e as projeções são de que dobrarão até 2015.

No entanto, apesar desses ganhos consideráveis, outras formas de inovação energética são também necessárias. O sol e os ventos são fontes de eletricidade, mas representam apenas 40% das necessidades energéticas dos Estados Unidos. O restante se divide entre transportes (29%) e calefação/refrigeração de casas e escritórios (31%). Do combustível usado para transporte, 95% derivam do petróleo, enquanto os prédios dependem de petróleo e gás natural. Para não dependerem mais do petróleo, os EUA terão de substituir esses 60% restantes. Muitos acreditam que não será fácil. "As indústrias do petróleo e gás estão muito bem capitalizadas e na defensiva", diz Beebe. "A questão é: como mudar esse quadro? Essas indústrias não querem parar de funcionar, e possuem dinheiro suficiente para perdurarem por muito tempo."

Vida sintética como salvação

Mas e se a mudança viesse desses mesmos gigantes do petróleo na defensiva? Em 2010, Emil Jacobs, vice-presidente de pesquisa e desenvolvimento da ExxonMobil, anunciou um compromisso sem precedentes de US$ 600 milhões para desenvolver uma nova geração de biocombustíveis.[25] Claro que a geração mais velha de biocombustíveis, basicamente o etanol derivado do milho, foi um desastre.[26] Esses combustíveis causaram enormes danos ambientais e substituíram milhões de hectares de culturas agrícolas, contribuindo para a disparada dos preços dos alimentos. Mas o biocombustível da Exxon não se baseia em culturas agrícolas, nem requer tanta terra como a primeira geração da tecnologia. Em vez disso, a Exxon planeja cultivar seu biocombustível a partir de algas.

O Departamento de Energia norte-americano diz que as algas podem produzir 30 vezes mais energia por área cultivada do que os biocombustíveis convencionais.[27] Além disso, como a escuma de algas cresce em quase qualquer espaço fechado, vem sendo agora testada em diversas grandes

ENERGIA

centrais elétricas como um absorvedor de dióxido de carbono.[28] Chaminés desembocam em piscinas cujas algas consomem o CO_2. Uma possibilidade maravilhosa, mas para torná-la mais real, a Exxon entrou em parceria com o prodígio da biologia, Craig Venter, e sua empresa mais recente, a Synthetic Genomics Inc. (SGI).[29]

Para estudarem métodos de cultivo de algas e técnicas de extração de petróleo, a Exxon e a SGI construíram uma nova instalação de testes em San Diego. Venter denomina-a um "centro de reabilitação de algas". Numa tarde ensolarada de fevereiro de 2011, fiz uma visita ao local. De fora, parece uma estufa *high-tech*: painéis de plástico claros, escoras brancas e um conjunto de portas de vedação. Ao transpormos uma dessas portas, Paul Roessler, que encabeça o projeto, explica os fundamentos: "O nosso biocombustível tem três exigências: luz solar, CO_2 e água marinha. O motivo de usarmos água marinha é que não queremos competir por terras agrícolas ou água agrícola. O CO_2 é o problema maior. Por isso o sequestro de CO_2 seria ótimo: enquanto reduz o aquecimento global, fornece uma fonte concentrada".[30]

Transpomos outra porta e adentramos a sala principal, uma área do tamanho de um campo de futebol sem nenhuma decoração exceto meia dúzia de tanques de algas verdes e um grande cartaz da "Vida de uma Célula" na parede. Roessler aponta para o cartaz: "Não sei quanto você lembra da escola, mas a fotossíntese é como as plantas convertem energia luminosa em energia química. Durante o dia, as plantas usam a luz solar para decompor água em hidrogênio e oxigênio, depois combiná-lo com dióxido de carbono e transformar o resultado num combustível de hidrocarboneto chamado 'bio-óleo', que costumam usar à noite para reparo. Nosso objetivo é produzir em massa, de forma confiável, esses bio-óleos".

Venter, que se juntou à nossa visita, entra na conversa. "Paul está sendo modesto, ele na verdade encontrou um meio de fazer com que as algas voluntariamente segreguem seus lipídios coletados, transformando-os em plantas microfabricantes." Roessler prossegue a explicação: "Em teoria, uma vez aperfeiçoado, poderíamos operar esse processo continuamente, e simplesmente coletar o óleo. As células não param de produzi-lo. Assim você não precisa coletar todas as células. Basta recolher os óleos que excretam."

A eficiência é enorme. "Em comparação com os biocombustíveis convencionais", diz Venter, "o milho produz 18 galões por acre por ano e o óleo de palma cerca de 625 galões por acre por ano. Com essas algas modificadas, nossa meta é chegar a 10 mil galões por acre por ano, e fazer com que o processo funcione solidamente, no nível de uma instalação com 5,2 quilômetros quadrados."

Para entender quão ambiciosas são as metas de Venter, façamos as contas: 5,2 quilômetros quadrados são 1.280 acres. A 10 mil galões de combustível por acre, são 12,8 milhões de galões de combustível por ano. Usando a média atual de 40 quilômetros por galão e 19,3 mil quilômetros percorridos por ano,[31] 5,2 quilômetros quadrados de fazendas de algas produzem combustível suficiente para acionar 26 mil carros. Então quantos acres seriam necessários para acionar toda a frota norte-americana? Com cerca de 250 milhões de automóveis nos Estados Unidos hoje, isso se traduz em uns 48,6 mil quilômetros quadrados, ou cerca de 0,49% da área terrestre dos Estados Unidos (ou cerca de 17% de Nevada). Nada mal. Imagine-se o que pode acontecer quando os carros começarem a percorrer 160 quilômetros com um galão ou quando mais cidadãos optarem para carros elétricos.

Ainda que a SGI não alcance o objetivo, a Exxon não é o único participante da corrida. A empresa energética LS9 da Área da Baía de San Francisco entrou em parceria com a Chevron (e a Procter & Gamble) para desenvolverem seu novo biocombustível,[32] enquanto não longe dali, em Emeryville, Califórnia, a Amyris Biotechnologies fez o mesmo com a Shell.[33] A Boeing Company e Air New Zealand estão começando a desenvolver um combustível para jatos derivado de algas,[34] e outras empresas foram ainda mais longe. A Virgin Airlines já está usando uma mistura parcial de biocombustíveis (coco e óleo de babaçu) para fazer os 747s voarem,[35] e em julho de 2010 a Solazyme, de San Francisco, entregou 1.500 galões de biocombustíveis derivados de algas à Marinha norte-americana, obtendo assim um contrato para outros 150 mil galões.[36] Nesse ínterim, o Departamento de Energia norte-americano está financiando três diferentes institutos de biocombustíveis,[37] e a Clean Edge, que acompanha o crescimento dos mercados de energia renovável, informa em seu décimo panorama anual do setor que a produção global e os preços no atacado dos

ENERGIA

biocombustíveis alcançaram US$ 56,4 bilhões em 2010 – com uma projeção de crescimento para US$ 112,8 bilhões até 2020.[38]

Sem dúvida, o interesse por combustíveis neutros em carbono e de baixo custo chegou ao máximo, mas alguns problemas persistem. Nenhuma das empresas mencionadas (ou algum dos concorrentes não mencionados) descobriu como dar escala a essa tecnologia. Para realmente atender às nossas necessidades, diz o secretário Chu, a produção precisa aumentar 1 milhão de vezes, talvez até 10 milhões de vezes, embora ele também observe que os mesmos cientistas que trabalham em biocombustíveis já conseguiram aumentar a escala de produtos como os medicamentos antimalária.[39] "Portanto é uma possibilidade", ele diz, "e com a qualidade dos cientistas envolvidos, talvez – gostaria de acreditar – seja altamente provável."

Mas o Departamento de Energia não está apostando apenas nos biocombustíveis para satisfazer essa necessidade. O órgão também está interessado na fotossíntese artificial. A Iniciativa SunShot de Chu agora financiou o Joint Center for Artificial Photosynthesis (Centro Conjunto para a Fotossíntese Artificial), um projeto multi-instituições liderado pelo Caltech de Berkeley e pelo Lawrence Livermore National Laboratory.[40] A meta desse centro conjunto é desenvolver absorventes de luz, catalisadores, ligadores moleculares e membranas de separação, ou seja, os componentes necessários para a falsa fotossíntese. "Estamos projetando um processo de fotossíntese artificial", diz o dr. Harry Atwater, diretor do Centro de Pesquisas de Energia Sustentável do Caltech e um dos principais cientistas do projeto. "Com 'artificial' quero dizer que não há nenhum componente vivo ou orgânico em todo o sistema. Estamos basicamente transformando luz solar, água e CO_2 em combustíveis armazenáveis e transportáveis – que chamamos de 'combustíveis solares' – para atender aos outros dois terços de nossa necessidade de consumo de energia não atendidos pelas células fotovoltaicas normais."[41]

Não apenas esses combustíveis solares serão capazes de acionar nossos carros e aquecer nossos prédios, como Atwater acredita que conseguirá aumentar a eficiência da fotossíntese em dez vezes, talvez cem vezes – significando que os combustíveis solares poderiam substituir completamente os combustíveis fósseis. "Estamos nos aproximando de um ponto de virada crítico", ele diz. "É bem provável que, daqui a trinta anos, as pessoas estejam dizendo umas à outras: 'Meu Deus, por que queimávamos hidrocarbonetos para criar calor e energia?'"

O Santo Graal da armazenagem

Além de sua densidade energética e disponibilidade, outra razão por que dependemos tão fortemente dos hidrocarbonetos é sua facilidade de armazenagem. O carvão fica numa pilha, o petróleo, num tambor. Mas a energia solar só funciona quando o sol brilha, e a eólica, quando venta. Esses limites permanecem o maior impasse para a adoção generalizada das fontes renováveis. Enquanto não puderem nos suprir durante 24 horas por dia, sete dias por semana, as energias solar e eólica não cobrirão uma parte substancial de nossas necessidades.[42] Décadas atrás, Buckminster Fuller propôs uma rede de energia global capaz de levar a energia coletada no lado ensolarado de nosso planeta para o lado escuro.[43] Mas a maioria das pessoas tem esperança na criação de grandes quantidades de armazenagem local, no nível da rede, capaz de "firmar" a energia, ou seja, coletar a energia durante o dia e liberá-la à noite. Esse então se tornou o Santo Graal do movimento da energia verde.

Em última análise, não importa quão barata a energia solar se torne, se não pudermos armazená-la, e a armazenagem nessa escala jamais foi conseguida antes. A armazenagem no nível da rede requer baterias colossais. As atuais baterias de íons de lítio são tristemente inadequadas.[44] Sua capacidade de armazenagem teria de aumentar de dez a vinte vezes e essas baterias – se realmente quisermos que sejam escalonáveis – precisam ser produzidas com elementos abundantes na Terra. Senão estaremos simplesmente trocando uma economia baseada na importação de petróleo por outra baseada na importação de lítio.

Felizmente, progresso vem sendo feito. Recentemente, o mercado de armazenagem no nível da rede melhorou a ponto de atrair o interesse de capitalistas de risco. O principal é a Kleiner Perkins Caufield & Byers (KPCB).[45] Com mais de 425 investimentos, que incluem AOL, Amazon, Sun, Electronic Arts, Genentech e Google, Kleiner tem o hábito de escolher vencedores. E como John Doerr, o sócio principal de Kleiner, tem paixão por meio am-

ENERGIA

biente e pelo combate ao aquecimento global, muitos desses vencedores têm sido do setor energético.

Durante o inverno de 2011, consegui falar com Bill Joy, que antes trabalhou na Sun Microsystems e agora é o principal parceiro da KPCB em energia verde, para me informar sobre o progresso na área da armazenagem.[46] Ele me contou sobre dois investimentos recentes que visam transformar o mercado. A Primus Power, o primeiro deles, produz baterias "de fluxo" recarregáveis, cujos eletrólitos fluem por uma pilha eletroquímica que converte energia química diretamente em eletricidade. Esses dispositivos já estão firmando energia eólica em um novo sistema de armazenagem de energia de US$ 47 milhões, 25 megawatts e 75 megawatts-hora em Modesto, Califórnia.[47]

A segunda aposta de Kleiner, a Aquion Energy, produz uma bateria seme-lhante aos modelos atuais de íons de lítio, mas com uma grande mudança.[48] Em vez de depender do lítio, um elemento raro e tóxico, sua bateria usa sódio e água, dois ingredientes baratos e abundantes, com a vantagem adi-cional de não serem letais nem inflamáveis. O resultado é uma bateria que libera energia uniformemente, não corrói, utiliza elementos abundantes na Terra e não apresenta riscos à saúde.

"Usando essas tecnologias", diz Joy, "creio que seremos capazes de arma-zenar e recuperar um quilowatt-hora por um custo total de um *cent*. Portanto posso passar o fluxo intermitente de energia eólica por meu sistema Aquion e firmá-lo por cerca de um *cent* a mais por quilowatt-hora. E tudo isso já está testado. Em poucos anos, você verá esses produtos no mercado. Afinal, não há razão para não termos energia renovável confiável no nível da rede.

O professor Donald Sadoway, do MIT, uma das maiores autoridades mun-diais em química do estado sólido, também se mostra otimista quanto ao fu-turo da armazenagem no nível da rede.[49] Com recursos da Advanced Projects Research Agency-Energy (ARPA-E) e de Bill Gates, ele desenvolveu e de-monstrou uma Bateria de Metal Líquido (BML)[50] originalmente inspirada pela alta densidade da corrente e escala enorme dos fundidores de alumínio. Dentro de uma BML, a temperatura é quente o suficiente para manter dois metais diferentes em estado líquido. Um é de alta densidade, como o antimô-nio, e afunda. O outro é de baixa densidade, como o magnésio, e sobe. Entre eles, um eletrólito de sal fundido ajuda na troca da carga elétrica. O resultado é uma bateria com correntes dez vezes maiores do que as baterias de ponta atuais e um *design* simples e barato que faz com que um quilowatt-hora plenamente instalado custe US$ 250 – menos de um décimo do custo das atuais baterias de íons de lítio. E o projeto de Sadoway é escalonável.

"Os atuais protótipos de BML em funcionamento têm o tamanho de um disco de hóquei sobre gelo e são capazes de armazenar 20 watts-hora", diz Sadoway, "mas unidades maiores já estão a caminho. Imagine um dispositivo do tamanho de um *freezer* capaz de armazenar 30 quilowatts-hora de energia, o suficiente para sua casa funcionar por um dia. Projetamos esses aparelhos para serem 'instalados e esquecidos', ou seja, funcionarem de quinze a vinte anos sem necessidade de intervenção humana. São baratos, silenciosos, não requerem manutenção, não produzem gases de estufa e são feitos de elementos abundantes na Terra." A US$ 250 por quilowatt-hora, uma unidade domiciliar custaria uns US$ 7.500. Distribuindo o custo por quinze anos e acrescentando o custo de capital e instalação, uma dessas baterias domésticas de metal líquido custaria menos de US$ 75 mensais.

Mas a verdadeira vantagem desses sistemas é a capacidade de aumentar a escala. Uma BML do tamanho de um contêiner de carga poderia suprir de energia um bairro inteiro. Uma do tamanho de um Hipermercado Wal-Mart poderia suprir uma cidade pequena. "Nos próximos dez anos, planejamos lançar a BML do tamanho de um contêiner de transporte, logo seguido pela unidade tamanho família", diz Sadoway. "Existe uma linha de visão clara para chegarmos lá, sem nenhum avanço milagroso."

Claro que, quando solucionarmos o problema da armazenagem, as energias solar e eólica terão um grande progresso. Assim, o que fazer com as usinas termelétricas a carvão sujas torna-se um problema. Também aqui Bill Joy tem uma ideia. "É difícil acreditar que as empresas energéticas tirariam de operação um ativo totalmente amortizado que está rendendo dinheiro todo dia. O que deveríamos fazer é mudar o modelo e transformar as usinas a carvão em *backups* de emergência. Poderíamos empregar 100% de energia renovável como nossa carga básica e só acionar as usinas a carvão quando a meteorologia disser que teremos um problema real. Simplesmente pagaríamos às concessionárias para mantê-las e acioná-las ocasionalmente, como você faria com seu gerador de emergência."

ENERGIA

Nathan Myhrvold e a quarta geração

Nathan Myhrvold aprecia um bom desafio, talvez mais do que a maioria das pessoas. Ingressou na faculdade aos 14 anos e concluiu seus estudos superiores – com três mestrados e um PhD pela Universidade de Princeton – aos 23. Na sequência, passou um ano com o físico Stephen Hawking, estudando cosmologia, para depois se tornar um paleontólogo mundialmente renomado, um fotógrafo premiado e um chefe de cozinha – tudo isso em seu tempo livre. Em sua vida profissional, Myhrvold foi o superintendente de tecnologia da Microsoft, aposentou-se com um montante que, como disse certa vez a *Fortune*, "chega à casa dos nove dígitos",[52] depois foi um dos fundadores da aceleradora de inovações Intellectual Ventures. Mas tudo aquilo foi apenas um aquecimento. "Para mim, o problema a ser resolvido neste século é como fornecer níveis norte-americanos de energia livre de carbono a todas as pessoas no mundo.", ele diz. "Um desafio energético colossal."

Myhrvold não está enganado. A civilização atual consome 16 terawatts de energia – a maior parte de fontes geradoras de CO_2.[53] Se levarmos a sério o combate à pobreza energética e a elevação dos padrões de vida globais, teremos de triplicar – talvez até quadruplicar – essa cifra nos próximos 25 anos. Ao mesmo tempo, se quisermos estabilizar a quantidade de CO_2 na atmosfera em 450 partes por milhão (a cifra consensual para evitar uma mudança climática drástica)[54], precisamos substituir 13 desses 16 terawatts por energia limpa. Em outros termos: a cada ano, os seres humanos despejam cerca de 26 bilhões de toneladas de CO_2 na atmosfera, ou cerca de cinco toneladas por cada pessoa no planeta.[55] Temos pouco mais de duas décadas para aproximar esse número de zero e, ao mesmo tempo, aumentar a produção de energia global para atender às necessidades do bilhão ascendente.[56]

Certamente muitos acreditam que a energia solar ganhará escala e sua armazenagem se concretizará, e satisfazer essas necessidades com energia renovável é totalmente factível.[57] Mas existem muitos outros, entre eles Myhrvold, que acreditam que a única outra opção é a energia nuclear. Na verdade, a crença geral nessa opção nunca foi tão grande.

Tanto o governo de George W. Bush[58] como o atual governo Obama[59] apoiam a proposta, bem como ambientalistas sérios como Stewart Brand,

James Lovelock e Bill McKibben.[60] Esse apoio esmagador a uma tecnologia antes desprezada está confundindo as pessoas, em grande parte porque estão baseando suas opiniões em fatos de quarenta anos atrás. "Quando a maioria das pessoas discute a energia nuclear", diz Tom Blees, autor de *Prescription for the planet: The painless remedy for our energy and environmental crises*, "estão discutindo sobre Three Mile Island e a tecnologia da década de 1970 – que foi quando a indústria nuclear norte-americana entrou em paralisia. Mas as pesquisas não pararam, apenas as construções novas. Estamos duas gerações à frente daquela tecnologia anterior, e as mudanças foram substanciais."[61]

Os cientistas exploram a energia nuclear por gerações. Os reatores da geração I foram construídos nas décadas de 1950 e 1960. A geração II refere-se a todos os reatores que fornecem energia nos Estados Unidos hoje. A geração III é bem mais barata e segura do que as versões anteriores, mas é a geração IV que explica o recente surto de apoio. O motivo é simples: essa tecnologia de quarta geração foi desenvolvida para solucionar todos os problemas por muito tempo associados à energia nuclear – segurança, custo, eficiência, lixo nuclear, escassez do urânio e até a ameaça de terrorismo – sem criar problemas novos.

As tecnologias da geração IV são de dois tipos principais. O primeiro são os reatores rápidos, que atingem temperaturas mais altas porque os nêutrons internos ricocheteiam em uma velocidade maior do que nos reatores tradicionais de água leve.[63] Esse calor extra dá aos reatores rápidos a capacidade de transformar o lixo nuclear e o urânio e plutônio excedentes e perigosos, em eletricidade. A segunda categoria são os reatores de tório flúor líquido.[64] Eles queimam o elemento tório, que é quatro vezes mais abundante do que o urânio, e não criam nenhum lixo nuclear de longa duração no processo.

Normalmente, todas as tecnologias de geração IV são "passivamente seguras" – o que significa que, em caso de pane, conseguem interromper a atividade sem intervenção humana.[65] A maioria dos reatores rápidos, por exemplo, queima combustíveis de metal líquido. Um combustível de metal líquido, quando superaquece, se expande, de modo que sua densidade diminui e a reação arrefece. De acordo com o físico nuclear aposentado George Stanford, do Argonne National Laboratory, os reatores não podem se fundir.

ENERGIA

"Temos certeza disso", ele diz, "porque em demonstrações públicas o laboratório Argonne reproduziu as condições exatas que levaram aos desastres de Three Mile Island e Chernobyl, e nada aconteceu."[66]

Mas o que tem empolgado mais as pessoas são as "usinas nucleares de fundo de quintal".[67] Esses reatores nucleares modulares autocontidos, de pequena escala e da geração IV (conhecidos pela sigla inglesa SMR de *small modular reactor*) são construídos em fábricas (para baratear a produção), vedados por completo e projetados para funcionar por décadas sem manutenção. Uma série de empresas conhecidas, como Toshiba e Westinghouse, e de empresas novatas de energia nuclear, como a TerraPower, de Nathan Myhrvold,[68] ingressaram nessa área por causa do tremendo potencial dos SMRs de prover o mundo inteiro de energia livre de carbono.

Com investimentos conjuntos de Bill Gates e do capitalista de risco Vinod Khosla, Myhrvold fundou a TerraPower para desenvolver o reator de onda viajante (TWR – *traveling wave reactor*), uma variação da geração IV que ele denomina "o reator regenerador rápido passivo mais simplificado do mundo". O TWR não possui peças móveis, não pode se fundir e funciona com segurança por mais de cinquenta anos sem nenhuma intervenção humana. Tudo isso é obtido sem necessidade de operações adicionais de enriquecimento, sem nenhum manuseio de combustíveis consumidos e sem nenhuma instalação de reprocessamento ou de armazenagem de lixo atômico. Além disso, o recipiente do reator serve como seu próprio "túmulo" depois que a unidade deixa de operar. Em essência, os TWRs são uma fonte de energia "construída, enterrada e esquecida" para uma região ou cidade, ideal para o mundo em desenvolvimento.

Claro que dotar de energia o mundo em desenvolvimento exigiria dezenas de milhares de usinas nucleares. Myhrvold reconhece o tamanho desse desafio, mas observa, com razão, que "se quisermos atingir nossa meta de abundância de energia, em lugares como a África e Índia o aumento maciço será mais necessário. Exatamente por isso projetamos esses reatores seguros, de fácil manutenção e à prova de proliferação. Precisamos torná-los apropriados ao mundo em desenvolvimento". Ele também é rápido em observar a vantagem ambiental trazida por seu sistema: "Poderíamos dotar o mundo de energia nos próximos mil anos simplesmente queimando e nos desfazendo do urânio empobrecido e das hastes de combustível gastas dos estoques atuais".

Então quando veremos um desses reatores? Myhrvold deseja que uma unidade de demonstração esteja funcionando em 2020. Se seu cronograma está exato, a TerraPower conta com uma vantagem real. Afora um pequeno número de projetos, a maioria dos reatores da geração IV só estará no mercado em 2030. O mais importante é que Myhrvold acredita que a energia fornecida pelos TWRs poderá custar menos que a do carvão – exatamente o que é preciso para espalhá-los pelo mundo.

Energia perfeita

A fonte de nossa energia é apenas parte do problema. Como a distribuímos é igualmente importante. Imagine uma rede inteligente de linhas de transmissão, comutadores e sensores capazes de monitorarem e controlarem a energia até o nível de uma lâmpada individual.[69] Esse é o sonho dos engenheiros de rede inteligente atuais. Agora a única rede extensa assim é a internet, motivo pelo qual Bob Metcalfe vive comparando a "rede elétrica burra" atual com os primórdios da telefonia.[70] Metcalfe, fundador da 3Com Corporation e atual sócio geral da Polaris Venture Partners, é um *expert* em investimentos ligados à energia. Começou sua carreira como um dos criadores tanto da Arpanet como da Ethernet e sabe como é difícil desenvolver algo tão vasto como a World Wide Web. "Nos primórdios, tudo era compartimentado", ele diz. "A computação era feita pela IBM; as comunicações eram feitas pela AT&T. Voz, vídeo e dados eram serviços distintos: voz era sinônimo de telefone, vídeo, de televisão e dados, de um teletipo plugado num sistema de computador de tempo compartilhado. Esses eram três mundos diferentes com diferentes redes e agências regulamentadoras. A internet dissolveu essas distinções e fronteiras."

Hoje em dia vemos uma divisão semelhante em energia, mas Metcalfe acredita que as distinções entre produção, distribuição, sensoriamento, controle, armazenagem e consumo acabarão sumindo. "Quando o tráfego na Arpanet começou a explodir", ele explica, "a nossa primeira reação foi

ENERGIA

tentar comprimi-la por meio da infraestrutura antiga da AT&T, enfocando a eficiência da compressão. Conservamos os dados da mesma forma como estamos tentando conservar a energia hoje. Então, como agora, o problema era uma rede centralizada incapaz de atender às nossas necessidades. Mas quarenta anos após a Arpanet, não se fala mais de conservação; na verdade, fala-se de um mundo de abundância de dados. A arquitetura da internet acabou permitindo um aumento de um milhão de vezes no fluxo de dados. Portanto, tomando a internet como guia, depois que formos capazes de construir a rede energética da próxima geração – o que denomino Enernet – acredito que sobrará energia. Na verdade, uma vez que tenhamos a Enernet, acredito que teremos uma abundância desperdiçável de energia."

Portanto, quais as características de uma tal rede inteligente? Metcalfe imagina uma rede de malha distribuída, não diferente da internet, que permitiria a troca de energia entre uma multiplicidade de produtores e consumidores em redes locais e distribuídas. "A rede também precisa ser dessincronizada", ele acrescenta, "de modo que qualquer um possa acrescentar ou retirar energia, tão facilmente como computadores, telefones ou modems se conectam à internet agora."

Talvez a maior mudança prevista por Metcalfe seja o enorme acréscimo de armazenagem. "A antiga rede de telecomunicações não possuía absolutamente nenhuma armazenagem, assemelhando-se à rede energética atual", ele diz. "A sua voz analógica entrava na rede numa extremidade e saía voando da outra. Mas isso mudou substancialmente. A internet atual está cheia de todos os tipos de armazenagem em todos os locais possíveis – no comutador, no servidor, no seu prédio, no seu telefone. A rede inteligente de amanhã também terá armazenagem em toda parte: armazenagem nos seus aparelhos, na sua casa, no seu carro, no seu prédio, na comunidade, em todos os pontos da produção de energia."

A Cisco, uma das maiores empresas de redes do mundo, assumiu um firme compromisso de desenvolver a rede inteligente.[71] Laura Ipsen, vice-presidente sênior encarregada da unidade de negócios de energia da Cisco, explica: "Atualmente temos mais de um bilhão e meio de conexões com a internet. Mas isso é pouco em comparação com o número de conexões à rede elétrica, que é ao menos dez vezes maior. Pense no número de aparelhos elétricos que você tem plugados em casa, em comparação com o número de dispositivos endereçáveis por IP. Esta é uma enorme oportunidade".[72]

Ipsen sente que estamos avançando rapidamente para um mundo onde cada dispositivo consumidor de energia possui um endereço IP e faz parte de uma inteligência distribuída. "Esses dispositivos conectados", ela diz, "por menores que sejam, comunicarão seu consumo de energia e desligarão quando não forem necessários. Em última análise, deveríamos ser capazes de dobrar ou triplicar a eficiência de um prédio ou uma comunidade."

A Cisco possui uma linha do tempo agressiva para essa visão. "A curto prazo", diz Ipsen, "os próximos sete anos, a rede inteligente será dominada pelo 'sensoriamento e resposta'. Sensores conectados por IP monitorarão o consumo de energia e gerenciarão a demanda, adiando aplicações não críticas, como a operação de sua lavadora de louças para o meio da noite, quando a energia é mais barata. Nos próximos 12 anos, prevemos que as energias solar e eólica serão rapidamente integradas, permitindo que donos de propriedades comerciais e residenciais satisfaçam fora da rede a maioria das necessidades." Essencialmente, o objetivo é a geração distribuída e integrada, aliada a aparelhos inteligentes ativados por IP, e armazenagem distribuída generalizada permitindo o que Ipsen denomina "energia perfeita".

Então o que a abundância de energia realmente significa?

Neste capítulo, enfocamos sobretudo a energia solar, os biocombustíveis e a energia nuclear. Existem certamente várias outras tecnologias a ser consideradas. Não falei do gás natural, atualmente em evidência devido aos grandes estoques dos Estados Unidos. Tampouco discuti a energia geotérmica, que é razoavelmente confiável e limpa, mas nem sempre com acesso geográfico fácil.

No entanto, existem razões pelas quais este capítulo enfatiza a energia solar. Ela na polui, não emite carbono e não sofre preconceitos. Se formos capazes de resolver os desafios da infraestrutura de armazenagem vindouros, a luz solar é abundante e democrática. Existe mais energia na luz solar que atinge a superfície da Terra em uma hora do que em todos os combustíveis

ENERGIA 213

fósseis consumidos em um ano. O mais importante é que, se quisermos alcançar a abundância energética, teremos de escolher tecnologias que sejam escalonáveis – de preferência em curvas exponenciais. A energia solar satisfaz todos esses quesitos.

De acordo com Travis Bradford, superintendente operacional do Carbon War Room e presidente do Prometheus Institute for Sustainable Development, os preços da energia solar estão caindo de 5% a 6% anualmente e a capacidade está aumentando a uma taxa de 30% ao ano.[73] Portanto, quando os críticos observam que a energia solar atualmente representa 1% da nossa energia, trata-se de um pensamento linear num mundo exponencial. Se a nossa penetração atual de 1% for expandida com um crescimento anual de 30%, estamos a 18 anos de satisfazer 100% de nossas necessidades por meio da energia solar.

E o crescimento não para por aqui, mas certamente se torna interessante. Daqui a dez anos – em 28 anos – nesse ritmo estaremos produzindo 1.550% das necessidades globais atuais via energia solar. E, ainda melhor, ao mesmo tempo em que a produção está aumentando, a tecnologia está fazendo com que cada elétron vá ainda mais longe. Seja a rede inteligente tornando o consumo de energia duas ou três vezes mais eficiente, ou inovações como as lâmpadas de LED reduzindo de cem para cinco watts a energia necessária para iluminar uma sala, existe uma mudança dramática à frente. Com a eficiência reduzindo o nosso consumo e as inovações aumentando a nossa oferta, a combinação poderia realmente produzir uma abundância desperdiçável de energia.

Então o que fazemos com uma abundância desperdiçável de energia? Claro que Metcalfe vem pensando nisso faz algum tempo. "Primeiro", ele propõe, "por que não reduzir substancialmente o preço da energia, fazendo disparar o crescimento econômico do planeta? Segundo, poderíamos realmente abrir a fronteira espacial, usando essa energia para enviar milhões de pessoas à Lua ou a Marte. Terceiro, com essa quantidade de energia, seria possível suprir cada pessoa na Terra com o padrão norte-americano de água fresca e limpa diariamente. E quarto, que tal usar essa energia para remover o CO_2 da atmosfera terrestre? Conheço um professor da Universidade de Calgary, o dr. David Keith, que desenvolveu uma tal máquina. Suprindo-a com energia barata poderíamos até resolver o aquecimento global. Estou certo de que existe uma lista bem maior de ótimos exemplos."

Para ver quão maior a lista poderia ser, fiz a pergunta de Metcalfe no Twitter. Minha resposta favorita veio de BckRogers, que escreveu: "Todas as lutas são efetivamente conflitos em torno do potencial energético dos recursos. Portanto, acabem com as guerras". Não tenho certeza se é tão simples assim, mas considerando tudo que discutimos neste capítulo, uma coisa parece certa: iremos descobrir.

CAPÍTULO 14

EDUCAÇÃO

O buraco no muro

Em 1999 o físico indiano Sugata Mitra interessou-se por educação.[1] Sabia que existiam lugares no mundo sem escolas e lugares no mundo onde os bons professores não queriam lecionar. O que poderia ser feito pelas crianças que viviam nesses locais foi sua pergunta. O aprendizado autodirigido era uma solução possível, mas crianças vivendo em favelas seriam capazes de toda dessa disciplina?

Naquela época, Mitra era chefe de pesquisa e desenvolvimento da NIIT Technologies, uma importante empresa de software e desenvolvimento de computadores em Nova Déli, Índia. Seu escritório moderno do século 21 ficava ao lado de uma favela, mas separado por um alto muro de tijolos. Portanto Mitra inventou um experimento simples. Abriu um buraco no muro e instalou um computador e *touchpad*, com a tela de frente para a favela. Tomou providências para que o computador não fosse roubado, depois o conectou à internet, acrescentou um *browser* e se afastou.

As crianças que viviam na favela não sabiam falar inglês nem usar um computador e não tinham conhecimentos de internet, mas ficaram curiosas. Em poucos minutos, descobriram como apontar e clicar. Ao final do pri-

216 PICO DA PIRÂMIDE

meiro dia, estavam surfando na web e – ainda mais importante – ensinando umas às outras como surfar na web. Esses resultados levantaram mais questões do que responderam. Seria verdade? Aquelas crianças realmente aprenderam como usar aquele computador, ou alguém, talvez fora do alcance da câmera de vídeo oculta de Mitra, explicara a tecnologia para elas?

Portanto Mitra transferiu o experimento para a favela de Shivpuri, onde, como ele diz, "me garantiram que ninguém jamais ensinou nada a alguém". Obteve resultados similares. Depois passou para uma aldeia rural e descobriu a mesma coisa. A partir daí, seu experimento foi reproduzido por toda a Índia, e por todo o mundo, sempre com o mesmo resultado: crianças, trabalhando em pequenos grupos não supervisionados, e sem nenhum treinamento formal, conseguiam aprender a usar computadores rapidamente e com grande proficiência.

Aquilo levou Mitra a uma série crescente de experimentos sobre o que mais as crianças conseguiam aprender sozinhas. Um dos experimentos mais ambiciosos foi conduzido na pequena aldeia de Kalikkuppam, no sul da Índia. Desta feita, Mitra decidiu testar se um grupo de meninos pobres de 12 anos, falantes de tâmil, aprenderiam a usar a internet, que nunca haviam visto, conseguiriam aprender biotecnologia sozinhos, uma matéria de que nunca ouviram falar, e tudo isso em inglês, língua que nenhum deles falava. "Tudo que fiz foi dizer que havia informações muito difíceis naquele computador, que eles provavelmente não entenderiam nada e que eu voltaria para testá-los após alguns meses."

Dois meses depois, ele retornou e perguntou aos alunos se haviam entendido o material. Uma menina levantou a mão: "Além do fato de que a replicação indevida da molécula de DNA causa doenças genéticas", ela disse, "não entendemos nada." Na verdade, não foi bem assim. Quando Mitra os testou, as notas médias ficaram em torno de 30%. De 0% a 30% em dois meses, sem nenhuma instrução formal, foi um resultado notável, mas ainda insuficiente para passarem numa prova padrão. Portanto Mitra trouxe ajuda. Recrutou uma menina ligeiramente mais velha da aldeia para servir de instrutora. Ela não entendia de biotecnologia, mas foi instruída a usar o "método da vovó": ficar atrás das crianças, incentivando. "Uau, muito bem, isso é fantástico, mostre outra coisa!" Dois meses depois, Mitra retornou. Dessa vez, a nota

EDUCAÇÃO

média das crianças saltara para 50%, a mesma média de crianças do ensino médio que estudavam biotecnologia nas melhores escolas de Nova Déli.

Em seguida Mitra pôs-se a refinar o método. Começou a instalar terminais de computador nas escolas. Em vez de dar aos alunos um tema amplo para aprenderem – por exemplo, biotecnologia – começou a fazer perguntas dirigidas, como "a Segunda Guerra Mundial foi boa ou ruim?" Os estudantes podiam usar todos os recursos disponíveis para responder à pergunta, mas as escolas foram instruídas a restringir o número de portais da internet a um por cada quatro alunos, porque, como Matt Ridley escreveu no *Wall Street Journal*, "uma criança diante de um computador aprende pouco; quatro discutindo e debatendo aprendem à beça".[3] Quando as crianças foram testadas mais tarde sobre o tema (sem o uso do computador), a nota média foi 76%. Um resultado impressionante por si mesmo, mas surgiu a questão da profundidade real do aprendizado. Portanto Mitra retornou dois meses depois, voltou a testar os alunos e obteve exatamente os mesmos resultados. Aquilo não foi apenas aprendizado profundo, mas uma retenção sem precedentes de informações.

Mitra depois disso aceitou um emprego de professor de tecnologia da educação na Universidade de Newcastle, Inglaterra, onde vem desenvolvendo um modelo novo de educação primária que denomina "educação minimamente invasiva".[4] Para isso, criou "ambientes de aprendizado auto-organizados" (AAAOS) em países ao redor do mundo. Esses AAAOS são simples estações de trabalho de computador com bancos na frente. Nos bancos cabem quatro pessoas. Como os AAAOS também são instalados em locais onde não existem bons professores, essas máquinas estão ligadas ao que Mitra denomina "nuvem das vovós" – literalmente grupos de avós recrutadas em todo o Reino Unido que concordaram em doar uma hora por semana de seu tempo para orientar essas crianças via Skype. Em média, ele descobriu, a nuvem das vovós consegue aumentar as notas nos testes em 25%.

Em seu conjunto, esse trabalho reverte uma série de práticas educacionais. Em vez da instrução de cima para baixo, os AAAOS são de baixo para cima. Em vez de fazer os alunos aprenderem sozinhos, esse trabalho é colaborativo. Em vez de um ambiente escolar formal para a instrução, o método do buraco no muro depende de um ambiente de brincadeiras. O mais importante é que a educação minimamente invasiva não requer professores. Atualmente existe a projeção de uma escassez global de 18 milhões de professores nos próximos dez anos. A Índia precisa de mais 1,2 milhão. Os Estados Unidos precisam de 2,3 milhões. A África Subsaariana precisa de um milagre. Como explicou recentemente Peter Smith, o diretor-geral assistente das Nações Unidas para educação: "Este é o Darfur do futuro das crianças em termos de alfabetização. Precisamos inventar soluções novas, se não quisermos perder essa geração".

Mas Mitra descobriu que soluções já existem. Se o que realmente precisamos é de alunos sem treinamento especial, vovós sem treinamento especial e um computador ligado à internet para cada quatro alunos, então o Darfur da alfabetização não precisa ser temido. Crianças e vovós são abundantes. A conectividade sem fio já existe para mais de 50% do mundo e vem rapidamente se estendendo ao resto. E computadores acessíveis? Bem, é aí exatamente que entra em cena o trabalho de Nicholas Negroponte.

Um *tablet* por criança

Uma das primeiras pessoas a reconhecer o potencial educacional dos computadores foi Seymour Papert. Originalmente formado em matemática, Papert passou vários anos trabalhando com o famoso psicólogo infantil Jean Piaget antes de se mudar para o MIT, onde ele e Marvin Minsky fundaram o Artificial Intelligence Lab. Ali, em 1970, Papert divulgou o agora célebre artigo "Teaching Children Thinking" ("Ensinando as Crianças a Pensar"),[5] onde argumentou que o melhor meio para as crianças aprenderem não era pela "instrução", e sim pela "construção" – ou seja, aprender fazendo, especialmente se essa ação envolvesse um computador.

Como isso ocorreu cinco anos antes da primeira reunião do Homebrew Computer Club, muitas pessoas riram das ideias de Papert. Os computadores eram gigantescos e caros. Como exatamente iriam parar nas mãos das crianças? Mas um arquiteto chamado Nicholas Negroponte o levou a sério.[6] Hoje famoso como um dos iniciadores da Era da Informação, fundador do Architecture Machine Group do MIT e um dos fundadores do Media Lab

EDUCAÇÃO

do MIT, Negroponte também acreditou que os computadores poderiam contribuir para fornecer uma educação de qualidade a 23% das crianças do mundo que não frequentavam escola.[7]

Para essa finalidade, em 1982 Papert e Negroponte trouxeram computadores Apple II para alunos em Dacar, Senegal, confirmando o que Mitra já observara: que crianças rurais vivendo na pobreza adaptam-se aos computadores tão rapidamente como todas as demais crianças. Alguns anos depois, no Media Lab, a dupla criou a "Escola do Futuro", que transferiu computadores para a sala de aula e serviu como laboratório de teste de ideias. Em 1999, Negroponte levou essas ideias ao exterior e começou a criar escolas no Camboja. Cada aluno recebeu um laptop e uma conexão com a internet. As crianças também aprenderam sua primeira palavra em inglês: *Google*.

A experiência foi poderosa. Negroponte deixou o Camboja com duas firmes convicções. Primeira, de que crianças por toda parte adoravam a internet. Segunda, de que o mercado não estava particularmente interessado em produzir computadores de baixo custo, especialmente baratos o suficiente para o mundo em desenvolvimento, onde os orçamentos educacionais anuais podiam ser de apenas US$ 20 por criança. Em 2005 começou a trabalhar numa solução: One Laptop Per Child (Um Laptop por Criança – OLPC),[8] uma iniciativa visando prover cada criança no planeta com um laptop robusto, de baixo custo, com baixo consumo de energia e conectado à internet.

Embora o preço módico de US$ 100 por computador ainda não tenha se concretizado (está em torno de US$ 180 hoje),[9] a iniciativa OLPC entregou laptops a 3 milhões de crianças ao redor do mundo. Por se basear no modelo de educação de aprender fazendo, provas baseadas na memorização mecânica e outras medidas tradicionais de sucesso não servem. Mas existem indicadores disponíveis. "O sinal mais convincente que já achei de que esse programa está funcionando", diz Negroponte, "é que, aonde quer que nós vamos, o absenteísmo escolar cai para zero. E nós vamos a lugares onde esse absentismo chega a 30% das crianças, e subitamente cai para zero."

O absenteísmo não é exclusivo do Terceiro Mundo. Em média, apenas dois terços dos alunos de escolas públicas norte-americanas terminam o ensino médio[10] – a menor taxa de graduação no mundo industrializado. Em algumas áreas, a taxa de evasão escolar supera 50%. Nas comunidades indígenas, é superior a 80%. Muitos pressupunham que essas crianças deixam a escola por serem incapazes de realizar os trabalhos requeridos, mas uma pesquisa conduzida pela Gates Foundation descobriu que isso não é verdade. "Numa pesquisa nacional de quase 500 alunos que abandonaram a escola por todo o país", escreve Tony Wagner, um dos diretores do Change Leadership Group de Harvard em seu livro *The global achievement gap: Why even our best schools don't teach the new survival skills our children need – and what we can do about it* ("A disparidade no desempenho global: Por que mesmo nossas melhores escolas não ensinam as novas habilidades de sobrevivência de que nossas crianças precisam – e que providências podemos tomar"), "cerca de metade dessas pessoas disseram que deixaram a escola porque as aulas eram enfadonhas e nada tinham a ver com suas vidas ou aspirações de carreira. A maioria disse também que as escolas não motivavam a se esforçarem. Mais de metade abandonou a escola quando faltavam apenas dois anos ou menos para obter o diploma do ensino médio, e 88% tinham notas satisfatórias na época em que saíram da escola. Cerca de três quartos dos entrevistados disseram que poderiam ter se formado se quisessem."[11]

Se a iniciativa OLPC terá os mesmos efeitos nos Estados Unidos é uma questão em aberto (a versão norte-americana só foi lançada em 2008),[12] mas seu impacto global continua crescendo. O Uruguai fez da iniciativa a espinha dorsal da educação primária, e outros países começam a seguir o exemplo. Em abril de 2010, a organização fez uma parceria com a comunidade do leste africano para entregar 15 milhões de laptops a crianças no Quênia, em Uganda, Tanzânia, Ruanda e Burundi.

A recente mudança da OLPC de um laptop de US$ 100 para um *tablet* de US$ 75 ajuda a concretizar a visão de Negroponte. Como a Nokia vem desenvolvendo um *smartphone* de US$ 50 – que provavelmente se espalhará organicamente, sem precisar de grandes investimentos governamentais – surge a pergunta: "Para que se preocupar?" Mas Negroponte acha que o *smartphone* é o dispositivo errado para fornecer educação, argumentando que os *tablets* proporcionam o que ele denomina "a experiência do livro", que considera fundamental ao aprendizado. Diante da experiência do Media Lab com interfaces máquina-ser humano, seríamos tolos em não dar ouvidos à

EDUCAÇÃO

sua opinião. E mesmo que os *smartphones* acabem se tornando a plataforma favorita, tudo bem, desde que cada criança obtenha acesso à educação.

Outro tijolo no muro

Nosso sistema educacional atual foi forjado no calor da Revolução Industrial, fato que influenciou não apenas as matérias lecionadas, mas também como eram lecionadas. A padronização era a regra, e a conformidade, o resultado desejado.[13] Estudantes da mesma faixa etária recebiam os mesmos materiais e eram avaliados de acordo com as mesmas medidas de sucesso. As escolas se organizavam como fábricas: o dia era dividido em períodos regularmente marcados, campainhas assinalando o início e o fim de cada período. O próprio ensino, como mostra Sir Ken Robinson em seu excelente livro *Libertando o poder criativo*, estava sujeito à divisão de trabalho: "Como uma linha de montagem, os estudantes mudavam de uma sala para outra para serem instruídos por diferentes professores especializados em disciplinas distintas".[14]

Em sua defesa podemos dizer que a transição de uma educação como um requinte reservado ao clero e à aristocracia para a educação universal gratuita foi um progresso radical. Mas decorreram 150 anos desde essa época, e nosso sistema educacional não se atualizou. O próprio Robinson tornou-se uma das vozes mais eloquentes a favor da reforma, sustentando que as escolas atuais – com sua ênfase na conformidade – estão matando a criatividade e esmagando o talento.[15] "Como seres humanos, todos temos um imenso potencial", ele diz, "mas a maioria das pessoas vive suas vidas inteiras com esse potencial inexplorado. A cultura humana, e a escola é um componente fundamental de como transmitimos essa cultura, é realmente um conjunto de permissões. Permissão para ser diferente, permissão para ser criativo. Nossos sistemas educacionais raramente dão às pessoas permissão para serem elas próprias. Mas se você não pode ser você próprio, fica difícil conhecer a si mesmo, e se você não se conhece, como pode explorar seu verdadeiro potencial?"

* ROBINSON, Ken. *Libertando o poder criativo – A chave para o crescimento pessoal e das organizações*. São Paulo: HSM Editora, 2012.

Se nosso atual sistema não está realizando a função para a qual foi projetado, o que exatamente está fazendo? Não é uma pergunta fácil de responder por várias razões, uma das quais é que já não existe um consenso sobre em que consiste o sucesso. Nos Estados Unidos, por exemplo, após a aprovação da lei Nenhuma Criança Fora da Escola, de 2001, o objetivo declarado é atingir 100% de proficiência em leitura e matemática até 2014. Muitos consideram essa meta ambiciosa demais, mas ainda que seja alcançada, nos levará aonde queremos chegar?

Tony Wagner, de Harvard, tem suas dúvidas:

> A chamada matemática avançada é talvez o exemplo mais claro do descompasso entre o que vem sendo ensinado e testado no ensino médio e o que é necessário para a universidade e a vida. Constatamos que se exigem conhecimentos de álgebra para passar nos testes estaduais [...] por ser uma exigência quase universal para o ingresso nas universidades. Mas por quê? Se você não faz o curso superior de matemática, geralmente não precisa aprender matemática avançada na universidade, e grande parte do que precisa para outros cursos são conhecimentos de estatística, probabilidades e computação básica. Isso é ainda mais evidente após a faculdade. Recentemente foi feita uma pesquisa da matemática que graduados pelo Massachusetts Institute of Technology, um grupo de forte formação técnica, usava com mais frequência em seu trabalho. O pressuposto foi que, se algum adulto usa matemática de nível superior, seriam os graduados pelo MIT. E embora uns poucos usassem, a maioria esmagadora informou que se restringia a aritmética, estatística e probabilidades.[16]

Wood e Robinson conjuntamente estão observando que estamos ensinando as coisas erradas, mas igualmente alarmante é o fato de que aquilo que estamos ensinando acaba sendo esquecido. Dois quintos de todos os alunos do ensino médio necessitam de cursos de recuperação ao entrarem na faculdade. Somente no estado de Michigan, o Mackinac Center for Public Policy estima que a recuperação custe às faculdades e empresas uns US$ 600 milhões por ano.[17] Um relatório de 2006 da Heritage Foundation sobre o assunto observou: "Se os outros 49 estados e o Distrito de Colúmbia se assemelharem a Michigan, o país gasta dezenas de bilhões de dólares ao ano compensando as deficiências das escolas

EDUCAÇÃO

públicas".[18] Alguns anos atrás, a National Governors Association entrevistou 300 professores universitários sobre suas aulas para turmas de calouros. Os resultados: 70% disseram que os estudantes não conseguiam entender materiais de leitura complexos, 66% disseram que os estudantes não conseguiam pensar analiticamente, 62% disseram que os estudantes escreviam mal, 59% disseram que os estudantes não sabem fazer pesquisas e 55% disseram que os estudantes não conseguiam aplicar seus conhecimentos.[19] Não surpreende que 50% de todos os estudantes que ingressam nas faculdades acabem não se formando.

Mesmo para aqueles que se formam, se o objetivo da universidade é preparar estudantes para a força de trabalho, também aqui estamos falhando. Em 2006, fez-se a executivos de 400 grandes empresas uma pergunta simples: "Os estudantes que se formam na faculdade estão preparados para trabalhar?" Suas respostas: "Na verdade, não".[20] E isso acontece agora. Os alunos do jardim de infância de agora estarão se aposentando em torno de 2070 (desde que não mudemos a idade da aposentadoria). Portanto, como será o mundo em 2070? De que habilidades nossas crianças precisarão então para prosperar? Ninguém sabe.

O que sabemos é que o modelo industrializado de educação, com sua ênfase na memorização mecânica de fatos, deixou de ser necessário. Fatos podem ser encontrados no Google. Mas criatividade, colaboração, pensamento crítico e resolução de problemas são uma história diferente. Essas habilidades vêm sendo repetidamente enfatizadas por todos, desde executivos de empresas a *experts* em educação, como os fundamentos requeridos pelos empregos atuais. Substituíram a leitura, a escrita e a aritmética como a base do que recentemente foi designado "aprendizado do século 21".[21]

O aprendizado do século 21 tem dezenas de componentes, mas no centro deles está uma ideia simples: "Repetidamente", diz Wagner, "em centenas de entrevistas com líderes empresariais e professores universitários, eles enfatizaram a capacidade de formular as perguntas certas." Como explica Ellen Kumata, sócia-diretora da empresa Cambria Consulting, que presta consultoria para várias empresas listadas na *Fortune* 200:

> Quando falo com meus clientes, o desafio é este: como você faz coisas que nunca foram feitas antes, que precisam ser repensadas ou fundamentalmente revolucionadas. Não se trata mais de melhoria gradual. Isso não bastará. Os mercados

estão mudando tão rápido, os ambientes estão mudando tão rápido. [...] Você precisa dedicar tempo a formular a próxima pergunta. É importante entender quais são as perguntas certas, e fazer a pergunta não linear, anti-intuitiva. São elas que o levarão ao nível seguinte.[22]

Se a abundância educacional é a nossa meta, esses fatos nos deixam seriamente preocupados com a qualidade e a quantidade. Em relação à qualidade, que tipo de sistema educacional ensina as crianças a fazerem as perguntas certas? Um tal sistema tem de ser capaz de ensinar a ler, escrever e contar (porque mesmo nesta era digital esses fundamentos ainda são cruciais) e as habilidades do século 21 de que as crianças precisam para o sucesso. A quantidade é igualmente importante. Já temos uma escassez de milhões de professores. Esqueça-se a infraestrutura. As escolas nos Estados Unidos estão caindo aos pedaços;[23] escolas na África sequer existem. Portanto, ainda que descubramos o que ensinar às nossas crianças, como fazê-lo em grande escala continua igualmente desconcertante.

Mas um terceiro problema ofusca esses dois. O século 21 é um ambiente rico em mídias. Em meio à internet, videogames e aqueles 500 canais de TV a cabo, a competição pela atenção das crianças tornou-se implacável. Se o tédio é a causa número um da evasão escolar, então o nosso sistema educacional novo precisa ser eficaz, escalonável e altamente divertido. Na verdade, altamente divertido pode não ser suficiente. Se quisermos realmente preparar nossas crianças para o futuro, o aprendizado precisa se tornar viciador.

James Gee conhece Pajama Sam

Cerca de dez anos atrás, o dr. James Gee sentou-se para jogar Pajama Sam pela primeira vez.[24] Gee é um filólogo da Arizona State University. Seus primeiros trabalhos examinaram a teoria sintática, e suas pesquisas mais recentes mergulham na análise discursiva. Pajama Sam não se enquadra em nenhuma dessas categorias. Trata-se de um videogame de resolução de problemas voltado para crianças. Mas Gee tinha um filho de 6 anos e queria ajudá-lo a desenvolver mais habilidades de resolução de problemas.

EDUCAÇÃO

O jogo surpreendeu Gee. Os problemas se mostraram um pouco mais difíceis do que ele esperava. O mais espantoso foi como o jogo prendeu a atenção de seu filho. Isso despertou a curiosidade de Gee. Quis conhecer videogames para adultos e pegou um cópia de *As Novas Aventuras da Máquina do Tempo* – sobretudo porque gostou da referência a H. G. Wells no título. "Quando me sentei para jogar, foi totalmente diferente do esperado", ele recorda. "Eu tinha a noção de que os videogames eram relaxantes, como a televisão é relaxante. *Máquina do Tempo* era difícil, longo e complexo. Todos os meus modos normais de pensar não se aplicavam. Tive de reaprender a aprender. Não consegui acreditar que as pessoas pagassem US$ 50 para se frustrarem assim."

Mas aí deu o estalo: uma porção de jovens estava pagando montes de dinheiro para se envolver em atividades frustrantes como aquela. "Como educador, percebi que aquele era o mesmo problema enfrentado pelas escolas: como fazer os alunos aprenderem coisas que são longas, difíceis e complexas?" Gee ficou intrigado com as implicações. Além disso, intrigou-se com os jogos. Gee deve ser o único filólogo do mundo cuja pesquisa acadêmica recente inclui o título: *A Lenda de Zelda: O Despertar do Vento,*[25] mas essa pesquisa ajudou a virar de ponta-cabeça muitas das crenças sobre os videogames.

Por exemplo, a ideia de que os videogames são uma perda de tempo só é verdade se você considera o aprendizado sério e profundo uma perda de tempo. "Tomemos os meninos que jogam Pokémon", diz Gee. "Pokémon é um jogo para crianças de 5 anos, mas requer muitas leituras para ser jogado. E o texto não está escrito para crianças de 5 anos, está escrito mais ou menos no nível do último ano do ensino médio. No princípio, a mãe tem que jogar com o filho, lendo o texto em voz alta. Claro que isso é ótimo, porque é assim que as crianças aprendem a ler – lendo alto com seus pais. Mas aí algo interessante acontece. A criança percebe que sua mãe pode ser exímia em leitura, mas não é boa no jogo. Portanto a criança começa a ler, para se livrar da mãe e jogar com seus amigos."

Isso é só o começo. Estudos mostraram que os jogos superam os livros escolares em ajudar os alunos a aprenderem matérias baseadas em fatos, como geografia, história, física e anatomia, enquanto também melhoram a coordenação visual, velocidade cognitiva e destreza manual.[26] Por exemplo, cirurgiões e pilotos treinados por meio de videogames têm melhor desempenho do que os não treinados.[27] Mas a vantagem real é uma capacidade de fazer o que as escolas atuais não conseguem: ensinar habilidades do século 21. Jogos de construção de mundos como *SimCity* e *RollerCoaster Tycoon* desenvolvem habilidades de planejamento e pensamento estratégico.[28] Jogos interativos são grandes professores de habilidades colaborativas;[29] jogos personalizáveis fazem o mesmo pela criatividade e inovação. "Alguns educadores comparam os videogames ao método científico", informou um artigo recente sobre o assunto, da *Christian Science Monitor*.[30] "Os jogadores encontram um fenômeno que não faz sentido, observam problemas, formulam hipóteses e as testam tendo em mente causa e efeito." Considerando tudo isso, muitos especialistas chegaram à conclusão óbvia: precisamos encontrar meios de tornar o aprendizado bem mais parecido com os videogames e menos parecido com a escola.

Existem vários meios diferentes de fazer isso. Jeremiah McCall, um professor de história da Cincinnati County Day School, faz seus alunos compararem as descrições de batalhas no jogo *Roma: Guerra Total* com os fatos históricos.[31] Já Lee Sheldon, professor da Universidade de Indiana, descartou os sistemas tradicionais de avaliação, onde uma única nota ruim pode derrubar os alunos.[32] "Isso é desmotivador", disse o professor de tecnologia do entretenimento da Carnegie Mellon University, Jesse Schell, em recente palestra sobre o tema.[33] "Um projetista de *games* jamais incluiria isso num jogo, porque as pessoas detestam." Em seu lugar Sheldon implementou um sistema de "pontos de experiência" baseado nos videogames. Os estudantes começam o semestre como um avatar de nível zero (o equivalente à nota mínima) e lutam para subir ao nível 12 (a nota máxima). Isso significa que tudo que se faz na classe produz um movimento à frente, e os alunos sempre sabem exatamente em que pé estão – duas condições que ajudam a motivar.

Escolas novas como a Quest2Learn vão ainda mais longe.[34] Fundada por Katie Salen, uma ex-professora adjunta de *design* e tecnologia na Parsons the New School for Design, a Q2L é uma escola pública de Nova York com um currículo baseado no projeto de videogames e na cultura digital. Como isso funciona na vida real? A *Popular Science* explica nestes termos: "Num dos

EDUCAÇÃO

cursos, os alunos criam uma novela gráfica baseada no poema babilônio épico *Gilgamesh*, registram sua compreensão da cultura mesopotâmica antiga por meio de revistas de geografia e antropologia e jogam o jogo de tabuleiro estratégico *Descobridores de Catan*".[35]

Existem vários outros exemplos, com muitos outros por vir. Na já mencionada reunião de Engenharia Visionária da Fundação X PRIZE, Aneesh Chopra, o primeiro diretor federal de Tecnologia norte-americano, e Scott Pearson do Departamento de Educação encabeçaram um debate sobre prêmios de incentivo para desencadear uma nova geração de jogos educacionais "eficazes, envolventes e contaminantes" a serem lançados na internet. Alguns meses depois, o presidente Obama disse: "Estou preconizando investimentos em tecnologia educacional que ajudarão a criar [...] software educacional tão irresistível quanto o melhor videogame".[36] Cabe a nós promover essa revolução. Logo conseguiremos criar um aprendizado baseado nos jogos que será tão profundo, imersivo e totalmente viciante que olharemos para os cem anos de hegemonia do modelo industrial e nos perguntaremos por que durou tanto tempo.

A ira de Khan

Em 2006, Salman Khan, um bem-sucedido analista de fundos *hedge* de Boston, concordou em ajudar seus primos mais jovens de New Orleans na escola. Khan começou a ensinar a distância, produzindo vídeos digitais simples. Geralmente não ultrapassando dez minutos, aqueles vídeos narrados por ele consistiam em um quadro-negro digital animado no qual desenhava equações, reações químicas etc. Khan ensinou as matérias básicas cobertas pela escola. Como não viu nenhuma razão para não tornar públicas as aulas, começou a postá-las no YouTube. Surpreendentemente, seus primos preferiam Khan no YouTube a ele ensinando pessoalmente.

"Deixando de lado a estranheza disso", Khan contou ao público na conferência TED de 2011, "existe algo realmente profundo. Eles estavam dizendo que preferiam a versão automatizada de seu primo ao próprio primo [...] Do ponto de vista deles, isso faz um enorme sentido. Você tem essa situação em que podem pausar e repetir seu primo. Se precisam revisar algo que aprenderam umas semanas atrás ou uns anos atrás, não precisam ficar constrangidos e perguntar ao primo, basta assistir aos vídeos. Se estão entediados, podem avançar o vídeo. Podem assistir ao vídeo quando quiserem, e no ritmo que quiserem."

Os cursos chamaram a atenção do público. Rapidamente, a Academia Khan, como é agora conhecida, tornou-se uma sensação na internet.[38] Em 2009, mais de 50 mil pessoas por mês estavam assistindo aos vídeos. Um ano depois, o número subira para 200 mil ao mês. Decorrido mais um ano, atingira 1 milhão. No verão de 2011, a Academia Khan vinha atraindo 2 milhões de visitantes mensais – um crescimento exponencial induzido quase inteiramente pela propaganda boca a boca.

Com o crescimento do número de usuários, aumentaram também as matérias abrangidas. A academia possui agora 2.200 vídeos sobre temas que variam de biologia molecular à história norte-americana e equações do segundo grau. Está acrescentando três lições ao dia – quase mil ao ano – e planeja abrir o site e incluir conteúdo de colaboradores. "A nossa visão é uma escola virtual grátis", diz o presidente e COO Shantanu Sinha. "Queremos desenvolver conteúdo suficiente para que qualquer pessoa no mundo possa começar pelo 'um mais um igual a dois' e avançar até a mecânica quântica. Também queremos traduzir o site para as dez línguas mais comuns [o Google está agora conduzindo esse trabalho] e depois permitir que colaboradores o traduzam para outras centenas de línguas. Achamos que, nesse nível, o site pode chegar a bilhões de visitantes ao mês."

Para aqueles que preferem se instruir num ambiente físico, a Academia Khan recentemente fez uma parceira com o Los Altos School District no norte da Califórnia.[39] Juntos estão adotando uma abordagem que inverte o modelo de duzentos anos atrás do prédio escolar. Em vez de os professores usarem o tempo de aula para ensinar, os alunos assistem aos vídeos da Academia Khan como dever de casa, o que permite que o tempo da aula seja gasto resolvendo problemas (também fornecidos por Khan) e ganhando pontos com isso (dez respostas certas valem um distintivo de mérito). Com isso os professores podem personalizar a educação, trocando o papel de sabe-tudo pelo de orientador. Os alunos agora estudam no seu próprio rit-

EDUCAÇÃO

mo e avançam para o próximo tema somente depois de aprenderem bem o anterior. "Isso se chama aprendizado baseado no domínio", diz Sinha, "e pesquisas que remontam aos anos 1970 mostram que produz um envolvimento maior dos alunos e resultados melhores."

E melhores resultados são exatamente o que Los Altos está vendo. Nas 12 semanas do projeto, os alunos dobraram suas notas nos exames. "É como um jogo", John Martinez, um aluno de 13 anos de Los Altos, declarou à *Fast Company*. "É tipo um vício – você quer toneladas de distintivos."[40] E é por causa de reações como essa que Bill Gates, após a palestra de Khan na conferência TED, contou aos participantes que eles "acabaram de vislumbrar o futuro da educação".

Dessa vez é pessoal

Gates está parcialmente certo. Para alguns, a Academia Khan realmente é o futuro da educação, mas não é o único futuro disponível. Das lições a serem extraídas da educação industrial, destaca-se o fato de que nem todos os alunos são iguais. Existem aqueles que curtem a colisão frontal com os conhecimentos proporcionada pelos vídeos de Khan, enquanto outros os preferem tangencialmente, que é como as informações costumam chegar nos videogames. Em ambos os casos, na educação digital não existe mais um único padrão aplicável a todos. Os estudantes agora podem aprender o que querem, como querem e quando querem. E com a expansão exponencial das tecnologias da informação, como os *tablets* de Negroponte e os *smartphones* da Nokia, o ensino personalizado logo estará disponível a todos que queiram, não importa em que lugar do mundo vivam.

Mas para que a educação universal digital seja realmente eficaz, precisamos mudar também a forma como o progresso é avaliado. "Não podemos obter um aprendizado mais profundo enquanto não mudarmos as provas", diz Gee, "porque as provas determinam o sistema."[41] Aqui também os videogames oferecem uma solução. "Um videogame não passa de uma avaliação", continua Gee. "Você é avaliado a cada momento ao tentar resolver problemas. E se não resolve um problema, o jogo diz que você falhou e deve tentar de novo. E você

tenta. Por quê? Porque os jogos pegam os testes, a parte mais ridícula e doloro-
sa da escola, e os tornam divertidos." Ainda melhor é a capacidade de captura
de dados dos videogames, capazes de coletar um *feedback* minucioso sobre o
progresso dos alunos momento a momento, literalmente medindo o crescimento a cada passo do caminho. Com o desenvolvimento dessa tecnologia,
os jogos serão capazes de registrar quantidades enormes de dados sobre cada
aspecto do desenvolvimento de cada aluno – um indicador do progresso bem
superior aos métodos de teste estandardizados que atualmente preferimos.

Não devemos pressupor que todos esses avanços signifiquem o fim dos
professores. Sucessivos estudos mostram que os estudantes têm um desempenho melhor quando ajudados por alguém que se importa com seu
progresso. Isso significa que, em lugares onde os professores são escassos,
teremos de expandir o alcance da nuvem das vovós de Mitra. Ainda mais
potencial existe para as redes de ensino de colega para colega.[42] A Fundação
John D. and Catherine T. MacArthur vem atualmente realizando testes beta
de um modelo. O mais crítico é que, como esses modelos mais novos de educação transformam os professores em orientadores, precisaremos expandir
as nossas pesquisas de como torná-los mais eficazes. Atualmente a maioria
das pesquisas de educação se baseia nas técnicas de gestão de sala de aula
que o ensino digital tornou desnecessárias. Ao contrário, existe uma grande
necessidade de dados novos sobre como aproveitar ao máximo a atenção
individual que vem se tornando possível.

Finalmente, para aqueles que preferem uma instrução baseada na máquina, com o desenvolvimento crescente da inteligência artificial, um professor de IA sempre disponível e sempre ligado logo será realidade. Versões
prematuras de um tal sistema, como o professor de matemática da Apangea
Learning, aumentaram as notas de forma incrível.[43] Por exemplo, a Bill Arnold Middle School na cidade de Grand Prairie, Texas, usou o Apangea
Math para ajudar alunos em risco a se prepararem para suas provas finais,
aumentando o índice de aprovação de 20% para 91%. Mas esses sistemas só
arranham a superfície. Em seu romance *The diamond age: Or, a young lady's
illustrated primer*, o escritor Neal Stephenson dá aos leitores um vislumbre do
que os especialistas em IA denominam "companheiro de aprendizado vitalí-
cio": um agente que rastreia o aprendizado no decorrer da vida, assegurando

EDUCAÇÃO 231

uma educação magistral e dando recomendações incrivelmente personalizadas sobre o que exatamente um estudante deve aprender em seguida.[44]

"A mobilidade e ubiquidade dos professores de IA do futuro permitirão
um professor por aprendiz adulto ou criança, em qualquer lugar, a qualquer
momento", explica o codiretor de IA e Robótica da Universidade da Singularidade, Neil Jacobstein. "O aprendizado se dará em tempo real, embutido
na tessitura da vida diária e disponível a pedido conforme necessário. As
crianças continuarão se reunindo entre elas e com professores humanos para
colaborarem em equipes e aprenderem habilidades sociais, mas, fundamentalmente, o paradigma da educação mudará substancialmente."[45]

Os benefícios dessa mudança são profundos. Pesquisas recentes sobre
a relação entre saúde e educação constataram que pessoas mais instruídas
vivem vidas mais longas e saudáveis.[46] Elas têm menos ataques cardíacos e
tendência menor a obesidade e diabetes. Sabemos também que existe uma
correlação direta entre uma população instruída e uma sociedade estável e
livre: quanto mais instruída a população, mais durável é sua democracia.[47]
Mas esses avanços não são nada comparados com o que é possível se começarmos a educar as mulheres de amanhã junto com os homens.

Neste momento, das 130 milhões de crianças que não frequentam a escola, dois terços são meninas.[48] De acordo com a Organização das Nações
Unidas para a Educação, a Ciência e a Cultura (Unesco), educar essas meninas é "a chave para a saúde e nutrição; para melhorias gerais no padrão de
vida; para melhores práticas agrícolas e ambientais; para um maior produto
nacional bruto; e para um maior envolvimento das mulheres e equilíbrio dos
sexos na tomada de decisões em todos os níveis da sociedade". Em suma,
educar as meninas é a melhor estratégia disponível de redução da pobreza.

E se educar as meninas pode ter um impacto desses, imagine o que a
educação universal consegue fazer. Com a convergência da computação
infinita, inteligência artificial, banda larga generalizada e *tablets* de baixo
custo, podemos proporcionar uma educação quase grátis e personalizada
a todos, em qualquer lugar, a qualquer hora. Essa é uma força incrível em
prol da abundância. Imagine bilhões de mentes recém-revigoradas, empolgadas pela viagem de descoberta, usando seus conhecimentos e habilidades
recém-adquiridos para melhorar suas vidas.

CAPÍTULO 15

ASSISTÊNCIA MÉDICA

Expectativa de vida

É difícil medir quanto nossa saúde melhorou no decorrer da história, embora a expectativa de vida seja um bom indicador. As pressões evolucionárias moldaram o *Homo sapiens* para uma vida média de uns 30 anos.[1] A lógica é de fácil compreensão. "A seleção natural favorece os genes daqueles com mais descendentes", explica Marvin Minsky do MIT. "Esses números tendem a crescer exponencialmente com o número de gerações, de modo que a seleção natural prefere os genes daqueles que reproduzem em idades mais prematuras. A evolução não costuma preservar genes que prolonguem as vidas além do período de que os adultos precisam para cuidar de seus filhos."[2] Desse modo, na maior parte da evolução humana, homens e mulheres entravam na puberdade no início da adolescência e tinham filhos rapidamente. Os pais criavam seus filhos até *estes* atingirem a idade fértil, ponto em que os pais – agora avós de 30 anos – se tornavam um luxo dispendioso. Nas sociedades hominídeas primitivas, onde a vida era difícil e a comida escassa, um par de bocas extras dos avós para alimentar significava menos comida para as crianças. Portanto a evolução criou um mecanismo estabilizador: uma expectativa de vida de três décadas.

ASSISTÊNCIA MÉDICA · 233

Historicamente, porém, com a melhoria das nossas condições de vida, esse número melhorou.[3] No período Neolítico, vivíamos breves, desagradáveis e brutais 20 anos. Essa idade saltou para 26 nas Idades do Bronze e do Ferro e para 28 na Grécia e Roma antigas, fazendo de Sócrates uma anomalia de 78 anos ao morrer em 399 a.C.[4] No início da Idade Média, chegamos aos 40, mas nossa supremacia ainda era limitada por taxas altíssimas de mortalidade infantil. Durante o início do século 17 na Inglaterra, dois terços de todas as crianças morriam antes do quarto ano, e a expectativa de vida resultante era de apenas 35 anos.[5]

Foi a Revolução Industrial que iniciou a tendência rumo à longevidade.[6] Um suprimento de comida mais substancial aliado a medidas de saúde pública simples, como a construção de esgotos, coleta de lixo, fornecimento de água limpa e drenagem de brejos infestados de mosquitos, fizeram uma enorme diferença. No início do século 20, havíamos acrescentado 15 anos à nossa média histórica, com os números aumentando para quarenta e poucos anos.[7] Com o advento da medicina moderna e dos hospitais, essa idade média disparou para uns 75 anos. Enquanto centenários e supercentenários[8] estão se tornando cada vez mais comuns no mundo desenvolvido (o recorde de idade verificada está em 122 anos),[9] uma combinação de assassinos como infecções respiratórias inferiores, Aids, infecções diarreicas, malária e tuberculose, aliados à guerra e pobreza, devastaram a África Subsaariana, onde uma grande parcela da população ainda não consegue ir muito além dos 40 anos.

Criar um mundo de assistência médica abundante implica enfrentar as necessidades nas duas extremidades desse espectro, sem descuidar do meio. Precisaremos fornecer água limpa, nutrição ampla e ar livre de fumaça. Teremos também de extinguir doenças já curáveis como a malária e aprender a detectar e prevenir aquelas pandemias incômodas que cada vez mais parecem ameaçar a nossa sobrevivência. No mundo desenvolvido, precisamos achar novos meios de melhorar a qualidade de vida de uma população cada vez mais longeva. No total, criar um mundo de assistência médica abundante parece uma meta ambiciosa demais – exceto que quase todo componente da medicina é agora uma tecnologia da informação e portanto está em trajetória exponencial. E isso muda bastante as condições do jogo.

Os limites do ser humano

"Código azul, Baker cinco!" foi a mensagem urgente nos alto-falantes, acordando-me de minha breve soneca. Às quatro da madrugada, eu estava cochilando numa maca no corredor do Hospital Geral de Massachusetts. Como um terceiranista de medicina, o sono era um conforto raro, e eu aprendi a aproveitá-lo sempre e onde quer que fosse possível. Mas código azul significava parada cardíaca, e Baker cinco significava o quinto andar do prédio Baker. Eu estava em cima, em Baker seis, agora bem acordado, a adrenalina a mil, já correndo escadas abaixo. Fui a segunda pessoa a chegar no quarto de um senhor de 60 anos, menos de 24 horas após uma ponte de safena tripla. O residente que aplicava a reanimação cardiorrespiratória rosnou uma ordem, e o substituí nas compressões no tórax. É o som que lembro melhor: o estalar de seu esterno cirurgicamente dividido sob a força de minhas compressões repetidas. Foi aí que percebi que não importava o que aprendi na sala de aula. Nada daquilo me preparou para a realidade daquela situação e as fragilidades do corpo humano.

O aprendizado em sala de aula havia começado dois anos antes na Harvard Medical School. O primeiro ano foram as matérias-padrão: os fundamentos de anatomia e fisiologia normais e como tudo se encaixa e deve funcionar. O segundo ano foi todo sobre fisiopatologia: onde e como tudo dá errado. E com 10 trilhões de células no nosso corpo, não faltam oportunidades para o desastre.[10] A quantidade de informações foi estonteante. Lembro-me de um momento específico quando, ao estudar para meus exames do conselho nacional ao final daquele segundo ano, senti que havia conseguido enfiar todos os conceitos, sistemas e terminologias no meu cérebro. Mas aquele momento foi fugaz, especialmente nas enfermarias de hospitais, onde a realidade deparava com carne e sangue como aconteceu naquela madrugada em Baker cinco. Naquela situação, logo percebi quanta coisa ainda tinha por aprender e, pior, quanta coisa *nós* realmente não sabíamos.

E esse é nosso primeiro problema. O aprendizado leva tempo. Requer prática. O nosso cérebro processa informações num ritmo limitado, mas a medicina está crescendo exponencialmente, e não conseguimos acompanhá-la. Nosso segundo problema é um refrão comum ouvido na faculdade

ASSISTÊNCIA MÉDICA

de medicina: cinco anos após a graduação, metade do que se aprendeu provavelmente estará errado – mas ninguém sabe qual metade. Com todo o progresso da medicina nos últimos séculos, o nosso terceiro problema é que nunca estamos realmente satisfeitos com nossa assistência médica. Nossos padrões não param de subir, mas com seres humanos ministrando essa assistência, sempre haverá limitações na quantidade de informações que um médico consegue conhecer ou mesmo dominar.

Recente relatório da Rand Corporation ilustra precisamente esses fatos, descobrindo que erros médicos evitáveis nos hospitais resultam em dezenas de milhares de mortes por ano, que erros médicos evitáveis ocorrem ao menos um milhão e meio de vezes ao ano e que, em média, os adultos recebem apenas 55% da assistência recomendada, significando que em 45% do tempo nossos médicos se enganam.[11]

Apesar desses números desanimadores, ter médicos imprecisos é bem melhor do que não ter nenhum. Atualmente 57 países não dispõem de profissionais de saúde suficientes, um déficit de 2,4 milhões de médicos e enfermeiras.[12] A África possui 2,3 profissionais de saúde para cada mil pessoas,[13] enquanto as Américas possuem 24,8 por mil.[14] Em outras palavras, a África tem 1,3% dos profissionais de saúde do mundo cuidando de 25% da carga global de doenças.

Mas a situação não é cor-de-rosa no mundo desenvolvido tampouco. A Association of American Medical Colleges alertou recentemente que se o grau de treinamento e graduação não mudar, faltarão 150 mil médicos nos Estados Unidos em 2025.[15] E se os Estados Unidos não conseguem produzir pessoal suficiente para cobrir suas necessidades médicas, onde encontraremos a quantidade dez vezes maior de profissionais de saúde necessários para cuidar do bilhão ascendente?

Watson vai à faculdade de medicina

"Watson da IBM Vence os Adversários Humanos de *Jeopardy!*",[16] informou a revista *PCWorld* em 16 de fevereiro de 2011. Quase 14 anos após o Deep Blue ter derrotado o campeão de xadrez Garry Kasparov,[17] a prole de silício da IBM desafiou a humanidade para outra batalha. Desta feita o combate ocorreu no programa de perguntas e respostas *Jeopardy!* Estava em jogo um prêmio de US$ 1,5 milhão. O desafiante foi Watson, um supercomputador cujo nome homenageia o primeiro presidente da IBM, Thomas Watson Sr. No decorrer de três dias, Watson superou tanto Brad Rutter, o maior ganhador de dinheiro de todos os tempos no *Jeopardy!*, e Ken Jennings, que foi campeão no programa por mais tempo – ou seja, dois homens contra um computador.

Foi uma derrota inevitável. Durante a competição, Watson teve acesso a 200 milhões de páginas de conteúdo, inclusive o texto completo da *Wikipedia*.[18] Para ser justa, a máquina não teve acesso à internet e só pôde utilizar o que estava armazenado em seu cérebro de 16 terabytes. Só que o cérebro de Watson é um sistema maciçamente paralelo composto de um agregado de 90 servidores IBM Power 750. O produto final conseguia manusear 500 gigabytes de dados por segundo, ou o equivalente a 3,6 bilhões de livros por hora.

E isso é apenas o hardware. O maior avanço foi o software DeepQA, que permite a Watson "entender" a linguagem natural – por exemplo, os tipos de perguntas e respostas encontradas em *Jeopardy!* Para tornar isso possível, Watson precisava não apenas entender o contexto, a gíria, as metáforas e os jogos de palavras, mas também coletar indícios, analisar dados e gerar hipóteses.

Claro que nem todas as coisas boas vêm em pequenos frascos. Atualmente é preciso uma sala de tamanho médio para manter Watson. Mas isso logo mudará. Se a Lei de Moore e o pensamento exponencial nos ensinaram algo, foi que o que enche uma sala hoje logo não precisará de mais que um bolso. Além disso, todo esse poder computacional em breve poderia ser abundante – abrigado em uma das muitas nuvens em desenvolvimento – a um custo mínimo ou nenhum custo.

Então o que podemos fazer com um computador assim? Bem, uma empresa chamada Nuance Communications (que já se chamou Kurzweil Computer Products, a primeira empresa criada por Kurzweil) associou-se à IBM, à faculdade de medicina da Universidade de Maryland e à Universidade de Colúmbia para enviar Watson à faculdade de medicina.[19]

ASSISTÊNCIA MÉDICA

"Watson tem o potencial de ajudar os médicos a reduzirem o tempo necessário para avaliar e diagnosticar corretamente um paciente", diz o dr. Herbert Chase, professor de medicina clínica em Colúmbia.[20] Ele também tem a capacidade de desenvolver opções de tratamento personalizadas para cada paciente, algo que o dr. Eliot Siegel, professor e vice-presidente do Departamento de Diagnóstico de Maryland, explica nestes termos: "Imagine um supercomputador capaz não apenas de armazenar e organizar os dados dos pacientes, mas também de interpretar prontuários médicos numa questão de segundos, analisar informações adicionais, pesquisar em revistas médicas e fornecer diagnósticos e tratamentos possíveis, calculando exatamente a probabilidade de cada resultado".[21]

Mas fornecer diagnósticos corretos depende de dispor de dados exatos, que uma conversa com o paciente nem sempre consegue fornecer. Mesmo o diagnosticador mais brilhante necessita de raios X, tomografias computadorizadas e exames de sangue para tomar a decisão certa. Mas a maioria dos equipamentos de alta tecnologia dos hospitais é grande, cara e faminta por energia – inadequada para o consumidor econômico e menos ainda para o mundo em desenvolvimento. Porém, agora faça a si mesmo aquela famosa pergunta do DIY: o que o agente MacGyver do *Profissão: Perigo* faria?

Bem, MacGyver esvaziaria seus bolsos e realizaria a tarefa com um rolo de fita adesiva, um guardanapo de papel e uma gota de cuspe – que, ao que se revela, é exatamente a solução de que precisamos.

Diagnóstico de custo zero

Fita adesiva? Está falando sério? Quando Carlos Camara iniciou seu doutorado na Universidade da Califórnia, em Los Angeles, para estudar física de alta densidade de energia, a última coisa que imaginou foi que logo se encontraria numa sala escura fazendo experiências com fita adesiva, ou que aquela fita conseguiria reduzir drasticamente os custos de assistência médica ao redor do mundo.[22] Tudo que ele sabia de início foi que certos materiais, quando triturados, criam luz – motivo por que uma bala Life Savers de gaultéria quando mastigada emite um pequeno brilho. O fenômeno se chama triboluminescência. Camara estava testando a triboluminescência num vácuo moderado e descobriu que certos materiais, além de liberarem luz visível, também liberam raios X. Portanto a pergunta tornou-se: quais materiais? Ele começou testando uma grande variedade. Aí a coisa aconteceu. Camara abriu uma fita adesiva no escuro. "Fiquei chocado", ele conta. "Além de ser um dos materiais mais brilhantes que já testei, também gerava raios X."

Aquela foi uma grande notícia. Chegou à capa da *Nature*,[23] depois apareceu num episódio da série *Bones*.[24] Pouco depois de sua estreia na televisão, Camara aliou-se ao empresário Dale Fox, que abrira uma série de empresas, para fundarem a Tribogenics, com o objetivo de construir a máquina de raios X menor e mais barata do mundo.[25] Em vez de um dispositivo do tamanho de uma lavadora de louças de um quarto de milhão de dólares dependendo de tecnologia do século 19 – basicamente, válvulas conectadas a uma fonte de energia –, o componente-chave da versão da Tribogenics (o que Camara chama de um "pixel de raio X") custa menos de US$ 1, tem metade do tamanho de um *pen drive* e usa a triboluminescência para criar raios X. Grupos desses pixels podem ser dispostos em qualquer tamanho ou formato. Uma matriz de 36 por 43 centímetros tira um raio X do tórax. Uma curva longa fornece uma tomografia. Como esses pixels requerem pouquíssima energia – menos de um centésimo daquela de uma máquina de raios X tradicional – um painel solar ou manivela consegue acioná-los. "Imagine um conjunto radiológico inteiro numa pasta", continua Fox. "Algo alimentado por baterias ou energia solar, facilmente transportável e capaz de diagnosticar desde um braço quebrado até uma obstrução abdominal. Esse aparelho trará um nível totalmente novo de assistência médica para a medicina de campo e o mundo em desenvolvimento."

Fox vê possibilidades adicionais na mamografia. "Atualmente a mamografia requer uma máquina cara, grande, estática, que tira uma foto bidimensional grosseira. Mas imagine um 'sutiã' com emissores de pixels de raios X minúsculos no alto e sensores de raios X embaixo. Ele é autocontido, autoalimentado, possui uma rede habilitada por 3G ou Wi-Fi e pode ser enviado a uma paciente numa caixa de Sedex. A paciente coloca o sutiã, aperta um botão, e o médico aparece online e começa a conversar. 'Oi. Preparada para tirar sua mamografia? Não se mexa.' Os pixels de raios X disparam, os de-

ASSISTÊNCIA MÉDICA

tectores reúnem e transmitem a imagem, e o médico a interpreta no mesmo instante. A paciente remete o pacote de volta, e assunto está resolvido. Com pouco tempo e pouco dinheiro."

A matriz de pixels de raios X é o primeiro passo rumo ao que o professor de química de Harvard, transformado em superempresário, George Whitesides denomina "diagnóstico de custo zero".[26] Whitesides pretende reduzir o custo de diagnóstico das doenças ao mínimo possível, e aqui na terra de MacGyver esse custo é bem baixo. Com esse intento, Whitesides recentemente voltou sua atenção para as doenças que acometem o bilhão ascendente. A única forma de desenvolver as vacinas necessárias para combater HIV, malária e tuberculose é achar um método de diagnosticar e monitorar, de forma precisa e barata, grandes números de pacientes. Não dá para fazer isso com a tecnologia atual.

Assim Whitesides se inspirou no modelo de desenvolvimento da base da pirâmide de CK Prahalad. Em vez de começar com uma máquina de US$ 100 mil e tentar reduzir substancialmente seu custo, ele começou com os materiais mais baratos disponíveis: um pedaço de papel com cerca de um centímetro quadrado, capaz de absorver líquidos. Coloque uma gota de sangue ou urina no canto do papel de Whitesides, que o líquido será absorvido, migrando pelas fibras.[27] Um polímero hidrofóbico impresso nessa página orienta o líquido pelos canais corretos, rumo a um conjunto de poços de teste, onde a amostra interage com reagentes específicos, fazendo com que o papel assuma diferentes cores. Uma câmara testa a glicose na urina, tornando-se marrom na presença de açúcar. Outro fica azul na presença de proteína. Como papel não custa muito caro, o objetivo de Whitesides do diagnóstico de custo zero não está tão distante. "O maior custo é a impressora de cera térmica", ele diz. "Essas impressoras custam uns US$ 800 cada. Se você as utiliza 24 horas por dia, cada uma consegue fazer uns 10 milhões de exames por ano, de modo que o problema está resolvido."

O último componente de nossa trinca de MacGyver – a amostra de cuspe – é ainda mais promissor. É o insumo necessário para a já mencionada matriz Lab-on-a-Chip desenvolvida pela dra. Anita Goel em sua empresa Nanobiosym. Ponha uma gota de saliva (ou sangue) nas plataformas de nanotecnologia de Goel, que a assinatura do DNA e RNA de qualquer patógeno em seu sistema será detectado, nomeado e informado a um supercomputador central – conhecido também como Dr. Watson.[28] Esses chips são um passo sério rumo ao diagnóstico de custo zero e um componente crucial para ajudar a solucionar os três grandes desafios da assistência médica: deter as pandemias, reduzir a ameaça do bioterrorismo e tratar de doenças generalizadas como a Aids. A tecnologia mChip, criada na Universidade de Colúmbia, já está desmonetizando e desmaterializando o processo do teste do HIV.[29] O que antes requeria longas visitas médicas, um frasco de sangue e dias ou semanas de espera ansiosa agora dispensa a visita e necessita de uma só gota de sangue e uma leitura de 15 minutos, tudo por menos de US$ 1 usando um chip óptico microfluídico menor que um cartão de crédito.

Como Dr. Watson logo estará acessível por um dispositivo móvel, e esse dispositivo móvel dispõe de GPS, o computador pode diagnosticar sua infecção *e* detectar uma incidência anormal de, digamos, sintomas de gripe em Nairobi – alertando assim a OMS para uma possível pandemia. Ainda melhor, como o custo marginal do diagnóstico de Watson é simplesmente a despesa do poder de computação (que é realmente apenas o custo da eletricidade), o custo cai para centavos. Para ajudar a acelerar esse processo, em 10 de maio de 2011, a empresa de celulares Qualcomm associou-se à Fundação X PRIZE e anunciou planos de desenvolver o PRÊMIO X Qualcomm Tricorder[30] – *tricorder* é a tecnologia de exame médico de *Star Trek*. Essa competição oferecerá US$ 10 milhões à primeira equipe capaz de demonstrar um dispositivo móvel de baixo custo e amigável com o consumidor capaz de diagnosticar um paciente com mais eficiência do que uma banca de médicos diplomados.

Mas mesmo todo esse pensamento no estilo de MacGyver fica aquém de nossas metas derradeiras de assistência médica, pois saber o que está errado com um paciente é apenas metade da batalha. Precisamos também ser capazes de tratar e curar esse paciente. Já abordamos muitas das doenças "evitáveis" por meio do uso de água limpa, energia limpa, nutrição básica e encanamento domiciliar, mas existe outra categoria a considerar: doenças facilmente tratáveis e/ou curáveis. Muitas delas requerem apenas medicamentos simples, mas outras pedem intervenção cirúrgica. Assim como a tecnologia revolucionou o diagnóstico, não seria ótimo poder fazer o mesmo com a cirurgia?

ASSISTÊNCIA MÉDICA

Sistema Cirúrgico da Vinci

De acordo com a Organização Mundial de Saúde, a catarata relacionada à idade é a maior causa mundial de cegueira, representando 18 milhões de casos, principalmente na África, Ásia e China.[31] A catarata é uma turvação do cristalino normalmente transparente do olho. Embora possa ser facilmente removível, e essa forma de cegueira completamente curada, os serviços cirúrgicos em muitos países em desenvolvimento são inadequados, inacessíveis e caros demais para grande parcela da população afetada.

A melhor chance que muitos têm é uma organização humanitária sem fins lucrativos chamada ORBIS International, que ensina cirurgia de catarata em países em desenvolvimento e opera o Hospital "Olhos Voadores".[32] O DC-10 adaptado da ORBIS voa até uma região, com médicos, enfermeiras e técnicos a bordo. Lá a equipe fornece tratamento a um número limitado de casos e treina médicos locais. Mas somente certo número de médicos consegue ser treinado assim. A médica e especialista em robótica Catherine Mohr prevê um futuro sem essas limitações. "Imagine", ela diz, "robôs especializados capazes de conduzir esse tipo de cirurgia simples e repetitivo com total precisão, a um custo mínimo ou nulo."[33]

As versões iniciais desse tipo de robô cirúrgico, denominado Sistema Cirúrgico da Vinci, foram construídas pela empresa de Mohr, a Intuitive Surgical. O sistema surgiu do desejo da DARPA de afastar os cirurgiões da linha de combate sem que os feridos deixassem de ser tratados durante a primeira hora após o ferimento. A melhor forma de consegui-lo é com um robô cuidando do soldado ferido e um médico dirigindo a ação de um local remoto. Nos últimos anos, essa tecnologia evoluiu rapidamente, passando do campo de batalha para a sala cirúrgica, inicialmente a pedido de cirurgiões cardíacos que procuravam meios de operar sem dividir o esterno.[34] Depois foi adotada por cirurgiões que tentavam realizar prostatectomias e cirurgias de redução do estômago rápidas e repetitivas.[35] As versões atuais, como o robô cirúrgico Mako, são suficientemente hábeis para auxiliar ortopedistas em procedimentos delicados como implantação de próteses do joelho.[36]

A tecnologia atual não substitui completamente os cirurgiões. Em vez disso, aumenta suas habilidades e permite que operem remotamente. "Ao digitalizar plenamente uma imagem do local ferido em reparação", explica Mohr, "você põe uma camada digital entre o tecido e os olhos do cirurgião, que pode então ser acrescida de informações sobrepostas ou ampliada. Além disso, ao digitalizar os movimentos da mão e colocar uma camada digital entre o cirurgião e os instrumentos robóticos, você consegue remover o tremor, tornar os movimentos mais precisos e até transmitir as incisões cirúrgicas por uma longa distância, permitindo que um *expert* em Los Angeles realize uma cirurgia em Argel durante seu tempo livre sem perder vinte horas em aviões."

Nos próximos cinco a dez anos, Mohr prevê uma proliferação de robôs especializados menores que se estenderão bem além da remoção de cataratas. Um poderia lidar com a cirurgia de glaucoma, outro com a cirurgia de redução do estômago, enquanto um terceiro realizaria reparos dentários. Mohr acha que o horizonte de quinze a vinte anos é ainda mais empolgante. "No futuro, seremos capazes de detectar cânceres ao monitorar o sangue, a urina e a respiração e, uma vez detectado, removê-los roboticamente. O robô localizará a lesão cancerosa minúscula, inserirá uma agulha e a destruirá, como acontece atualmente com um câncer de pele."

Robô enfermeira

O câncer é apenas um dos problemas que nossa população mais velha terá de enfrentar. Na verdade, quando se trata de custos de assistência médica e qualidade de vida, cuidar dos idosos é uma despesa multitrilionária com a qual teremos de nos acostumar. Os membros mais velhos da geração *baby boomer* chegaram aos 65 anos em 2011. Quando a tendência alcançar o pico em 2030, somente nos Estados Unidos o número de pessoas com mais de 65 anos terá disparado para 71,5 milhões.[37] Nos países desenvolvidos, a população centenária está dobrando a cada década, elevando o total de 455 mil em 2009 para 4,1 milhões em 2050.[38] E a taxa de crescimento anual média daqueles acima dos 80 anos é o dobro da taxa de crescimento daqueles acima dos 60 anos.[39] Em 2050 teremos 311 milhões de octogenários no mundo.[40] À medida que perdem a capacidade de cuidar de si mesmos, muitos idosos, de

ASSISTÊNCIA MÉDICA

acordo com o National Center for Health Statistics, são enviados para asilos a um custo anual por pessoa entre US$ 40 mil e US$ 85 mil.[41] Resultado: com centenas de milhões de pessoas logo trilhando essa estrada, como pagaremos tudo isso?

Para o dr. Dan Barry, a resposta é fácil: deixem os robôs fazer o trabalho.[42] Barry traz um currículo eclético para o problema, incluindo um diploma de médico, um PhD, três voos em ônibus espacial, uma empresa de robótica e um papel de destaque como concorrente no *reality show* da TV, *Survival*. Barry também é copresidente de IA e robótica da Universidade da Singularidade, onde despende um bom tempo pensando sobre como os robôs podem ser aplicados ao futuro da assistência médica.[43] "A maior contribuição que os robôs darão à assistência médica é cuidar de uma população idosa: pessoas que perderam seus cônjuges ou a capacidade de cuidar de si próprios", ele diz. "Esses robôs estenderão seu tempo de vida independente, fornecendo apoio emocional, interação social e auxiliando em tarefas funcionais básicas como atender a campainha, acudir em caso de quedas ou auxiliar no banheiro. Estarão dispostos a ouvir a mesma história 25 vezes e dar a resposta apropriada a cada vez. E para aqueles com alguma disfunção ou necessidade sexual, esses robôs também desempenharão um papel importante."[44]

Quando esses robôs se tornarão disponíveis e quanto custarão? "Dentro de cinco anos", continua Barry, "chegarão ao mercado robôs capazes de reconhecer você, reagir aos seus movimentos e expressões faciais com atitudes emotivas identificáveis e realizar tarefas úteis em casa, como cuidar da faxina enquanto você dorme. Avance de quinze a vinte anos, e estaremos fornecendo companheiros robóticos com uma conversa real e variada, tornando-os capazes de servir como seu amigo, sua enfermeira, talvez até como seu psicólogo."

O custo previsto é quase tão chocante quanto suas capacidades. "Prevejo que os robôs iniciais custarão algo na ordem de US$ 1.000", diz Barry.[45] Ele passa a explicar que o custo de um telêmetro a laser tridimensional despencou de US$ 5 mil para uns US$ 150, devido à tecnologia nova e à escala maciça da produção para o Xbox Kinect da Microsoft.[46] Um telêmetro a laser de US$ 5 mil era a forma típica de um robô navegar por um ambiente entulhado", ele diz. "É surpreendente quão poderosos e baratos se tornaram.

O resultado é um tsunami de código e aplicativos novos e uma explosão no número de pessoas desenvolvendo robôs DIY. Assim que o preço caiu razoavelmente, um batalhão de estudantes de pós-graduação começou a brincar, experimentar e criar novos aplicativos espantosos."

Assim como os telêmetros a laser, todos os outros componentes do robô-enfermeira seguem curvas semelhantes de redução do preço.[47] Logo os sensores e o poder de computação requeridos estarão quase de graça. Tudo que resta por comprar é o corpo mecânico, razão pela qual Barry acredita que US$ 1.000 sejam uma boa estimativa para esses robôs. Portanto, se pressupusermos que a maioria dos octogenários em nosso futuro precisará de alguma forma de cuidados vitais, poderemos gastar (aos custos atuais) trilhões de dólares em asilos para idosos ou, como Barry sugere, deixar os robôs fazerem o trabalho.

A poderosa célula-tronco

No início da década de 1990, o exímio cirurgião de neurotrauma Robert Hariri estava se frustrando com sua especialidade, principalmente com as limitações do bisturi.[48] "Conseguíamos fazer alguns reparos limitados e manter as pessoas vivas após um acidente", ele diz, "mas a cirurgia não conseguia devolvê-las à normalidade." Portanto Hariri saiu em busca de meios de restaurar os processos de desenvolvimento naturais que permitem que o cérebro volte a crescer e a se reprogramar.[49] No final da década de 1990, ele percebeu que talvez conseguisse injetar células-tronco em pacientes para tratar e possivelmente curar doenças, do mesmo modo como se injetam remédios.[50] Hariri acreditava que, para explorar o verdadeiro potencial da medicina celular, precisava assegurar uma fonte estável de células-tronco para procedimentos futuros. Por isso criou sua primeira empresa para acumular células-tronco derivadas da placenta e cordões umbilicais de recém-nascidos. Quatro anos depois, a LifeBank/Anthrogenesis fundiu-se com a gigante de US$ 30 bilhões do ramo farmacêutico Celgene Corporation, que enxergou o potencial que a tecnologia tinha de reinventar a medicina.

ASSISTÊNCIA MÉDICA

Mas não é só a Celgene que pretende explorar esse filão. "Todos começamos como um único óvulo fertilizado que se desenvolve num organismo complexo com 10 trilhões de células, constituídas de mais de 200 tipos de tecidos, cada uma funcionado noite e dia em funções especializadas", diz o dr. Daniel Kraft, um especialista em transplantes de medula óssea (uma espécie de terapia de células-tronco) e presidente da área de medicina da Universidade da Singularidade. "As células-tronco impelem esse processo incrível de diferenciação, crescimento e reparo. Elas têm uma capacidade incomum de revolucionar muitos aspectos da assistência médica."[51]

O dr. Hariri concorda:

O potencial dessa tecnologia é imenso. Nos próximos cinco a dez anos, seremos capazes de usar as células-tronco para corrigir doenças autoimunes crônicas, como a artrite reumatoide, esclerose múltipla, colite ulcerosa, doença de Crohn e esclerodermia. Depois disso, creio que as doenças neurodegenerativas serão a próxima grande fronteira. Aí reverteremos os efeitos da doença de Parkinson, doença de Alzheimer, até mesmo dos derrames. E os tratamentos serão acessíveis também. A tecnologia de produção de células se aperfeiçoou muito nos últimos dez anos. Para dar uma ideia, passamos do pensamento de que a terapia celular custaria mais de US$ 100 mil para a crença de que será possível por uns US$ 10 mil. Nos próximos dez anos, creio que podemos reduzir bem mais os custos. Portanto estamos falando do potencial de "curar" doenças crônicas e revitalizar órgãos-chave por um preço inferior ao de um laptop novo.

E se o fígado ou rim falhar antes que se tenha uma chance de revitalizá-lo, não há o que temer: existe outra solução. Uma das patentes emitidas de Hariri, "A renovação e repopulação de matrizes de órgãos e tecidos cadavéricos por células-tronco", é a base do cultivo de órgãos novos e transplantáveis em laboratório, uma abordagem que o pioneiro em engenharia de tecidos Anthony Atala, do Centro Médico da Universidade de Wake Forest, demonstrou com sucesso.[52]

"Existe uma necessidade enorme de órgãos no mundo inteiro", diz Atala. "Nos últimos dez anos, o número de pacientes na lista de espera de transplantes de órgãos dobrou, enquanto o número de transplantes reais permaneceu estacionário. Até agora, conseguimos cultivar orelhas, dedos, uretras, válvulas cardíacas e bexigas inteiras em laboratório."

O próximo grande desafio de Atala é desenvolver um dos órgãos mais intricados do corpo humano: o rim. Cerca de 80% dos pacientes na lista de transplantes estão esperando por um rim.[53] Em 2008 ocorreram mais de 16 mil transplantes de rim só nos Estados Unidos.[54] Para realizar essa façanha, ele e sua equipe foram além do uso de matrizes de órgãos e tecidos cadavéricos e estão literalmente "imprimindo em 3-D" versões preliminares do órgão. "Começamos usando uma impressora a jato de tinta normal que adaptamos para imprimir camadas de células, uma de cada vez", ele explica. "Conseguimos imprimir uma miniatura de rim em poucas horas." Conquanto o órgão completo talvez necessite de mais uma década de trabalho, Atala mostra um otimismo cauteloso, dado que seções de seu tecido renal impresso já estão excretando uma substância semelhante à urina.

"Seja na regeneração de órgãos ou no reparo de tecidos afetados pelo envelhecimento, trauma ou doença", diz o dr. Kraft, "esse campo dinâmico causará impacto sobre quase toda a área clínica. A invenção recente de células-tronco pluripotentes induzidas,[55] que podem ser geradas pela reprogramação das próprias células da pele do paciente, fornece um acesso livre de controvérsia para essa tecnologia poderosa. E com a convergência iminente das células-tronco, engenharia de tecidos e impressão 3-D, logo teremos um arsenal potentíssimo para alcançar a assistência médica abundante."

Previsora, personalizada, preventiva e participativa

Embora muitos acreditem que as células-tronco logo nos tornarão capazes de reparar e substituir órgãos deficientes, se a medicina P4 realizar sua missão, a situação talvez nunca se torne tão desesperadora assim.[56] P4 designa "previsora, personalizada, preventiva e participativa" e é para onde a assistência médica está avançando. O sequenciamento barato, ultrarrápido e com qualidade médica do genoma, aliado ao poder computacional maciço, nos põe a caminho das duas primeiras categorias: medicina previsora e personalizada.

ASSISTÊNCIA MÉDICA

Durante os últimos dez anos, os custos do sequenciamento caíram do histórico genoma de US$ 100 milhões de Craig Venter em 2001[57] a uma versão igualmente precisa que deverá custar US$ 1.000. Empresas como a Illumina, Life Technologies e Halcyon Molecular estão disputando o mercado de sequenciamento de US$ 1 trilhão.[58] Logo todo recém-nascido terá seu próprio genoma sequenciado. Perfis genéticos farão parte dos cuidados corriqueiros aos pacientes.[59] O DNA de tumores de vítimas de câncer será analisado, e o resultado será objeto de um enorme trabalho de correlação de dados. Se realizados apropriadamente, todos os três projetos renderão um sem-número de previsões úteis, mudando a medicina de passiva e genérica para previsora e personalizada. Em suma, cada um de nós saberá quais doenças os nossos genes reservam para nós, o que fazer para impedir seu início e, caso adoeçamos, quais medicamentos são mais eficazes para nossa herança singular.

Mas o sequenciamento rápido do DNA é apenas o começo do atual renascimento da biotecnologia. Estamos também desvendando a base molecular das doenças e assumindo o controle da expressão genética de nosso corpo, que juntos poderão criar uma era de medicina personalizada e preventiva. Um exemplo é o potencial de curar o que a OMS agora reconhece como uma epidemia global: a obesidade.[60] O culpado genético aqui é o gene receptor de insulina de gordura, que instrui nosso corpo a conservar cada caloria que consome.[61] Esse gene era útil na era antes da invenção do Whole Foods e McDonald's, quando os hominídeos primitivos nunca tinham certeza quanto à próxima colheita ou refeição. Mas em nossa era do *fast-food*, essa regra genética tornou-se uma sentença de morte.

Entretanto, uma tecnologia nova chamada interferência do RNA (iRNA) desativa genes específicos pelo bloqueio do RNA mensageiro que produzem. Quando pesquisadores de Harvard usaram a iRNA para bloquear o receptor de insulina de gordura em camundongos, os animais consumiram muitas calorias, mas permaneceram magros e saudáveis.[62] Como um adicional, viveram quase 20% mais tempo, obtendo os mesmos benefícios da restrição calórica, sem o sacrifício doloroso de uma dieta extremada.

A medicina participativa é a quarta categoria do futuro de nossa assistência médica. Habilitado pela tecnologia, cada um de nós está se tornando o CEO de sua própria saúde. O telefone celular vem sendo transformado num centro de controle onde dados em tempo real de nosso corpo podem ser captados, exibidos e analisados, habilitando cada um de nós a tomar decisões de saúde importantes, dia após dia, momento por momento. Empresas de genômica pessoal como a 23andMe e Navigenics, enquanto isso, permitem aos usuários obterem uma compreensão mais profunda de sua constituição genética e implicações para a saúde.[63] Mas igualmente importante é o efeito do nosso ambiente e escolhas diárias – que é onde uma nova geração de tecnologia de sensoriamento entra em jogo.

"Os sensores despencaram em termos de custo, tamanho e consumo de energia",[64] explica Thomas Goetz, editor executivo da *Wired* e autor de *The decision tree: Taking control of your health in the new era of personalized medicine* ("A árvore de decisão: Assumindo o controle de sua saúde numa era de medicina personalizada").[65] "Um sensor de guia de um míssil balístico intercontinental dos anos 1960 costumava custar US$ 100 mil e pesar muitos quilos. Agora essa mesma capacidade cabe num chip e custa menos de US$ 1." Aproveitando-se dessas novidades, membros de movimentos como Quantified Self (Eu Quantificado) estão aumentando o autoconhecimento por meio do autorrastreamento. Atualmente estão rastreando tudo: dos ciclos de sono às calorias queimadas e sinais de eletrocardiograma em tempo real.[66] Em breve, quem optar por seguir essa rota será capaz de medir, registrar e avaliar cada aspecto de sua vida: da química do sangue e regime de exercícios ao que come, bebe e respira. Nunca mais a ignorância será uma desculpa válida para não cuidarmos de nós.

Uma era de assistência médica abundante

Como deve estar claro, o campo da assistência médica está adentrando um período de transformação explosiva.[67] Contudo, os principais propulsores não são apenas tecnológicos. À medida que a geração *baby boomer* envelhece, seus integrantes mais ricos não pouparão dinheiro por um pouco mais de qualidade de vida com seus entes queridos. Desse modo, cada tecnologia nova acaba inevitavelmente beneficiando os serviços de saúde, impulsionada por uma população mais velha, rica e motivada.

ASSISTÊNCIA MÉDICA

Assim como os magnatas de Wall Street que conversavam em telefones celulares do tamanho de uma maleta nos anos 1970 permitiram o desenvolvimento de centenas de milhões de aparelhos Nokia agora espalhados pela África Subsaariana, também os bilhões de dólares em pesquisas de assistência médica e as invenções empresariais descritas neste capítulo logo beneficiarão todos os 9 bilhões de seres humanos. E dada a natureza rigorosa, um tanto calcificada, do processo regulatório da assistência médica no Primeiro Mundo, temos todas as razões para acreditar que várias dessas tecnologias revolucionárias chegarão primeiro às regiões menos burocráticas do mundo em desenvolvimento, antes de serem legalmente autorizadas para a classe média norte-americana.

Embora o mundo em desenvolvimento com certeza venha a se beneficiar dessas curas de alta tecnologia, a fato é que a maioria de suas necessidades ainda são básicas: mosquiteiros e medicamentos antimalária, antibióticos para combater bronquite e diarreia, educação sobre as realidades do HIV e a necessidade da contracepção. Em muitos casos, os remédios já existem, mas falta a infraestrutura. Porém, uma série de programas educacionais habilitados por celular que existem atualmente podem ajudar.[68] O projeto Masiluleke, por exemplo, na África do Sul, lança mão de mensagens de texto para transmitir um boletim de conscientização sobre o HIV.[69] O Projeto Text4Baby da Johnson & Johnson atendeu mais de 20 milhões de mulheres grávidas e novos pais e mães na China, na Índia, no México, em Bangladesh, África do Sul e Nigéria.[70] Também aí tecnofilantropos, como Bill Gates e sua guerra à malária, podem fazer uma enorme diferença.[71] Em última análise, porém, atender às necessidades médicas do mundo inteiro pressupõe dotar o bilhão ascendente dos recursos básicos – comida, água, energia e educação –, ao mesmo tempo em que se implementam os avanços delineados neste capítulo. Se conseguirmos fazê-lo, poderemos criar uma era de assistência médica abundante.

CAPÍTULO 16

LIBERDADE

Poder para o povo

A liberdade, o tema deste capítulo, constitui o topo de nossa pirâmide e o ponto onde este livro deve se tornar um pouco filosófico. Em outras seções, exploramos como a combinação de colaboração e tecnologia exponencial pode conspirar para melhorar as vidas nas próximas décadas. Mas os produtos naqueles capítulos são bens e serviços: comida, água, educação, assistência médica e energia. A liberdade se enquadra em uma categoria diferente. É uma ideia e acesso a ideias. É um estado de ser, um estado de consciência e um modo de vida. Além disso tudo, trata-se de um termo genérico cujos significados variam do direito de reunir umas poucas pessoas em torno de uma mesa de café ao direito de carregar uma arma automática por uma rua da cidade – ou seja, a liberdade também é uma série de coisas além do escopo deste livro.

Dentro do nosso escopo estão a liberdade econômica, os direitos humanos, a liberdade política, a transparência, o livre fluxo de informações, a liberdade de expressão e a capacitação do indivíduo. Todas essas categorias são impactadas diretamente pelas forças da mudança discutidas neste livro, e todas essas liberdades são liberadas no caminho para a abundância. Veremos uma a uma.

LIBERDADE

Não ter comida e bebida suficientes, não ter como obter remédios para doenças tratáveis, não ter acesso a roupas, abrigo, assistência médica acessível, educação ou saneamento – tudo isso são, citando o Prêmio Nobel Amartya Sen, "grandes fontes de falta de liberdade".[1] Como os capítulos anteriores deixaram claro, os exponenciais já estão impactando essa área. Sejam as ofertas algébricas da Academia Khan ou o purificador de água Slingshot de Dean Kamen, essas ferramentas da prosperidade dão fortes contribuições como paladinos da libertação: liberando tempo e dinheiro, melhorando a qualidade de vida e dando ainda mais oportunidades à oportunidade. Essa tendência continuará. Com cada pequeno passo na direção da água limpa e energia barata ou qualquer outro nível de nossa pirâmide, essas liberdades básicas são as beneficiárias diretas do progresso.

Os direitos humanos também têm sido ajudados pelos exponenciais. O site Ushahidi foi criado para mapear casos de violência no Quênia, mas seu sucesso levou a um surto de "mapeamento ativista".[2] Essa combinação de ativismo social, jornalismo cidadão e mapeamento geoespacial por voluntários tem sido usada em países ao redor do mundo para defender os direitos humanos. O mapeamento ativista protege minorias sexuais na Namíbia,[3] minorias étnicas no Quênia e vítimas potenciais de abuso militar na Colômbia.[4] Sites como World Is Witness (O Mundo É Testemunha) documentam histórias de genocídio,[5] enquanto sites como *WikiLeaks* denunciam todo tipo de violações dos direitos humanos.[6]

WikiLeaks também é um exemplo de como as tecnologias de informação e comunicações (conhecidas pela sigla inglesa ICT) promovem a liberdade política e maior transparência – embora não seja o único. Em 2009, uma versão do Ushahidi foi modificada para permitir aos cidadãos mexicanos policiarem suas próprias eleições,[7] enquanto os ativistas do Enough Is Enough (Basta!) da Nigéria, auxiliados por uma subvenção de US$ 130 mil da Rede Omidyar, utilizam o Twitter, Facebook e ferramentas de mídia social local para fornecer um portal online não partidário e abrangente que ajuda no registro de eleitores, fornece informações sobre os candidatos e monitora as eleições.[8] Sem dúvida, o maior impacto das ICT tem sido na intersecção da transparência e liberdade sociopolítica. Antes do advento da internet, um homem homossexual tímido que vivesse no Paquistão sofreria humilhações.

Agora, embora sua vida continue difícil, ao menos esse homem está a uns cliques de mouse de distância dos conselhos e solidariedade de milhões de outras pessoas em situação semelhantes.

Que o livre fluxo de informações se beneficiou mais do advento das comunicações móveis e da internet é óbvio. Como já mencionamos, a maior parte das pessoas, mesmo aquelas nas mais pobres nações em desenvolvimento, agora têm acesso a sistemas de telefonia móvel melhores do que os do presidente dos Estados Unidos vinte anos atrás, e se estiverem conectadas à internet, têm acesso a mais conhecimentos do que o presidente quinze anos atrás. O livre fluxo de informações tornou-se tão importante para todos que em 2011 as Nações Unidas declararam o "acesso a internet" um direito humano fundamental.

A liberdade de expressão também encontrou muitos aliados na Era da Informação. "Pense nestes termos", diz o presidente executivo da Google, Eric Schmidt. "Passamos de uma estrutura de mensagens hierárquica, onde as pessoas captam as transmissões, e as informações geralmente tinham um contexto local, para um modelo onde todo mundo é um organizador, um transmissor, um blogueiro, um comunicador."[9] Claro que restam por enfrentar questões difíceis ligadas à censura (o chamado Grande Firewall da China, para início de conversa),[10] mas resta o fato de que nunca antes na história o cidadão comum teve o poder de se fazer ouvir e acesso a um público global. E tampouco esse acesso está em risco. "A internet tende a mudar o poder de instituições centralizadas para muitos líderes que representam diferentes comunidades", contou recentemente Ben Scott, consultor político sobre inovação da secretária de Estado Hillary Clinton, ao *Christian Science Monitor*. "Os governos que querem a censura estão travando uma batalha contra a natureza da tecnologia."[11]

Mas de todas as categorias em questão, a autocapacitação tem sido e continuará a mais significativamente afetada pela onda crescente da abundância. Tão importante é essa mudança e – para o bem ou para o mal – tão poderosos são seus efeitos que passaremos as próximas seções examinando-a em profundidade.

LIBERDADE

Um milhão de vozes

Em 2004, enquanto cursava a pós-graduação na Universidade de Oxford, Jared Cohen decidiu que queria visitar o Irã.[12] Como a postura do Irã contra os Estados Unidos baseia-se parcialmente no apoio norte-americano a Israel, Cohen – um judeu norte-americano – não acreditou que tivesse grandes chances de obter um visto. Seus amigos disseram que nem valia a pena tentar. *Experts* disseram que estava perdendo seu tempo. Mas após quatro meses e dezesseis idas à embaixada iraniana em Londres, recebeu permissão de viajar para, como Cohen mais tarde contou em seu livro *Children of jihad: A young American's travels among the youth of the Middle East* ("Filhos da jihad: Viagens de um jovem americano entre os jovens do Oriente Médio"),[13] "um país que o presidente Bush menos de dois anos antes rotulara de um dos três membros do 'eixo do mal'".

O propósito da viagem de Cohen foi aumentar seu conhecimento das relações internacionais. Ele queria entrevistar líderes da oposição, autoridades governamentais e outros reformadores, mas após bem-sucedidas conversas com o vice-presidente iraniano e diversos membros da oposição, a Guarda Revolucionária invadiu seu quarto de hotel certa noite bem tarde, achou sua lista de entrevistas potenciais e frustrou seus planos. Mas em vez de deixar o Irã e voar de volta à Inglaterra derrotado, Cohen decidiu explorar o país e ver que tipo de amigos havia feito na viagem.

Ele fez muitos amigos, a maioria jovens. Dois terços do Irã têm menos de 30 anos.[14] Cohen intitulou-os de "a verdadeira oposição", um movimento jovem maciço, não especialmente dogmático, ansioso pela cultura ocidental e sufocando sob o atual regime. Descobriu também que a tecnologia vinha permitindo que esse movimento florescesse – uma lição que se consolidou para ele num cruzamento movimentado no centro de Shiraz, onde Cohen observou meia dúzia de adolescentes e jovens de vinte e poucos anos encostados nas paredes de prédios, contemplando seus celulares.

Perguntou a um rapaz o que estava acontecendo e foi informado de que era ali que todo mundo vinha usar o Bluetooth para se conectar à internet.

– Vocês não têm medo? – perguntou Cohen. – Estão fazendo isso publicamente. Não têm medo de serem presos?

O rapaz fez um sinal de não com a cabeça.

– Ninguém com mais de trinta anos sabe o que é Bluetooth.

Foi aí que lhe ocorreu: a tecnologia digital agia como uma barreira entre as gerações, abrindo uma janela de oportunidade. Em países onde a liberdade de expressão não passava de um sonho, as pessoas com conhecimentos tecnológicos básicos de repente tinham acesso a uma rede de comunicações privada. Como as pessoas de menos de 30 anos constituem a maioria no mundo muçulmano, Cohen passou a acreditar que a tecnologia poderia ajudá-las a cultivar uma identidade não baseada na violência radical.

Essas ideias foram bem-vindas no Departamento de Estado norte-americano. Quando Cohen tinha 24 anos, a secretária de Estado Condoleezza Rice o contratou como o membro mais jovem de sua equipe de planejamento político. Ele ainda participava da equipe alguns anos depois, quando relatos estranhos de enormes protestos anti-Farc começaram a surgir.[15] As Farc, ou Forças Armadas Revolucionárias da Colômbia, um grupo insurgente marxista-leninista colombiano existente havia quarenta anos, vinha se dedicando ao terrorismo, tráfico de drogas e armas, e sequestros. Pontes eram explodidas, aviões eram derrubados, cidades eram aterrorizadas. Entre 1999 e 2007, as Farc controlavam 40% da Colômbia.[16] Os sequestros haviam se tornado tão comuns que, no início de 2008, 700 pessoas eram mantidas em cativeiro[17] incluindo a candidata presidencial colombiana Íngrid Betancourt – sequestrada durante a campanha de 2002. Mas subitamente, e aparentemente do nada, em 5 de fevereiro de 2008, em cidades do mundo inteiro, 12 milhões de pessoas acorreram às ruas, protestando contra os rebeldes e exigindo a libertação dos reféns.

Ninguém no Departamento de Estado entendeu direito o que estava acontecendo. Os manifestantes apareceram espontaneamente. Pareciam não ter líderes. Mas o encontro parecia ter sido de algum modo coordenado pela internet. Como Cohen era o sujeito mais jovem disponível – aquele que supostamente "sacava" de tecnologia – pediram que fosse descobrir. Ao tentar fazê-lo, Cohen constatou que um engenheiro de computadores colombiano chamado Oscar Morales poderia ter sido o responsável.[18] "Liguei de surpresa para o sujeito", relata Cohen. "Oi. Como vai? Poderia me contar como você fez isso?"

O que Morales fizera para trazer milhões de pessoas às ruas num país onde, por décadas, quem dissesse algo contra as Farc seria sequestrado, morto ou coisa pior? Ele havia criado um grupo no Facebook chamado Um Milhão de Vozes Contra as Farc. Na página, digitou, em letras maiúsculas, quatro pedidos simples: "CHEGA DE SEQUESTROS, CHEGA DE MENTIRAS, CHEGA DE MORTES, CHEGA DE FARC".

"Na época, não me importava se apenas cinco pessoas aderissem", contou Morales. "O que eu realmente queria fazer era reagir e criar um precedente: nós, jovens, não toleramos mais o terrorismo e sequestros."

Morales terminou de criar sua página no Facebook às 3 h da madrugada de 4 de janeiro de 2008 e depois foi dormir. Ao acordar, doze horas depois, o grupo tinha 1.500 membros. Um dia depois eram 4 mil. Três dias depois, 8 mil. Aí as coisas realmente se tornaram exponenciais. Ao final da primeira semana, a quantidade de membros chegara a 100 mil. Mais ou menos naquele momento Morales e seus amigos decidiram que estava na hora de sair do mundo virtual e ingressar no mundo real.

Apenas um mês depois, com a ajuda de 400 mil voluntários, Um Milhão de Vozes mobilizou cerca de 12 milhões de pessoas em 200 cidades de 40 países, com 1,5 milhão saindo às ruas só em Bogotá.[19] Os protestos geraram tamanha publicidade que as notícias penetraram nas profundezas dos territórios controlados pelas Farc, onde dificilmente chegavam quaisquer informações. "Quando os soldados das Farcs souberam quantas pessoas eram contra eles", diz Cohen, "perceberam que a guerra dera uma virada. Como resultado, houve uma onda maciça de desmilitarização."

Cohen ficou fascinado. Voou até a Colômbia para se encontrar com Morales. O que mais o surpreendeu foi a estrutura da organização. "Tudo que vi tinha a estrutura de uma verdadeira organização não governamental – mas não havia nenhuma ONG. Havia a internet. Você tinha seguidores em vez de membros, voluntários em vez de funcionários pagos. Mas aquele sujeito e seus amigos no Facebook ajudaram a derrubar as Farc." Para Cohen e o resto do Departamento de Estado, tratava-se de um divisor de águas. "Foi a primeira vez que percebemos a importância de plataformas sociais como o Facebook e o impacto que poderiam ter sobre a capacitação dos jovens."

Foi mais ou menos nessa época que Cohen decidiu que a tecnologia precisava ser uma parte fundamental da política externa dos Estados Unidos. Ele encontrou aliados receptivos no governo Obama. A secretária de Estado Clinton havia dado alta prioridade ao uso estratégico de tecnologia, que ela denominou a "política do século 21".[20] "Vivemos num momento da história humana em que temos o potencial de nos engajarmos nessas formas novas e inovadoras de diplomacia", disse a secretária Clinton, "e também de usá-las para ajudar os indivíduos a capacitarem seu desenvolvimento."[21]

Com essa finalidade, Cohen passara a se preocupar cada vez mais com o abismo entre os desafios locais nas nações em desenvolvimento e as pessoas que produziam as ferramentas de alta tecnologia do século 21. Assim, como membro do Departamento de Estado, começou a levar executivos da tecnologia ao Oriente Médio, basicamente ao Iraque. Entre os convidados esteve Jack Dorsey, o fundador do Twitter. Seis meses após aquela viagem, quando manifestantes pós-eleições iranianos invadiram as ruas de Teerã, e a censura às notícias ameaçava as linhas tradicionais de comunicação, Cohen ligou para Dorsey pedindo que adiasse uma manutenção de rotina que tiraria o Twitter do ar.[22] E o resto, como dizem, é história.

Claro que o Twitter logo se tornou a única comunicação disponível com o mundo exterior, e embora a revolução do Twitter não derrubasse o governo iraniano, todos aqueles eventos, combinados com os esforços de Morales e outras campanhas de ativismo baseadas na internet, abriram caminho para o que logo denominaríamos Primavera Árabe (voltaremos ao assunto adiante).

"Aquilo não aconteceu intencionalmente", diz Cohen. "O Bluetooth foi uma tecnologia inventada para que as pessoas pudessem conversar enquanto dirigiam – nenhum de seus criadores esperava que sua rede ponto-a--ponto seria usada para contornar um regime opressivo. Mas a mensagem dos acontecimentos nos últimos anos é clara: as tecnologias de informação e comunicações modernas são as melhores ferramentas de autocapacitação que já vimos."

LIBERDADE

Bits em vez de bombas

Em 2009, quando ainda era CEO da Google (antes de se tornar presidente executivo), Eric Schmidt foi ao Iraque a pedido de Jared Cohen e do Departamento de Estado. Durante a viagem, Schmidt e Cohen tornaram-se amigos. Tiveram longas conversas sobre a reconstrução do país e como a tecnologia poderia ter desempenhado um papel bem anterior no projeto. O Iraque, sob o ditador Saddam Hussein, não tinha estrutura de telefones celulares. Os Estados Unidos haviam gasto mais de US$ 800 bilhões na mudança do regime mas, nas palavras de Schmidt, "o que deveríamos ter feito é instalar cabos de fibra óptica e construir uma infraestrutura para capacitar os cidadãos iraquianos".

A ideia levou a dupla a uma percepção interessante: a tecnologia, ao menos em sua forma atual, parece favorecer a capacitação individual. Schmidt explica mais: "O indivíduo passa a decidir o que fazer, em oposição aos sistemas tradicionais, mas isso tem uma série de implicações. A tecnologia não capacita apenas as pessoas boas, capacita também as ruins. Todo mundo pode ser um santo, ou todo mundo pode ser um terrorista".

Essa não é uma questão trivial. A internet mostrou-se uma ferramenta de recrutamento fantástica para o Hamas, Hezbollah e Al Qaeda.[23] Em 2011, os terroristas que rumaram de Karachi a Mumbai usaram dispositivos GPS para navegar, telefones por satélite para se comunicar e mapas do Google para localizar seus alvos.[24] No Quênia, mensagens de texto odiosas serviram para coordenar ondas de violência étnica após a eleição contestada de 2007.[25] Mas foi também no Quênia que foi criado o já citado Ushahidi. Schmidt sente que sites assim são uma importante contraforça. "Temos mais segurança quando a maioria das pessoas está capacitada", ele diz. "Pessoas tecnologicamente capacitadas podem contar coisas, podem informar coisas, podem tirar fotos."

Em novembro de 2010, alguns meses antes de deixar o Departamento de Estado para ingressar na Google como diretor de ideias,[26] Cohen se aliou a Schmidt para escrever "The Digital Disruption" ("O Distúrbio Digital"), um artigo para a revista *Foreign Affairs* que examinou o impacto que as ICT terão sobre as relações internacionais nos próximos dez anos aproximadamente.[27] Como base de seus prognósticos, a dupla empregou uma combinação do sistema político atual de uma nação e o estado atual de sua tecnologia das comunicações. Países fortes como os Estados Unidos e os gigantes europeus e asiáticos parecem capazes de regulamentar o que Cohen e Schmidt denominam "o estado interconectado" de formas, que refletem os valores nacionais. Governos autocráticos, corruptos ou instáveis parcialmente conectados, porém, poderiam se mostrar voláteis. "Em muitos casos", eles escrevem, "a única coisa que detém a oposição é a falta de ferramentas organizacionais e de comunicações, que as tecnologias da conexão ameaçam fornecer de forma barata e ampla."

Foi exatamente isso que vimos na Primavera Árabe. Uma das características definidoras das revoluções que varreram o Oriente Médio no início de 2011 foi seu uso de tecnologias de comunicações.[28] Durante os protestos no Cairo, Egito, que derrubaram o presidente Hosni Mubarak, um ativista sintetizou isso muito bem numa mensagem no Twitter: "Usamos o Facebook para marcar os protestos, o Twitter para coordenar e o YouTube para informar ao mundo".[29]

Porém essa é uma faca de dois gumes. No Egito, o governo bloqueou a internet para sufocar a revolta. No Sudão, manifestantes foram detidos e torturados para revelarem a senha no Facebook. Na Síria, mensagens pró-governo apareceram em páginas de dissidentes no Facebook, e o *hashtag* Twitter #Syria – que divulgara notícias dos protestos – foi inundado por placares de esportes e outras trivialidades. Assim como, alguns anos atrás, tornou-se comum falar da Web 2.0, estamos agora vendo a Repressão 2.0", Daniel B. Baer, secretário-adjunto de Estado para democracia, direitos humanos e trabalho, contou ao *Washington Post*.[30] E a Repressão 2.0 logo poderá dar lugar à Repressão 3.0, à medida que os governos autoritários forem se familiarizando mais com a tecnologia à sua disposição. Em *The Net delusion: The dark side of Internet freedom* ("A ilusão da Rede: O lado sombrio da liberdade da internet"), escreve Evgeny Morozov, um editor colaborador da *Foreign Office* e pesquisador da New America Foundation:

O Google já baseia os anúncios que nos mostra nas nossas pesquisas e nos textos de nossos e-mails. O Facebook pretende tornar seus anúncios bem mais especí-

LIBERDADE

ficos, levando em conta qual tipo de conteúdo "curtimos" antes em outros sites e o que nossos amigos estão "curtindo" e comprando online. Imagine a criação de sistemas de censura tão detalhados e sintonizados com as necessidades de informações de seus usuários como a publicidade comportamental que encontramos todos os dias. A única diferença entre eles é que um dos sistemas aprende tudo sobre nós para nos mostrar anúncios mais relevantes, enquanto o outro aprende tudo sobre nós para evitar que acessemos as páginas relevantes. Os ditadores têm demorado a perceber que os mecanismos de customização subjacentes a grande parte da Web 2.0 podem facilmente se voltar para propósitos que são bem mais nocivos do que os anúncios comportamentais, mas eles aprendem rápido.[31]

Assim, embora as ICT sejam claramente as melhores ferramentas que já vimos para a autocapacitação, não passam de ferramentas e, como todas as ferramentas, são fundamentalmente neutras. Um martelo pode construir pontes ou golpear cérebros. As tecnologias da conexão não são diferentes. Embora seu favorecimento da autocapacitação seja claro, ninguém garante que um mundo mais seguro e livre seja o resultado. O que as ICT garantem é uma plataforma excepcionalmente ampla para a cooperação. As nações podem entrar em parceria com as empresas, que podem entrar em parceria com os cidadãos, que podem entrar em parceria uns com os outros para usarem essas ferramentas na promoção da autocapacitação positiva, democracia, igualdade e direitos humanos. Na verdade, com a complexidade do mundo atual, esse tipo de cooperação parece compulsório. Como observam Schmidt e Cohen: "Numa nova era de poder compartilhado, ninguém consegue produzir sozinho o progresso".[32]

Mas podemos todos construir o progresso juntos – que é, afinal, o que importa.

PARTE SEIS

ACELERANDO AINDA MAIS

CAPÍTULO 17

PROMOVENDO INOVAÇÕES E MUDANÇAS REVOLUCIONÁRIAS

Medo, curiosidade, ganância e sentido

Agora que terminamos de explorar os níveis superiores de nossa pirâmide da abundância, deve estar claro que o grau de inovação da tecnologia nunca foi maior e as ferramentas à nossa disposição nunca foram tão poderosas. Mas isso será suficiente? Embora a abundância seja uma possibilidade bem real, estamos também numa corrida contra o tempo. Será que alguma versão do mundo atual consegue dar conta de uma população de 9 bilhões? Podemos alimentar, abrigar e educar todo mundo sem as mudanças radicais discutidas neste livro? O que acontece se, em algum ponto do trajeto, descobrirmos que os profetas do pico do petróleo, pico da água ou algum outro pico tinham razão, antes que alguma tecnologia revolucionária consiga provar que não tinham? Até que as inovações da abundância gerem seus frutos, a escassez permanece uma preocupação real. E quase tão ruim como a escassez é a ameaça de escassez e a violência devastadora que muitas vezes consegue incitar.

Em muitos casos, sabemos aonde queremos ir, mas não como chegar lá. Em outros, sabemos como chegar lá mas queremos chegar mais rápido. Este capítulo enfoca como acelerar as inovações e pisar fundo no acelerador. Quando surgem os gargalos, quando são necessários avanços revolucionários, quando a aceleração é o mandamento básico, como podemos ganhar essa corrida?

Existem quatro grandes motivadores para a inovação.[1] O primeiro, e o mais fraco deles, é a curiosidade: o desejo de descobrir por quê, de abrir a caixa preta, de ver além da próxima curva. A curiosidade é um motivador poderoso. Alimenta grande parte da ciência, mas não é nada comparada com o medo, nosso próximo motivador. O medo extraordinário permite que se corram riscos extraordinários. O programa Apollo de John F. Kennedy foi executado sob um risco imenso e com tremendas despesas em reação aos primeiros sucessos espaciais soviéticos.[2] (É possível medir a relação entre medo e curiosidade como um motivador da inovação humana: é a relação entre o orçamento de defesa e o orçamento de ciência, que, em 2011 nos Estados Unidos, era de uns US$ 700 bilhões[3] para US$ 30 bilhões[4].) O desejo de criar riqueza é o próximo grande motivador, mais bem exemplificado pelo apoio dos capitalistas de risco a dez ideias, esperando que nove falhem mas ao menos uma seja um sucesso arrasador. O quarto e último motivador é o desejo de dar um sentido: a necessidade de que nossa vida importe, a necessidade de fazer uma diferença no mundo.

Uma ferramenta que explora todos esses quatro motivadores denomina-se prêmio de incentivo. Se é necessário acelerar a mudança em áreas específicas, especialmente quando os objetivos são claros e mensuráveis, as competições de incentivo possuem uma vantagem biológica. Os seres humanos estão programados para competir. Estamos programados para alcançar alvos difíceis. Prêmios de incentivo são um meio comprovado de atrair as pessoas mais inteligentes do mundo, não importa onde vivem ou onde estão empregadas, para trabalharem em seu problema específico. Como Raymond Orteig descobriu na parte inicial do último século, tais competições podem mudar o mundo.

O novo Espírito de St. Louis*

Raymond Orteig cresceu como um pastor na França, nas encostas dos Pirineus.[5] Aos 12 anos, seguiu as pegadas de um tio e emigrou para os Estados Unidos. Com pouco dinheiro, aceitou o único emprego que conseguiu encontrar, como ajudante de garçom no Hotel Martin, no centro de Manhattan. No decorrer de uma década, veio a ser gerente do café, depois gerente do hotel, e depois, com o dinheiro poupado, acabou comprando o estabelecimento. Mudou seu nome para Hotel Lafayette, e, poucos meses depois, comprou o vizinho Hotel Brevoort.

Nos anos após a Primeira Guerra Mundial, aviadores franceses costumavam se hospedar naqueles hotéis. Orteig adorava ouvir suas histórias de combates. Desenvolveu uma séria paixão pela aviação, sonhando com os benefícios que as viagens aéreas poderiam trazer e querendo achar um meio de contribuir para seu progresso. Então dois pilotos britânicos, John Alcock e Arthur Whitten Brown, realizaram o primeiro voo sem escalas de Terra Nova até a Irlanda em 1919,[6] e Orteig teve uma ideia. Em 22 de maio de 1919, expôs seu plano em uma carta curta para Alan Hawley, presidente do Aeroclube da América em Nova York:

"Cavalheiros, como um estímulo aos aviadores corajosos, desejo oferecer, por intermédio dos auspícios e regulamentos do Aeroclube da América, um prêmio de US$ 25 mil ao primeiro aviador de qualquer país Aliado que cruzar o Atlântico em um voo de Paris a Nova York, ou de Nova York a Paris, deixando todos os demais detalhes aos vossos cuidados".[7]

O prêmio seria oferecido por um período de cinco anos, mas os 5.800 quilômetros entre Paris e Nova York eram quase o dobro do recorde anterior para um voo sem escalas, e aqueles anos decorreram sem que ninguém se sagrasse vitorioso. Orteig não desanimou: renovou a oferta por outros cinco anos. Aquela nova rodada da competição registrou baixas. No verão de 1926, Charles W. Clavier e Jacob Islamoff morreram quando seu avião, sobrecarregado demais, despedaçou-se na decolagem.[8] Na primavera de 1927, o comandante Noel Davis e o tenente Stanton H. Wooster perderam as vidas durante seu voo de teste

---

* Espírito de St. Louis é referência ao nome do avião (Spirit of St. Louis) com o qual Charles Lindberg cruzou o Atlântico, sem escalas, em 1927. Foi o primeiro voo a conseguir esse feito. (N. do E.)

final.[9] Semanas depois, em 8 de maio de 1927, os aviadores franceses Charles Nungesser e François Coli voavam em direção ao oeste ao amanhecer sobre Le Bourget, França, e nunca mais foram vistos.[10] Aí veio Charles A. Lindbergh.[11]

Dentre todos que entraram na competição de Orteig, Lindbergh era de longe o piloto menos experiente. Nenhum fabricante de aviões sequer queria lhe vender uma carcaça ou motor de avião, temendo que sua morte desse ao produto uma má reputação. A mídia o apelidou de "tolo voador", depois rapidamente o desprezou. Mas esse é um aspecto das competições de incentivo: elas estão abertas a todos os candidatos – e aparecem todos os tipos, inclusive os azarões. Às vezes um azarão vence. Em 20 de maio de 1927, oito anos após o desafio original, Lindbergh simplesmente partiu do Campo Roosevelt, em Nova York, e viajou sozinho sem escalas por 33 horas e 30 minutos antes de aterrissar com segurança no Aeródromo Le Bourget, na periferia de Paris.

O impacto do voo de Lindbergh foi tremendo. O Prêmio Orteig atraiu a atenção do mundo e anunciou uma era de mudanças.[12] Uma paisagem de aviadores aventureiros transformou-se em uma outra de pilotos e passageiros. Em 18 meses, o número de passageiros norte-americanos pagantes aumentou 30 vezes, de uns 6 mil para 180 mil. O número de pilotos nos Estados Unidos triplicou. O número de aviões quadruplicou. O piloto e já mencionado diretor do Planetário McDonnell, Gregg Maryniak, diz: "O voo de Lindbergh foi tão dramático que mudou o pensamento do mundo sobre os voos. Tornou-os populares entre consumidores e investidores. Podemos traçar uma ligação direta entre sua vitória do Prêmio Orteig e a atual indústria aérea de US$ 300 bilhões."[13]

Em 1993, foi também Maryniak[14] quem me deu uma cópia do livro *The Spirit of St. Louis* de Lindbergh, vencedor do Prêmio Pulitzer de 1954.[15] Ele esperava me inspirar a obter minha licença de piloto – o que conseguiu, mas a inspiração não parou por aí. Antes de ler o livro, sempre acreditei que Lindbergh acordou um belo dia e decidiu voar para o leste, cruzando o Atlântico, como uma proeza. Eu não tinha ideia de que ele fez o voo para ganhar o prêmio. Tampouco eu conhecia a incrível alavancagem que tais competições conseguem proporcionar. Nove equipes gastaram cumulativamente US$ 400 mil para tentar ganhar o prêmio de US$ 25 mil de Orteig.[16] Essa é uma alavancagem de 16 vezes. E Orteig não pagou um centavo aos

PROMOVENDO INOVAÇÕES E MUDANÇAS REVOLUCIONÁRIAS 267

perdedores: pelo contrário, seu mecanismo baseado no incentivo automaticamente financiou o vencedor. Ainda melhor, o resultante frenesi da mídia gerou tamanho entusiasmo público que toda uma indústria foi criada.

Eu queria criar outra. Desde a infância, sonhava com o dia em que o público pudesse rotineiramente comprar passagens para o espaço. Aguardei pacientemente que a Nasa um dia fizesse isso acontecer. Mas trinta anos depois, percebi que esse não era o objetivo da agência – e sequer sua responsabilidade. Levar o público ao espaço era nossa tarefa, possivelmente *minha* tarefa, e no momento em que terminei de ler *The Spirit of St. Louis*, a noção de um prêmio de incentivo para a "demonstração de uma espaçonave suborbital, privada e pessoalmente reutilizável" se formara em minha mente.

Não sabendo quem seria meu "Orteig", chamei-o de PRÊMIO X.[17] A letra X era uma variável a ser substituída pelo nome da pessoa ou empresa que oferecesse o prêmio de US$ 10 milhões. Achei que arrecadar o dinheiro seria fácil. Nos cinco anos seguintes, mostrei o projeto para mais de 200 filantropos e CEOs. Todos disseram a mesma coisa: "Será que alguém consegue fazer isso? Por que a Nasa não está fazendo? E não há o risco de alguém morrer tentando?" Todos rejeitaram meu pedido. Finalmente, em 2001, encontrei nossos supremos benfeitores: Anousheh, Hamid e Amir Ansari.[18] Eles não se importaram com os riscos envolvidos e disseram sim na mesma hora. Na época, o X já existia por tanto tempo que nos acostumamos com ele. Por isso, acabamos chamando a competição de PRÊMIO X Ansari.

O poder das competições de incentivo

Orteig não foi o inventor dos prêmios de incentivo. Três séculos antes de Lindbergh cruzar o Atlântico de avião, o Parlamento britânico queria uma ajuda para cruzar o Atlântico de navio.[19] Em 1714, ofereceu £ 20 mil à primeira pessoa que descobrisse como medir precisamente a longitude no alto-mar. O chamado Prêmio da Longitude, além de ajudar o Parlamento a solucionar seu problema de navegação, graças ao seu sucesso inaugurou uma longa série de competições de incentivo. Em 1795, Napoleão I ofereceu um prêmio de 12 mil francos para um método de preservação de alimentos que ajudasse a alimentar seu exército na longa marcha Rússia adentro.[20] O vencedor, Nicolas Appert, um produtor de doces francês, criou o método básico de enlatar, em uso até hoje. Em 1823, o governo francês voltou a oferecer um prêmio, dessa vez de 6 mil francos, para o desenvolvimento de uma turbina hidráulica comercial de grande escala. O projeto vencedor ajudou a acionar a crescente indústria têxtil. Outros prêmios promoveram avanços revolucionários nos transportes, química e assistência médica. Como diz um relatório recente da McKinsey & Company sobre o tema: "Os prêmios podem ser o incentivo que produz uma solução revolucionária. [...] Durante séculos, foram um instrumento central de soberanos, sociedades reais e benfeitores privados que procuraram solucionar problemas sociais prementes e desafios técnicos idiossincrásicos".[21]

O sucesso dessas competições pode ser explicado por uns poucos princípios subjacentes. Em primeiro lugar, prêmios de incentivo vultosos aumentam a visibilidade de um desafio específico, enquanto ajudam a criar uma atitude mental de que esse desafio é solúvel. Considerando o que sabemos sobre vieses cognitivos, trata-se de um detalhe importante. Antes do PRÊMIO X Ansari, poucos investidores se voltaram para o mercado de voos espaciais humanos comerciais. Acreditava-se ser o domínio exclusivo dos governos. Mas depois que o prêmio foi ganho, meia dúzia de empresas se formaram,[22] quase US$ 1 bilhão foi investido,[23] e centenas de milhões de dólares em passagens de viagens espaciais foram vendidas.[24]

Em segundo lugar, em áreas onde fracassos de mercado bloquearam os investimentos ou interesses arraigados impediram o progresso, os prêmios rompem gargalos. Na primavera de 2010, uma falha na plataforma de petróleo Deepwater Horizon da BP provocou um desastre no Golfo do México.[25] Muitas pessoas quiseram assegurar que um desastre assim nunca mais acontecesse, eu inclusive. Por meio de uma sequência de conversas entre Francis Béland, vice-presidente de desenvolvimento de prêmios da Fundação X PRIZE, David Gallo, do Instituto Oceanográfico Woods Hole, e o novo conselheiro da fundação, o cineasta James Cameron, decidimos desenvolver um "prêmio relâmpago" para lidar com a emergência.[26]

O enfoque do prêmio foi claro. A tecnologia usada para limpar o vazamento da BP em 2010 era a mesma usada para limpar o vazamento do *Exxon*

PROMOVENDO INOVAÇÕES E MUDANÇAS REVOLUCIONÁRIAS   269

Valdez em 1989.[27] Na verdade, não apenas a tecnologia, mas o equipamento era o mesmo. Estava na hora de uma atualização. Um prêmio para o melhor meio de remover o petróleo da superfície do oceano parecia um bom caminho. A filantropa Wendy Schmidt, dirigente da Fundação Schmidt Family e do Projeto 11ª Hora, concordou.[28] Decorridas 24 horas de nosso anúncio, ela se ofereceu para financiar a competição. "Quando assisti ao que estava acontecendo no ano passado no Golfo", ela disse, "tive uma sensação de descrença – de horror ante a escala do desastre e seu impacto nas vidas das pessoas, na vida selvagem e nos sistemas naturais. Sabia que poderíamos fazer algo para atenuar no futuro o impacto desse tipo de desastre provocado pelo homem. Os prêmios de incentivo pareciam o caminho mais rápido que pude imaginar para se achar uma solução." E funcionou. Os resultados da competição foram espetaculares. A equipe vencedora quadruplicou o desempenho da tecnologia existente no setor.

Além de ser um meio de aumentar a visibilidade de questões vitais e atacar rapidamente os obstáculos, outro atributo-chave dos prêmios de incentivo é sua capacidade de lançar uma rede ampla.[29] Todos, de novatos a profissionais, de pequenos proprietários a grandes corporações, se envolvem. Especialistas de um campo saltam para outro, levando consigo um influxo de ideias não tradicionais. Leigos podem se tornar protagonistas centrais. Na época do Prêmio da Longitude na Inglaterra, havia uma certeza de que o prêmio iria para um astrônomo, mas quem ganhou foi um relojoeiro autodidata, John Harrison, por sua invenção do cronômetro marítimo.[30] De forma semelhante, nos dois primeiros meses do DESAFIO X Wendy Schmidt da Limpeza de Petróleo, cerca de 350 equipes potenciais de mais de 20 nações se pré-inscreveram na competição.

Os benefícios dos prêmios de incentivo não param por aqui. Por causa do ambiente competitivo, o apetite das pessoas pelo risco aumenta, fato que – como exploraremos em profundidade um pouco adiante – promove ainda mais a inovação. Como muitas dessas competições requerem um grande capital para equipar uma equipe (em outras palavras, nada de aventureiros solitários), felizmente a atmosfera esportiva atrai benfeitores ricos, ansiosos por deixar um legado, e corporações que querem se destacar num ambiente cominado pela mídia. Finalmente, as competições inspiram centenas de abordagens técnicas diferentes, de modo que dão origem não apenas a uma solução pontual, mas a uma indústria inteira.

O poder dos grupos pequenos (parte II)

A antropóloga norte-americana Margaret Mead certa vez disse: "Nunca duvide de que um grupo pequeno de cidadãos ponderados e empenhados possa mudar o mundo. Na verdade, é a única coisa que tem mudado".[31] Constatamos que existem boas razões para isso. Grupos grandes ou mesmo médios – empresas, movimentos etc. – não são construídos para ser ágeis, nem estão dispostos a correr grandes riscos. Tais organizações são projetadas para um progresso regular e não estão motivadas a fazer as grandes apostas que certos avanços revolucionários exigem.

Felizmente, isso não ocorre com grupos pequenos. Sem nenhuma burocracia, com pouco a perder e empenhadas em mostrar seu valor, as pequenas equipes sistematicamente superam as organizações maiores quando se trata de inovação. Prêmios de incentivo são instrumentos perfeitos para explorar essa energia. Um ótimo exemplo foi o DESAFIO X Northrop Grumman do Módulo Lunar de 2009.[32] Tratou-se de um prêmio de US$ 2 milhões oferecido pela Nasa e gerido pela Fundação X PRIZE como parte do programa Desafios do Centenário da Nasa. A competição desafiou as equipes a construírem um veículo acionado por foguete capaz de decolagens e aterrissagens verticais para retornar à superfície da Lua. Desde o programa DC-X do Departamento de Defesa, quinze anos antes, o governo nunca mais tivera essa capacidade, e aquele veículo, que acabou se acidentando durante os testes, custara aos contribuintes cerca de US$ 80 milhões.[33]

Nenhuma das duas equipes que acabaram dividindo o prêmio (atendendo a todos os requisitos da Nasa) parecia uma empreiteira tradicional do ramo aeroespacial.[34] Ambas eram pequenas, foram fundadas por empresários de software e só tinham como funcionários uns poucos engenheiros em tempo parcial, sem nenhuma experiência no setor espacial. O engenheiro John Carmack, criador dos videogames *Quake* e *Doom*, fundador e financiador da Armadillo Aerospace (segundo lugar na competição), sintetizou bem

PROMOVENDO INOVAÇÕES E MUDANÇAS REVOLUCIONÁRIAS   271

esse fato: "Acho que o maior benefício que a Nasa pode obter disso é ver uma operação como a nossa passar da ideia ao voo (quase) bem-sucedido em menos de seis meses, com uma equipe de oito pessoas em tempo parcial, por um custo total de somente US$ 200 mil. Isso deveria envergonhar alguns de seus atuais empreiteiros que estarão gastando dezenas de bilhões de dólares fazendo coisas diferentes".[35]

Um resultado semelhante foi obtido em 2007 quando, em parceria com a Progressive Insurance Company, a Fundação X PRIZE lançou uma competição pelo primeiro carro veloz do mundo, acessível e pronto para ser produzido, capaz de percorrer mais de 160 quilômetros por galão (MPGe).[36] Mais de 130 equipes de 20 nações entraram na competição. Três vencedores dividiram o prêmio de US$ 10 milhões (obtendo milhagens que variavam de 102,5 a 187,5 MPGe), e nenhum deles tinha mais de umas poucas dezenas de funcionários.

"Neste momento a fundação tem dois outros PRÊMIOS X ativos", diz seu presidente Robert K. Weiss.[37] "Existe o PRÊMIO X Google Lunar de US$ 30 milhões [38] e o PRÊMIO X de Genômica do Arconte de US$ 10 milhões ofertado pela Medco.[39] Para vencer o primeiro, tudo que você precisa fazer é construir um robô, pousá-lo na superfície da Lua e enviar fotos e vídeos. Para vencer o segundo, equipes devem sequenciar os genes de cem centenários saudáveis em dez dias." Pouco mais de uma década atrás, ambas as missões teriam requerido bilhões de dólares e milhares de pessoas. Não sei quem vencerá cada uma das competições, mas seja quem for, posso garantir que será um grupo pequeno de cidadãos ponderados e empenhados – porque, como Mead observou e os prêmios de incentivo validam, é necessário exatamente isso para mudar o mundo.

O poder das limitações

A criatividade, costuma-se dizer, é uma espécie de pensamento livre, amplo e irrestrito. Deve-se deixar as ideias fluírem sem limitações. Existe toda uma literatura de estratégias de negócios "anticonvencionais" em apoio a essas ideias, mas, se a inovação é realmente a meta, eis a recomendação dos irmãos Dan e Chip Heath, autores do *best-seller Ideias que colam*[*], nas páginas da *Fast Company*: "Não pense fora dos padrões. Vá atrás de padrões. Teste um após o outro até encontrar aquele que catalise seu pensamento. Um bom padrão é como uma faixa de rolamento na estrada. É uma limitação que libera".[4]

Num mundo sem limitações, a maioria das pessoas não se apressa nos projetos, corre menos riscos, gasta dinheiro de forma perdulária e tenta alcançar suas metas de formas cômodas e tradicionais – o que certamente não leva a nada de novo. Mas essa é outra razão por que os prêmios de incentivo são agentes da mudança tão eficazes: por sua própria natureza, não passam de um mecanismo focalizador e uma lista de limitações.

Para começar, o valor do prêmio define os parâmetros de gasto. O PRÊMIO X Ansari foi de US$ 10 milhões. A maioria das equipes, talvez por otimismo (e quem iria atrás de um prêmio espacial sem ser otimista?), explicou aos seus patrocinadores que conseguiria vencer gastando menos que o prêmio. Na realidade, as equipes estouram o orçamento, gastando bem mais do que o dinheiro do prêmio na solução do problema (porque, em princípio, existe um modelo de negócios implícito para ajudar a recuperar o investimento). Mas esse limite superior percebido tende a manter de fora protagonistas tradicionais avessos ao risco. No caso do PRÊMIO X, minha meta foi dissuadir empresas como a Boeing, Lockheed Martin e Airbus de entrarem na competição. Pelo contrário, eu queria uma nova geração de empreendedores reinventando os voos espaciais para as massas – e foi exatamente o que aconteceu.

O limite de tempo de uma competição com prêmio serve como outra limitação libertadora. Na panela de pressão de uma corrida, com um prazo sempre presente, as equipes precisam rapidamente se adaptar ao fato de que "as soluções tradicionais" não funcionarão. Assim elas são forçadas a tentar algo novo, a escolher um caminho, certo ou errado, e ver o que acontece. A maioria das equipes fracassa, mas com dezenas ou centenas competindo, será que isso realmente importa? Se uma equipe vencer, dentro das limitações, terá criado uma verdadeira revolução.

Dispor de um alvo claro e ousado para a competição é a próxima restrição importante. Depois que Venter sequenciou o genoma humano, muitas

---

[*] HEATH, Chip; HEATH Dan. *Ideias que colam*. Rio de Janeiro: Campus-Elsevier, 2007.

empresas passaram a vender serviços de sequenciamento do genoma completo. Mas nenhum de seus produtos possuía fidelidade suficiente para ser medicamente relevante. Por isso o PRÊMIO X de Genômica do Arconte foi criado. Ele desafia equipes a sequenciarem cem genomas humanos precisamente (um erro em um milhão de pares de bases), completamente (98% do genoma humano), rapidamente (em dez dias) e de forma barata (a um custo de menos de US$ 1.000 por genoma) – uma quádrupla combinação que representa uma melhoria de preço e tempo de mais de 365 milhões de vezes em relação ao trabalho original de Venter em 2001. Além disso, como os genes a ser sequenciados pertencem a cem centenários saudáveis, os resultados dessa competição desvendarão ainda mais os segredos da longevidade e nos impelirão rumo à nossa meta de assistência médica abundante.

Soluções de preço fixo

Os prêmios de incentivo não são uma panaceia capaz de corrigir todos os males. Mas no caminho rumo à abundância, quando uma tecnologia-chave está faltando, ou uma meta específica foi identificada mas ainda não alcançada, tais prêmios podem ser um meio eficiente e altamente alavancado de chegar de A a B. Claro que é isso que fazemos na Fundação X PRIZE. Lançamos seis competições, já entregamos prêmios em quatro delas e concebemos mais umas oitenta que aguardam financiamento.[42] Em última análise, porém, este capítulo não é sobre o PRÊMIO X – esse não é o ponto principal. O ponto principal é que prêmios de incentivo possuem um histórico de 300 anos de promoção do progresso e aceleração das mudanças. São um ótimo meio de avançar rumo ao futuro que realmente queremos. Portanto crie seu próprio prêmio. Ajude nos nossos. Escolha.

Em áreas como doenças crônicas, onde os governos gastam bilhões de dólares, a oferta de um prêmio de incentivo substancial parece um bom caminho. A Aids custa ao governo norte-americano mais de US$ 20 bilhões por ano, o que dá mais de US$ 100 bilhões durante um período de cinco anos.[43] Imagine, por exemplo, um prêmio de US$ 1 bilhão oferecido à primeira equipe que demonstrar uma cura ou vacina. O mercado é vasto, e a empresa que desenvolver essa cura arrecadará enormes recompensas, mas e se esse US$ 1 bilhão do governo fosse pago diretamente aos cientistas autores da descoberta? Quantas outras mentes brilhantes não se voltariam para tal problema? Quantos outros estudantes de pós-graduação começariam a imaginar soluções?

Agora apliquemos esse pensamento à doença de Alzheimer, à doença de Parkinson ou ao câncer de sua escolha. O que você quiser. A vantagem aqui é um exército de pessoas brilhantes ao redor do mundo que passarão a pensar sobre seu problema e a trabalhar com recursos próprios para solucioná-lo. Corretamente executado, esse mecanismo oferece o potencial da ciência de custo fixo, engenharia de custo fixo e soluções de custo fixo. Sempre acreditei (parafraseando o cientista dos computadores Alan Kay) que a melhor forma de prever o futuro é você próprio criá-lo, e com base em minhas cinco décadas de experiência, não há forma melhor de fazê-lo do que prêmios de incentivo.

CAPÍTULO 18
RISCO E FRACASSO

A evolução de uma grande ideia

Sir Arthur C. Clarke, inventor do satélite de comunicações geoestacionário e autor de dezenas de *best-sellers* de ficção científica, sabia algo sobre a evolução das grandes ideias.[1] Ele descreveu três estágios de seu desenvolvimento. "No princípio", afirma Clarke, "as pessoas dizem que é uma ideia louca e que nunca funcionará. Depois as pessoas dizem que sua ideia pode funcionar, mas não vale a pena tentar. Finalmente, as pessoas dizem: eu falei o tempo todo que era uma ótima ideia!"

Quando Tony Spear foi incumbido de pousar um veículo não tripulado na superfície marciana, não tinha ideia de que os três estágios de Clarke seriam precisamente sua experiência.[2] Uma mescla jovial, de cabelos grisalhos, de Albert Einstein com Archie Bunker, Spear começou sua carreira no Laboratório de Propulsão a Jato (JPL) da Nasa em 1962. Nas quatro décadas seguintes, trabalhou em missões do Mariner ao Viking, mas foi sua missão final, gerente de projetos do Mars Pathfinder, que ele descreve como seu "maior desafio de todos os tempos".

O ano foi 1997, e os Estados Unidos não pousavam uma sonda em Marte desde julho de 1976. Aquele foi o programa Viking, uma missão complexa e cara, custando uns US$ 3,5 bilhões (em dólares de 1997).[3] A tarefa de Spear foi encontrar um meio de fazer tudo que a missão anterior havia feito, só que "mais rápido, melhor e mais barato". E quando digo mais barato, é *muito* mais barato: 15 vezes mais barato, para ser exato, por um custo de desenvolvimento fixo e total de apenas US$ 150 milhões.[4] Foram descartadas as soluções caras, as soluções tradicionais e as soluções comprovadas, incluindo os tipos de retrofoguetes para pouso que realizaram o serviço no Viking.

"Para realizar aquilo sob tais limitações, tivemos de fazer tudo diferente", reflete Spear, "desde como eu gerenciava até como nós pousamos. Aquilo realmente assustou as pessoas. Na sede da Nasa, recebi seis gerentes em rápida sequência – cada um dos cinco primeiros arranjou uma desculpa diferente para sair do projeto. Finalmente recebi alguém prestes a se aposentar que não se importou em ficar comigo no final de sua carreira. Até o administrador da Nasa, Daniel Golden, quase enlouqueceu quando recebeu o informe inicial sobre a missão – ficou assustado com tantas coisas novas que estávamos testando."

Entre as várias coisas que Spear testou, nada pareceu mais insano do que usar *airbags* para amortecer o impacto inicial, ajudando a nave a saltitar como uma bola de praia na superfície marciana, antes de pousar num local seguro.[5] Mas *airbags* eram baratos, não contaminariam o local de pouso com substâncias químicas estranhas, e Spear estava convicto de que funcionariam. Os primeiros testes, porém, se mostraram desastrosos, de modo que especialistas foram convocados.

Os especialistas tiveram duas opiniões. A primeira foi: não usem *airbags*. A segunda foi: Não, estamos falando sério, nem *pensem* em usar *airbags*. "Dois deles", conta Spear, "disseram na minha cara que eu estava desperdiçando dinheiro do governo e deveria cancelar o projeto. Finalmente, quando perceberam que eu não desistiria, decidiram pôr mãos à obra e me ajudar."

Juntos testaram mais de uma dúzia de modelos, deslizando-os por uma falsa superfície marciana rochosa para ver qual sobreviveria sem se despedaçar. Finalmente, meros oito meses antes do lançamento, Spear e sua equipe completaram o teste de qualificação de um projeto composto de 24 esferas interligadas, carregaram-nas no Pathfinder, e o lançaram ao espaço. Mas a ansiedade não terminou aí. A viagem a Marte levou oito meses, durante os

RISCO E FRACASSO

quais houve tempo suficiente para se preocuparem com o destino da missão. "Nas semanas antes do pouso", Spear recorda, "todos estavam bem nervosos, especulando se teríamos um grande desastre quando chegássemos. O próprio Golden não sabia se deveria ir à sala de controle do JPL para o pouso ou não. Poucos dias antes da descida na superfície, em 4 de julho, o administrador tomou uma direção ousada, dando uma entrevista coletiva à imprensa e proclamando: 'A missão Pathfinder demonstra uma nova forma de agir na Nasa e é um sucesso quer sobrevivamos ou não ao pouso'".[6]

O pouso, porém, ocorreu exatamente conforme planejado. A missão custara 15 vezes menos que o Viking, e tudo funcionou perfeitamente – em especial os *airbags*. Spear virou um herói. Golden ficou tão impressionado que insistiu que os *airbags* fossem usados no pouso das próximas missões para Marte e foi citado como tendo dito: "Tony Spear foi um gerente de projeto lendário no JPL e ajudou a tornar a missão Mars Pathfinder o sucesso estrondoso que foi".[7]

O fato aqui demonstra que Clarke tinha razão. Divulgar grandes ideias envolve um risco considerável. Sempre haverá os do contra. As pessoas resistirão às ideias revolucionárias até o momento em que forem aceitas como a nova norma. Como o caminho para a abundância requer grandes inovações, ele também requer uma grande tolerância ao risco, ao fracasso e às ideias que parecem totalmente absurdas. Nas palavras de Burt Rutan: "As ideias revolucionárias vêm do absurdo. Se uma ideia for realmente uma ruptura, no dia anterior à sua descoberta deve ter sido considerada maluca ou absurda ou ambas as coisas – senão não seria uma ruptura".[8]

O lado positivo do fracasso

Rutan está certo, mas está omitindo um detalhe: às vezes, ideias malucas são realmente malucas. Algumas são simplesmente ruins. Outras estão à frente de seu tempo, ou erram de mercado, ou são financeiramente inviáveis. Qualquer que seja o caso, essas ideias estão condenadas. Mas o fracasso não é necessariamente o desastre que todos supõem. Num artigo para o *Stanford Business School News*, o professor Baba Shiv dá esta explicação: "O fracasso é um conceito temido pela maioria dos homens de negócios. Mas o fracasso pode realmente ser um enorme motor da inovação. O segredo está em abordá-lo com a atitude certa e explorá-lo como uma bênção, não uma maldição".[9]

Shiv estuda o papel que os sistemas do gosto e desejo desempenham em nossas decisões, um campo agora conhecido como neuroeconomia. Quando se trata de risco, o mundo se divide em duas atitudes mentais: as pessoas de tipo 1 têm medo de cometer erros. Para elas, o fracasso é vergonhoso e desastroso. Como resultado, são avessas ao risco, e todo progresso que fazem é na melhor hipótese gradual. Por outro lado, as pessoas tipo 2 temem perder as oportunidades. Lugares como o Vale do Silício estão repletos de empreendedores do tipo 2. "O que é vergonhoso para essas pessoas", diz Shiv, "é ficar de fora enquanto outra pessoa foge com a grande ideia. O fracasso não é ruim. Pode até ser empolgante. Dos chamados fracassos emergem aquelas pepitas de ouro valiosas – os momentos de 'sacação' que o guiam para sua próxima inovação."

Um dos casos mais famosos foi a invenção da lâmpada elétrica por Thomas Edison, que fez mil tentativas até enfim acertar. Quando um repórter perguntou qual a sensação de falhar mil vezes seguidas, Edison respondeu: "Eu não falhei. Apenas descobri mil formas que não funcionam".[10] Ou tomemos o Newton, considerado um dos poucos fracassos da Apple.[11] O primeiro assistente digital pessoal (PDA) do mundo estava à frente de seu tempo, foi lançado rápido demais, estava cheio de *bugs* e seu preço era alto. O software de reconhecimento de escrita, seu recurso central, nunca funcionou 100%. A Apple gastou US$ 1,5 bilhão (em dólares de 2010) no desenvolvimento e recuperou menos de um quarto desse montante. Os críticos meteram o malho no projeto. Mas uma década após o cancelamento do dispositivo, os conceitos que levaram ao Newton foram rearranjados no sucesso épico conhecido como iPhone – que vendeu 1,4 milhões de unidades nos primeiros 90 dias e foi a Invenção do Ano da revista *Time* em 2007.[12]

Arianna Huffington, CEO e fundadora do site *Huffington Post*, concorda:

Você nunca será capaz de obter grandes sucessos sem arriscar grandes fracassos. Se quiser obter grandes sucessos, nada melhor do que correr riscos. Claro

RISCO E FRACASSO

que ninguém gosta de fracassar, mas quando o medo do fracasso se traduz em assumir menos riscos e não correr atrás dos sonhos, muitas vezes significa não avançar. A audácia é como um músculo: quanto mais usamos, mais forte fica. Quanto mais estivermos dispostos a arriscar o fracasso e perseguir nossos sonhos e desejos, mais audazes nos tornamos e mais fácil será da próxima vez. Moral da história: correr riscos é parte indispensável de qualquer ato criativo.[13]

Tony Spear jamais teria avançado com passos graduais. Ele avançou enfrentando seus temores e desafiando a sucessão de *experts* que o desencorajaram ao longo do caminho. Portanto, se alguém está interessado em resolver grandes desafios, provocar grandes progressos e mudar o mundo, terá de se preparar. Deverá ir à academia, começar a malhar seus músculos da audácia e se fortalecer contra a rede de críticas que virão. Mais importante, não tente mudar o mundo a não ser que você o faça, parafraseando o místico indiano do século 21, Sri Ramakrishna, "assim como um homem cujos cabelos estão pegando fogo procura uma lagoa". [14] Em última análise, é preciso ter paixão e propósito para convencer o mundo de qualquer coisa – que é, sem dúvida, o primeiro passo para mudá-lo.

Nascido acima da linha da supercredibilidade

Se a meta é reformular o mundo, como o mundo toma conhecimento do plano é tão importante quanto o próprio plano. Em maio de 1996, meu desafio era fazer o mundo acreditar que o PRÊMIO X era um meio viável de transpor a fronteira do espaço, embora eu não tivesse o dinheiro do prêmio nem qualquer equipe concorrente. Quatro meses antes, inspirado pela autobiografia de Charles Lindbergh, encontrei um grupo de visionários de St. Louis que me convencerem de que a cidade era o lugar certo para sediar meus projetos.[15] Nosso próximo objetivo foi convencer os filantropos locais de que uma competição de US$ 10 milhões poderia dar origem a uma indústria espacial privada e ao mesmo tempo devolver a St. Louis sua glória de 1927. Acabamos coletando uns US$ 500 mil – insuficientes para promovermos a competição, mas mais que suficiente para anunciá-la de forma ousada e convincente, acima do que mais tarde vim a chamar a "linha da supercredibilidade".

Cada um de nós tem uma "linha da credibilidade" interna. Quando ouvimos falar de uma ideia apresentada abaixo dessa linha, imediatamente a descartamos. Se o adolescente da casa ao lado declara sua intenção de voar até Marte, você sorri e vai embora. Temos também uma linha interna da supercredibilidade. Se anunciarem que Jeff Bezos, Elon Musk e Larry Page se comprometeram a financiar uma missão privada para Marte, "quando irá pousar lá?" torna-se uma pergunta bem mais razoável. Quando ouvimos uma ideia apresentada acima da linha da supercredibilidade, imediatamente damos crédito e nela baseamos nossas ações futuras.

Em 18 de maio de 1996, meu objetivo era nada menos que a supercredibilidade. No palco comigo estavam Erik e Morgan Lindbergh, netos de Charles,[16] e 20 astronautas veteranos da Nasa.[17] Logo à minha direita achava-se Patti Grace Smith, a administradora adjunta de voos espaciais da Federal Aviation Administration (FAA).[18] À minha esquerda, o administrador da Nasa Daniel Golden. Aquela era uma reunião de muitos dos maiores *experts* em espaço sideral do mundo. Com certeza, eu era apenas um sujeito com uma ideia maluca. Mas com aquela turma me apoiando, pareceu tão maluca assim?

Obviamente, o maior benefício de ter aquelas pessoas no palco foi o efeito auréola que trouxeram para o anúncio. Mas igualmente importantes foram as inúmeras horas que passei falando com cada uma delas, apresentando o conceito do PRÊMIO X, aprimorando as ideias e abordando suas preocupações.

Funcionou. Após a cerimônia, as primeiras páginas de jornais ao redor do mundo anunciaram: "Prêmio de US$ 10 milhões criado para incentivar espaçonaves privadas". Centenas de artigos se seguiram – nenhum se dando ao trabalho de mencionar que não dispúnhamos do dinheiro do prêmio, de equipes ou de recursos adicionais. No entanto, como lançamos nosso projeto acima da linha da supercredibilidade, outras pessoas vieram compartilhar nosso sonho. Recursos começaram a afluir. Equipes começaram a se apresentar. Embora não levantássemos o prêmio de US$ 10 milhões – teríamos de esperar mais cinco anos, até eu conhecer a família Ansari –, conseguimos atrair dinheiro suficiente para manter a organização e a competição vivas.

RISCO E FRACASSO

Naquele dia, aprendi a importância de uma primeira impressão poderosa (em outras palavras, anunciar sua ideia com supercredibilidade) para se lançar um conceito inovador. Mas também vi a importância da atitude mental. *Minha* atitude mental. Desde criança eu queria abrir o acesso ao espaço, mas tinha certeza de que essa abordagem funcionaria? Para alcançar a supercredibilidade, precisei expor minhas ideias à elite do setor aeroespacial, testar minhas premissas e responder a perguntas incômodas. Ao fazer aquilo, quaisquer dúvidas que eu tivesse desapareceram pelo caminho. No momento em que subi ao palco com meus dignitários, a ideia de que o PRÊMIO X poderia funcionar não era uma fantasia esperançosa, e sim o futuro que eu estava certo de que logo chegaria. Esta é a segunda coisa que aprendi naquele dia: o poder espantoso da atitude mental certa.

Pense diferente

Em 1997, a Apple lançou sua campanha publicitária "Pense diferente" com a declaração agora famosa: "Isto é para os loucos":

Isto é para os loucos. Os desajustados. Os rebeldes. Os criadores de caso. Os pinos redondos nos buracos quadrados.

Os que veem as coisas de forma diferente. Eles não gostam de regras. E não têm nenhum respeito pelo *status quo*. Você pode citá-los, discordar deles, glorificá-los ou difamá-los.

A única coisa que não pode fazer é ignorá-los. Porque eles mudam as coisas. [...] Eles impelem a espécie humana para frente.

[...]

Embora alguns os vejam como loucos, nós vemos gênios. Porque aqueles que são loucos o suficiente para achar que podem mudar o mundo são os que, de fato, mudam.[19]

Se você simplesmente ouvisse essas palavras, pareceriam uma bravata – jargão de marketing de uma empresa que não costuma usá-lo. Mas a Apple aliou a visão ao som. As palavras foram acompanhadas de imagens: Bob

Dylan como um desajustado; dr. Martin Luther King Jr. como um criador de casos; Thomas Edison como alguém sem respeito pelo *status quo*. Subitamente tudo muda. Só que essa campanha não é pura bazófia. Na verdade, parece ser uma revisão bem exata dos eventos históricos.

O fato, por mais óbvio que pareça, é fundamental: você precisa ser um pouco louco para mudar o mundo, e essa loucura não pode ser fingida. Se você não acredita na possibilidade, jamais fará o esforço de 200% requerido. Isso pode deixar os especialistas numa situação embaraçosa. Muitos consolidaram suas carreiras apoiando o *status quo*, reforçando o que já conseguiram e resistindo ao pensamento radical capaz de derrubar seu legado – não exatamente a atitude que se deseja quando se tenta promover a inovação.

Henry Ford concordava: "Nossos homens não são *experts*, nenhum deles é. Infelizmente descobrimos que é preciso nos livrarmos de um homem a partir do momento em que ele se julga um *expert*, porque ninguém jamais se considera *expert* se realmente conhece seu trabalho. [...] Pensar sempre à frente, pensar sempre em tentar 'fazer mais' provoca um estado de espírito em que nada é impossível".[20] Portanto, se alguém está em busca de grandes desafios, os *experts* talvez não sejam seus melhores colegas de conspiração.

Pelo contrário, se é necessário um grupo de pessoas que prosperam no risco, estão cheias de ideias malucas e não têm a menor ideia de que existe uma "maneira errada" de fazer as coisas, existe um local específico onde procurar. No início da década de 1960, quando o presidente Kennedy lançou o programa Apollo, pouquíssimas das tecnologias necessárias existiam na época. Tivemos de inventar quase tudo. E uma das razões principais do sucesso foi que os engenheiros envolvidos não sabiam que estavam tentando o impossível, porque eram jovens demais para saber. Os engenheiros que nos levaram à Lua tinham no máximo 30 anos.[21] Avancem-se mais três décadas, e de novo um grupo de jovens provocou uma revolução, dessa vez no mundo pontocom. Não foi coincidência: a juventude (e atitudes jovens) promove a inovação – sempre promoveu e sempre promoverá. Portanto, se queremos realmente criar uma era de abundância, teremos de aprender a pensar diferente, pensar jovem, lançar o dado e, talvez mais importante, a nos sentirmos à vontade com o fracasso.

À vontade com o fracasso

Em quase todas as minhas palestras, gosto de perguntar às pessoas o que mais temem no fracasso. Três respostas se repetem: perda da reputação, perda de dinheiro e perda de tempo. A reputação é uma qualidade desenvolvida pelo desempenho uniforme e sucessos em série. Um grande fracasso pode derrubar décadas de esforço. O dinheiro, um recurso escasso para a maioria, chega mais facilmente às mãos daqueles com um histórico de sucesso. E o tempo é simplesmente insubstituível. Alguém que veja sua reputação manchada na primeira página dos jornais, entre com um pedido de falência ou perca anos perseguindo uma má ideia provavelmente se tornará avesso ao risco.

Como a criação das tecnologias ligadas à abundância requer correr riscos, descobrir como converter o que Baba Shiv chama de indivíduos riscofóbicos do tipo 1 em protagonistas riscófilos do tipo 2 é vital para esse esforço. Existem algumas abordagens que estão se popularizando.

Algumas empresas estão se concentrando em tornar seu ambiente de trabalho mais tolerante ao fracasso. Na empresa de softwares financeiros Intuit, por exemplo, a equipe responsável por uma campanha de marketing particularmente desastrosa recebeu um prêmio do presidente Scott Cook, que disse: "Só é um fracasso se não aprendermos a lição".[22] De forma semelhante, Ratan Tata, CEO do conglomerado indiano Tata Group, declarou à *Economist* que o "fracasso é uma mina de ouro" ao explicar por que sua empresa instituiu um prêmio para a melhor ideia fracassada que tenha ensinado à empresa uma lição importante.[23]

Outra forma pela qual as empresas começaram a fortalecer seus músculos da intrepidez é a prototipagem rápida: o processo de obter ideias novas e malucas por *brainstorming*, depois desenvolver rapidamente um modelo físico ou simulação da solução. "Esse processo", diz Shiv, "permite que as pessoas passem logo do abstrato ao concreto e que visualizem o resultado de suas ideias. Como nem todos os protótipos acabam sendo a solução melhor ou final, a prototipagem rápida também ensina que o fracasso é na verdade uma parte necessária do processo."

Michael Schrage, um pesquisador do Centro de Negócios Digitais e do Centro de Empreendedorismo do MIT, desenvolveu o Método de Inovação

Rápida 5x5x5, uma forma bem concreta de pôr a ideia de Shiv em prática.[24] "A ideia é bem simples e direta", ele diz. "Uma empresa que pretende revolucionar certa área cria cinco equipes de cinco pessoas e dá a cada equipe cinco dias para criarem um portfólio de cinco 'experiências de negócios' que não devem levar mais de cinco semanas para funcionar, nem custar mais de US$ 5 mil cada. Essas equipes estão conscientes de que 'concorrem' com seus colegas na criação dos melhores portfólios possíveis a fim de apresentar aos seus chefes, talvez ganhando a chance de implementar o conceito que tenha o melhor desempenho."

A metodologia de Schrage faz uso de duas ideias já discutidas: o poder das limitações e o poder dos grupos pequenos. Se conduzida num ambiente amigável e receptivo ao risco – onde todos entendem que a maioria das ideias falhará –, os participantes não temerão prejuízos à sua reputação. Sob tais circunstâncias, não há inconveniente em ter uma ideia louca, e há um tremendo lucro se aquela ideia se revelar revolucionária, de modo que as pessoas estão bem mais dispostas a correr riscos. Como cada ideia leva apenas cinco dias e sua implementação custa US$ 5 mil, ninguém se preocupa muito com uma perda significativa de tempo ou capital.

Será que esse processo sempre levará a inovações? É duvidoso. Mas cria um ambiente seguro onde as pessoas podem dar asas à imaginação, correr riscos maiores e aprender a ver o fracasso como a base da inovação, e não uma maldição.

CAPÍTULO 19
QUE CAMINHO SEGUIR AGORA?

O possível adjacente

Bem no início deste livro, argumentamos que a verdadeira promessa da abundância era a criação de um mundo de possibilidades: um mundo onde todos passem seus dias sonhando e realizando, não lutando pela sobrevivência. Nunca antes tal promessa esteve tão próxima da realização. Na maior parte da história humana, a vida não foi brincadeira. Descobrir meios de sobreviver consumia grande parte de nossa energia. O abismo entre a realidade do dia a dia e o verdadeiro potencial das pessoas era enorme. Mas em nossa época extraordinária, esse abismo está começando a desaparecer.

Em certo nível, a mudança vem sendo impelida por uma propriedade fundamental da tecnologia: o fato de se expandir no que o biólogo teórico Stuart Kauffman denomina "o possível adjacente".[25] Antes da invenção da roda, a carroça, a carruagem, o automóvel, o carrinho de mão, o patim e um milhão de outros produtos da circularidade não eram imagináveis. Existiam num domínio inacessível até a descoberta da roda, mas com esta uma vez descoberta, esses caminhos se tornaram claros. Esse é o possível adjacente. É a longa lista de possibilidades de primeira ordem que se abrem sempre que se faz uma nova descoberta.

"A verdade estranha e bonita sobre o possível adjacente é que suas fronteiras crescem à medida que você as explora", escreve Steven Johnson no *Wall Street Journal*. "Cada combinação nova abre a possibilidade de novas combinações. Pense nisso como uma casa que magicamente se expande a cada porta que você abre. Você começa com uma casa de quatro portas, cada uma levando a um quarto novo que você ainda não visitou. Uma vez que você abra uma dessas portas e entre nesse quarto, três portas novas aparecem, cada uma levando a um quarto novo em folha que você não poderia ter alcançado de seu ponto de partida original. Se você continuar abrindo portas novas, acabará construindo um palácio."[26]

Nosso caminho de possíveis adjacentes conduziu-nos a um momento único no tempo. Penetramos num mundo onde a natureza expansiva da tecnologia começou a se relacionar com nossos desejos íntimos. Em *What technology wants*, Kevin Kelly explica o fenômeno nestes termos: "Na maior parte da história, o *mix* singular de talentos, habilidades, *insights* e experiências de cada pessoa não tinha escoadouro. Se seu pai era um padeiro, você era um padeiro. Ao expandir o espaço de possibilidades, a tecnologia expande as chances de alguém conseguir achar um escoadouro para seus traços pessoais. [...] Quando ampliamos a variedade e o alcance da tecnologia, aumentamos as opções, não apenas para nós próprios e as outras pessoas vivas, mas para todas as gerações vindouras".[27]

Meio século atrás, Abraham Maslow observou que as pessoas cujas necessidades básicas não vinham sendo satisfeitas tinham pouco tempo para dedicar à autorrealização. Se alguém está tentando se alimentar, achar medicamentos para os filhos ou sobreviver a outras ameaças semelhantes, viver uma vida de possibilidades não é muito provável. Mas é aí exatamente, como descobriu o economista Daniel Kahneman, que o possível adjacente encontra a estrada para a abundância e produz uma alavancagem espetacular.

A busca da felicidade

Alguns anos atrás, Kahneman pôs de lado a questão dos vieses cognitivos e voltou sua atenção à relação entre nível de renda e bem-estar.[28] Analisando

QUE CAMINHO SEGUIR AGORA?

os resultados do Índice de Bem-Estar Gallup-Healthways, que indagou a uns 450 mil norte-americanos o que lhes traz alegria, descobriu, como expressa apropriadamente o *New York Times*: "Afinal talvez o dinheiro compre sua felicidade".

Talvez é a palavra-chave.

O que os dados mostram é que a satisfação emocional avança lado a lado com a renda da pessoa – conforme a renda aumenta, o bem-estar aumenta – mas só até certo ponto. Até o norte-americano comum auferir US$ 75 mil ao ano, existe uma correlação direta entre dinheiro e felicidade. Acima desse patamar, a correlação desaparece. Isso revela algo interessante: nos Estados Unidos, a liberdade de florescer – de desfrutar uma vida de possibilidades – custa cerca de US$ 75 mil ao ano em dólares de 2008. Mas realmente importante é o que esse dinheiro compra.

A análise dos gastos do norte-americano típico mostra que de 75% a 80% do dinheiro ganho vai para as necessidades básicas, como água, alimento, roupa, abrigo, assistência médica e educação.[29] Na maioria dos países em desenvolvimento essa cifra ultrapassa 90%. Mas muitas das tecnologias investigadas neste livro possuem propriedades desmaterializadoras: satisfazem necessidades fundamentais sem custar muito além da conexão com a internet. Tomemos a assistência médica. No mundo atual, a qualidade da assistência médica depende do acesso: acesso ao transporte para o hospital, acesso às pessoas certas – médicos, enfermeiras, especialistas – e o acesso do médico aos mais recentes exames de laboratório e equipamentos. Mas no futuro que prevemos, tudo isso desaparece. Não se precisará de transporte, já que o sistema está em toda parte o tempo todo. O acesso à melhor assistência médica disponível significa acesso ao Dr. Watson que vive na nuvem. E os melhores laboratórios do mundo estão embutidos no telefone. Mais importante, esse sistema desmaterializado, aliado ao conjunto futuro de sensores desmonetizados, poderá se concentrar totalmente na prevenção, funcionando para manter as pessoas saudáveis em primeiro lugar.

Em nosso futuro abundante, o dólar vai ainda mais longe. Como vai o iene, o real, o euro, e assim por diante. Isso acontece por causa da desmaterialização e desmonetização; por causa das curvas exponenciais de preço; porque cada degrau que subimos na escada da prosperidade nos poupa tempo; porque essas horas poupadas resultam em ganhos adicionais; porque os vínculos estreitos entre as categorias em nossa pirâmide da abundância produzem ciclos de *feedback* positivos, potencial de se erguer com os próprios esforços e o efeito dominó, e por mil outras razões. Portanto, deve-se indagar: o que é preciso para fazer uma diferença real?

Não muito, realmente. O cálculo de Daniel Kahneman foi recentemente estendido ao resto do planeta. Em média, através do globo, o ponto no gráfico onde bem-estar e dinheiro divergem é em torno de US$ 10 mil.[30] Esse é o valor de que o cidadão global médio precisa para satisfazer suas necessidades básicas e obter um trampolim para possibilidades bem maiores.

Não há dúvida de que a vida melhorou muito no extrato inferior nas últimas quatro décadas. Durante esse período, o mundo em desenvolvimento viu expectativas de vida maiores, taxas de mortalidade infantil menores, mais acesso às informações, assistência médica de qualidade, liberdades políticas, liberdades econômicas, liberdades sexuais, direitos humanos mais respeitados e tempo poupado. Mas o que essa cifra de US$ 10 mil informa é que na verdade chegamos bem mais longe.

Vinte anos atrás, a maioria dos cidadãos norte-americanos prósperos possuía uma câmera, uma filmadora de vídeo, um aparelho de som, um videogame, um telefone celular, um relógio, um despertador, um conjunto de enciclopédias, um Atlas mundial, um guia de ruas e uma porção de outros bens que facilmente ultrapassavam US$ 10 mil. Tudo isso vem embutido nos atuais *smartphones* ou está disponível para compra na loja de aplicativos por menos do que custa uma xícara de café. Nesse nosso mundo exponencialmente capacitado, US$ 10 mil em despesas conseguem desaparecer rápido assim. O mais importante é que essas coisas conseguem desaparecer sem muita intervenção externa. Ninguém tomou a decisão de zerar os custos de duas dúzias de produtos. O que aconteceu é que inventores decidiram produzir telefones celulares melhores, e o caminho do possível adjacente cuidou do resto.

Mas desta vez podemos reduzir a aleatoriedade da equação. Não precisamos esperar que a história ajude a nossa causa; nós próprios podemos ajudá-la. Temos nossas metas objetivas de abundância, sabemos quais tecnologias precisam de mais desenvolvimento e – se conseguirmos aumentar nosso

QUE CAMINHO SEGUIR AGORA?

apetite pelos riscos e aproveitar a alavancagem dos prêmios de incentivo – sabemos como ir de A a B bem mais rápido do que no passado. Ao contrário das épocas anteriores, não precisamos esperar que as grandes empresas se interessem pelas soluções, ou que os governos resolvam atacar os nossos problemas. Podemos tomar a iniciativa. A atual multidão de tecnofilantropos parece determinada a fornecer o capital inicial necessário (e muitas vezes bem mais do que isso), e os atuais inovadores do DIY se mostraram mais do que capazes de realizar o serviço. Enquanto isso, os 25% da humanidade que sempre estiveram à margem – o bilhão ascendente – enfim entraram no jogo.

Mais importante, o próprio jogo não é mais de soma zero. Pela primeira vez na história, não precisamos descobrir como dividir nosso bolo em mais fatias, porque sabemos agora como preparar mais bolos. Todos podem vencer.

Na Bíblia, o Provérbio 29:18 diz: "Não havendo profecia o povo se corrompe".[31] Talvez seja verdade, mais também é limitado. A abundância é tanto um plano como uma perspectiva. Esta segunda parte é fundamental. Um dos pontos mais importantes repetidos neste livro é que nossa perspectiva molda a nossa realidade. A melhor forma de prever o futuro é a própria pessoa criá-lo. Portanto, embora a Bíblia faça um alerta, é bom lembrar que o inverso também é verdade: onde existe profecia, as pessoas florescem. O impossível torna-se possível. E a abundância para todos se torna "imagine o que vem agora".

POSFÁCIO

PRÓXIMO PASSO: ADERIR AO EIXO DA ABUNDÂNCIA

Uma das tarefas mais difíceis ao encerrar este livro foi decidir quando parar de incorporar os últimos e maiores avanços à nossa narrativa. Nas semanas e meses após o término dos originais do livro, uma avalanche de tecnologias novas que respaldam a nossa defesa da abundância continuaram aparecendo num ritmo sempre crescente. Achamos da máxima importância que se tenha acesso a esses sinais constantes da abundância. Portanto, criamos cinco formas diferentes de o leitor permanecer ligado, interagir com os autores e aderir a uma conversa constante sobre avanços radicais em energia, comida, água, saúde, educação, tecnofilantropia, inovações do DIY e todo o resto.

- Visite nosso site **www.AbundanceHub.com**, onde é possível se inscrever para receber um boletim informativo grátis e participar de iniciativas futuras. Em parceria com a Universidade da Singularidade, continuaremos fornecendo notícias sobre avanços cruciais que nos conduzam a um futuro bem melhor.
- Nós o convidamos a visitar e contribuir com **http://videos.AbundanceHub.com**, onde é possível ver e submeter vídeos inspirados por este livro.

POSFÁCIO

- Torne-se um seguidor de nossa página no Facebook em **www.AbundanceHub.com**.
- Siga nosso *feed* **@AbundanceHub** no Twitter para receber as notícias mais recentes.
- Faça parte da equipe global identificadora de avanços relacionados à abundância simplesmente enviando um *tweet* à comunidade com o *hashtag* **#Abundance**.

Se você se interessou pela Universidade da Singularidade e gostaria de participar de um de nossos cursos, seja bem-vindo. Estudantes de graduação e pós-graduação podem se inscrever no Programa de Estudos de Graduação de dez semanas. Outros, incluindo executivos, investidores e empresários, podem se inscrever nos programas executivos de quatro ou sete dias oferecidos regularmente no nosso campus em Mountain View, Califórnia. Detalhes sobre os dois programas estão disponíveis em **www.SingularityU.org**. Para obter mais informações envie um e-mail para **Abundance@SingularityU.org**.

Filantropos e executivos interessados no projeto ou financiamento de um PRÊMIO X ou DESAFIO X podem se informar em **www.xprize .org**. Ou para obter mais informações mande um e-mail para **abundance@xprize.org**.

Para saber mais sobre os autores ou convidar um deles para falar sobre o tema da Abundância, visite **www.Diamandis.com** e **www.StevenKotler.com.**

Seção de dados brutos para consulta

SUMÁRIO

1. Água e saneamento	296
2. Alimentos e agricultura	301
3. Saúde e assistência médica	308
4. Energia	312
5. Educação	320
6. Democracia	322
7. População e urbanização	323
8. Tecnologia da informação e comunicações	330
9. Filantropia	337
10. Desmaterialização e desmonetização	339
11. Curvas exponenciais	341

1 Pirâmide da Abundância

A Pirâmide da Abundância delineia os níveis crescentes de necessidades habilitadas pela tecnologia. Livremente baseada na hierarquia (pirâmide) das necessidades de Maslow.

2 Crescimento da população mundial e a história da tecnologia

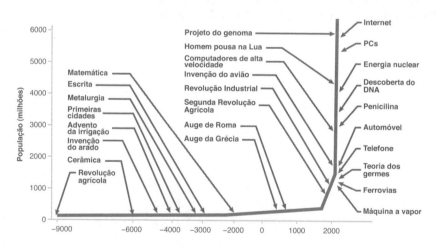

Este gráfico mostra como o ritmo da inovação tecnológica aumentou substancialmente ao mesmo tempo em que a população humana cresceu. (Nota: os marcos tecnológicos selecionados são subjetivos.)
Fonte: Robert Fogel, Universidade de Chicago

Água e saneamento

3 Distribuição de água na Terra

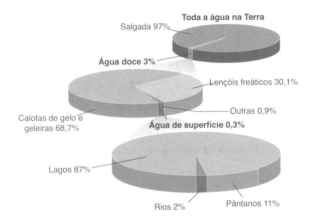

A água doce de que a humanidade depende constitui menos de 1% da água na Terra. 97% é água salgada e 2% está presa em calotas de gelo e geleiras.
Fonte: US Geological Survey, World Fresh Water Resources

4 Tempo diário gasto apanhando água de fontes fora de casa

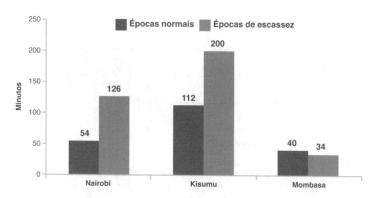

Nas áreas urbanas, uma fração maior dos domicílios tem acesso a água encanada, mas muitos são forçados a depender de quiosques de água (15% em Nairobi; 45% em Kisumu e Mombasa) (CRC 2009). Essa situação representa uma carga enorme para os domicílios, já que apanhar água gasta tempo. Uma família típica precisa de quatro a seis caminhadas diárias para apanhar água. Em Nairobi, são gastos 54 minutos indo ao quiosque em épocas normais, e mais do dobro (126 minutos) em épocas de escassez de água.
Fonte: Citizen Report Card, 2007; www.twaweza.org/uploads/files/Its%20our%20water%20too_English.pdf.

5 Preço médio por serviço de água nas 15 maiores cidades, por tipo de fornecedor

	Água encanada	Pequenas redes	Torneira pública	Vendedor domiciliar	Caminhão- -pipa	Vendedor de água
Preço médio (US$ por metro cúbico)	0,49	1,04	1,93	1,63	4,67	4,00
Acréscimo em relação à água encanada (%)	100	214	336	402	1.103	811

Serviços de água não encanada podem custar 200% a 1100% do que custaria a água encanada (estudo de 15 grandes cidades na África).
Fonte: Keener, Luengo e Banerjee 2009; Disponível em: <www.infrastructureafrica.org/system/files/Africa%27s%20Water%20and%20Sanitation%20Infrastructure.pdf>.

6 Consumo de água mundial anual estimado

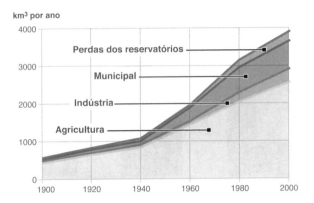

Fonte: http://blogs.princeton.edu/chm333/f2006/water/2006/11/how_does_water_use_in_developing_countries_differ.html.

7 Conteúdo de água virtual em diferentes produtos

Produto	Conteúdo de água virtual (litros)
1 folha de papel A4 (80 g/m2)	10
1 tomate (70 g)	13
1 batata (100 g)	25
1 microchip (2 g)	32
1 xícara de chá (250 ml)	35
1 fatia de pão (30 g)	40
1 laranja (100 g)	50
1 maçã (100 g)	70
1 copo de cerveja (250 ml)	75
1 fatia de pão (30 g) com queijo (10 g)	90
1 copo de vinho (125 ml)	120
1 ovo (40 g)	135
1 xícara de café (125 ml)	140
1 copo de suco de laranja (200 ml)	170
1 embalagem de batatas chips (200 g)	185
1 copo de suco de maçã (200 ml)	190
1 copo de leite (200 ml)	200
1 camiseta de algodão (250 g)	2000
1 hambúrguer (150 g)	2400
1 par de sapatos (couro bovino)	8000

Conteúdo de água virtual médio global (em litros) de alguns produtos selecionados, por unidade do produto (em 2007).
Fonte: <www.waterfootprint.org/Reports/Hoekstra_and_Chapagain_2007.pdf>.

REFERÊNCIAS

8 Prejuízos causados por escassez de água e saneamento inadequado

Problema	Descrição
Morte de crianças	1,8 milhão de crianças morrem a cada ano como resultado da diarreia – 4.900 morrem a cada dia, o equivalente às populações abaixo de 5 anos de Londres e Nova York combinadas. Juntos, água suja e saneamento inadequado são o segundo maior motivo de morte de crianças do mundo. As mortes por diarreia em 2004 foram cerca de seis vezes superiores às mortes anuais médias em conflitos armados na década de 1990.
Dias de escola perdidos	A perda de 443 milhões de dias de escola a cada ano motivada por doenças ligadas à água.
Saúde geral debilitada	Cerca de metade de todas as pessoas nos países em desenvolvimento sofrem a qualquer dado momento de um problema de saúde causado por deficiências da água ou do saneamento.
Tempo perdido	Milhões de mulheres gastam várias horas por dia coletando água.
Oportunidades perdidas	Ciclos de vida de desvantagem afetam milhões de pessoas, com doenças e oportunidades educacionais perdidas na infância, o que leva à pobreza na vida adulta.
Impacto econômico negativo	Os prejuízos são maiores em alguns dos países mais pobres. A África Subsaariana perde cerca de 5% do PIB, ou uns US$ 28,4 bilhões anualmente, cifra que ultrapassa os fluxos de ajuda e reduções das dívidas totais para a região em 2003. Num aspecto crucial, esses custos econômicos agregados encobrem o impacto real da deficiência da água e do saneamento. Grande parte dos prejuízos afeta os domicílios abaixo da linha da pobreza, retardando os esforços dos pobres de saírem da pobreza.

Fonte: <http://hdr.undp.org/en/media/HDR06-complete.pdf>.

9 Uso de instalações sanitárias melhoradas na África e Ásia, 2008

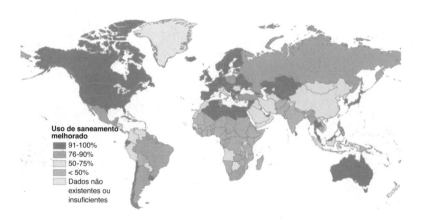

Instalações sanitárias melhoradas são usadas por menos de dois terços da população mundial. 1,2 bilhão de pessoas ainda praticam a defecação a céu aberto.
Fontes: <www.unicef.org/wash/files/JMP_report_2010.pdf> e <http://is662ict4sd14.blogspot.com>.

10 Cobertura do saneamento na África: 1990-2008

	1990	2000	2008
População (em milhares)	517.681	674.693	822.436
Porcentagem da população urbana	28	33	37
Urbana			
Saneamento melhorado	43	43	44
Saneamento compartilhado	29	30	31
Instalações não melhoradas	17	17	17
Rural			
Saneamento melhorado	21	23	24
Saneamento compartilhado	10	11	13
Instalações não melhoradas	22	23	25
Defecação a céu aberto	47	43	38
Total			
Saneamento melhorado	28	29	31
Saneamento compartilhado	16	18	20
Instalações não melhoradas	20	21	22
Defecação a céu aberto	36	32	27

Fonte: <www.unhabitat.org/pmss/getElectronicVersion.aspx?nr=3074&alt=1>. Compilação da OMS/Unicef (2010) Progress on Water and Sanitation: 2010.

Alimentos e agricultura

11 Área global de culturas de biotecnologia, 1996 a 2010 (milhões de hectares)

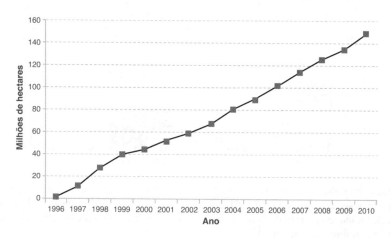

Em 2010, o valor global de mercado das culturas de biotecnologia foi de US$ 11,2 bilhões, representando 22% do mercado global de proteção de plantas de US$ 51,8 bilhões em 2010 e 33% do mercado global de sementes comerciais de US$ 34 bilhões em 2010. Do mercado de culturas de biotecnologia, de US$ 11,2 bilhões, US$ 8,9 bilhões (80%) foram nos países industriais e US$ 2,3 bilhões (20%) nos países em desenvolvimento. Este gráfico mostra a regularidade da adoção e crescimento globais.
Fonte: Clive James, 2010; disponível em: <www.isaaa.org/resources/publications/pocketk/16/default.asp>.

12 Área de culturas de biotecnologia como porcentagem da área global de culturas principais, 2008 (milhões de hectares)

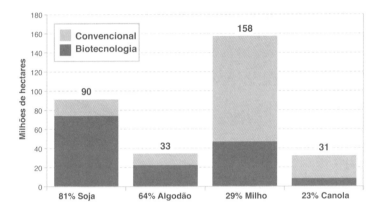

O futuro das culturas de biotecnologia parece encorajador. A comercialização de milho resistente às secas é esperada para 2012, de arroz dourado para 2013 e de arroz Bt antes da Meta de Desenvolvimento do Milênio de 2015, o que potencialmente beneficiará 1 bilhão de pessoas pobres somente na Ásia.
Fonte: <www.isaaa.org/resources/publications/pocketk/16/default.asp>.

13 Tendências anteriores e projetadas de consumo de carne e leite em países desenvolvidos e em desenvolvimento

	Países em desenvolvimento				
	1980	1990	2002	2015	2030
Demanda por alimentos					
Consumo de carne *per capita* anual (kg)	14	18	28	32	37
Consumo de leite *per capita* anual (kg)	34	38	46	55	66
Consumo total de carne (milhões de toneladas)	47	73	137	184	252
Consumo total de leite (milhões de toneladas)	114	152	222	323	452

	Países desenvolvidos				
	1980	1990	2002	2015	2030
Demanda por alimentos					
Consumo de carne *per capita* anual (kg)	73	80	78	83	89
Consumo de leite *per capita* anual (kg)	195	200	202	203	209
Consumo total de carne (milhões de toneladas)	86	100	102	112	121
Consumo total de leite (milhões de toneladas)	228	251	265	273	284

Existe uma demanda crescente por carne e leite no mundo desenvolvido e em desenvolvimento.
Fonte: FAO 2006, "Livestock's Long Shadows: Environmental Issues and Options"; <ftp://ftp.fao.org/docrep/fao/010/a0701e/a0701e.pdf>.

REFERÊNCIAS

14 Consumo anterior e projetado de produtos animais (1960-2050)

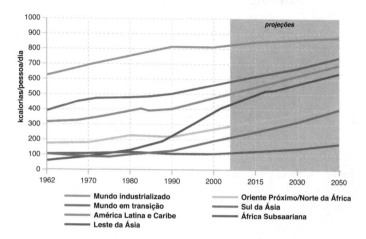

Existe uma demanda crescente por produtos animais no mundo inteiro.
Fonte: FAO 2006, "Livestock's Long Shadows: Environmental Issues and Options"; <ftp://ftp.fao.org/docrep/fao/010/a0701e/a0701e.pdf>.

15 Gastos domiciliares com comida no mundo inteiro

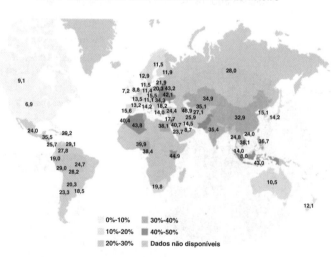

Menos de 7% do dinheiro gasto pelos norte-americanos é com a compra de comida, a menor taxa entre os países que mantêm tais dados. Cada número no mapa representa um país e a porcentagem dos gastos totais com comida naquele país.
Fontes: http://civileats.2011/03/29/mapping-global-food-spending-infographic/data, http://www.ers.usda.gov/briefing/cpifoodandexpenditures/Data/Table_97/2009 table97.htm.

16 Proporção de pessoas subnutridas no mundo em desenvolvimento, 1969-2010

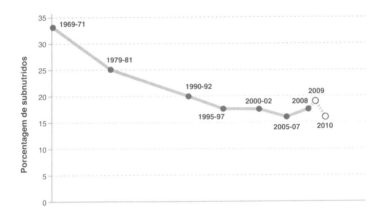

A porcentagem de pessoas subnutridas no mundo em desenvolvimento caiu mais de 50% desde 1969.
Fonte: <www.fao.org/docrep/013/i1683e/i1683e00.htm>.

17 Pessoas subnutridas no mundo atual por região

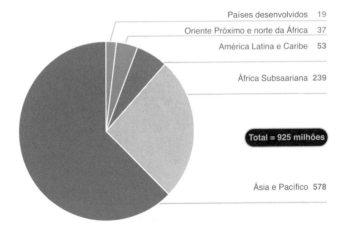

Existem 925 milhões de pessoas subnutridas no mundo atualmente. Isso significa que uma dentre cada sete pessoas não obtém comida suficiente para uma vida saudável e ativa.
Fonte: <www.fao.org/docrep/012/al390e/al390e00.pdf>; <www.wfp.org/hunger>.

18 Carga regional e global de fatores de risco de doenças ligadas à nutrição

População/Fator de risco	África	Américas	Mediterrâneo Oriental	Europa	Sudeste da Ásia	Pacífico Oeste	Mundo
				(milhares)			
População total	639.593	827.345	481.635	873.625	1.535.625	1.687.287	6.045.017
Doenças infantis e maternas ligadas à subnutrição							
(EVCIs como porcentagem da população regional e mundial)							
Peso abaixo do normal	9,82	0,24	3,58	0,09	3,06	0,48	2,28
Deficiência de ferro	1,59	0,21	0,77	0,12	0,91	0,26	0,58
Deficiência de vitamina A	2,57	0,04	0,61	0	0,42	0,03	0,44
Deficiência de zinco	2,15	0,06	0,67	0,01	0,35	0,03	0,46
Malária							0,74
HIV/Aids							1,49
Infecções respiratórias							1,67
Deficiência de iodo							0,04
Sarampo							0,4
Diarreia							1,19
Outros riscos ligados à nutrição							
Hipertensão	0,69	0,78	1,02	2,22	0,98	0,83	1,06
Colesterol alto	0,31	0,55	0,67	1,51	0,80	0,31	0,67
IMC alto	0,23	0,89	0,60	1,35	0,27	0,35	0,55
Baixo consumo de frutas e legumes	0,24	0,36	0,34	0,76	0,57	0,30	0,44
Diabetes							0,25

A tabela mostra a carga de doença estimada para cada fator de risco. Esses riscos atuam isolados ou em conjunto. Consequentemente, a carga devido a grupos de fatores de risco geralmente será inferior à soma dos riscos individuais. A esperança de vida corrigida pela incapacidade (EVCI) é uma medida da carga da doença. Reflete a quantidade total de vida saudável perdida por todas as causas.

Fonte: <www.millenniumassessment.org/documents/document.277.aspx.pdf>. Adaptado de Ezzati *et al.* 2002; Ollila n.d.; e WHO 2002a.

19 Perda de energia nos alimentos (do campo ao garfo)

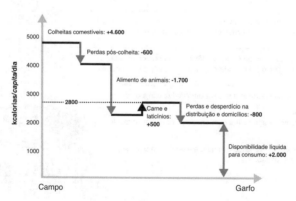

Um resumo esquemático da quantidade de alimentos produzidos globalmente no campo e estimativas de perdas, conversões e desperdício na cadeia alimentar. Isso faz parte do argumento a favor da criação de Plantações Verticais.

Fonte: "From Field to Fork: Curbing Losses and Wastage in the Food Chain," Stockholm International Water Institute. Disponível em: <www.siwi.org/documents/Resources/Papers/Paper_13_Field_to_Fork.pdf>.

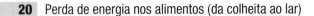

20 Perda de energia nos alimentos (da colheita ao lar)

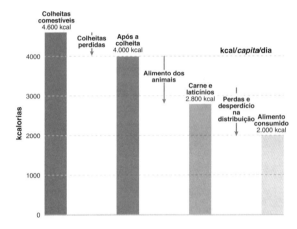

Perdas na cadeia alimentar do campo ao consumo domiciliar. Mais de 50% das kcal (energia) dos alimentos colhidos no campo se perdem até chegarem à sua mesa. Isso faz parte do argumento a favor da criação de Plantações Verticais.
Fonte: <http://maps.grida.no/go/graphic/losses-in-the-food-chain-from-field-to-house hold-consumption>.

21 Plantações verticais

Embora essa imagem retrate apenas umas poucas tecnologias potenciais de plantações verticais, explora a integração do sistema aos ambientes urbanos.
Fonte: Vertical Farm Project; disponível em: <www.the-edison-lightbulb.com/2011/03/09/vertical-farms-the-21st-century-agricultural-revolution>.

22 Indícios da pesca predatória (1950-2003)

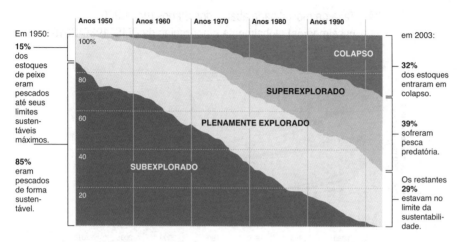

A condição das áreas de pesca do mundo piorou drasticamente por causa da pesca predatória. As áreas atuais estão no ponto de colapso.
Fonte: <http://simondonner.blogspot.com/2008/11/farming-oceans.html>.

23 Crescimento da aquicultura de frutos de mar *versus* pesca na natureza, 1950-2008

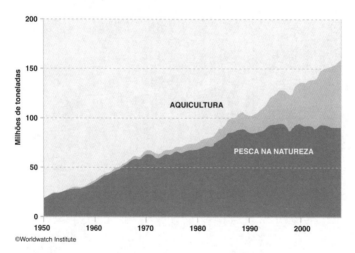

O crescimento da aquicultura de frutos do mar entre 1950 e 2008 ajudou a compensar a dizimação de nossas áreas de pesca naturais.
Fonte: FAO; http://peakwatch.typepad.com/.a/6a00d83452403c69e201538f2305b297 0b-pi.

Saúde e assistência médica

24 Taxa de mortalidade abaixo dos 5 anos (por 1.000 nascimentos) globalmente e por região da OMS, 1980-2010

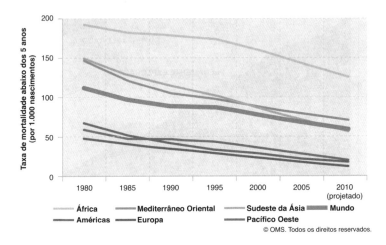

Observe que a melhoria da assistência médica reduziu as taxas de mortalidade no início da infância (abaixo de 5 anos) em quase 50% em muitas regiões do mundo.
Fonte: <www.who.int/gho/child_health/mortality/mortality_under_five/en/index.html>.

25 Causas de mortes entre crianças com menos de 5 anos

Distribuição global de mortes entre crianças abaixo dos 5 anos

	% da distribuição das mortes abaixo dos 5 anos (2000-2003)	Número total de mortes abaixo dos 5 anos (2006)
Causas neonatais	37	3.600.000
Pneumonia	19	1.800.000
Doenças diarreicas	17	1.600.000
Outras	10	970.000
Malária	8	780.000
Aids	3	290.000
Sarampo	4	390.000
Ferimentos	3	290.000
Total	**100**	**9.700.000**

a. Os totais podem não corresponder em razão do arredondamento.
b. Causas neonatais referem-se a doenças nos primeiros 28 dias de vida, que incluem partos prematuros, infecções graves, asfixia no nascimento, anomalias congênitas, tétano neonatal, doenças diarreicas e outras causas neonatais.

As causas neonatais referem-se a mortes nos primeiros 28 dias de vida. Incluem: partos prematuros, infecções graves, asfixia no nascimento, anomalias congênitas, tétano neonatal e doenças diarreicas. Muitas dessas doenças são evitáveis com tecnologias de assistência médica modernas.

Fonte: 53% da Organização Mundial de Saúde, *The World Health Report 2005: Make every mother and child count*, OMS, Genebra, 2005. Disponível em: <www.unicef.org/media/files/Under_five_deaths_by_cause_2006_estimates3.doc.>.

26 Porcentagem de esperança de vida corrigida pela incapacidade (EVCI), por nível de renda (2004)

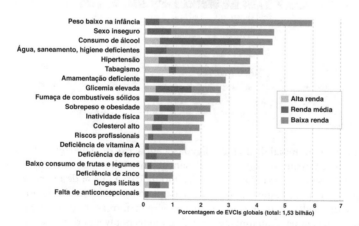

De acordo com este gráfico, as seguintes categorias – peso baixo na infância, sexo inseguro, água não potável, amamentação deficiente, fumaça em recintos fechados, deficiência de vitamina A, deficiência de ferro, deficiência de zinco e falta de anticoncepcionais – são todas condições da pobreza. Essas são áreas básicas para melhorias de curto prazo.
Fonte: OMS, 2009. Global health risks.

27 Saúde e poluição em recintos fechados

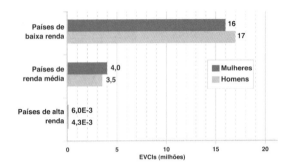

Este gráfico mostra a carga de doenças causadas por poluição do ar em recintos fechados, por níveis de desenvolvimento. Em 2004, a poluição do ar pelo uso de combustíveis sólidos foi responsável por quase 2 milhões de mortes e 2,7% da carga global de doenças (em esperanças de vida corrigidas pela incapacidade, ou EVCIs). Com isso torna-se a segunda maior causa de má saúde. Infecções respiratórias inferiores agudas, em particular pneumonia, continuam sendo o maior causador de morte de crianças, provocando mais de 2 milhões de mortes anuais.
Fonte: <www.who.int/indoorair/health_impacts/burden_global/en>.

28 Saúde e doenças ligadas à água (1999)

Doença	Mortes[a]	EVCIs[a]
Esquistossomose	14	1,932
Tracoma	0	1,239
Ascaríase	3	505
Tricuríase	2	481
Ancilostomíase	7	1,699
Total	26	5,856

[a] em milhares

Em 1999, a carga mundial de doenças ligadas à água, exceto a diarreia infecciosa (cifras x 1000). Abastecimento de água potável, saneamento e boa gestão da água são fundamentais para a saúde global. Quase um décimo da carga global de doenças poderia ser evitado por meio de: (i) aumento do acesso à água potável, (ii) melhoria do saneamento e higiene, e (iii) melhoria da gestão da água para reduzir os riscos de doenças infecciosas transmitidas pela água. Anualmente, uma água mais potável poderia evitar 1,4 milhões de mortes de crianças por diarreia, 500 mil mortes por malária e 860 mil mortes de crianças por subnutrição. Além disso, 5 milhões de pessoas podem ser protegidas de incapacitação séria por filaríase linfática e outras 5 milhões por causa do tracoma.
Fontes: <http://ehp.niehs.nih.gov/realfiles/members/2002/110p537– 542pruss/pruss-full.html>; <www.who.int/features/qa/70/en/index. html>.

REFERÊNCIAS

29 Redução exponencial dos custos de sequenciamento do DNA

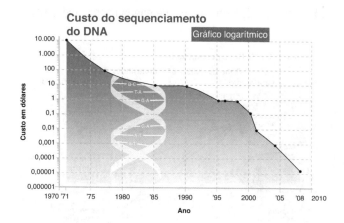

Fonte: Kurzweil, *The singularity is near*.

30 Crescimento da expectativa de vida mundial

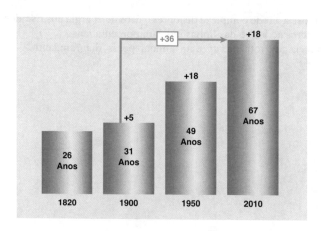

Aumento da expectativa de vida humana média nos últimos 190 anos.
Fonte: United Nations Development Program.

Energia

31 Fontes e demanda (usos) de energia nos Estados Unidos (2009)

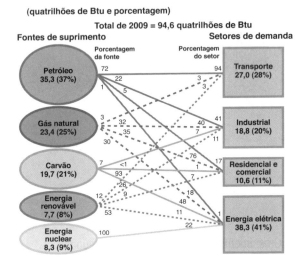

Este gráfico mostra a rede complexa de fontes e usos de energia nos Estados Unidos (em 2009). Os números ao longo das linhas indicam porcentagens.
Fonte: <www.eia.gov/totalenergy/data/annual/pecss_diagram2.cfm>.

REFERÊNCIAS

32 Fontes de energia nos Estados Unidos em 2009

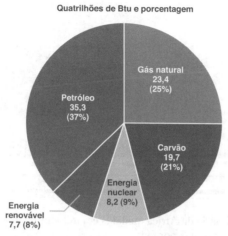

Este gráfico de pizza indica as fontes de energia que acionaram os Estados Unidos em 2009. O primeiro número são quatrilhões de Btu e o segundo número é uma porcentagem.
Fonte: <www.eia.gov/energy_in_brief/major_energy_sources_and_users.cfm>.

33 PIB *per capita* vs consumo de energia (cada ponto representa um país)

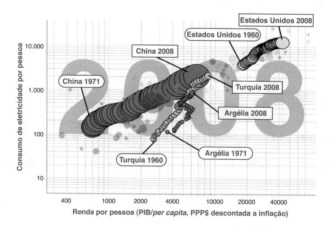

A tendência é bem clara: quanto mais rica se torna uma nação (PIB *per capita*), mais energia consome (KWh *per capita*). Este gráfico Gapminder mostra o progresso de uma nação entre 1960 e 2008 (os dados da China e da Argélia só estão disponíveis a partir de 1971). O tamanho do círculo representa a população. Os quatro países escolhidos são para fins de representação somente.
Fonte: <www.inference.phy.cam.ac.uk/withouthotair/c30/page_231.shtml>.

REFERÊNCIAS

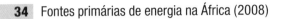

34 Fontes primárias de energia na África (2008)

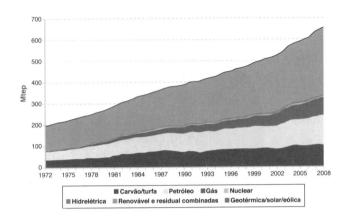

Fontes de energia primária da África medidas em milhões de toneladas equivalentes de petróleo (Mtep), decompostas por fontes.
Fonte: <www.iea.org/stats/pdf_graphs/11TPES.pdf>.

35 Preço médio da eletricidade norte-americana ao longo do tempo (US$ por KWh a preços de 1990)

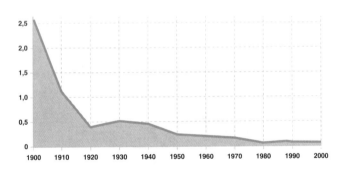

Nos últimos cem anos houve uma diminuição constante no custo da eletricidade (US$ por KWh).
Fonte: Conferência TED de Bill Gates, 2010.

REFERÊNCIAS

36 Mortes por TWh por fonte de geração de energia

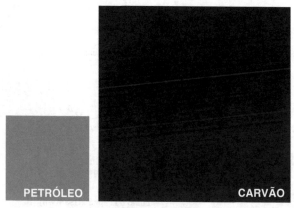

Observe o quadradinho intitulado "Nuclear" na extrema esquerda. Para cada pessoa morta pela geração de energia nuclear, 4.000 morrem por causa do carvão.
Fontes: Seth Godin, disponível em: <http://sethgodin.typepad.com/seths_blog/2011/03/the-triumph-of-coal-marketing.html>, e dados de Brian Wang, disponíveis em: <http://nextbigfuture.com/2011/03/deaths-per-twh-by-energy-source.html>.

37 Armazenamento de energia: potência específica *vs* energia específica

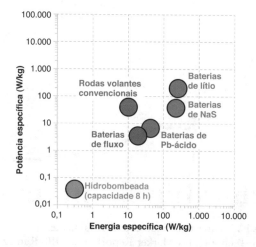

O gráfico mostra a potência específica relativa (quantidade de corrente que a bateria consegue fornecer) *versus* a energia específica (energia por unidade de massa).
Fonte: Professor Don Sadoway, MIT, LMBC.

38 Capacidade instalada vs custos de capital

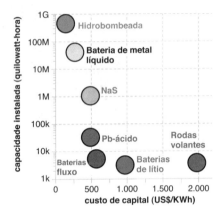

Esta figura mostra os diferentes métodos de armazenamento de energia registrados num gráfico de Capacidade Instalada *versus* Custo de Capital. De acordo com o professor Sadoway, os indicadores-chave requeridos para a armazenamento em escala de rede são: (i) custo (<US$150/KWh); vida útil (> 10 anos); e eficiência energética (> 80%) – todos eles alcançáveis pelas baterias de metal líquido.
Fonte: Professor Don Sadoway, MIT, LMBC.

39 Custo da célula fotovoltaica solar por watt (1980-2009)

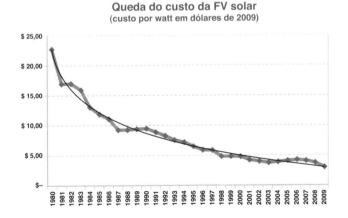

O custo das células FV solares tem caído exponencialmente.
Fonte: DOE Solar Technologies Market Report, jan. 2010. Ramez Naam, "The Exponential Gains in Solar Power per Dollar", disponível em: <http://unbridledspeculation.com/2011/03/17/the-exponential-gains-in-solar-power-per-dollar>.

40 Watts produzidos por US$ 100 constantes (1980-2010)

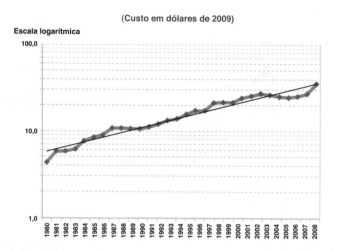

A eficiência dos painéis FV (watts produzidos por US$ 100 constantes) tem aumentado exponencialmente. Observe que o eixo Y está em escala logarítmica.
Fonte: DOE Solar Technologies Market Report, jan. 2010. Ramez Naam, "The Exponential Gains in Solar Power per Dollar", disponível em: <http://unbridledspeculation.com/2011/03/17/the-exponential-gains-in-solar-power-per-dollar>.

41 Roteiro da redução do custo dos painéis FV (2007-2014)

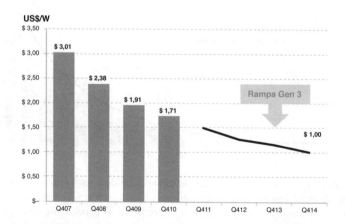

A diminuição constante e projetada do custo por watt (US$/W) dos painéis fotovoltaicos, de acordo com a SunPower Corporation, um de seus maiores fabricantes.
Fonte: © 2010 SunPower Corporation.

REFERÊNCIAS

42 Curva do aprendizado da energia solar

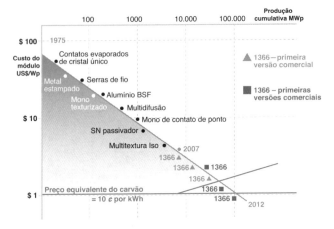

A queda do custo da energia solar e o aumento correspondente da produção cumulativa é essencialmente uma representação gráfica da curva de aprendizado do setor.
Fonte: Apresentação de Frank van Mierlo, CEO, e Ely Sachs, CTO, da 1366 Technologies. Dados de Greg Nemet da UC Berkeley.

43 Capacidade da energia eólica anual global *vs* tempo

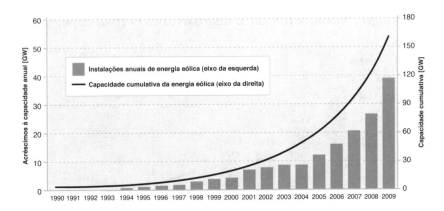

O gráfico mostra os acréscimos globais de capacidade de energia eólica e a capacidade cumulativa. Apesar dessas tendências, a energia eólica permanece uma fração relativamente pequena do suprimento mundial de eletricidade. A capacidade de energia eólica total instalada no final de 2009 atenderia, num ano normal, a apenas 1,8% da demanda mundial por eletricidade.
Fonte: Special Report on Renewable Energy Sources and Climate Change Mitigation (SRREN). Disponível em: <http://srren.ipcc-wg3.de/report/IPCC_SRREN_Ch07>.

REFERÊNCIAS

44 Potência máxima contida em fontes renováveis

Fonte de energia	Potência máxima	Porcentagem da energia solar
Solar	85.000 TW	100,000
Térmica oceânica	100 TW	0,120
Eólica	72 TW	0,080
Geotérmica	32 TW	0,380
Hidrelétrica	7 TW	0,008
De biomassa	6 TW	0,008
Das marés	3 TW	0,003
De ondas costeiras	3 TW	0,003

Nenhuma outra energia renovável atinge a escala da solar. Ela tem quase 850 vezes o potencial da térmica oceânica, seu concorrente mais próximo.
Fonte: Derek Abbott, Pesquisador, IEEE, "Keeping the Energy Debate Clean: How Do We Supply the World's Energy Needs?" *Proceedings of the IEEE* 98, n. 1 (jan. 2010).

45 Consumo mundial de energia em 2007

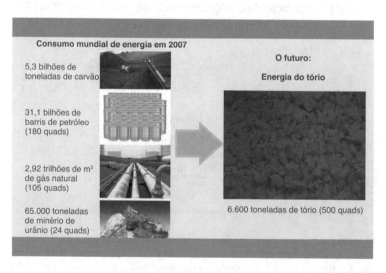

Em 2007, apenas 6.600 toneladas de tório poderiam ter suprido toda a energia do mundo.
Fonte: Bill Gates, Conferência TED, 2010.

46 Emissões globais de carbono da produção de energia

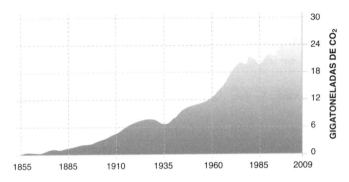

O crescimento das emissões globais de CO_2 (gigatoneladas) nos últimos 150 anos.
Fonte: Bill Gates, Conferência TED, 2010.

Educação

47 População de crianças em idade de ensino fundamental 1 e crianças fora da escola por região (2007)

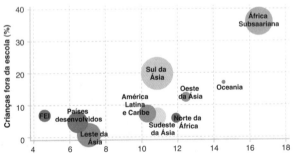

O vínculo entre a estrutura da população e o número de crianças fora da escola é mostrado acima. A África Subsaariana é a região com a maior porcentagem de crianças fora da escola. Ao mesmo tempo, a população da maioria dos países da África Subsaariana está crescendo, e as crianças em idade de ensino fundamental 1 constituem uma porção grande e crescente da população. A parcela de crianças nessa idade escolar na população de uma região é registrada ao longo do eixo horizontal e a parcela de crianças fora da escola, ao longo do eixo vertical.
Fonte: Population structure and children out of school. Disponível em: <http://huebler.blogspot.com/>.

48 Taxa de matrícula líquida (TML) na escola de ensino fundamental 1 e PIB *per capita* (2002)

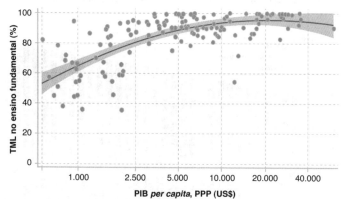

A relação entre pobreza e educação é nítida. A maioria dos países com PIB *per capita* de US$ 2.500 ou menos possui taxas de matrícula líquidas abaixo de 80%. Quase todos os países acima desse nível de PIB possuem valores de TML superiores a 80%.

Fonte: <http://huebler.blogspot.com/2005/09/national-wealth-and-school-enrollment.html>.

49 Envolvimento de crianças entre 10 e 12 anos com a tecnologia

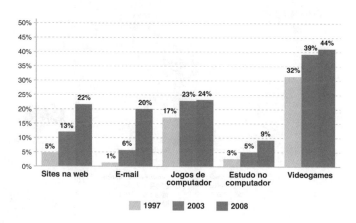

Fonte: <http://newsdesk.umd.edu/bigissues/release.cfm?ArticleID=2229; www.popcenter.umd.edu>.

Democracia

50 Liberdade no mundo – Tendências da população

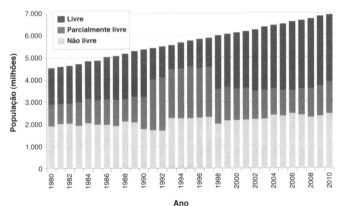

<www.freedomhouse.org/images/File/fiw/historical/PopulationTrendsFIW1980-2011.pdf>.

51 O índice da democracia (2010)

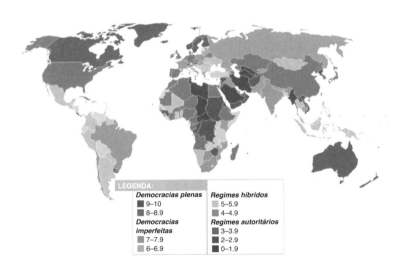

Fonte: *Economist,* in Wikipedia, disponível em: <http://en.wikipedia.org/wiki/File:Democracy_Index_2010_green_and_red.svg>.

REFERÊNCIAS

População e urbanização

52 O verdadeiro tamanho da África

PAÍS	ÁREA x 1000 km²
China	9.597
EUA	9.629
Índia	3.287
México	1.964
Peru	1.285
França	633
Espanha	506
Papua Nova Guiné	462
Suécia	441
Japão	378

PAÍS	ÁREA x 1000 km²
Alemanha	357
Noruega	324
Itália	301
Nova Zelândia	270
Reino Unido	243
Nepal	147
Bangladesh	144
Grécia	132
TOTAL	30.102
ÁFRICA	30.221

Layout gráfico somente para visualização (alguns países estão cortados e girados), mas as conclusões são bem precisas: consulte os dados exatos na tabela à esquerda.

Além dos conhecidos problemas sociais do *analfabetismo* e *ignorância matemática*, deveria haver também o conceito de *ignorância geográfica*.

Uma pesquisa com crianças norte-americanas aleatórias em idade escolar pediu que estimassem a população e área de seu país. Não inteiramente inesperado, mas mesmo assim perturbador, a maioria optou por "*1-2 bilhões*" e "*o maior do mundo*", respectivamente.

Mesmo entre alunos asiáticos e europeus, as estimativas geográficas com frequência estavam erradas por fatores de *2-3*. Isso se deve em parte à natureza altamente distorcida das projeções de mapeamento predominantes (tais como *Mercator*).

Um exemplo particularmente extremo é o erro de avaliação no mundo todo do verdadeiro tamanho da África. Essa imagem única tenta representar a escala enorme, que supera os *Estados Unidos, China, Índia, Japão e toda a Europa... combinados!*

Fonte: Kai Krause, Creative Commons.

53 Perspectivas de urbanização do mundo (2009)

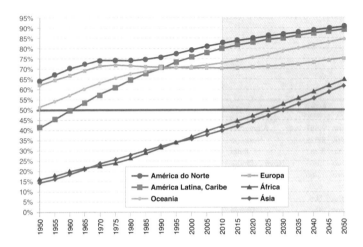

Em 2050, 70% da população do mundo viverá em cidades.
Fonte: <http://esa.un.org/unpd/wup/Fig_1.htm>.

54 Comparação de estatísticas urbano-rural (2003-2007) para Índia, Vietnã e Tanzânia

	ÍNDIA		VIETNÃ		TANZÂNIA	
	Urbana	Rural	Urbana	Rural	Urbana	Rural
Mortalidade antes dos 5 anos (por 1.000 nascimentos)	52	82	108	138	16	36
Acesso a saneamento adequado (porcentagem de domicílios)	77	23	53	43	92	50
Média de escolaridade em anos (homens)	8	4	6	3	9	6
Acesso à eletricidade (porcentagem de domicílios)	93	56	38	1	99	87

Na maioria dos países, os moradores das cidades vivem melhor que a população rural. Os países mais urbanizados no mundo desenvolvido desfrutam uma renda *per capita* maior. Em muitos países em desenvolvimento, os moradores urbanos têm mais acesso à saúde básica e a serviços educacionais

Fonte: <http://earthtrends.wri.org/updates/node/287>; ONU (população) e Banco Mundial (PIB).

55 População do mundo 1800-2009

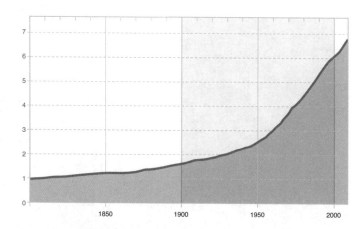

Crescimento da população do mundo nos últimos 209 anos em bilhões de pessoas.
Fonte: Gerado em Wolfram Alpha.

56 Variantes da população mundial estimadas e projetadas (1950-2100)

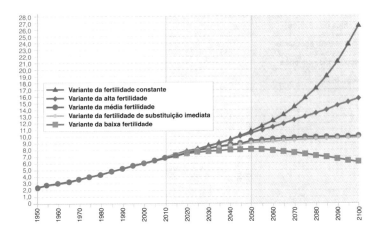

De acordo com a variante média do *2010 Revision of World Population Prospects*, espera-se que a população mundial cresça de 6,9 bilhões em meados de 2011 para 9,3 bilhões em 2050 e atinja 10,1 bilhões em 2100. A realização dessa projeção depende do declínio constante da fertilidade em países que ainda possuem uma fertilidade acima do nível de substituição (ou seja, países cujas mulheres têm, em média, mais de uma filha) e um aumento da fertilidade nos países que têm uma fertilidade abaixo da substituição. Além disso, a mortalidade teria de cair em todos os países. Se a fertilidade continuasse constante em cada país no nível de 2005-2010, a população mundial poderia alcançar quase 27 bilhões em 2100.
Fonte: <http://esa.un.org/wpp/Analytical-Figures/htm/fig_1.htm>.

REFERÊNCIAS

57 Número de países por fertilidade total

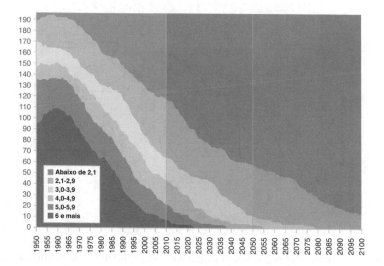

Na grande maioria dos países, a fertilidade total será inferior a 2,1 crianças por mulher em 2100. Esta figura mostra o número de países por nível de fertilidade total de 1950 a 2100.
Fonte: <http://esa.un.org/unpd/wpp/Analytical-Figures/htm/fig_9.htm>.

58 Filhos por mulher *vs* mortalidade infantil ao longo do tempo

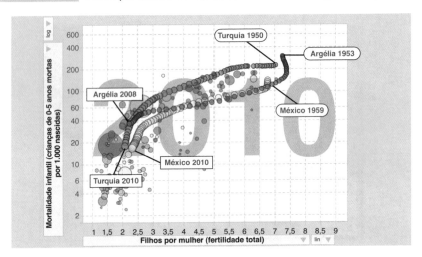

Este gráfico Gapminder registra a mortalidade infantil (idade de 0-5) comparada com o número de filhos por mulher, demonstrando uma correlação direta entre ambos. Especificamente, à medida que a mortalidade infantil declina, o mesmo acontece com o número de filhos nascidos de cada mulher. O gráfico mostra o progresso de uma nação entre a década de 1950 e a de 2008. O tamanho do círculo representa a população de uma nação. Os três países escolhidos são para fins de representação apenas.
Fonte: Gapminder, Hans Rosling.

59 Filhos por mulher *vs* mortalidade infantil (2009)

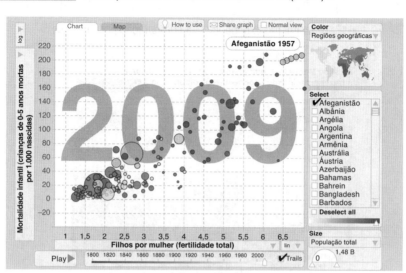

Este gráfico Gapminder registra a mortalidade infantil (idade de 0-5) comparada com o número de filhos por mulher, demonstrando uma correlação direta entre ambos. Especificamente, à medida que a mortalidade infantil declina, o mesmo acontece com o número de filhos nascidos de cada mulher.
Fonte: Gapminder, Hans Rosling.

60 Mudança da população entre 2010 e 2100 por grandes regiões (em milhões)

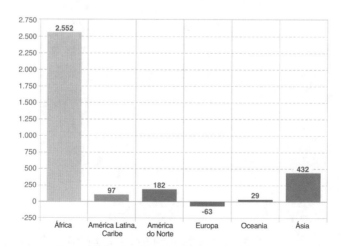

Fonte: <http://esa.un.org/unpd/wpp/Analytical-Figures/htm/fig_13.htm>.

Tecnologia da informação e comunicações

61 Crescimento exponencial da computação por 110 anos

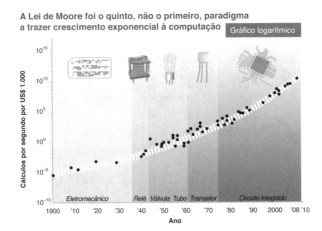

Lei de Moore em ação. Observe a regularidade dessa curva exponencial nos últimos cem anos apesar das guerras mundiais, depressões e recessões. Além disso, a curva tem tendência ascendente (em direção à vertical), demonstrando que o ritmo do crescimento exponencial está aumentando com o tempo.
Fonte: Kurzweil, *The singularity is near.*

REFERÊNCIAS

62 O crescimento exponencial da computação num *gráfico logarítmico*

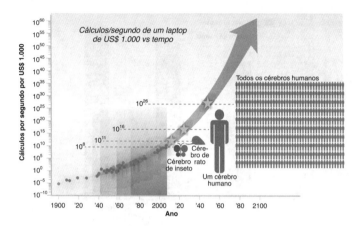

Esta curva de *The singularity is near* projeta a continuação da Lei de Moore nos próximos cem anos. Indica que em torno de 2023 o laptop de US$ 1.000 comum será capaz de se comunicar à velocidade do cérebro humano e, decorridos mais uns 25 anos, à velocidade de toda a espécie humana.
Fonte: Kurzweil, *The singularity is near.*

63 Queda exponencial do custo de memória (1950-2008) US$ por megabyte

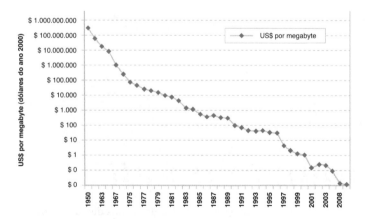

Fonte: Kurzweil, *The singularity is near.*

64 População global e usuários da internet (2000-2020)

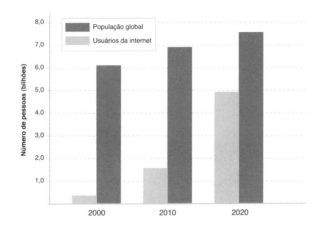

Fonte: <www.futuretimeline.net/21stcentury/2020-2029.htm#ref3>.

65 Horas de vídeo incluídos por minuto no YouTube

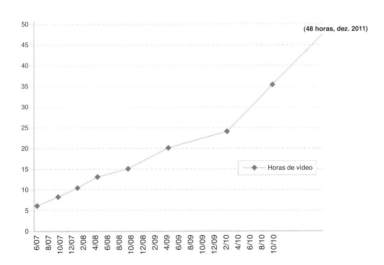

Nada demonstra melhor o crescimento explosivo dos dados digitais do que o aumento do conteúdo do YouTube. No final de 2011, 48 horas de conteúdo de vídeo eram incluídas no site a cada minuto.

Fontes: <www.youtube.com/t/press_statistics>. <http://youtubeglobal.blogspot.com/2010/11/great-scott-over-35-hours-of-video.html>; <http://youtubeglobal.blogspot.com/2011/05/thanks-youtube-community-for-two-big.html>

66 Crescimento das assinaturas de telefones celulares 2000-2010

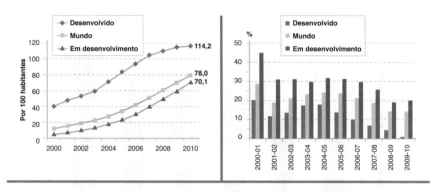

O gráfico à esquerda mostra o rápido crescimento das assinaturas de telefones celulares nos mundos desenvolvido e em desenvolvimento. No mundo desenvolvido, um número maior que 100 indica que os indivíduos possuem mais de um aparelho. O gráfico à direita mostra a taxa de crescimento anual ao longo do tempo.
Fontes: <www.itu.int/ITU-D/ict/publications/idi/2011/Material/MIS_2011_without_annex_5.pdf>;
<www.itu.int/ITU-D/ict/publications/idi/2010/Material/MIS_2010_without_annex_4-e.pdf>.

67 Penetração e crescimento das assinaturas de banda larga móvel (2007-2010) por nível de desenvolvimento

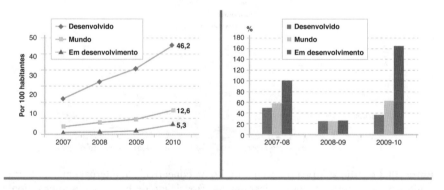

Estes gráficos mostram especificamente o crescimento do acesso à internet de banda larga sem fio, em vez de telefones celulares. O avanço individual mais dinâmico de TIC nos últimos anos foi o crescimento das assinaturas de banda larga móvel.
Fonte: <www.itu.int/ITU-D/ict/publications/idi/2011/Material/MIS_2011_without_annex_5.pdf>

68 Crescimento das assinaturas de telefones celulares 2G e 3G

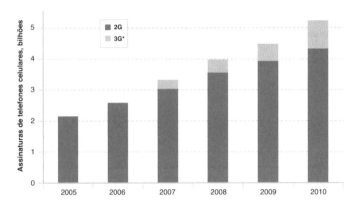

Nota: *Dados 3G incluem assinaturas de dados móveis dedicados.
Fonte: <www.itu.int/ITU-D/ict/publications/idi/2011/Material/MIS_2011_without_annex_5.pdf>.

69 Internet de banda larga internacional total (Gbits/seg): 2000-2010

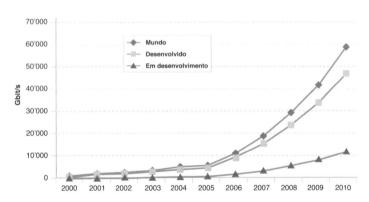

Entre 2008 e 2010, a África progrediu muito na conectividade internacional à internet. Muitos países dobraram ou triplicaram sua capacidade de banda larga internacional; alguns testemunharam um aumento de dez vezes. Se acompanhado por medidas políticas eficazes que garantam um acesso competitivo à banda larga recém-disponível, esse aumento pode ter um impacto positivo na viabilidade financeira da banda larga – um dos maiores problemas da região.

Fontes: <www.itu.int/ITU-D/ict/publications/idi/2011/Material/MIS_2011_without_annex_5.pdf; http://www.itu.int/ITU-D/ict/publications/idi/2010/Material/MIS_2010_without_annex_4-e.pdf>.

70 Penetração da telefonia móvel 2G e 3G na África 2011-2015

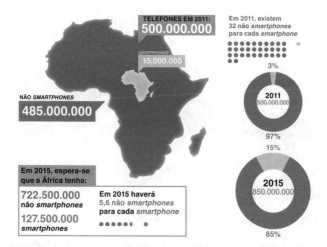

Crescimento projetado de cinco anos de dispositivos móveis 2G e 3G. Observe o aumento desproporcional dos *smartphones*.
Fonte: Gowth for smart phones. Disponível em: <Source: http://afrographique.tumblr.com/post/7087562485/infographicdepicting-smart-and-dumb-mobile>.

71 Usuários da internet (2005-2010) e por 100 habitantes (2010)

Por 100 habitantes, 2010
África	9,6
Estados Árabes	24,9
FEI*	46,0
Europa	65,0
Américas	55,0
Ásia e Pacífico	21,9

* FEI , bloco formado por onze ex-repúblicas soviéticas, incluindo a Rússia.

UIT: Usuários da internet em bilhões (2005-2010) e por 100 habitantes (2010)

• O número de usuários da internet duplicou entre 2005 e 2010.

• Em 2010, o número de usuários da internet ultrapassará a marca de 2 bilhões, dos quais 1,2 bilhão será em países em desenvolvimento.

• Alguns países (Estônia, Finlândia e Espanha) declararam o acesso à internet um direito legal dos cidadãos.

• Com mais de 420 milhões de usuários da internet, a China é o maior mercado de internet do mundo.

• Enquanto 71% da população nos países desenvolvidos estão online, apenas 21% da população dos países em desenvolvimento o estão. No final de 2010, a penetração de usuários da internet na África chegará a 9,6%, bem atrás da média mundial (30%) e da média dos países em desenvolvimento (21%).

Fonte: <www.itu.int/ITU-D/ict/material/FactsFigures2010.pdf>.

REFERÊNCIAS

72 Número de usuários apenas da internet móvel

	2010	2011	2012	2013	2014	2015
Global	13.976.859	31.860.295	78.855.662	188.375.368	487.426.725	788.324.804
Pacífico Asiático	2.448.932	6.768.196	20.543.294	67.012.433	240.350.642	420.277.951
América Latina	1.329.853	4.040.217	12.720.259	26.665.349	49.199.321	71.548.055
América do Norte	2.615.787	4.218.310	6.550.322	14.257.565	38.783.886	55.646.710
Europa Ocidental	5.237.113	10.348.319	21.163.143	33.524.429	58.670.609	83.364.841
Japão	441.060	1.021.441	3.322.664	10.780.236	21.462.108	31.876.998
Europa Central e Ocidental	1.156.893	3.140.746	8.252.679	20.303.462	38.480.441	58.717.045
Oriente Médio e África	747.221	2.323.065	6.303.302	15.831.895	40.479.719	66.893.204

Estas tabelas fornecem detalhes do crescimento projetado de usuários apenas da internet móvel, significando aqueles que acessam por meio de *smartphone*.
Fonte: Cisco VNI Mobile, 2011.

Filantropia

73 Concentração de indivíduos milionários por 1.000 pessoas, 2010

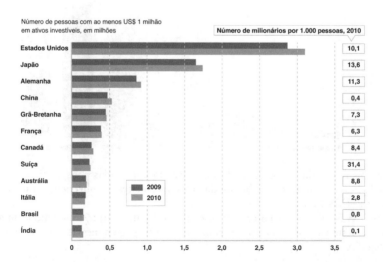

Fontes: <www.economist.com/blogs/dailychart/2011/06/rich>. In <www.capgemini.com/services-and-solutions/by-industry/financialservices/solutions/wealth/worldwealthreport>.

REFERÊNCIAS

74 Número de fundações privadas e comunitárias ativas

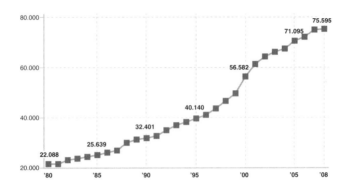

O número de fundações ativas quase quadruplicou na últimas duas décadas.
Fontes: US Foundation Center (2010), disponível em: <http://foundationcenter.org/findfunders/statistics>; <http://foundationcenter.org/gainknowledge/research/pdf/fgge10.pdf>.

75 Número de fundações privadas e comunitárias ativas

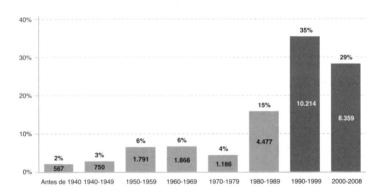

Quase dois terços das maiores fundações ativas foram criadas após 1989. Baseado em dados do Foundation Center sobre fundações concedentes de subvenções com ativos de no mínimo US$ 1 milhão.
Fontes: US Foundation Center (2010), disponível em: <http://foundationcenter.org/findfunders/statistics>; <http://foundationcenter.org/gainknowledge/research/pdf/fgge10.pdf>.

REFERÊNCIAS

Desmaterialização e desmonetização

76 Desmaterialização

Aplicativos valendo >US$ 900.000 num *smartphone* atual

	Aplicativo	US$ (2011)	Nome do dispositivo original	Ano*	Preço sugerido	US$ de 2011
1	Videoconferência	*grátis*	Compression Labs VC	1982	$ 250.000	$ 586.904
2	GPS	*grátis*	TI NAVSTAR	1982	$ 119.900	$ 279.366
3	Gravador de voz digital	*grátis*	SONY PCM	1978	$ 2.500	$ 8.687
4	Relógio digital	*grátis*	Seiko 35SQ Astron	1969	$ 1.250	$ 7.716
5	Câmera 5 Mpixel	*grátis*	Canon RC-701	1986	$ 3.000	$ 6.201
6	Biblioteca médica	*grátis*	p. ex., CONSULTANT	1987	Up to $ 2.000	$ 3.988
7	Videocassete	*grátis*	Toshiba V-8000	1981	$ 1.245	$ 3.103
8	Câmera de vídeo	*grátis*	RCA CC010	1981	$ 1.050	$ 2.617
9	Som	*grátis*	CD *player* Sony CDP-101	1982	$ 900	$ 2.113
10	Enciclopédia	*grátis*	Compton's CD Encyclopedia	1989	$ 750	$ 1.370
11	Videogame	*grátis*	Atari 2600	1977	$ 199	$ 744
	Total	**grátis**				**$ 902.065**

*Ano do lançamento

As pessoas com um *smartphone* atualmente podem acessar ferramentas que teriam custado milhares de dólares algumas décadas atrás.

Fontes: (1) <www.nefsis.com/Best-Video-Conferencing-Software/video-conferencing-history.html>

(2) <www.americanhistory.si.edu/collections/surveying/object.cfm?recordnumber=998407>

(3) <www.videointerchange.com/audio_history.htm>

(4) <www.shvoong.com/humanities/1714780-history-digital-watch>

(5) <www.digicamhistory.com/1986.html>

(6) <www.tnyurl.com/63ljueq>

(7) <www.mrbetamax.com/OtherGuys.htm>

(8) <www.cedmagic.com/museum/press/release-1981-02-12-1.html>

(9) <www.digicamhistory.com/1980_1983.html>

(10) <www.mba.tuck.dartmouth.edu/pdf/2000-2-0007.pdf>

(11) <www.thegameconsole.com/atari-2600/>

REFERÊNCIAS

77 | iPad 2 tão rápido quanto um supercomputador em 1985

	Cray 2 (1985)	iPad2 (2011)	Diferença (iPad x Cray2)
Peso	2.495 kg	610-613 g (Wi-Fi+3G)	1/4000 do peso
Tamanho	1,14 m de altura, 1,35 m de diâmetro 1.627.530 cm³	24x18,6x0,86 cm 387 cm³	1/4000 do volume
Custo	US$ 17,5 milhões (1985) US$ 36,2 milhões (2011)	US$ 699 (64 GB, 2011) US$ 338 (1985)	1/51.775 do custo
Poder de processamento (CPU)	244 MHz	1 GHz	4 vezes a velocidade de processamento
Memória	2 GB RAM	512 MB DDR2	1/4 da memória
Potência (watts)	150-200 kW	10 Watts	1/15.000 da potência

Fontes: <http://bits.blogs.nytimes.com/2011/05/09/the-ipad-in-your-hand-as-fast--as-a-supercomputer-of-yore>; <http://archive.computerhistory.org/resources/text/Cray/Cray.Cray2.1985.102646185.pdf>; <http://en.wikipedia.org/wiki/Cray-3; 2 GB; RAM>; <www.cs.umass.edu/~weems/CmpSci635A/Lecture16/L16.16.html15,000>; <http://books.google.com/books?id=LkrTkAa10McC&pg=PA61-IA8>; Cray 2 Brochure, disponível em: <www.craysupercomputers.com/downloads/Cray2/Cray2_Brochure001.pdf>.

78 | iPhone (2007) *vs* Osborne Executive (1982)

	Osborne Executive (1982)	iPhone	Diferença
Peso	12,9 kg	135 g	95,5 vezes menos peso
Tamanho	23x52x33 cm 39470 cm³	11,5x6,1x1,16 cm 81 cm³	Quase 1/500 do volume
Custo	$ 2.495 (1982) $ 5.759 (2011)	$ 599/$ 399 (8 GB, 2007) $ 279/$186 (1982)	10-14 vezes menos (dólares constantes)
Poder de processamento (CPU)	4,0Mhz	620 Mhz	155 vezes mais
Armazenamento	Até 720 KB	Até 8 GB Flash (2007)	11.650 vezes mais
Memória	Up to 384 kibibytes	128 MB eDRAM	341 vezes mais
Tela	80 caracteres x 24 linhas, monocromática	320 x 480 LCD 18-bit	Não aplicável (OE não é baseado em pixels)
Câmera e vídeo	ND	Câmera de 2,0 megapixel	Não aplicável
Software	Vários tipos, em disquetes	Vários para começar	Não aplicável
Comunicações	Modem de 300 baud (0,3 kbits/s)	Wi-Fi (802.11b/g, 11Mb/s), Bluetooth, GPS	26.666 vezes mais

Fontes: <www.computermuseum.li/Testpage/OsborneExecSpecs.htm>; <http://en.wikipedia.org/wiki/Osborne_Executive; http://en.wikipedia.org/wiki/IPhone>.

Curvas exponenciais

79 Curvas exponenciais *vs* lineares

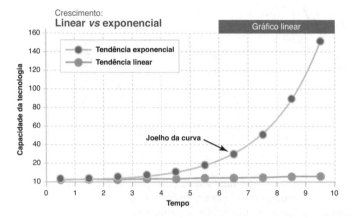

O gráfico mostra a diferença fundamental entre o crescimento exponencial e linear. No período inicial das duplicações exponenciais, antes que a extremidade dianteira da curva seja alcançada, os crescimentos exponencial e linear são difíceis de distinguir.
Fonte: Kurzweil, *The singularity is near.*

80 Curvas exponenciais

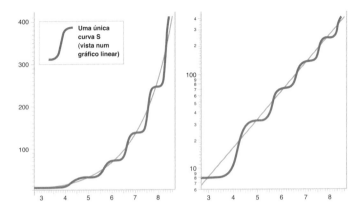

O gráfico à esquerda demonstra uma sequência exponencial constante composta de uma cascata de curvas S num gráfico linear. O gráfico da direita demonstra a mesma sequência exponencial de curvas S num gráfico logarítmico.

81 A curva *hype* de Gartner

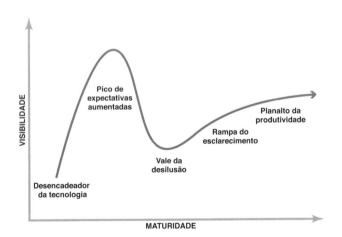

Cada ciclo *hype* se expande nas cinco fases-chave do ciclo de vida de uma tecnologia. No início do ciclo de vida de uma tecnologia nova, seu potencial é superestimado, levando ao pico das expectativas exageradas, seguido de uma rejeição de suas capacidades e o vale da desilusão e, finalmente, da verdadeira realização da tecnologia e seu planalto de produtividade.

Fonte: <www.gartner.com/it/page.jsp?id=1124212>.

APÊNDICE

PERIGOS DOS EXPONENCIAIS

Por que o futuro não precisa de nós

Um dos primeiros exames bem formulados dos perigos da tecnologia exponencial apareceu em abril de 2000 na *Wired*, quando Bill Joy (então cientista chefe da Sun Microsystems), escreveu seu agora famoso artigo "Why the Future Doesn't Need Us" ("Por que o Futuro Não Precisa de Nós"). O argumento de Joy é que as tecnologias mais poderosas do século 21 – robótica, nanotecnologia e engenharia genética – ameaçam a espécie humana, restando-nos uma só linha de ação clara:

> As experiências dos cientistas atômicos mostram a necessidade de assumir a responsabilidade pessoal, o perigo de que as coisas avancem rápido demais e a forma como um processo consegue assumir uma vida própria. Podemos, como eles fizeram, criar problemas insuperáveis mais rápido do que esperávamos. Precisamos de mais reflexão preliminar para tampouco nos surpreendermos e chocarmos com as consequências de nossas invenções. [...] Estamos sendo impelidos para esse novo século sem nenhum plano, nenhum controle, nenhum freio.
>
> [...] A única alternativa realista que vejo é a renúncia: reduzir o desenvolvimento das tecnologias que sejam perigosas demais, limitando nossa busca de certos tipos de conhecimento.[1]

Embora eu discorde da receita de Joy (por motivos que já veremos), ele não está errado em sua avaliação. As tecnologias exponenciais podem representar graves perigos. Embora esses perigos não sejam o foco deste trabalho, seria uma grave omissão ignorá-los sem discussão. Portanto, esta é a parte do texto dedicada a examinar essas questões. Desde já aviso que a discussão dessas ameaças e dos potenciais fatores atenuantes aqui apresentados são totalmente inadequados, dada a importância do assunto. Meu objetivo é simplesmente conscientizá-lo das principais preocupações e desafios, e fornecer uma visão macroscópica para estimular leituras adicionais.

Imaginar esses perigos não é difícil, pois Hollywood já fez grande parte do serviço. Filmes como *Eu, robô*, *O exterminador do futuro* e *Matrix* são as clássicas histórias de robôs maléficos e inteligentes que dominam a humanidade, enquanto *Blade Runner*, *Gattaca* e *Parque dos dinossauros* enfocam os perigos da manipulação genética. A nanotecnologia, ao que parece, é menos cinematográfica, e aparece somente no *remake* de 2008 de *O dia em que a Terra parou*. Mas o filme fornece uma versão razoavelmente exata do cenário catastrófico de Eric Drexler, onde nanorrobôs autorreplicantes se libertam e consomem tudo no seu caminho.[2] Embora seja verdade que Hollywood tem distorcido os fatos, realiza um bom serviço em avaliar os perigos. Em termos simples: a tecnologia errada nas mãos erradas não fará nenhum bem.

Anualmente na Universidade da Singularidade, conduzo uma série de *workshops* que discutem esse tema. Nessas sessões, tentamos listar e priorizar cenários catastróficos de curto e médio prazo. Três preocupações de curto prazo costumam se destacar e serão portanto o nosso foco aqui: o medo da biotecnologia em mãos de terroristas, o aumento constante dos crimes cibernéticos e a perda de empregos resultante de avanços na robótica e IA. Veremos uma de cada vez.

Bioterrorismo

Anteriormente neste livro, descrevi como estudantes do ensino médio e universitários participantes da competição Máquina Internacional Geneti-

APÊNDICE

camente Engendrada (iGEM), por meio da engenharia genética, manipulam formas de vida simples para fazerem coisas úteis ou interessantes. Por exemplo, vencedores de competições anteriores desenvolveram formas de vida que brilham com cor verde fluorescente, consomem vazamentos de petróleo ou produzem vacinas preventivas da úlcera. Mas essa é nossa posição atual. O futuro é uma história bem diferente.

"Existe uma nova geração de aficionados da biologia entrando na internet que usarão a engenharia genética para criar empresas incríveis", diz Andrew Hessel, copresidente de Biotecnologia da Universidade da Singularidade e um eloquente defensor do atual movimento da biologia do DIY. "Ao mesmo tempo, porém, conforme a tecnologia se torna mais fácil de usar e mais barata de acessar, ataques biológicos são inevitáveis."[3]

E a tecnologia já é barata o suficiente. Máquinas de sequenciamento e síntese do DNA estão disponíveis a qualquer um com poder aquisitivo para comprar um carro usado. Isso poderia ser ótimo, exceto pelo fato de que algumas sequências de nucleotídeos bem desagradáveis, como os vírus Ebola e influenza 1918 (que mataram mais de 50 milhões no mundo inteiro), estão acessíveis online. O cosmologista e astrônomo britânico Lord Martin Rees considera o perigo tão grave que, em 2002, apostou US$ 1.000 com a revista *Wired* de que "até o ano 2020, um caso de erro biológico ou terrorismo biológico terá matado 1 milhão de pessoas".[4]

Rees e Hessel têm todo o direito de soarem o alarme. O dr. Larry Brilliant – que ajudou a dirigir a equipe da OMS que conseguiu erradicar a varíola e agora dirige a organização Urgent Threats Fund de Jeff Skoll (voltada, entre outras coisas, para as pandemias e bioterrorismo) – sintetizou os temores de todos em recente artigo no *Wall Street Journal*: "A engenharia genética de um vírus é bem menos complexa e bem menos cara do que o sequenciamento do DNA humano. Armas de bioterrorismo são baratas e não precisam de laboratórios enormes ou apoio governamental. São as armas de destruição em massa do homem pobre".[5]

E os terroristas sequer precisarão criar realmente o vírus para causar o estrago. "O frenesi generalizado da mídia em torno do H1N1 [vírus da gripe aviária] em 2009 deixou o público em pânico e levou as empresas farmacêuticas a desperdiçarem bilhões para criarem vacinas que acabaram se mostrando ineficazes", explica Hessel. "O medo e a ignorância dos agentes biológicos podem levar a respostas sociais reativas e destruidoras com consequências no mundo real, ainda que o próprio agente não seja tão prejudicial assim." De fato, a simples ameaça de ataque biológico pode ser tremendamente prejudicial, produzindo impactos econômicos, sociais e psicológicos negativos.

Uma reação instintiva a essa ameaça tem sido um clamor por um maior controle da distribuição da tecnologia e dos reagentes, mas há poucas provas de que tais medidas exercerão o efeito desejado. O primeiro problema é que proibir qualquer coisa tende a criar um mercado negro e uma força de trabalho criminosa dedicada a explorar aquele mercado. Em 1919, quando os Estados Unidos tornaram a fabricação, a venda e o transporte de bebidas alcoólicas ilegais, o crime organizado foi o principal resultado.[6] A população das prisões aumentou 366%, os dispêndios totais com instituições penais saltaram 1.000% e até o índice de motoristas bêbados aumentou 88%. No todo, como observou John D. Rockefeller Jr. (antes um defensor eloquente da ideia): "O consumo de álcool aumentou em geral. Os bares clandestinos substituíram o *saloon*. Um grande exército de infratores da lei apareceu. Muitos de nossos melhores cidadãos ignoraram abertamente a Proibição. O respeito pela lei diminuiu muito, e o crime aumentou para um nível nunca visto".[7]

Atualmente, além das drogas que aumentam o desempenho atlético, praticamente inexiste um mercado negro para produtos biológicos. Uma regulamentação mais rigorosa logo mudaria esse quadro. Além disso, criaria um dreno de cérebros, pois pesquisadores interessados nessas áreas se mudariam para lugares onde o trabalho não fosse ilegal – algo que já vimos com células-tronco. Além do mais, existem sérias implicações econômicas. A regulamentação prejudica sobretudo as pequenas empresas, que fazem a maior parte das economias funcionarem. A biotecnologia industrial é um setor do mercado em rápido crescimento, mas perderá sua força se começarmos a tolher essas atividades com regras demais – e esse declínio prejudicaria mais do que apenas o nosso bolso.

"Nosso maior recurso para combater as ameaças biológicas naturais e artificiais emergentes é uma capacidade tecnológica aberta e amplamente distribuída", escreve o pioneiro da biologia sintética Rob Carlson em recente síntese do assunto: "Synthetic Biology 101".[8] "Uma regulamentação comprovadamente ineficaz em melhorar a segurança poderia facilmente acabar sufocando a inovação tecnológica necessária para melhorar a segurança. E não se iludam: precisamos desesperadamente de tecnologias novas para proporcionar recursos de biodefesa adequados."

Além desse prognóstico sombrio, alguns pontos brilhantes começam a surgir. Para começar, os vírus só se espalham com a velocidade das viagens humanas – passando do hospedeiro infectado para o alvo seguinte. Simulações mostram que uma pandemia, ainda que em uma região local, pode levar meses até atingir o auge. Por outro lado, alertas e notícias conseguem se espalhar com a velocidade do Twitter, Facebook e CNN. Sistemas como o Google Flu Trends já monitoram os dados de pesquisa em busca de termos como "gripe", "tosse", "influenza" etc. e conseguem identificar surtos prematuros. No futuro próximo, tecnologias Lab-on-a-Chip, que podem ser usadas para detectar e sequenciar pandemias e servir como um sistema eficaz de alerta prematuro, fornecerão dados a organizações como o Centro de Controle de Doenças (EUA).

"Se forem criadas instalações regionais para rapidamente fabricarem e distribuírem vacinas e medicamentos antivirais em cidades no mundo inteiro", continua Hessel, "podemos imaginar o fornecimento de um tratamento eficaz, da mesma forma como o Norton Antivirus divulga uma atualização para proteger os nossos computadores em casa."

O trabalho nesse tipo de instalações já está começando. Em maio de 2011, a School of Public Health da UCLA lançou o que há de mais moderno em laboratório automatizado, de alta velocidade e grandes volumes, de US$ 32 milhões, que pretende ser a próxima arma contra o bioterrorismo e as doenças infecciosas.[9] Esse laboratório biológico global foi projetado para testar volumes elevados de agentes mortais com grande rapidez. "Por exemplo", diz a reitora da School of Public Health da UCLA, Linda Rosenstock, "para descobrir de onde um agente veio. Teria se originado no México? Começou na Ásia? Como vem mudando ao longo do tempo? Como poderíamos desenvolver uma vacina para nos protegermos contra ele? Realmente, as possibilidades são infinitas."

Essa é apenas uma peça no que terá de ser um quebra-cabeça bem maior. Larry Brilliant imagina um cenário em que filtros de ar em grandes locais públicos, como aeroportos e salas de concerto, estarão ligados a sistemas de monitoramento biológico.[10] Se alguém espirrar num banheiro do Estádio Yankee, o sistema automaticamente analisará seus germes em busca de patógenos conhecidos e desconhecidos. Tornando a ideia de Brilliant mais viável, em agosto de 2011, pesquisadores do Laboratório Lincoln do MIT inventaram um tipo novo de biossensor capaz de detectar patógenos aerotransportados, como antraz, peste e varíola, em menos de três minutos – um grande avanço em relação aos esforços anteriores.

Apesar desse progresso, um sistema de monitoramento de patógenos totalmente robusto ainda levará alguns anos, talvez décadas. Enquanto isso, outra defesa importante contra o ataque biológico podem ser as pistas eletrônicas que um aspirante a terrorista gera em seus esforços por adquirir equipamentos, suprimentos e informações. Por essa razão, a falta de privacidade gerada pela mídia social e buscas na web poderá se revelar, paradoxalmente, uma grande protetora de nossa liberdade e saúde.

Permanece o fato de que qualquer tecnologia nova traz um risco novo. Vivemos na maior parte correndo esses riscos. O automóvel mata cerca de 40 mil norte-americanos por ano, enquanto despeja 1,5 bilhão de toneladas de CO_2 na atmosfera, mas não nos sentimos inclinados a proibir essas máquinas.[11] Os analgésicos mais potentes que desenvolvemos salvaram e ceifaram vidas. Mesmo algo tão simples como o açúcar refinado é uma faca de dois gumes, proporcionando uma série brilhante de novas comidas, mas contribuindo para um grupo de doenças mortais. Como observou o desenhista das histórias em quadrinhos Stan Lee tantos anos atrás, na primeira edição do *Homem Aranha*: "Com o grande poder deve vir também a grande responsabilidade".[12] Uma coisa da qual temos certeza: a biotecnologia é um enorme poder.

Crimes cibernéticos

Marc Goodman é um especialista em crimes cibernéticos, com um currículo que mais parece um romance de espionagem: Departamento de Polícia

APÊNDICE

de Los Angeles, Interpol, Nações Unidas, Departamento de Estado, criminologista cibernético chefe do Cybercrime Research Institute, fundador do Future Crime Institute e agora chefe da área de política, direito e ética da Universidade da Singularidade.[13] Ao analisar essa ameaça, Goodman vê quatro grandes categorias de preocupações.

A primeira questão é pessoal. "Em muitas nações", ele diz, "a humanidade depende totalmente da internet. Ataques contra bancos poderiam destruir todos os registros. As economias de uma vida poderiam sumir em um piscar de olhos. A invasão de sites de hospitais por *hackers* poderia custar centenas de vidas se os tipos sanguíneos fossem trocados. E já há 60 mil dispositivos médicos implantáveis conectados à internet. À medida que avança a integração da biologia com a tecnologia da informação, marca-passos, implantes cocleares, bombas de insulina etc. serão alvos de ataques cibernéticos."

Igualmente alarmantes são as ameaças contra as infraestruturas físicas que estão agora ligadas à internet e vulneráveis a *hackers* (como ficou recentemente demonstrado com o incidente do Stuxnet no Irã), entre elas pontes, túneis, controle do tráfego aéreo e redes de energia. Dependemos fortemente desses sistemas, mas Goodman acha que a tecnologia empregada para geri--los não está mais atualizada, e que a rede inteira se mostra cheia de ameaças à segurança.

Os robôs são o próximo problema. No futuro não tão distante, essas máquinas serão corriqueiras e estarão ligadas à internet. Terão força e velocidade superiores e poderão até estar armadas (como acontece com os atuais robôs militares). Mas sua ligação com a internet as torna vulneráveis a ataques, e pouquíssimos procedimentos de segurança foram implementados para impedir tais incidentes.

A última área de preocupação de Goodman é a interposição constante da tecnologia entre nós e a realidade. "Acreditamos no que o computador nos conta", diz Goodman. "Lemos nossos e-mails pelas telas de computador, falamos com amigos e a família no Facebook, os médicos ministram remédios baseados nos resultados dos exames informados pelo computador, multas de trânsito são emitidas com base nas placas dos carros captadas por câmeras, pagamos nossas compras nas lojas com base num total fornecido por um computador, elegemos governos como resultado de sistemas de votação eletrônica. Mas o problema de toda essa vida intermediada é que ela pode ser falseada. É fácil falsificar o que se vê nas nossas telas de computador. Quanto mais nos desligamos do físico e mergulhamos no digital, mais perdemos a capacidade de distinguir o real da falsificação. No final, agentes maus (sejam criminosos, terroristas ou governos opressores) terão a capacidade de explorar esse aspecto."

Embora ainda não tenhamos descoberto nenhuma solução milagrosa, Goodman acredita que existem uns poucos passos que reduziriam bem o perigo. O primeiro é uma tecnologia melhor e mais responsabilidade. "É uma loucura permitirmos que os desenvolvedores lancem softwares com *bugs*", ele diz. "Estamos dificultando a vida dos consumidores e facilitando a dos criminosos. Temos de aceitar o fato de que, no mundo atual, nossas vidas dependem dos softwares, e permitir que empresas lancem produtos cheios de falhas de segurança na situação atual não faz nenhum sentido."

O próximo problema é como lidarmos com as falhas de segurança que são descobertas. Atualmente a responsabilidade por aplicar os *patches* nos softwares é dos consumidores, mas as pessoas não fazem isso tanto quanto deveriam. Goodman explica: "95% de todas as invasões por *hackers* exploram velhas falhas de segurança – falhas para as quais já existem *patches*. Precisamos de softwares que se atualizem automaticamente, consertem os furos e evitem os *hackers*. É preciso automatizar esse processo, pôr a responsabilidade nas mãos do desenvolvedor, e não do consumidor".

Goodman também acha que está na hora de começar a pensar em algum tipo de lei de responsabilização global que abranja a segurança dos softwares. Para isso, em 9 de setembro de 2011, o democrata de Connecticut Richard Blumenthal apresentou ao Senado norte-americano a Lei de Proteção aos Dados e Responsabilização por Violações.[14] Com essa lei, o Departamento de Justiça poderia aplicar a empresas com mais de 10 mil clientes multas de US$ 5 mil por dia (por um máximo de US$ 20 milhões em violações) por falta de segurança. Se a lei for aprovada, padrões seriam fixados, e as empresas seriam obrigadas a testar seus sistemas de segurança regularmente – embora quem realizará os testes e como, e quem será proprietário dos dados resultantes, sejam difíceis de definir.

Uma força policial internacional baseada na internet capaz de operar en-

APÊNDICE   351

tre as fronteiras, assim como a internet permite aos criminosos, é a última sugestão de Goodman. "A internet tornou o mundo um lugar sem fronteiras", ele diz, "mas todos os nossos órgãos de manutenção da ordem pública estão presos no velho mundo – aquele onde as fronteiras ainda são importantes. Com isso fica quase impossível os agentes da lei enfrentarem os criminosos cibernéticos. Não creio que chegaremos a derrotar por completo tal tipo de crime, mas se o campo de jogo continuar tão irregular assim, sequer temos uma chance de lutar."

Goodman está consciente de que sua proposta preocupa muita gente. "A preocupação principal de todos é que um policial de El Salvador possa prender pessoas na Suíça, mas se o mecanismo de policiamento estivesse baseado na rede (as prisões ficando a cargo dos policiais locais do país), esse problema seria contornado. Certamente existem várias questões de Direito internacional envolvidas – divulgar propaganda nazista, por exemplo, é protegido pela liberdade de expressão nos Estados Unidos, mas ilegal na Alemanha –, mas vivemos num mundo globalmente conectado. Esses problemas vão continuar surgindo. Não está na hora de enfrentá-los?"

Robótica, IA e a fila dos desempregados

Existem alguns problemas que não poderão ser evitados. Não demorará muito até que os robôs constituam a maioria da força de trabalho industrial. Sejam robôs que atualizam os estoques das prateleiras na Costco ou robôs arremessadores de hambúrgueres que servem almoços na McDonald's, estamos a menos de uma década de sua chegada. Depois disso, não será fácil para os humanos concorrer com os robôs. Eles trabalham 24 horas por dia, sete dias por semana e não ficam doentes, não cometem erros, nem entram em greve. Eles não tomam um porre na sexta à noite para trabalhar de ressaca no sábado de manhã e – má notícia para a indústria de exames antidoping – não estão interessados em substâncias psicotrópicas. Certamente haverá empresas que continuarão empregando os seres humanos por princípio ou caridade, mas é difícil imaginar um cenário onde estes permaneçam competitivos por muito tempo. Portanto o que será desses milhões de trabalhadores?

Ninguém sabe ao certo, embora convenha lembrar que essa não é a primeira vez que a automação mudou a paisagem dos empregos. Em 1862, 90% da força de trabalho norte-americana eram agricultores.[15] Na década de 1930, o número era de 21%.[16] Atualmente é inferior a 2%.[17] Então o que aconteceu com os empregos agrícolas que foram eliminados pela automação? Nada de extraordinário. Os antigos empregos de baixa qualificação deram lugar a novos empregos de qualificação maior, e a força de trabalho foi treinada para desempenhá-los. É assim que funciona o progresso. Num mundo de especialização crescente, estamos constantemente nos renovando. Diz Philip Rosedale, o criador de *Second Life*: "Os seres humanos têm sistematicamente demonstrado uma capacidade de encontrar coisas novas, mais valiosas, para fazer quando os empregos foram terceirizados ou automatizados. A Revolução Industrial, o trabalho de TI terceirizado, a força de trabalho barata da China acabaram criando mais empregos interessantes do que os empregos eliminados".[18]

Vivek Wadhwa, diretor de pesquisas do Center for Entrepreneurship da Duke University, concorda: "Empregos que possam ser automatizados correm sempre risco. O desafio da sociedade é continuar subindo a escada, para domínios mais altos. Precisamos criar empregos novos que usem a criatividade humana em vez da mão de obra humana. Admito que é difícil imaginar os empregos do futuro, porque não sabemos qual tecnologia emergirá e mudará o mundo. Duvido que alguém pudesse prever duas décadas atrás que um país como a Índia, considerada como uma terra de pedintes e encantadores de serpentes, passaria a ser vista como uma ameaça aos empregos no Primeiro Mundo. Os norte-americanos, que antes diziam aos seus filhos para pensarem nos indianos famintos e não desperdiçarem comida, agora dizem para estudarem matemática e ciência senão os indianos irão roubar seus empregos".[19]

Além do treinamento, outra opção é se aposentar. Neil Jacobstein, especialista em IA da Universidade da Singularidade, explica: "As tecnologias exponenciais talvez acabem permitindo que as pessoas não dependam de empregos para desfrutarem um alto padrão de vida. As pessoas terão várias opções para utilizar seu tempo e desenvolver uma sensação de autoestima – variando do lazer normalmente associado à aposentadoria, à arte, música ou mesmo

APÊNDICE

restaurar o meio ambiente. A ênfase recairá menos em ganhar dinheiro e mais em dar contribuições, ou ao menos criar uma vida interessante".[20]

Esse pode parecer um cenário ainda distante, mas em reportagem especial em 2011 para a CNN, o especialista em mídia Douglas Rushkoff argumentou que essa transição já está em andamento:

Entendo que todos queiram seus contracheques – ou ao menos dinheiro. Queremos comida, abrigo, roupas, e todas as coisas que o dinheiro compra. Mas será que todos querem empregos?

Estamos vivendo numa economia onde a meta não é mais a produtividade, e sim o emprego. Isso ocorre porque, num nível bem fundamental, dispomos de quase tudo de que precisamos. Os Estados Unidos são suficientemente produtivos para poderem abrigar, alimentar, educar e até fornecer assistência médica à sua população inteira com apenas uma fração de nós realmente trabalhando.

De acordo com a Organização Para a Agricultura e a Alimentação da ONU, já se produz comida suficiente para suprir todas as pessoas do mundo com 2.720 quilocalorias por dia. E isso mesmo depois de os Estados Unidos se desfazerem de milhares de toneladas de culturas agrícolas e laticínios simplesmente para manterem elevados os preços do mercado. Enquanto isso, os bancos norte--americanos, sobrecarregados com as moradias vazias das hipotecas executadas, estão demolindo-as para dar baixa em seus livros contábeis.

Nosso problema não é que não dispomos de coisas suficientes – é que não temos meios suficientes de as pessoas trabalharem e provarem que merecem tais coisas.[21]

Parte do problema é que quase todo o pensamento contemporâneo sobre dinheiro e mercados tem suas raízes no modelo da escassez. De fato, uma das definições mais comuns de economia é "o estudo de como as pessoas fazem escolhas sob condições de escassez, e os resultados dessas escolhas para a sociedade". À medida que a economia tradicional (que acredita que os mercados são sistemas de equilíbrio) vai sendo substituída pela economia da complexidade (que se adapta bem melhor aos dados e acredita que os mercados são sistemas complexos e adaptativos), podemos começar a descobrir um modelo pós-escassez de avaliação, mas não há nenhuma garantia de que tal pensamento resultará em mais empregos ou num sistema de alocação de recursos diferente.[22]

E essa é apenas a posição atual. A questão maior é: o que acontecerá depois que a IA, a robótica ubíqua e a internet de tudo – uma combinação que muitos acham será capaz de assumir todos os empregos em todos os mercados – entrarem no ar? A IA desenvolvida traz a possibilidade de computadores com inteligência superior à dos humanos, significando que mesmo os empregos criativos ainda em mãos humanas logo poderão correr risco. "Quando você olha para a possibilidade de criarmos seres mais inteligentes do que nós", diz Philip Rosedale, "existe o temor de que, se formos escravizados pelas máquinas descendentes nossas, seremos forçados a fazer coisas menos agradáveis do que as que fazemos agora, mas parece difícil imaginar exatamente quais seriam essas coisas. Numa era da abundância, em que exploramos formas cada vez mais baratas de criar e modelar o mundo à nossa volta (a realidade virtual ou nanotecnologia, por exemplo), existe realmente algo que podemos fazer para ajudar as máquinas, ainda que sejamos deixados para trás como seus ancestrais? Eu sugeriria que o resultado mais provável é que, ainda que nos defrontemos com máquinas mais inteligentes do que nós fazendo parte de nossas vidas, poderemos existir em dois lados de uma espécie de fronteira de QI digital, com nossas vidas sendo relativamente pouco afetadas."

Então o que resta para os humanos? Vejo duas claras possibilidades. Num dos futuros, a sociedade toma o rumo dos luditas. Aceitamos o conselho de Bill Joy, seguimos as prescrições do movimento do Slow Food e começamos a retroceder como os Amish. Mas essa opção só funcionará para aqueles dispostos a abrir mão dos vastos benefícios proporcionados por toda essa tecnologia. Esse desejo pelos "bons e velhos tempos" será temperado pelas realidades das doenças, ignorância e oportunidades perdidas.

No segundo futuro, a maioria da humanidade acabará se mesclando com a tecnologia, aprimorando-se física e cognitivamente. Uma porção de pessoas estremece ao ouvir isso, mas essa transformação já vem ocorrendo há uma eternidade. O ato de escrever, por exemplo, não passa do ato de usar a tecnologia para substituir a memória. Óculos, lentes de contato, partes do corpo artificiais (variando da perna mecânica de madeira às próteses impressas em 3-D de Scott Summit), implantes cosméticos, implantes cocleares, o programa do "supersoldado" do Exército norte-americano e mil outros exemplos apenas continuaram essa tendência. Como escreve o guru em IA e

NOTAS

robótica Marvin Minsky, na *Scientific American*: "No passado, tendemos a nos ver como um produto final da evolução, mas nossa evolução não cessou. Na verdade, estamos agora evoluindo mais rapidamente, embora não da forma darwiniana lenta e familiar. Está na hora de começarmos a pensar em nosso novo emergir".[23]

Logo a grande maioria das pessoas será aperfeiçoada de alguma forma, mudando totalmente a paisagem econômica. Esse novo eu, ligado à internet, trabalhando em mundos virtuais e físicos, gerará valor para a sociedade de formas sequer imagináveis agora. Neste momento, 4 mil pessoas estão ganhando a vida desenhando roupas para avatares do *Second Life*,[24] mas não está longe o dia em que muitos de nós estaremos fazendo uso de avatares digitais. Embora 4 mil pessoas não pareça grande coisa em termos de mercado, o que acontece quando avatares nos representam em conferências internacionais e importantes reuniões de negócios? Quanto dinheiro estaremos então gastando em roupas e acessórios virtuais?

Irreversível

Considerando as questões exploradas nas últimas seções, a sugestão de Bill Joy de "limitar o desenvolvimento de tecnologias que sejam perigosas demais" não soa tão mal assim.[25] Mas as ferramentas do passado não foram projetadas para resolver os problemas do futuro. Diante da gravidade dessas ameaças e da marcha constante da tecnologia, refrear nossa imaginação parece o pior plano possível para a sobrevivência. Precisaremos dessas ferramentas futuras para resolver problemas futuros se quisermos sobreviver no futuro.

Além disso, pôr os freios na tecnologia simplesmente não funcionará. Como confirmou a proibição de células-tronco embrionárias humanas pelo governo Bush, tentar silenciar a tecnologia num lugar apenas a impele para outro. Em uma entrevista sobre o impacto dessa proibição, Susan Fisher, professora da Universidade da Califórnia, San Francisco, disse recentemente: "A ciência é como um curso d'água, porque acha seu caminho. E agora achou seu caminho fora dos Estados Unidos".[26] Tudo que o pronunciamento de Bush conseguiu foi exportar o que era originalmente um produto doméstico para países como Suécia, Israel, Finlândia, Coreia do Sul e Reino Unido. O que a proibição da Casa Branca conseguiu? Somente uma redução na liderança científica dos Estados Unidos.

Existem também razões psicológicas pelas quais é quase impossível deter a disseminação da tecnologia – especificamente, como alguém silencia a esperança? Desde quando descobrimos a acender fogo, a tecnologia tem sido a projeção de como os seres humanos sonham com o futuro. Se 150 mil anos de evolução servirem de guia, é como *idealizamos* o futuro. As pessoas têm um desejo fundamental de darem uma vida melhor a si e a suas famílias. A tecnologia costuma ser como fazemos isso acontecer. A inovação está entranhada em nosso ser. Não podemos pisoteá-la, assim como não podemos bloquear nosso instinto de sobrevivência. Como conclui Matt Ridley nas páginas finais de *The rational optimist*: "Será difícil apagar a chama da inovação, porque é um fenômeno tão evolucionário, de baixo para cima, num mundo tão interligado. Enquanto as trocas e especialização humanas podem florescer em algum lugar, a cultura evolui, quer os líderes a ajudem ou impeçam, e o resultado é que a prosperidade se espalha, a tecnologia progride, a pobreza declina, as doenças recuam, a fecundidade cai, a felicidade aumenta, a violência se atrofia, a liberdade cresce, os conhecimentos florescem, o meio ambiente melhora e a natureza selvagem se expande".[27]

Claro que sempre haverá uns poucos resistentes (de novo, os Amish), mas a grande maioria está aqui para pegar essa onda. E, como já deve estar claro, será uma senhora onda.

Notas

PARTE UM: PERSPECTIVA

CAPÍTULO 1: NOSSO MAIOR DESAFIO

A lição do alumínio

1 Existem toneladas de informações sobre Plínio. Um bom ponto de partida é John Healy, *Pliny the Elder: Natural history, a selection* (Penguin Classics, 1991).

2 Se tudo que vocês querem é uma breve história, tentem o site do International Aluminum Institute: www.world-aluminum.org/Home. Se quiserem um olhar bem detalhado: Joseph William Richards, *Aluminum: Its History, occurrence, properties, metallurgy, and application, including its alloys* (Nabu Press, 2010).

3 Nicolai Ourussoff, "In Arabian Desert, A Sustainable City Rises", *New York Times*, 25 de setembro de 2010.

4 www.oneplanetliving.org/index.html.

5 A Nasa é responsável pelo primeiro cálculo do que agora é conhecido como "Orçamento de Energia da Terra". Seu site cobre o tema com bastante detalhe: http://earthobservatory.nasa.gov/Features/EnergyBalance.

Os limites do crescimento

6 Thomas Malthus, Geoffrey Gilbert, *An essay on the principle of population* (Oxford University Press, 2004).

7 *Ibid.*, capítulo 7, p. 61.

8 Dr. Martin Luther King Jr., 5 de maio de 1966. A Planned Parenthood Federation of America concedeu ao dr. King o Prêmio Margaret Sanger. A citação é de seu discurso de agradecimento.

9 Paul Ehrlich, *The population bomb* (Sierra Club-Ballantine, 1970).

10 Para saber tudo sobre o Clube de Roma, tente este site: www.clubofrome.org.

11 Donella H. Meadows, *Limites do crescimento* (Qualitymark, 2007).

12 Julie Eilperin, *Washington Post*, 7 de outubro de 2008.

13 Ransom A. Myers, Boris Worm, *Nature* 423 (15 de maio de 2001), p. 280-83.

14 Mathew Power, "Peak Water", *Wired*, 21 de abril de 2008.

358   NOTAS

15 Marion King Hubbert, "Nuclear Energy and the Fossil Fuels", Spring Meeting of the Southern District, American Petroleum Institute (junho de 1956). Com um pdf disponível em: www.hubbertpeak.com/hubbert/1956/1956.pdf.

16 Para um bom artigo sobre o pico da produção de urânio, tente www.theoildrum. com/node/5060.

17 Patrick Dery, Bart Anderson, "Peak Phosphorus", *Energy Bulletin*, 13 de agosto de 2007. Disponível em: www.energybulletin.net/node/33164.

18 A agência World Food Programme das Nações Unidas possui uma ótima síntese em: www.wfp.org/hunger.

19 Water.org possui uma ótima síntese em: water.org/learn-about-the-water-crisis/facts.

20 Mais de 60 estimativas da capacidade biótica da Terra foram realizadas. Para uma boa síntese de todas as pesquisas: Joel E. Cohen, *How many people can the Earth support?* (W. W. Norton & Company, 1996).

21 One Planet, BBC World Service, 31 de março de 2009.

22 Susan Bachrach, "In the Name of Public Health – Nazi Racial Hygiene", *New England Journal of Medicine*, v. 351 (julho de 2004), p. 417-20.

23 "The Indira Enigma", *Frontline*, 11 de maio de 2001.

24 Laura Fitzpatrick, "A Brief History of China's One-Child Policy", *Time*, 27 de julho de 2009.

25 "Women in China", Anistia Internacional, junho de 1995.

26 www.xprize.org; uma lista completa do conselho de administração está disponível em: www.xprize.org/about/board-of-trustees; uma lista completa de nossos maiores Benfeitores Vision Circle está disponível em: www.xprize.org/about/vision-circle.

A possibilidade de abundância

27 Bob Tortora e Magali Rheault, "Mobile Phone Access Varies Widely in Sub-Saharan Africa", Gallup, 16 de setembro de 2011. Também: "Mobile Phone Penetration in Indonesia Triples in Five Years", *Nielsen Wire*, 23 de fevereiro de 2011; Jagdish Rebello, "India Cell Phone Penetration Reaches 97 Percent in 2014", *iSuppli*, 22 de setembro de 2010; "The World in 2010: The Rise of 3G", International Telecommunications Union, disponível em: www.itu.int/ITU-D/ict/material/FactsFigures2010.pdf; Jenny C. Aker e Isaac M. Mbiti, "Mobile Phones and Economic Development in Africa", *Journal of Economic Perspectives* 24, n. 3 (verão de 2010), p. 207-32.

28 Muito se escreveu sobre Burt, e entramos em bem mais detalhes adiante neste livro, mas ver também: Dan Linehan, *Burt Rutan's race to space: The magician of the Mojave and his flying innovations* (Zenith Press, 2011).

29 Jamie Shreeve, "The Blueprint of Life", *US News & World Report*, 31 de outubro de 2005.

NOTAS 359

CAPÍTULO 2: CONSTRUINDO A PIRÂMIDE

O problema das definições

1 www.census.gov/hhs/www/poverty/about/overview/measure.html.

2 Martin Ravallion, Shaohua Chen, Prem Sangraula, "Dollar a Day Revisited", *World Bank Policy Research Institute Working Paper No. 4620*, 22 de junho de 2008.

3 2008 Health and Human Service Poverty Guide: http://aspe.hhs.gov/poverty/08poverty.shtml.

4 Matt Ridley, *The rational optimist* (HarperCollins Books, 2010), p. 16-17.

Uma definição prática

5 World Health Organization, *The World Health Report 2004 – Changing history*. WHO, 2004.

6 Edward Hoffman, *The right to be Human: A biography of Abraham Maslow* (St. Martin's Press, 1988).

7 A. H. Maslow, "A Theory of Human Motivation", *Psychological Review* 50, n. 4 (1943), p. 370-96.

A base da pirâmide

8 2005 Dietary Guidelines Advisory Committee, *Nutrition and your health: Dietary guidelines for Americans*, USDA & HHS, janeiro de 2005, disponível em: www.heath.gov/dietaryguidelines/dga2005/report/default.htm.

9 O número se baseia em pesquisas da FDA do consumo calórico diário. Para saber onde a FDA o obteve: Marion Nestle, "Where Did the 2,000-Calorie Diet Idea Come From", *Foodpolitics.com*, 3 de agosto de 2011.

10 World Health Organization, United Nations Children's Fund, VAVG Task Force, *Vitamin A supplements* (World Health Organization, 1997).

11 Este é um cálculo um tanto complicado, já que os dados sobre consumo de água nos países em desenvolvimento são insuficientes. Todos os nossos dados se baseiam no trabalho realizado por Peter Gleick no Pacific Institute for Studies in Development, Environment, and Security, com uma ressalva. Os cálculos de Gleick variam dependendo do tipo de banheiro disponível (latrina de fossa, privada etc.). Os nossos ignoram as tecnologias antigas e se baseiam no que acontece uma vez que as privadas sem água discutidas no capítulo 8 passam a ser usadas. Ver: Peter Gleick, "Basic water requirements for human activities: Meeting Basic Needs". *Water International* 21, n. 2 (1996), p. 88-92.

12 Harvey Herr, Guenter Karl, "Estimating Global Slum Dwellers: Monitoring the Millennium Development Goal 7, Target 11", documento de trabalho da UN-HABITAT, Nairobi, 2003, p. 19.

13 Thomas Friedman, *O mundo é plano* (Objetiva, 2009).

O lado positivo da água

14 water.org/learn-about-the-water-crisis/facts.

15 "Burden of Disease and Cost-Effectiveness Estimates", World Health Organization, disponível em: www.who.int/water_sanitation_health/disease/burden/en.

16 water.org/learn-about-the-water-crisis/facts.

17 Peter Gleick, *Dirty water: Deaths from water-related disease 2000–2020*, Pacific Institute Report, 15 de agosto de 2002.

18 Kevin Watkins, *Beyond scarcity: Power, poverty and the global water crisis*, Human Development Report 2006, United Nations Development Programme, 2006, p. 6.

19 M. Abouharb e A. Kimball, "A New Dataset on Infant Mortality, 1816-2002", *Journal of Peace Research* 44, n. 6 (2007), p. 745-56.

20 A citação é das P&R após a palestra TED de Gates "Bill Gates on Mosquitoes, Malaria, and Education", fevereiro de 2009. Ver: www.ted.com/index.php/talks/bill_gates_unplugged.html.

21 Anthony Ham, *Lonely Planet country guide: Morocco* (Lonely Planet Publications, 2007), p. 47.

22 Entrevista pessoal com John Oldfield, 2010.

A busca da catalaxia

23 Friedrich A. Hayek, *Law, legislation, and liberty*, v. 2 (University of Chicago Press, 1978), p 108-9.

24 Ridley, *The rational optimist*, p. 57.

25 "Social Statistics in Nigeria", Escritório Nacional de Estatísticas, República Federal da Nigéria, 2009, p. 23-26.

26 www.physics.uci.edu/~silverma/actions/HouseholdEnergy.html; Média norte--americana: O consumo de energia médio total por domicílio são 6.000 KWh de eletricidade e 12.000 KWh adicionais de gás equivalente. Olhando somente a eletricidade, o domicílio médio consome 16,4 KWh por dia.

27 World Health Organization, Health and Environment in Sustainable Development: Five Years After the Earth Summit (WHO, Genebra, 1997), Tabela 4.4, p. 87.

28 N. G. Bruce, R. Perez-Padilla, R. Albalak. *The health effects of indoor air pollution exposure in developing countries*, World Health Organization, 2002.

29 *UN FAO 2007 Forest Report*, fttp://ftp.fao.org/docrep/fao/009/a0773e/a0773e09.pdf. p. 27.

30 O termo vem sendo usado por cientistas há anos, mas se generalizou após a publicação de: Millennium Ecosystem Assessment, *Ecosystems and human well-being: Synthesis* (Island Press, 2005).

31 Robert Constanza, *et al.*, "The Value of the World's Ecosystem Services and Natural Capital", *Nature* 387, 15 de maio de 1997, p. 253-60.

32 Paul Hawken, "Natural Capitalism", *Mother Jones*, abril de 1997.

NOTAS   361

Lendo, escrevendo e pronto

33 Bernie Trilling, Charles Fadel, *21st century skills: Learning for life in our times* (Jossey-Bass, 2009).

34 "Ken Robinson Says Schools Kill Creativity", TED Talk, junho de 2006. Ver: www.ted.com/talks/ken_robinson_says_schools_kill_creativity.html.

35 *Ibid.*

36 Entrevista pessoal, mas ver também: http://laptop.org/en/laptop/software/index.shtml.

Abrindo a torneira dos dados

37 Ver: http://oneworldgroup.org/mobile4good-kazi560-kenya.

38 The Worldwatch Institute, *State of the world 2011: Innovations that nourish the planet,* Worldwatch Institute, 2011.

39 Paul Mason, "Kenya in Crisis", BBC, 8 de janeiro de 2007.

40 Jack Ewing, "Upwardly Mobile in Africa", *Bloomberg Businessweek,* 13 de setembro de 2007.

41 *Press release* da Nokia: http://press.nokia.fr/2005/09/21/nokia-introduces-nokia2652-fold-deseign-for-new-growth-markets-major-milestone-reached-one-billionth-nokia-mobile-phone-sold-this-summer.

O alto da pirâmide

42 World Health Organization, *The World Health Report 2005: Make every mother and child count,* WHO, Genebra, 2005.

43 PricewaterhouseCoopers LLP, "The Science of Personalized Medicine: Translating the Promise into Practice", Pricewaterhouse-Coopers, 2010.

Liberdade

44 Amartya Sen, *Development as freedom* (Anchor, 2000), p. 14-16.

45 Jurgen Habermas, Mudança estrutural da esfera pública (n. ed., Tempo Brasileiro, 2003).

46 Ver: www.cnn.com/2009/TECH/11/18/top.internet.moments/index.html.

47 Patrick Quirk, "Iran's Twitter Revolution", *Foreign Policy in Focus,* 17 de junho de 2009.

48 Association for Progressive Communications, "ICTs for Democracy: Information and Communication Technologies for the Enhancement of Democracy", Agência de Desenvolvimento e Cooperação Internacional Sueca (Sida), 2009. A própria citação vem de um artigo resumido publicado pela Sida em: www.digitalopportunity.org/feature/democracy-and-icts-in-africa.

CAPÍTULO 3: VENDO A FLORESTA ATRAVÉS DAS ÁRVORES

Daniel Kahneman

1 Kahneman venceu um Prêmio Nobel em economia em 2002. A citação é de sua autobiografia, disponível aqui: www.nobelprize.org/nobel_prize/economics/laureates/2002/kahnman-autobiography.

2 *Ibid.*

Viés cognitivo

3 Daniel Kahneman, Paul Slovic, Amos Tversky, *Judgment under uncertainty: Heuristics and biases* (Cambridge University Press, 1982), p. 4-5.

4 Amos Tversky, Daniel Kahneman, "Judgment Under Uncertainty", *Science* 185, n. 4157 (1974), p. 1124-31.

5 Jim Rutenberg e Jackie Calmes, *New York Times*, 13 de agosto de 2009.

6 Entrevista pessoal com Daniel Kahneman, 2010.

7 D. T. Gilbert, S. J. Blumberg, E. C. Pinel, T. D. Wilson, T. P. Wheatley, "Immune Neglect: A Source of Durability Bias in Affective Forecasting", *Journal of Personality and Social Psychology* 75, n. 3 (1998), p. 617-38.

8 Entrevista pessoal.

Se sangrar dá audiência

9 Claro que muito já se escreveu sobre a amígdala, mas o pessoal de How-StuffWorks fornece uma síntese fantástica: http://science.howstuffworks.com/environment/life/human-biology/fear.htm.

10 A citação é de uma entrevista pessoal com David Eagleman, mas ele diz a mesma coisa em *Incógnito: As vidas secretas do cérebro* (Rocco, 2012), p. 26.

11 Marc Siegel, *False alarm: The truth about the epidemic of fear* (Wiley, 2005), p. 15.

12 John Naish, "Warning: Brain Overload", *London Sunday Times*, 2 de junho de 2009.

"Não é de admirar que estejamos exaustos"

13 Proposta originalmente em: Ray Kurzweil, *A era das máquinas espirituais* (Aleph, 2007), a ideia foi retomada num artigo separado. Ver: Ray Kurzweil, "The Law of Accelerating Returns": www.kurzweil .net/the-law-of-accelerating-returns.

14 Michiko Kakutani, "Data Smog: Created by Information Overload", edição online do *New York Times*, 8 de junho de 1997.

15 Eric Schmidt, Abu Dhabi Media Summit Keynote, Abu Dhabi 2010 Media Summit, 12 de março de 2010.

16 Esta ideia apareceu primeiro no site de Kelly, www.kk.org/thetechnium/archives/2008/11/the_origins_of.php, e mais tarde em *What technology wants* (Viking, 2010), p. 88.

NOTAS

17 Suzy Jagger, "Kodak Faces Break-Up After Fall in Digital Product Sales", *London Times*, 11 de dezembro de 2008.
18 Michael J. de la Merced, "Blockbuster, Hoping to Reinvent Itself, Files for Bankruptcy", *New York Times*, 23 de setembro de 2010.
19 Yuki Noguchi, "A Broken Record Store", *Washington Post*, 23 de agosto de 2006.
20 Andrew Ross Sorkin e Jeremy W. Peters, "Google to Acquire YouTube for $1.65 Billion", *New York Times*, 9 de outubro de 2000.
21 Eric Savitz, "Groupon Says No to Google's $6 Billion Bid? Really?", *Forbes*, 4 de dezembro de 2010.
22 Jackie Fenn, "Understanding Hype Cycles", When to Leap on the Hype Cycle, Gartner Group, 2008.

O número de Dunbar
23 Aleks Krotoski, "Robin Dunbar: We Can Only Have 150 Friends at Most", *Guardian*, 14 de março de 2010.
24 NPR Staff, "Don't Believe Facebook: You Only Have 150 Friends", National Public Radio, *All things considered*, 4 de junho de 2011.
25 Robin Dunbar, *How many friends does one person need?: Dunbar's number and other evolutionary quirks* (Harvard University Press, 2010), p. 4-5.
26 Robin Dubar, *Grooming, gossip, and the evolution of language* (Harvard University Press, 1998).

CAPÍTULO 4: A COISA NÃO ESTÁ TÃO TERRÍVEL COMO VOCÊ IMAGINA

Esse pessimismo desenfreado
1 Entrevista pessoal com Matt Ridley, 2010.
2 www.epa.gov/region1/eco/acidrain/history.html.
3 John Roberts: Frederic Golden, Jay Branegan, John M. Scott, "Environment: Storm over a Deadly Downpour", *Time*, 6 de dezembro de 1982.
4 Nina Shen Rastogi, "Whatever Happened to Acid Rain", *Slate*, 18 de agosto de 2009. Ver www.slate.com/id/2225509.

Tempo poupado e vidas poupadas
5 C. M. Blackden e Q. Wooden, Gender, *Time use, and poverty in SubSaharan Africa*, Banco Mundial, 2006.
6 Matt Ridley, "Cheer Up: Life Only Gets Better", *Sunday Times*, 16 de maio de 2010.
7 Matt Ridley, *The rational optimist* (Harper, 2010), p. 20-21.
8 Horse Genome Project: www.uky.edu/Ag/Horsemap/hgpfaq4.html.
9 A distância é de uns 1.600 quilômetros. As diligências faziam de 6,4 a 11,3 quilômetros por hora, ou 80,5 a 112,7 quilômetros por dia.

10 Thor Heyerdahl, *A expedição Kon Tiki* (2. ed., José Olympio, 2007).

11 Ridley, *ibid.*, p. 12.

12 National Council of Applied Economic Research, "How India Earns, Spends, and Saves", 1º de agosto de 2010.

13 "World Development Indicators", World Bank, 2004.

14 Ridley, *ibid.*, p. 15.

15 *Ibid.*, p. 15.

16 F. A. Hayek, Ronald Hamowy, *The constitution of liberty: The definitive edition* (University of Chicago Press, 2010), p. 101.

17: Charles Kenny, *Getting better: Why global development Is succeeding – and how we can improve the world even more* (Basic Books, 2011), p. 85-86.

18 Steven Pinker, "A History of Violence", *New Republic*, 19 de março de 2007.

19 Kenny, *ibid.*, p. 134.

20 Pinker, *ibid.*

Progresso cumulativo

21 Matt Ridley, "When Ideas Have Sex", TED, julho de 2010. Ver: www.ted.com/talks/matt_ridley_when_ideas_have_sex.html.

22 Isaac Newton, Carta para Robert Hooke, 15 de fevereiro de 1676.

23 Ridley, *ibid.*, p. 7.

24 J. Bradford DeLong, "Estimating World GDP, One Million B.C.-Present, Department of Economics, UC Berkeley, 24 de maio de 1998.

25 Ridley, *ibid.*, p. 39.

26 Entrevista pessoal com Dean Kamen, 2010.

As melhores estatísticas que você já viu

27 Hans Rosling, "Hans Rosling Shows Best Stats You've Ever Seen", TED, junho de 2006.

28 "Han's Rosling's 200 Countries, 200 Years, 4 Minutes", BBC Four, 26 de novembro de 2010.

PARTE DOIS: TECNOLOGIAS EXPONENCIAIS

CAPÍTULO 5: RAY KURZWEIL E O BOTÃO DE ACELERAR

Melhor do que seu arúspice comum

1 Foi um arúspice que alertou Júlio César sobre os Idos de Março.

2 A maioria das informações desta seção advieram de entrevistas pessoais com Ray Kurzweil, mas a Kurzweil Tech tem uma ótima biografia: www.hurzweiltech.com/raybio.html; entrevistas pessoais com Ray Kurzweil em 2010.

NOTAS

Uma curva numa folha de papel

3 A pesquisa original foi realizada por Damien Broderick em *The spike: How our lives are being transformed by rapidly advancing technologies* (Tor Books, 2002), mas foi citada por Kevin Kelly em seu blog, The Technium: "Was Moore's Law Inevitable". Disponível em: www.kk.org/thetechnium/archives/2009/07/was_moores_law.php.

4 Gordon Moore, "Cramming More Components onto Integrated Circuits", revista *Electronics*, 19 de abril de 1965.

5 "'Moore's Law' Predicts the Future of Integrated Circuits", Computer History Museum. Ver: www.computerhistory.org/semiconductor/timeline/1965_Moore.html.

6 Ver www.computerhistorymuseum.li/Testpage?osborneExecSpecs.htm.

7 Ver http://support.apple.com/kb/SP2.

8 Entrevista pessoal com Ray Kurzweil, 2010.

Google no cérebro

9 Kurzweil, "The Law of Accelerating Returns", *ibid*.

10 Ray Kurzweil, *The age of intelligent machines* (MIT Press, 1992).

11 Para uma lista completa das previsões de Kurzweil: http://en.wikipedia.org/wiki/Predictions_made_by_Ray_Kurzweil.

12 Ray Kurzweil, *A era das máquinas espirituais* (Aleph, 2007).

13 A maioria das pessoas possui algo como um computador Pentium executando o Windows, ou um Macintosh. Um computador assim pode executar aproximadamente 100 milhões de instruções por segundo (10^11). Ver: http://computer.howstuffworks.com/question54.htm.

14 Várias estimativas da velocidade aproximada de processamento estão disponíveis. Hans Morvec, principal cientista pesquisador do Robotics Institute da Carnegie Mellon University, estima o poder de processamento provável do cérebro humano em torno de 100 teraflops, cerca de 100 trilhões de cálculos por segundo (www.wired.com/techbiz/it/news/2002/11/56459); Ralph C. Merkle, em seu artigo do Foresight Institute (www.merkle.com/brainLimits.html), estima a velocidade como estando entre 1012 e 1016 cálculos por segundo. Para fins deste livro, a cifra mais conservadora é utilizada.

15 Steven Levy, *Google – A biografia: Como o Google pensa, trabalha e molda nossas vida* (Universo dos Livros, 2011), p. 67.

Universidade da Singularidade

16 Jeffrey E. Garten, "Really Old School", *New York Times*, 9 de dezembro de 2006.

17 Thomas E. Woods Jr., *Como a Igreja católica construiu a civilização ocidental* (Quadrante, 2011), p. 49-50.

18 Minha cadeira principal no MIT foi o Curso 7, chamado de Biologia, mas Genética Molecular descreveria melhor meu foco e pesquisa.

NOTAS

19 Arquimedes, 230 a.C.

20 A ideia da Universidade da Singularidade surgiu quando eu excursionava pela Patagônia, no Chile, com minha mulher Kristen. Na volta, discuti a ideia com Robert D. Richards, um dos fundadores da International Space University, e com Michael Simpson, presidente da ISU. A ISU era uma universidade que eu fundara junto com Richards e Todd B. Hawley em 1987. Após receber um *feedback* entusiasmado de Richards e Simpson, levei a ideia a Kurzweil, que a aceitou em nossa primeira conversa ao jantar.

CAPÍTULO 6: A SINGULARIDADE ESTÁ MAIS PRÓXIMA

Viagem pela Terra do Amanhã

1 J. Craig Venter Institute: www.jvci.org/; entrevistas pessoais com Craig Venter, 2010 e 2011.

2 Nicholas Wade, "Scientists Complete Rough Draft of Human Genome, *New York Times*, 26 de junho de 2006.

3 Para uma boa síntese do projeto, ver James Shreeve, "Craig Venter's Epic Voyage to Redefine the Origin of the Species", *Wired*, agosto de 2004.

4 Para uma breve síntese dos biocombustíveis baseados nas algas, ver: Andrew Pollack, "Exploring Algae as Fuel", *New York Times*, 26 de julho de 2010.

5 Shreeve, *Wired*, *ibid*.

6 Entrevista pessoal com Craig Venter, 2010.

Redes e sensores

7 O ICANN possui uma boa biografia de Cerf aqui: www.icann.org/en/biog/cerf.htm.

8 Caso queira ver a palestra: www.youtube.com/watch?v=KeALwlp9YmA.

9 O termo foi empregado pela primeira vez por Kevin Ashton. Ver Kevin Ashton, "That 'Internet of things' thing", *RFID Journal*, 22 de junho de 1999.

10 Mike Wing, "The Internet of things", *IBMSocialMedia*, 15 de março de 2010.

11 Bruce Sterling, "Spime Watch:The Internet of things, a Window to Our Future", *Wired*, 11 de fevereiro de 2011.

12 Ver www.planetaryskin.org.

13 Bruce Sterling, "Spime Watch: Cisco and the IPV6 Internet-of-things", *Wired*, 7 de maio de 2011.

14 Palestra na Universidade da Singularidade, 3 de outubro de 2009.

Inteligência artificial

15 Esse passeio de teste foi realizado por Steven Kotler. Peter Diamandis pôde fazer uma experiência bem similar no Prius autônomo da Google.

NOTAS

16 Stefanie Olsen, "Stanford Robot Passes Driving Test", CNET, 14 de junho de 2007.

17 W. Wayt Gibbs, "Innovations from a Robot Rally", *Scientific American*, 26 de dezembro de 2005.

18 Assembly Bill No. 511 – Committee on Transportation; Ver: www.leg.state.nv.us/Session/76th2011/Bills?AB/AB511_EN.pdf.

19 Entrevista pessoal com Sebastian Thrun, 2010.

20 Ver: http://www.templetons.com/brad/robocars/.

21 Entrevista pessoal com Ray Kurzweil, 2010.

22 Stephen Shankland, "IBM Chips: Let There Be Light Signals", CNET, 1º de dezembro de 2010.

23 Ver Ferris Jabr, "IBM Unveils Microchip Based On Human Brain", *New Scientist*, agosto de 2011. E www.ibm.com/smarterplanet/us/en/business_analytics/article/cognitive_computing.html.

Robótica

24 Levy, *Google – A biografia, ibid.*, p. 22-23.

25 David Kleinbard, "Yahoo! To Buy eGroup", CNN.com, 28 de junho de 2000.

26 www.willowgarage.com.

27 www.youtube.com/user/WillowGaragevideo.

28 Entrevista pessoal com Scott Hassan, 2010.

29 Apresentação no YouTube de Scott Hassan (http://www.youtube.com/watch?v=OF7cr8kIRGI).

30 Jackie Calmes, "President Announces an Initiative in Technology", *New York Times*, 24 de junho de 2011.

31 "US Shifts Focus to Multipurpose Robotic Development", UPI, 28 de junho de 2011.

Fabricação digital e computação infinita

32 Ashlee Vance, "3-D Printing Spurs a Manufacturing Revolution", *New York Times*, 13 de setembro de 2010.

33 Para um *tour* surpreendente por esse mundo, veja a ótima palestra do projetista industrial Scott Summit na Universidade da Singularidade: www.youtube.com/watch?v=6IJ8vld4HF8.

34 "Making a Bit of Me: A Machine that Prints Organs Is Coming to Market", *Economist*, 18 de fevereiro de 2010.

35 http://craft.usc.edu/CC/modem.html.

36 www.madeinspace.us.

37 Entrevista pessoal com Carl Bass, 2010.

38 Hod Lipson, "3-D Printing: The Technology that Changes Everything", *New Scientist*, 3 de agosto de 2011.

39 Entrevista pessoal com Carl Bass, 2011.

368   NOTAS

Medicina

40 Richard M. Scheffer, Jenny X Liu, Yohannes Kinfu, Mario R. Dal Poz, "Forecasting the Global Shortage of Physicians: An Economic-and-Needs-Based Approach", *Bulletin of the World Health Organization*, 2007.

41 Suzanne Sataline e Shirley S. Wang, "Medical Schools Can't Keep Up", *Wall Street Journal*, 12 de abril de 2010.

42 "Artificial Intelligence Helps Diagnose Cardiac Infections", Mayo Clinic Newsletter, 12 de setembro de 2009. Ver: http://www.mayoclinic.org/news2009-rst/5411.html.

43 O radiologista da Universidade de Chicago Kenji Suzuki está na vanguarda de grande parte desse trabalho. Seu site é uma ótima introdução: http://suzukilab.uchicago.edu. Ou ver Tom Simonite, "A Search Engine for the Human Body", *MIT Technology Review*, 11 de março de 2011.

44 Curt G. Degroff, *et al.*, "Artificial Neural Network–Based Method of Screening Heart Murmurs in Children", *Circulation: Journal of the American Heart Association*, 25 de junho de 2001.

Nanomateriais e nanotecnologia

45 "Plenty of Room at the Bottom", apresentada à American Physical Society em Pasadena, Califórnia, dezembro de 1959.

46 Eric Drexler, *Engines of creation: The coming era of nanotechnology* (Anchor, 1987).

47 *Ibid.*, p. 172-73.

48 George Elvin, "The Nano Revolution", *Architect*, maio de 2007.

49 Xiangnan Dang, Hyunjung YI, Moon-Ho Ham, Jifa Qi, Dong Soo Yun, Rebecca Ladewski, Michael Strano, Paula T. Hammond, Angela M. Belcher, *Nature Nanotechnology* 6, 24 de abril de 2011, p. 377-84.

50 Buckminsterfullerenes (C60), or Buckyballs: H. W. Kroto *et al.*, "C(60): Buckminsterfullerene", *Nature* 318, 14 de novembro de 1985, p. 162-63.

51 Kelly Hearn, "The Next Big thing (Is Practically Invisible)", *Christian Science Monitor*, 24 de março de 2003.

Você está mudando o mundo?

52 A equipe que ajudou a organizar e apoiar a conferência fundadora incluiu: S. Pete Worden, Chris Boshuizen, Will Marshall, Bob Richards, Michael Simpson, Susan Fonseca-Klein e Bruce Klein (os dois últimos foram apelidados de "artífices fundadores" por seu auxílio extraordinário em organizar a lista de convites). Também ajudaram Karen Bradford, Amara D. Angelica, Gary Martin e Donald James. Ray Kurzweil deu uma palestra sobre a Universidade da Singularidade disponível aqui: www.ted.com/talks/ray_kurzweil_announces_singularity_university.html.

53 Salim Ismail, que se tornaria nosso primeiro diretor executivo; Barney Pell e Sonia

NOTAS

Arrison, que se tornariam fundadores associados e gestores; e Moses Znaimer, Keith Kleiner e Georges Harik, que foram nossos primeiros fundadores associados. Os participantes que retornaram como membros do corpo docente incluem: Neil Jacobstein (último presidente da Universidade da Singularidade), Ralph Merkle, Rob Freitas, Harry Kloor, George Smoot, Larry Smarr, Philip Rosedale, Dharmendra Modha, Aubrey de Grey, Stephanie Langhoff, Chris Anderson e Jamie Canton.

54 Embora não haja vídeo online daquele primeiro discurso, em breve preleção na aula inaugural do programa de pós-graduação do verão de 2010, Larry faz referência ao seu discurso anterior: www.youtube.com/watch?v=eF1HAG3Ru91.

55 http://singularityu.org.

PARTE TRÊS: CONSTRUINDO A BASE DA PIRÂMIDE

CAPÍTULO 7: AS FERRAMENTAS DA COOPERAÇÃO

As raízes da cooperação

1 Existem obviamente milhões de referências potenciais aqui, mas como uma boa visão do mundo microbiano é difícil superar: Lynn Margulis e Dorian Sagan, *Microcosmos: Quatro bilhões de anos de evolução microbiana* (Cultrix, 2004).

2 Lynn Margulis, *O planeta simbiótico: Uma nova perspectiva da evolução* (Rocco, 2001).

3 Bill Bryson, em sua fabulosa e bem confiável *Uma breve história de quase tudo* (Companhia das Letras, 2005), situa o número na casa dos quatrilhões.

4 Paul Ingraham, "Ten Trillion Cells Walked Into a Bar", *Arts & Opinion* 6, n. 1 (2007).

5 A citação é da palestra de Wright na conferência TED (www.ted.com/talks/robert_wright_on_optimism.html), mas o livro na qual a palestra se baseia é fantástico: Robert Wright, *Nonzero: The logic of human destiny* (Vintage, 2001).

Dos cavalos ao Hercules

6 Christopher Corbett, *Orphans preferred: The twisted truth and lasting legend of the Pony Express* (Broadway, 2004), p. 5.

7 *Ibid.*, p. 195.

8 Michael Paterniti, "The American Hero in Four Acts", *Esquire*, 1998.

9 Jeffery Sachs, *Common wealth: Economics for a crowded planet* (Penguin Press, 2008), p. 307-8.

Ouro nas montanhas

10 www.robmcewen.com e entrevista pessoal com Rob McEwen, 2010.

11 Gary Rivlin, "Leader of the Free World: How Linus Torvalds Became Benevolent Dictator of Planet Linux, the Biggest Collaborative Project in History", *Wired*, 11 de novembro de 2003.

370 NOTAS

12 A maior parte desta seção baseia-se numa série de entrevistas pessoais com McEwen, mas para uma boa história do Desafio Goldcorp, ver: Linda Tischler, "He Struck Gold on the Net (Really)", *Fast Company*, 31 de maio de 2002.

13 Esse princípio é conhecido no mundo gerencial como a Lei de Joy.

14 Clay Shirky, *A cultura da participação: Criatividade e generosidade no mundo conectado* (Zahar, 2011).

15 Embora Shirky escreva sobre a Wikipedia em *A cultura da participação*, essa citação é de uma palestra que proferiu na Universidade da Singularidade em julho de 2011.

Um Android acessível

16 David Talbot, "Android Marches on East Africa", Technology Review.com, 23 de junho de 2011.

17 Human Development Report, United Nations, 2007-2008, ver hdr.undp.org.

18 "India Launches World's Cheapest Tablet", *International Business Times*, 6 de outubro de 2011.

19 Shabnam Mahmood e Manjushri Mitra, "Bollywood Sets Sights on Wider Market", BBC Asian Network, 24 de junho de 2011.

20 Esses números foram anunciados pelo YouTube em 25 de maio de 2011. Ver: http://youtube-global.blogspot.com/2011/05/thanks-youtube-community-for-two-big.html.

21 Isso foi em 2009. Em maio de 2011, o YouTube anunciou que atingira 3 bilhões de visitas ao dia, um aumento de 50% em relação ao ano anterior.

22 Entrevista pessoal com Salim Ismail, 2011.

CAPÍTULO 8: ÁGUA

O problema da água

1 Esta seção se baseia principalmente em entrevistas pessoais com Thum, mas ele conta esta história numa matéria para o site/*video blog*, Big Think; Ver: "The Prius of Bottled Water", www.bigthink.com/ideas/39293.

2 Howard Schultz, *Em frente! Como a Starbucks lutou por sua vida* (Campus, 2011), p. 115.

3 Para uma lista ligeiramente datada mas ainda válida dos problemas, ver Peter Gleick, *Water in crisis: A guide to the world's freshwater resources* (Oxford University Press, 1993).

4 Korinna Horta, "The World Bank's Decade for Africa: A New Dawn for Development Aid", *Yale Journal of International Affairs*, maio de 2005.

5 Entrevista pessoal com Dean Kamen, 2011.

6 Para uma relação abrangente, ver a lista da American Water: www.amwater.com/learning-center/water-101/what-is-water-used-for.html.

7 De acordo com a Organização Para a Agricultura e a Alimentação da ONU. Ver: http://www.fao.org/newsroom/en/news/2007/1000520/index.html

NOTAS 371

8   A. Y. Hoekstra, A. K. Chapagain, "Water footprints of nations: Water use by people as a function of consumption pattern", *Water Resource Management*, v. 21, p. 35-48.

9   John Robbins, *A diet for a new America* (Stillpoint Publishing, 1987), p. 367.

10 James Hughes, *Fact sheet: Foodborne and water-related diseases: A national and global update*, National Foundation for Infectious Diseases News Conference and Symposium on Infectious Diseases, 11 de julho de 2007.

11 Hoekstra e Chapagain, *ibid.*

12 *Energy demands on water resources: Report to Congress on the Interdependencies of Energy and Water, Sandia National Laboratory*. Esse é um olhar incrivelmente abrangente dos vínculos entre energia e água: www.sandia.gov/energy-water/docs/121-RptToCongress-EWwEIAcomments-FINAL.pdf.

13 Edward Miguel, Shanker Satyanath, Ernest Sergenti, "Economic Shocks and Civil Conflict: An Instrumental Variables Approach", *Journal of Political Economy* 112, n. 4 (2004), p. 725-53.

14 A ONU possui um bom relatório sobre o tema aqui: www.un.org/waterforlifedecade/transboundary_waters.shtml.

15 Peter Gleick, "Dirty Water: Estimated Deaths from Water-Related Diseases, 2000-2020", the Pacific Institute, 2002.

16 Peter Gleick, *Bottled and sold: The story behind our obsession with bottled water* (Island Press, 2011), p. 5.

17 *Ibid.*, p. 64–68.

Dean *versus* Golias

18 Diversas entrevistas demoradas foram realizadas com Kamen durante 2010 e 2011, mas para mais informações, a *Wired* publicou um bom perfil: Scott Kirsner, "Breakout Artist", *Wired*, setembro de 2000.

19 John Markoff, "Dean Kamen Lends a Hand, or Two", *New York Times*, 8 de agosto de 2007.

20 Para uma demonstração ao vivo da Slingshot em The Colbert Report: www.colbertnation.com/the-colbert-report-videos/164485/march-20–2008/dean-kamen.

21 Entrevista pessoal com Jonathan Greenblatt, 2011.

22 Entrevista pessoal com Rob Kramer, 2010.

23 Michael Cooper, "Aging of Water Mains Is Becoming Hard to Ignore", *New York Times*, 17 de abril de 2009.

24 Entrevista pessoal com April Rinne, 2011.

25 Entrevista pessoal com Dean Kamen, 2011.

Preservativo

26 Para uma boa olhada em todo o debate, ver: John Tierney, "Betting on the Planet", *New York Times Magazine*, 2 de dezembro de 1990.

NOTAS

27 *World population prospects: The 2002 revision*, United Nations Population Division.

28 "Linking Population, Poverty, and Development", United Nations Population Fund: www.unfpa.org/pds/urbanization.htm. Ver também: Stewart Brand, *The whole Earth discipline: An ecopragmatist manifesto* (Viking, 2009), p. 59-61.

29 "Return of the Population Growth Factor: Its Impact on Millennium Development Goals", All Party Parliamentary Group on Development and Reproductive Health, janeiro de 2007, p. 24.

30 *Rural poverty report 2011*, IFAD. Ver: www.ifad.org/rpr2011.

A indústria da nanotecnologia

31 www.ted.com/talks/Michael_prichard_invents_a_water_filter.html.

32 John F. Sargent Jr., "The National Nanotechnology Initiative: Overview, Reauthorization, and Appropriation Issues", Congressional Research Service, 19 de janeiro de 2011.

33 www.nsf.gov/news/news_summ.jsp?cntn_id=112234.

34 Mamadao Diallo, Jeremiah Duncan, Nora Savage, Anita Street, Richard Sustich, *Nanotechnology applications for clean water* (William Andrew, 2009).

35 Katherine Boutzac, "Getting Arsenic out of Water", *Technology Review*, 1º de junho de 2009.

36 Ver: Duncan Graham-Rowe, "Self-Healing Pipelines", *Technology Review*, 21 de dezembro de 2006. E: Nicole Wilson, "Nano Technology May Make Cleaning Toilets a Thing of the Past", Best Syndication News, 7 de fevereiro de 2006.

37 Lisa Zyga, "Hydrophobic Sand Could Combat Desert Water Shortages", Phyorg. com, 16 de fevereiro de 2009.

38 Liz Creel, "Ripple Effects: Population and Coastal Regions", Population Reference Bureau, setembro de 2003.

39 Jennifer Chu, "Desalination Made Simpler", *Technology Review*, 30 de julho de 2008.

40 Para uma boa análise da tecnologia, ver Jonathon Fahey, "Water Wizardry", *Forbes*, 26 de agosto de 2009. Além disso, o *Guardian* publicou uma lista completa dos ganhadores aqui: www.guardian.co.uk/globalcleantech100.

A rede inteligente para a água

41 Entrevista pessoal com Peter Williams, 2011.

42 Mark Modzelewski: "House Committee Discusses Smart Water Grid Plans", *Water & Wastes Digest*, março de 2009.

43 Martin LaMonica, "IBM Dives Into 'Smart Grid for Water,'" CNET, 4 de setembro de 2009.

44 Para ver todos os projetos atuais da IBM de redes inteligentes: www.ibm.com/smarterplanet/za/en/water_management/ideas/index.html.

NOTAS

45 http://h10134.www.1.hp.com/news/features/5831.
46 Yu-Fen Lin e Chang Liu, "Smart Pipe: Nanosensors for Monitoring Water Quantity and Quality in Public Water Systems", Illinois State Water Survey, agosto de 2009.
47 Ciaran Giles, "Water Management 2.0", Associated Press, 12 de novembro de 2007.
48 Entrevista pessoal com Doug Miell, 2011.

Solução para o saneamento
49 "Thomas Crapper: Myth and Reality", *Plumbing & Mechanical*, 1993.
50 "The Men that Made the Water Closet", *Plumbing & Mechanical*, 1994.
51 "The Chain Is Pulled on Britain's Crapper", Reuters, 26 de julho de 2000.
52 Entrevista pessoal com Lowell Wood, 2011.
53 "Gates Foundation Launches Effort to Reinvent the Toilet", Bill & Melinda Gates Foundation, 19 de julho de 2011.
54 P. W. Mayer, W. B. Oreo, *et al.*, "Residential End Uses of Water", American Waterworks Research Foundation, 1999.
55 Bob Swanson, "Leaks, Wasteful Toilet Causes Cascading Water Loss", *USA Today*, 5 de abril de 2009.

O ponto azul-claro
56 Se você nunca ouviu todo o discurso do Ponto Azul-Claro, vá ao YouTube: www.youtube.com/watch?v=2pfwY2TNehw.

CAPÍTULO 9: ALIMENTANDO 9 BILHÕES

O fracasso da força bruta
1 "The State of Food Insecurity in the World: Addressing Food Insecurity in Protracted Crisis", Food and Agriculture Organization of the United Nations, Roma, 2010.
2 "Progress for Children: A Report Card on Nutrition", Unicef, 2006.
3 Existem dezenas de relatos sobre isso disponíveis, mas dois dos melhores são: Richard Manning, *Against the grain* (North Point Press, 2005) e Michael Pollan, *O dilema do onívoro* (Intrínseca, 2007).
4 Martin C. Heller e Gregory A. Keoleian. "Life Cycle-Based Sustainability Indicators for Assessment of the US Food System", Center for Sustainable Systems, University of Michigan, 2000.
5 "Groundwater in Urban Development: Assessing Management Needs and Formulating Policy Strategies", World Bank Technical Paper 390, 1998.
6 Daniel Zwerdling, "India's Farming 'Revolution' Heading for Collapse", National Public Radio, 13 de abril de 2009.
7 "Managing Nonpoint Source Pollution from Agriculture", Environmental Protection

374 NOTAS

Agency, Pointer No. 6., EPA841-F-96-004F. Ver: http://water.epa.gov/polwaste/nps/outreach/point6.cfm.

8 S. Joyce, "The Dead Zones: Oxygen-Starved Coastal Waters", Environmental Health Perspectives 108, n. 3 (março de 2000), p. 120-25.

9 "Chinese Seafood Imports", Don Kraemer, Deputy Director Office of Food Safety, FDA, declaração ante a US and China Economic and Security Review Commission, 25 de abril de 2008.

10 O impacto é tamanho que é visível do espaço. Ver: "Trail of Destruction", TreeHugger.com, 22 de fevereiro de 2008.

11 Julie Eilperin, "World's Fish Supply Running Out, Researchers Warn", *Washington Post*, 3 de novembro de 2006.

12 Lester Brown, "The Great Food Crisis of 2011", *Foreign Policy*, 10 de janeiro de 2011.

13 Vandana Shiva, "The Green Revolution in the Punjab", *Ecologist* 21, n. 2 (março-abril de 1991).

14 Matt Ridley, *The rational optimist*, p. 143-44.

Cozinhar para 9 bilhões

15 Para uma discussão fantástica de todas as questões, leia: Stewart Brand, *The whole Earth discipline* (Viking, 2009), p. 117-205, e Pamela Ronald e R. W. Adamchak, *Tomorrow's table* (Oxford University Press, 2008).

16 Ridley, *ibid.*, p. 153.

17 www.landinstitute.org ou ver Robert Kunzig, "The Big Idea: Perennial Grains", *National Geographic*, abril de 2011, p. 31-33.

18 Brand, *ibid.*, p. 141.

19 "Global Status of Commercialized Biotech/GM Crops: 2010", International Service for the Acquisition of Agri-Biotech Applications, ISAAA Brief 42–2010.

20 www.danforthcenter.org/science/programs/international_programs.bcp.

21 *Tomorrow's table*, *ibid.*, p. 57.

22 Melissa Moore, "Backgrounder: The Myth – Scarcity; The Reality – There Is Enough Food", Institute for Food and Development Policy/Food First, 8 de fevereiro de 2005. Ver: www.foodfirst.org/fr/node/239.

Plantação vertical

23 Jeffrey Windterborne, *Hydroponics: Indoor horticulture* (Pukka Press, 2005), p. 180, ou ver: http://hydroponicsdictionary.com/hydroponic-technology-used-in-wwii-to-feed-troops.

24 www.nasa.gov/missions/science/biofarming.html.

25 Dickson Despommier, *Vertical farming: Feeding ourselves and the world in the 21st century* (St. Martin's Press, 2009), p. 164-69.

NOTAS

26 Entrevistas pessoais com Dickson Despommier, 2010-11.

27 Vertical Farming, *ibid.*, p. 7.

28 www.growingpower.org.

29 David Derbyshire, "Is This the Future of Food? Japanese 'Plant Factory' Churns Out Immaculate Vegetables", Mail Online, 3 de junho de 2009.

30 Entrevista pessoal com o CEO da Plantagon Hans Hassle, 2011.

31 Para uma boa análise da otimização fotossintética, ver: Miko U. F. Kirschbaum, "Does Enhanced Photosynthesis Enhance Growth? Lessons Learned from CO2 Enrichment Studies", American Society of Plant Biologists, 2011. Disponível em: www. plantphysiol.org/content/155/1/117.full.

32 "Human Population: Urbanization", Population Reference Bureau, www.prb.org/ Educators/TeachersGuides/HumanPopulation/Urbanization.aspx.

Proteína

33 "Dietary Protein Recommendations for Adequate Intake and Optimal Health: A Tool Kit for Healthcare Professionals", Egg Nutrition Center, 2011.

34 Mark Bittman, "Rethinking the Meat-Guzzler", *New York Times*, 27 de janeiro de 2008.

35 Christopher Delgado, "Rising Consumption of Meat and Milk in Developing Countries Has Created a New Food Revolution", *Nutrition: The Journal of the American Society for Nutritional Sciences* 133, novembro de 2003, 3907S-3910S.

36 Barry A. Costa-Pierce, *Ecological aquaculture: The evolution of a blue revolution* (Wiley-Blackwell, 2003), p. 9-19.

37 Charles Mann, "The Bluewater Revolution", *Wired*, maio de 2004.

38 Ransom A. Myers e Boris Worm, *ibid.*

39 www.nationalgeographic.com/adventure/environment/what-it-takes-07/Sylvia-earle.html.

40 www.noaanews.noaa.gov/stories2011/20110711_aquaculture.html.

41 O World Wildlife Fund presta um bom serviço nessa área: http://wwf.panda.org/ about_our_earth/blue_planet/problems/aquaculture.

42 Por exemplo, ver Jill Schwartz, "Tsunami Region's Shrimp Industry: Building It Back Better", www.worldwildlife.org/what/globalmarkets/aquaculture/featuredpublication-tsunami.html.

43 Brian Halweil, *Fish farming for the future* (Worldwatch Institute, 2008).

44 "Integrated Aquaculture: Rice Paddy Success", *Sustainable Harvest International Newsletter*, primavera de 2010.

45 Para ver os projetos apoiados pela Unesco: www.ihe.nl/Fingerponds/Publications.

46 www.growingpower.org/aquaponics.htm.

47 www.nationalgeographic.com/adventure/environment/what-it-takes-07/Sylvia-earle.html.

376 NOTAS

Carne cultivada

48 Abigail Paris, "In Vitro Meat, a More Humane Treat", *Policy Innovations*, 22 de maio de 2008.

49 "Lab Meat", PBS, 10 de janeiro de 2006.

50 Abigail Paris, "In Vitro Meat, a More Humane Treat", *Policy Innovations*, 22 de maio de 2008. Ver: http://www.policyinnovations.org/ideas/briefings/data/000054.

51 John Schwartz, "PETA's Latest Tactic: $1 Million for Fake Meat", *New York Times*, 21 de abril de 2008.

52 Para alguns fatos sucintos, ver: www.news.cornell.edu/releases/aug97/livestock.hrs. html. Para uma síntese incrível: Eric Schlosser, *País fast food: O lado nocivo da comida norte-americana* (Ática, 2001).

53 Mario Herrero, com Susan Mac-Millan, Nancy Johnson, Polly Erickson, Alan Duncan, Delia Grace, and Philip K.Thornton, "Improving Food Production from Livestock", *State of the World 2011: Innovations that nourish the planet*, the Worldwatch Institute.

54 *Livestock's long shadow – Environmental issues and options*, Food and Agriculture Organization of the United Nations, 29 de novembro de 2006.

55 Michael Specter, "Annals of Science: Test-Tube Burgers", *New Yorker*, 23 de maio de 2011.

Entre o presente e o futuro

56 Entrevista pessoal com a patologista da fábrica da UC Davis Pamela Ronald, 2010.

57 Michael Pollan, "The Way We Live Now: The Great Yellow Hype", *New York Times Magazine*, 4 de março de 2001. E para uma opinião contrária: Pamela Ronald e James E. McWilliams, "Genetically Engineered Distortions", *New York Times*, 14 de maio de 2010.

58 C. Francis *et al.*, "Agroecology: The Ecology of Food Systems", *Journal of Sustainable Agriculture* 22, n. 3 (2003).

59 Olivier De Schutter, *Agroecology and the right to food*, relatório apresentado na 16ª sessão do Conselho de Direitos Humanos das Nações Unidas [A/HRC/16/49], 8 de março de 2011.

60 Zeyaur Khan, David Amudavi e John Pickett, "Push-Pull Technology Transforms Small Farms in Kenya", *PAN North America Magazine*, primavera de 2008.

61 www.economist.com/debate/days/view/606.

Um problema espinhoso

62 Richard Manning, "The Oil We Eat: Following the Food Chain Back to Iraq", *Harper's*, fevereiro de 2004.

NOTAS

PARTE QUATRO: AS FORÇAS DA ABUNDÂNCIA
CAPÍTULO 10: O INOVADOR DO FAÇA-VOCÊ-MESMO (DIY)

Stewart Brand

1 Tom Wolfe, *The electric kool-aid acid test* (Bantam, 1999), p. 4.

2 Andrew Kirk, *Counterculture green: The whole earth catalog and American environmentalism* (University Press of Kansas, 2007), p. 1.

3 www.emersoncentral.com/selfreliance.htm.

4 Oscar Lovell Triggs, *Chapters in the history of the Arts and Crafts Movement* (Cornell University Library, 2009).

5 Entrevista pessoal com Andrew Kirk, 2009.

6 "Counterculture to Cyberculture: The Legacy of the Whole Earth Catalog", uma grande mesa-redonda realizada em Stanford, visível aqui: www.youtube.com/watch?v=B5kQYWLtW3Y.

7 Grande parte das informações desta seção foram obtidas em entrevistas conduzidas durante a pesquisa: Steven Kotler, "The Whole Earth Effect", revista *Plenty*, maio de 2009.

8 John Markoff, *What the dormouse said: How the 60s counterculture shaped the personal computer industry* (Penguin, 2005), p. 152-57.

9 Kotler, *ibid.*

10 A maioria das pessoas acredita que a primeira vez em que Brand disse a alguém que "as informações querem ser livres" foi na primeira Conferência dos Hackers em 1984.

História do Homebrew

11 Markoff, *ibid.*

12 Kotler, *ibid.*

O poder dos grupos pequenos (parte I)

13 Al Blackburn, "Mach Match", *Air & Space*, 1 de junho de 1999.

14 Para a breve história do programa de Aviões X da Nasa: http://history.nasa.gov/x1/appendixa1.html.

15 http://history.nasa.gov/x15/cover.html.

16 W. J. Hennigan, "Aerospace Legend Burt Rutan Ready for Landing", *Los Angeles Times*, 1º de abril de 2011; entrevista pessoal e dados fornecidos por Burt Rutan.

17 Entrevista pessoal com Burt Rutan, 2010.

18 Steven Kotler, "Space Commodity", *LA Weekly*, 24 de junho de 2004.

19 Alan Boyle, "SpaceShipOne Wins $10 Million X Prize", msnbc.com, 5 de outubro de 2004.

20 Entrevista pessoal com Gregg Maryniak, 2010.

O movimento dos fazedores

21 Grande parte desta seção baseia-se em entrevistas pessoais com Chris Anderson e uma apresentação dele na Universidade da Singularidade em agosto de 2011. Mas para uma ótima apresentação de seu trabalho, veja: "DIY Drones: An Open Source Hardware and Software Approach to Making 'Minimum UAVs'", O'Reilly Where 2.0 Conference, disponível em: http://blip.tv/oreilly-where-20-conference/chris-anderson-diy-drones-an-open-source-hardware-and-software-approach-to-making-minimum-uavs-973054.

22 www.globalsecurity.org/intell/systems/raven.htm.

23 Entrevista pessoal com DaleDaugherty, 2011. Mas para uma espiada no surgimento do Maker Movement, ver também Rob Walker, "Handmade 2.0", *New York Times*, 16 de dezembro de 2007.

24 Teal Triggs, "Scissors and Glue: Punk Fanzines and the Creation of the DIY Aesthetic", *Journal of Design History* 19, n. 1 (2006), p. 69-83.

25 www.matternet.net.

DIY Bio

26 Jon Mooallem, "Do-It-Yourself Genetic Engineering", *New York Times*, 10 de fevereiro de 2010.

27 http://igem.org.

28 Alok Jha, "From the Cells Up", *Guardian*, 10 de março de 2005.

29 Rob Carlson, "Splice It Yourself", *Wired*, maio de 2005.

O empreendedor social

30 Caroline Hsu, "Entrepreneur for Change", *US News & World Report*, 21 de outubro de 2005.

31 Sonia Narang, "Web-Based Microfinancing", *New York Times*, 10 de dezembro de 2006.

32 Adam Fisher, "Best Websites 2009", *Time*, 24 de agosto de 2009.

33 Charles Leadbeater, "Mainstreaming of the Mavericks", *Observer*, 25 de março de 2007.

34 Stacy Perman, John Tozzi, Amy S. Choi, Amy Barrett, Jeremy Quittner e Nick Leiber, "America's Most Promising Social Entrepreneurs", *Bloomberg Businessweek*, setembro de 2004.

35 Nick O'Donohoe, Christina Leinjonhufvud, Yasemin Saltuk, Anthony Bugg-Levine e Margot Brandenburg, "Impact Investments: An Emerging Asset Class", J. P. Morgan Global Research, 29 de novembro de 2010.

36 www .techawards.org/laureates/feature/kickstart.

37 Ellen McGirt, "Edward Norton's $9,000,000,000 Housing Project", *Fast Company*, 1º de dezembro de 2008.

NOTAS

CAPÍTULO 11: OS TECNOFILANTROPOS

Robber Barons

1   A cada ano o conselho de administração da Fundação X PRIZE e membros do Vision Circle (www.xprize.org) reúnem-se para debater e discutir os grandes desafios do mundo e criar prêmios para enfrentá-los. A Fundação denomina esse processo "visioneering" [de envisioning + engineering, que traduzimos por "engenharia visionária"].

2   Matthew Bishop e Michael Green, *Philanthrocapitalism: How the rich can save the world* (Bloomsbury, 2008), p. 20-27.

3   Maury Klein,"The Robber Baron's Bum Rap", *City Journal*, inverno de 1995.

4   *Ibid.*

5   "The Robin Hood Robber Baron", *BusinessWeek*, 27 de novembro de 2008.

6   Entrevista pessoal com Justin Rockefeller, 2010.

7   Ron Chernow, *Titan: The life of John D. Rockefeller, Sr.* (Warren Books, 1998), p. 563-66.

8   Robert A. Guth e Geoffrey A. Fowler, "16 Tycoons Agree to Give Away Fortunes", *Wall Street Journal*, 9 de dezembro de 2010.

9   www.pbs.org/wgbh/amex/carnegie/sfeature/p_library.html.

A nova estirpe

10   Klein, *Ibid.*

11   A. A. Van Slyck, "Spaces of Literacy: Carnegie Libraries and an English-Speaking World". Estudo apresentado no encontro anual da American Studies Association, 13 de março de 2011.

12   "Hyderabad: Silver Jubilee Durbar", *Time*, 22 de fevereiro de 1973.

13   Entrevista pessoal com Jeff Skoll, 2011.

14   Michael S. Malone, "The Indie Movie Mogul", *Wired*, fevereiro de 2006.

15   Entrevista pessoal com Jeff Skoll, mas ver: www.skollfoundation.org.

16   www.huffingtonpost.com/2011/06/02/jeff-skoll-foundation-climate--change_n_869457.html.

17   "2008 Social Capitalist Awards", *Fast Company*, 2008. Disponível em: www.fastcompany.com/social/2008/index.html.

18   Jim Hopkins, "EBay Founder Takes Lead in Social Entrepreneurship", *USA Today*, 3 de novembro de 2005.

19   Bishop, *Ibid.*, p. 6.

20   Paul Sullivan, "With Impact Investing, a Focus on More – anReturns", *New York Times*, 23 de abril de 2010.

21   "Investing for Social & Environmental Impact: A Design for Catalyzing an Emerging Industry", www.monitorinstitute.com/impactinvesting.

380 NOTAS

22 Entrevista pessoal com Paul Shoemaker, 2011.

23 Paul G. Schervish, Albert Keith Whitaker, *Wealth and the will of God* (Indiana University Press, 2010), p. 8.

24 Bishop, *Ibid.*, p. 12.

Quantas pessoas e que quantidade?

25 Entrevistas pessoais com Naveen Jain, 2011. Ver: www.naveenjain.com.

26 *Relatório da Riqueza Global*, Instituto de Pesquisa do Credit Suisse, outubro de 2010.

27 Sam Howe Verhovek, "The Internet's Rich Are Giving It Away, Their Way", *New York Times*, 11 de fevereiro de 2000.

28 "Charitable Giving in US Nears Record Set at End of Tech Boom", *USA Today*, 19 de junho de 2006.

29 Christina Cheddar Berk, "Rich and Richer: A New Golden Age of Philanthropy", CNBC, 2 de maio de 2007. Ver: www.cnbc.com/id/18333214/Rich_Richer_Golden_Age_of_Philanthropy.

30 Stephanie Strom, "Foundations' Giving Is Said to Have Set Record in '06", *New York Times*, 3 de abril de 2007.

31 Tom Watson, "Philanthropy's Double Dip: Giving Numbers Tumble for Second Straight Year", *On Philanthropy*, 10 de junho de 2010.

32 Alexander Higgins, "Gates Foundation Pledges $10 Billion to Vaccine Research", *Washington Post*, 30 de janeiro de 2010.

33 http://givingpledge.org.

34 "Prize Offered to Africa's Leaders", BBC, 26 de outubro de 2006.

35 Entrevista pessoal com Elon Musk, mas ver também Tad Friend, "Letter from California: Plugged In", *New Yorker*, 24 de agosto de 2009.

CAPÍTULO 12: O BILHÃO ASCENDENTE

O maior mercado do mundo

1 Entrevista pessoal com Stuart Hart, 2010.

2 C. K. Prahalad e Gary Hamel, "The Core Competencies", *Harvard Business Review*, maio-junho de 1990. E: C. K. Prahalad e Venkat Ramaswamy "Co-Opting Customer Competence", *Harvard Business Review*, janeiro de 2000. Mas para uma ótima biografia de CK tente: Schumpter, "The Guru at the Bottom of the Pyramid", *Economist*, 24 de abril de 2010.

3 www.businessweek.com/magazine/content/06_04/b3968089.htm.

4 Stuart Hart, "Beyond Greening: Strategies for a Sustainable World", *Harvard Business Review*, 1º de janeiro de 1997. O artigo valeu-lhe o Prêmio McKinsey de Melhor Artigo na HBS em 1997.

NOTAS

5 C. K. Prahalad e S. L. Hart, "The Fortune at the Bottom of the Pyramid", *Strategy+Business* 26 (2002), p. 54-67.

6 Para uma síntese do argumento: C. K. Prahalad, "The Fortune at the Bottom of the Pyramid", *Fast Company*, 13 de abril de 2011. Ver: www.fastcompany.com/1746818/fortune-at-the-bottom-of-the-pyramid-ck-prahalad.

7 Prahalad e Hart, *Ibid.*

8 C. K. Prahalad, *A riqueza na base da pirâmide* (Bookman, 2009), p. 25.

9 "Power to the People", *Economist*, 9 de março de 2006.

10 Nicholas Sullivan, *You can hear me now: How microloans and cell phones are connecting the world's poor to the global economy* (Jossey-Bass, 2007), p. xxxiv.

11 *Ibid.*

12 O editor-chefe da *Wired* expõe esse argumento aqui: http://longtail.typepad.com/the_long_tail/2005/03/long_tail_vs_bo.html.

13 Prahalad, *Ibid.*, p. 207-39.

14 Mindy Murch, Kate Reeder, C. K. Prahalad, "Selling Health: Hindustan Lever Limited and the Soap Market", Department of Corporate Strategy and International Business, University of Michigan, 12 de dezembro de 2003, p. 2.

15 Stuart Hart, *O capitalismo na encruzilhada* (Bookman, 2006).

16 *Ibid.*, p. 121.

17 "The New People's Car", *Economist*, 26 de março de 2009. Ver também: www.businessweek.com/innovate/content/mar2009/id20090318_012120.htm.

18 David Pilling, "India Hits Bottleneck on Way to Prosperity", *Financial Times*, 24 de setembro de 2008.

19 "A Global Love Affair", *Economist*, 13 de novembro de 2008.

20 Entrevista pessoal com Ratan Tata, 2011.

A aposta de Quadir

21 Grande parte das informações desta seção são de uma entrevista pessoal com Iqbal Quadir, 2010. Mas ele conta a história da fundação da Grameenphone em seu Ted Talk: www.ted.com/talks/iqbal_quadir_says_mobiles_fight_poverty.html.

22 Para a história completa, ver Sullivan, *Ibid.*

23 *Ibid.*, p. xvii-xx.

24 O Banco Mundial fornece uma boa síntese aqui: web.worldbank.org/WBSITE/EXTERNAL/NEWS/0,,contentMDK:20433592~menuPK:34480~pagePK:64257043~piPK:437376~theSitePK:4607,00.html.

25 "Africa's Mobile Banking Revolution", *BBC*, 12 de agosto de 2009. Disponível em: http://news.bbc.co.uk/2/hi/8194241.stm.

26 Efam Dovi, "Boosting Domestic Savings in Africa", *African Renewal* 22, n. 3 (outubro de 2008), p. 12.

27 Sullivan, *Ibid.*, p. 125-44.

28 Ver www.thinkm-pesa.com/2011/07/m-pesa-mobile-money-for-unbanked.htm. E para um panorama um pouco mais amplo: Alex Perry e Nick Wadhams, "Kenya's Banking Revolution", *Time*, 21 de janeiro de 2011.

29 "Mobile Payment Market to Almost Triple Value by 2012, Reaching $670 Billion", Juniper Research Limited, 5 de julho de 2011.

30 "The Power of Mobile Money", *Economist*, 24 de setembro de 2009.

31 Richard Lester, Paul Ritvo *et al.*, "Effects of a Mobile Phone Short Message Service on Antiretroviral Treatment Adherence in Kenya", *Lancet* 376, n· 9755 (23 de novembro de 2010), p. 1938-1945.

32 Kevin Sullivan, "For India's Traditional Fisherman, Cellphones Deliver a Sea Change", *Washington Post*, 15 de outubro de 2006.

33 Amelia Hill, "iPhone Set to Replace the Stethoscope", *Guardian*, 30 de agosto de 2010.

34 Francesca Lunzer Kritz, "A Guide to Healthcare Apps for Your Smart Phone", *Los Angeles Times*, 12 de julho de 2010.

A maldição dos recursos

35 Paul Collier, *The bottom billion: Why the poorest countries are failing and what can be done about it* (Oxford University Press, 2007), p. 39-44.

36 William Easterly, *White man's burden: Why the West's efforts to aid have done so much ill and so little good* (Penguin, 2006), p. 11.

37 Collier, *Ibid.*, p. 40.

38 George Soros, "Transparency Essential to Lifting the 'Resource Curse'", *Taipei Times*, 22 de março de 2002.

39 Kermit Pattison, "Enlisting a Global Work Force of Freelancers", *New York Times*, 24 de junho de 2009.

40 Charles Kenny, "What Resource Curse", *Foreign Policy*, 6 de dezembro de 2010.

41 Jeffrey F. Rayport, "Seven Social Transformations Unleashed by Mobile Devices", *Technology Review*, 30 de novembro de 2010.

O mundo é meu café

42 Steven Johnson, *De onde vêm as boas ideias* (Zahar, 2011), ou veja sua palestra na conferência TED: www.ted.com/talks/steven_johnson_where_good_ideas_come_from.html.

43 Malcolm Gladwell, "Java Man", *New Yorker*, 30 de julho de 2001. Disponível no site de Gladwell: www.gladwell.com/2001/2001_07_30_a_java.htm.

44 Bryant Lillywhite, *London coffee houses: A reference book of coffee houses of the seventeenth, eighteenth and nineteenth centuries* (George Allen and Unwin, 1963).

45 Brand, *The whole Earth discipline*, *ibid.*, p. 25-73.

NOTAS

46 Helen Coster, "Physicist Geoffrey West on Solving the Urban Puzzle", *Forbes*, 11 de abril de 2011.

47 Carolyn Duffy Marsan, "Analysis: The Internet in 2020", *Network World US*, 10 de janeiro de 2009.

48 Stuart Hart e Ted London, *Next generation business strategies for the base of the pyramid* (FT Press, 2010), p. 80.

Desmaterialização e desmonetização

49 Entrevista pessoal com Bill Joy, 2011.

50 Em julho de 2011: http://en.wikipedia.org/wiki/Android_Market; https://www.mylookout.com/mobile-threat-report.

51 Charles I. Jones e Paul M. Romer, "The New Kaldor Facts: Ideas, Institutions, Population, and Human Capital", National Bureau of Economic Research Working Paper 15094, p. 6. O trabalho de Romer é incrível.

52 *O capitalismo na encruzilhada, ibid.*, p. 33.

53 Chris Anderson, "Free! Why $0.00 Is the Future of Business", *Wired*, 2 de fevereiro de 2008.

PARTE CINCO: PICO DA PIRÂMIDE

CAPÍTULO 13: ENERGIA

Pobreza energética

1 Steven R. James, "Hominid Use of Fire in the Lower and Middle Pleistocene: A Review of the Evidence". *Current Anthropology* 30 (1989), p. 1-26. E Nire Alperson-Afil, "Continual Fire-Making by Hominins at Gesher Benot Ya'aqov, Israel", *Quaternary Science Reviews* 27 (2008), 1733-39.

2 The Secretary-General's Advisory Group on Energy and Climate Change, *Energy for a sustainable future: Report and recommendations*, Nações Unidas, 28 de abril de 2010, p. 7.

3 *Ibid.*

4 O relatório do UNDP/WHO 2009, *The energy access situation in developing countries, a review focusing on the least developed countries and Sub-Saharan Africa*, pode ser obtido em www.undp.org/energy.

5 www.undp.org/energy/ e www.unmillenniumproject.org/documents/MP_Energy_Low_Res.pdf.

6 Elizabeth Rosenthal, "African Huts Far from the Grid Glow with Renewable Power", *New York Times*, 24 de dezembro de 2010.

7 Entrevista pessoal com Emem Andrews, 2010.

8 Centro Aeroespacial Alemão, Instituto para Termodinâmica Técnica, "Trans-Medi-

384 NOTAS

terranean Interconnection for Concentrating Solar Power", Ministério Federal para o Meio Ambiente, Conservação da Natureza e Segurança Nuclear, novembro de 2007.

9 *Ibid.*

10 Vijaya Ramachandran, Alan Gelb e Manju Kedia Shah, *Africa's private sector: What's wrong with the business environment and what to do about it*, Center for Global Development, 2009. Ver também: www.cgdev.org/content/article/detail/1421353.

11 Wim Naude e Marianna Matthee, "The Significance of Transport Costs in Africa", *UN Policy Brief*, v. 5/2007, agosto de 2007.

12 Entrevista pessoal com Bill Joy, 2011.

Um futuro brilhante

13 "Andrew Beebe: Lesson Learned: Grow Slowly, Conserve Cash, Treat Employees Well", *Bloomberg Businessweek*, 5 de julho de 2005. Disponível em: www.businessweek.com/magazine/content/04_27/b3890407.htm.

14 Entrevista pessoal com Andrew Beebe, 2011.

15 Christine Lagorio, "Innovation: Let There Be Light", *Inc.*, 1º de outubro de 2010, e www.1366tech.com.

16 "Clean Energy Patent Growth Index", Heslin Rothenberg Farley & Mesiti, junho de 2010, p. 2.

17 Teodor K. Todorov, Kathleen B. Reuter, David B. Mitzi, "High-Efficiency Solar Cell with Earth-Abundant Liquid-Processed Absorber", *Advanced Materials* 22, n. 20 (25 de maio de 2010), p. E156-E159.

18 Jae-Hee Han, Geraldine L. C. Paulus, Ryuichito Maruyama, Daniel A. Heller, Woo-Jae Jim, *et al.*, *Nature Materials* 9 (12 de setembro de 2010), p. 833-39.

19 www.gizmag.com/new-energy-technologies-solar-window/17777.

20 Mark Brown, "Light's Magnetic Field Could Make Solar Power Without Solar Cells", *Wired UK*, 15 de abril de 2011.

21 www.gosolarcalifornia.org/consumers/taxcredits.php.

22 www.eere.energy.gov/solar/sunshot. Além disso, Matthew Wald, blogueiro de meio ambiente do *New York Times*, é em geral excelente. Ver: http://green.blogs.nytimes.com/2011/02/04/from-sputnik-to-sunshot.

23 Grist.com publicou uma boa resenha aqui: www.grist.org/article/2011-02-07-report-wind-power-now-competitive-with-coal-in-some-regions.

24 Vestas, Relatório Anual de 2010, fevereiro de 2011. Disponível em: www.vestas.com/Default.aspx?ID=10332&action=3&NewsID=2563.

Vida sintética como salvação

25 Jad Mouawad, "Exxon to Invest Millions to Make Fuel from Algae", *New York Times*, 13 de julho de 2009.

NOTAS

26 Ver estes dois exemplos: Joseph Fargione, *et al.*, "Land Clearing and the Biofuel Carbon Debt", *Science* 319, n. 5867 (7 de fevereiro de 2008), p. 1235-38; e Timothy Searchinger, *et al.*, "Use of US Cropland for Biofuels Increases Greenhouse Gases", *Science* 310, n. 5867 (7 de fevereiro de 2008), p. 1238-40. Para um exame geral (embora o autor pareça não perceber que existe uma enorme diferença entre os biocombustíveis baseados em algas e os tradicionais), Michael Grunwald, "The Clean Energy Scam", *Time*, 27 de março de 2008.

27 "A Promising Oil Alternative: Algae Energy", *Washington Post*, 6 de janeiro de 2008.

28 *Ibid.*

29 Entrevistas pessoais com Craig Venter, 2010 e 2011. Ver também: Mouawad, *Ibid.*, e "Craig's Twist: Algae Inch Ahead in Race to Produce the Next Generation of Biofuels", *Economist*, 15 de julho de 2009.

30 Entrevista pessoal com Paul Roessler, 2011.

31 "Emission Facts: Greenhouse Gas Emissions from a Typical Passenger Vehicle", US Environmental Protection Agency, fevereiro de 2005, EPA420-F-05 – 004, www.epa. gov/otaq/climate/420f05004.htm.

32 Michael Kanellos, "Chevron Invests in LS9; Microbe Diesel by 2011?", *Greentech Media*, 24 de setembro de 2009.

33 www.amyris.com/en/newsroom/128-amyris-enters-into-off-take-agreement-withshell. Ver também: Paul Vaosen, "Biofuels Future that US Covets Takes Shape – in Brazil", *New York Times*, 1º de junho de 2011.

34 Candice Lombardi, "Air New Zealand Tests Biofuel Boeing", CNET, 2 de janeiro de 2009.

35 "Airline in First Biofuel Flight", BBC, 24 de fevereiro de 2008.

36 Candace Lombardi, "US Navy Buys 20,000 Gallons of Algae Fuel", CNET, 15 de setembro de 2010.

37 Ver: www1.eere.energy.gov/biomass/news_detail.html?news_id=17698; http://greeneconomypost.com/department-of-energy-funding-biofuels-2469.htm; http://techcrunch.com/2011/06/13/doe-biofuels-funding-anti-valley-bias.

38 Ron Pernick, Clint Wider, *et al.*, *Clean energy trends 2011*, Clean Edge, 2011.

39 Fiona Harvey, "Second Generation Biofuels – Still Five Years Away?", *Energy Source*, 29 de maio de 2009.

40 http://solarfuelshub.org.

41 Entrevista pessoal com Harry Atwater, 2011.

O Santo Graal da armazenagem

42 O debate da carga básica tem sido acalorado. Para uma síntese: Lena Hansen e Amory B. Lovins, "Keeping the Lights On While Transforming Electric Utilities", Rocky Mountain Institute, ver: www.rmi.org/rmi/Transforming+Electric+Utilities. Ver também: "The Coming Baseload Crisis", Thomas Blakeslee, Clearlight Foun-

dation, www.renewableenergyworld.com/rea/news/article/2008/04/the-coming-baseload-power-crisis-52157.

43 Fuller fez essa proposta pela primeira vez em 1969, mas a ideia também aparece em Buckminster Fuller, *Critical path* (St. Martin's Griffin, 1982), p. 206.

44 Entrevista pessoal com Donald Sadoway, 2011.

45 www.kpcb.com.

46 Entrevista pessoal com Bill Joy, 2011. Ver também: Martin LaMonica, "Bill Joy Chases Green-Tech Breakthroughs", CNET, 6 de abril de 2011.

47 Eric Wesoff, "Primus Gets $11M from KP and Others for Energy Storage", *Greentech Media*, 31 de maio de 2011.

48 Monica LaMonica, "Aquion Energy Takes Plunge into Bulk Grid Storage", CNET, 22 de julho de 2011. Ver também: www.aquionenergy.com.

49 Entrevista pessoal com Donald Sadoway, 2011, mas ver também: Eric Wseoff, "MIT's Star Prof. Don Sadoway on Innovations in Energy Storage", Greentechmedia.com, 20 de março de 2011.

50 *Ibid.*

Nathan Myhrvold e a quarta geração

51 Entrevista pessoal com Nathan Myhrvold, mas ver também: Malcolm Gladwell, "Annals of Innovation: In the Air", *New Yorker*, 12 de maio de 2008.

52 Nicholas Varchaver, "Who's Afraid of Nathan Myhrvold", *Fortune*, 26 de junho de 2006.

53 Saul Griffith, "Climate Change Recalculated", palestra na Long Now Foundation, 16 de janeiro de 2009.

54 *Ibid.* Além disso, o Simpósio "Evitando a Mudança Climática Perigosa" (realizada em Exeter em fevereiro de 2005) confirmou esse número; ver uma síntese de seu relatório em: www.stabilisation2005.com.

55 "Carbon Budget 2009", Global Carbon Project, 21 de novembro de 2010. Ver também a palestra de Bill Gates na conferência TED: "Energy: Innovating to Zero", disponível em: www.ted.com/talks/bill_gates .html.

56 "Energy and Climate Change: Facts and Trends to 2050", World Business Council on Sustainable Development, disponível em: www.wbcsd.org/DocRoot/xxSdHDlXwf1J2J3ql0I6/Basic-Facts-Trends-2050.pdf.

57 Ver Amory Lovins *et al.*, Ending the Oil Endgame, Rocky Mountain Institute, 2005. Ou: www.ted.com/talks/amory_lovins_on_winning_the_oil_endgame.html.

58 Thor Valdmanis, "Nuclear Power Slides Back onto the Agenda", *USA Today*, 26 de setembro de 2004.

59 Ben Geman, "White House Restates Nuclear Power Support, Committed to 'Learning' from Japanese Crisis", *Hill*, 13 de março de 2011.

60 *The whole Earth discipline, ibid.*, p. 75-116.

ALIMENTANDO 9 BILHÕES 387

61 Entrevista pessoal com Tom Blees, 2009.

62 Gwyneth Cravens, *Power to save the world: The truth about nuclear energy* (Vintage, 2007), p. 178-80.

63 "A Technology Roadmap for Generation IV Nuclear Energy Systems", US DOE Nuclear Research Advisory Committee and the Generation IV International Forum, dezembro de 2002.

64 Um bom ponto de partida é Richard Martin, "Uranium Is So Last Century – Enter Thorium, the New Green Nuke", *Wired*, 21 de dezembro de 2009. Para um mergulho profundo: http://energyfromthorium.com.

65 Peter Coy, "The Prospect for Safe Nuclear Power", *Bloomberg Businessweek*, 24 de março de 2011. Ver também: http://ecohearth.com/eco-zine/green-issues/391-meltdown-or-mother-lode-the-new-truth-about-nuclear-power.html.

66 Entrevista pessoal com George Stanford, 2009.

67 Brand, *Ibid.*; Kevin Bullis, "Small Nuclear", *Technology Review*, 10 de novembro de 2005.

68 Entrevista pessoal com Nathan Myhrvold. Ver também: Peter Behr, "Futuristic US Power Reactor May Be Developed Overseas", *New York Times*, 23 de junho de 2011. E Robert Guth, "A Window into the Nuclear Future", *Wall Street Journal*, 28 de fevereiro de 2011.

Energia perfeita

69 Para uma descrição geral, tente: http://energy.gov/oe/technology-development/smart-grid; Em 2009 o governo Obama desenvolveu padrões de rede inteligente, ver: Henry Pulizzi, "Obama Administration Unveils New Set of Smart-Grid Standards", wsj.com, 18 de maio de 2009. Ver também: Peter Behr, "Smart Grid Costs Are Massive, but Benefits Will Be Larger, Industry Study Says", *New York Times*, 25 de maio de 2011.

70 Entrevista pessoal com Bob Metcalfe. Para um perfil ligeiramente mais antigo, ver: Scott Kirsner, "The Legend of Bob Metcalfe", *Wired*, novembro de 1998. Para sua biografia na Galeria da Fama dos Inventores: http://invent.org/Hall_Of_Fame/353.html. Para a opinião de Metcalfe sobre redes inteligentes: Elizabeth Corcoran, "Metcalfe's Power Law", *Forbes*, 12 de agosto de 2009.

71 David Bogoslaw, "Smart Grid's $200 Billion Investment Lures Cisco, ABB", *Bloomberg Businessweek*, 23 de setembro de 2010.

72 Entrevista pessoal com Laura Ipsen, 2011.

Então o que a abundância de energia realmente significa?

73 Eric Wesoff, "A Lifetime in the Solar Industry: Travis Bradford", Greentechmedia.com, 30 de março de 2010.

CAPÍTULO 14: EDUCAÇÃO

O buraco no muro

1 Para uma síntese de seu trabalho, ver a palestra espantosa de Mitra na conferência TED: www.ted.com/index.php/talks/sugata_mitra_shows_how_kids_teach_themselves.html. O trabalho de Mitra serviu de inspiração para o filme *Quem quer ser um milionário?*. Ver Lucy Tobin, "Slumdog Professor", *Guardian*, 2 de fevereiro de 2009. Se quiser ver os dados gerais sobre Mitra, tente: www.hole-in-the-wall.com/Findings.html.

2 Para dar uma olhada na pesquisa: Sugata Mitra, Ritu Dangwal, Shiffon Chatterjee, Swati Jha, Ravinder S. Bisht e Preeti Kapur (2005), "Acquisition of Computer Literacy on Shared Public Computers: Children and the 'Hole in the Wall'," *Australasian Journal of Educational Technology*, 2008, v. 24, n. 3, p. 339-54.

3 Matt Ridley, "Turning Kids from India's Slums into Autodidacts", *Wall Street Journal*, 4 de dezembro de 2010.

4 www.hole-in-the-wall.com/MIE.html.

Um *tablet* por criança

5 O artigo apareceu originalmente no relatório: *World Conference on Computer Education*, IFIPS, Amsterdã, 1970, mas pode ser encontrado em: www.citejournal.org/articles/v5i3seminal3.pdf.

6 A maior parte desta seção baseou-se em entrevista com Nicholas Negroponte em 2011, mas para uma visita incrível a seu mundo, ver: Stewart Brand, The Media Lab: Inventing the future at MIT (Penguin, 1998).

7 Ver "The Global Expansion of Primary Education", Charles Kenny, disponível em: http://charleskenny.blogs.com/weblog/files/the_global_expansion.pdf. Ver também: Unesco's 2011 Global Monitoring Report: www.unesco.org/new/en/education/themes/leading-the-international-agenda/efareport.

8 Negroponte delineia sua visão na conferência TED: www.ted.com/talks/nicholas_negroponte_on_one_laptop_per_child.html.

9 Douglas McGray, "The Laptop Crusade", *Wired*, agosto de 2006.

10 Tony Wagner, *The global achievement gap: Why even our best schools don't teach the new survival skills our children need–and what we can do about it* (Basic Books, 2010), p. 114.

11 *Ibid.*

12 David Pogue, "Laptop with a Mission Widens Its Audience", *New York Times*, 4 de outubro de 2007.

Outro tijolo no muro

13 Ken Robinson, *Out of our minds: Learning to be creative* (Capstone, março de 2011), p. 57-58.

NOTAS   389

14 *Ibid.*

15 Entrevista pessoal com Ken Robinson, 2011.

16 Tony Wagner, *Ibid.*, p. 92.

17 Jay P. Greene, "The Cost of Remedial Education", Mackinac Center for Public Policy, 31 de agosto de 2000.

18 "Education Notebook: The Cost of American Education", Heritage Foundation, 15 de setembro de 2006. Disponível em: www.heritage.org/research/education-notebook/education-notebook-the-cost-of-american-education.

19 Wagner, *Ibid.*, p. 23.

20 Wagner, *Ibid.*, p. 20.

21 O melhor lugar para aprender a respeito é Partnership for 21st Century Skills, www. p21.org; ou James Bellanca, Ron Brandt, *21st century skills: Rethinking how students learn* (Solution Tree, 2010).

22 Wagner, *Ibid.*, p. 20.

23 O Report Card for America's Infrastructure de 2009 da American Society of Civil Engineers dá à nossa infraestrutura de escolas públicas uma nota D. Ver relatório em (p. 125): www.infrastructurereportcard.org/sites/default/files/RC2009_full_report.pdf.

James Gee conhece Pajama Sam

24 A maior parte desta seção se baseia em entrevistas pessoais com James Gee em 2011, mas ver também: James Gee, *What video games have to teach us about learning and literacy* (Palgrave Macmillan, 2003).

25 Ver James Gee, "The Legend of Zelda and Philosophy", Open Court, 31 de agosto de 2008.

26 Existem muitas opções aqui, mas para começar: J. P. Akpan e T. Andre, "Using a Computer Simulation Before Dissection to Help Students Learn Anatomy", *Journal of Computers in Mathematics and Science Teaching* 19, n. 3 (2000), p. 297-313; M. P. J. Habgood, S. E. Ainsworth e S. Benford, "Endogenous Fantasy and Learning in Digital Games", *Simulation & Gaming* 36, n. 4 (2005), p. 483-98; James Gee, "Why Are Video Games Good for Learning?", Disponível em: www.academiccolab.org/resources/documents/MacArthur.pdf.

27 Robert T. Hays *et al.*, "Flight Simulator Training Effectiveness: A Meta-Analysis", *Military Psychology* 4 (1992). Ver também: Verena Dobnik, "Surgeons May Err Less by Playing Video Games", *Associated Press*, 7 de abril de 2004.

28 "Video Games Stimulate Learning", BBC.com, 18 de março de 2002.

29 Federation of American Scientists, "'Shoot-em-up' Video Game Increases Teenagers' Science Knowledge", 8 de dezembro de 2009.

30 Hama Yusuf, "Video Games Start to Shape Classroom Curriculum", *Christian Science Monitor*, 18 de setembro de 2008.

31 Ver: http://gamingthepast.net/theory-practice/mccall-simulation-games-as-historical-interpretations.

32 Liz Taylor, "Employers: Look to Gaming to Motivate Staff", *ITNews*, 18 de março de 2010. Também, o site Gaming the Classroom compilou uma lista completa de links sobre o trabalho de Sheldon em: http://gamingtheclassroom.wordpress.com/2010/03/23/mentions-of-lees-game-design-class/.

33 Jesse Schell faz uma apresentação surpreendente sobre esse tema em: www.g4tv.com/videos/44277/dice-2010-design-outside-the-box-presentation.

34 Yusuf, *Ibid.*

35 Jeremy Hsu, "New York Launches Public School Curriculum Based on Playing Games", *Popular Science*, 16 de setembro de 2009.

36 www.gamepolitics.com/2011/03/09/president-obama-make-educational-software-compelling-video-games.

A ira de Khan

37 Ver a palestra de Khan na conferência TED: www.ted.com/talks/salman_khan_let_s_use_video_to_reinvent_education.html.

38 Grande parte desta seção se baseia em uma entrevista pessoal com Shantanu Sinha, presidente e COO da Academia Khan, em 2011, mas ver também: Clive Thompson, "How Khan Academy Is Changing the Rules of Education", *Wired*, 15 de julho de 2011.

39 A rádio NPR apresentou um ótimo programa *All things considered* sobre a parceria, em junho de 2011: www.khanacademy.org/video/npr-story-on-ka-los-altos-pilots-june-2011?playlist=Khan%20Academy-Related%20Talks%20and%20Interviews.

40 Anya Kamenetz, "The 100 Most Creative People in Business 2011; Sal Khan: Kahn Academy", *Fast Company*, 15 de setembro de 2011.

Dessa vez é pessoal

41 Entrevista pessoal com James Gee, 2011.

42 Cathy N. Davidson e David Theor Goldberg, "The Future of Learning Institutions in a Digital Age", *The John D. and Catherine T. MacArthur Foundation reports on digital media and learning* (MIT Press, 2009).

43 www.apangea.com/results/successStories/successStory_BillArnold_TX.htm.

44 Neal Stephenson, *The diamond age* (Spectra, 1996).

45 Entrevista pessoal com Neil Jacobstein, 2011.

46 David M. Cutler e Adriana Lleras-Muney, "Education and Health", *National Poverty Center*, Policy Brief No. 9, março de 2007.

47 Para uma boa síntese, ver a matéria do economista de Harvard Edward L. Glaeser para o blog Economix do *New York Times* aqui: http://economix.blogs.nytimes.com/2009/11/03/want-a-stronger-democracy-invest-in-education.

48 Ver: www.unicef.org/media/media_11986.html. Ver também: Nicholas Kristof e Sheryl WuDunn, "The Women's Crusade", *New York Times*, 17 de agosto de 2009.

NOTAS 391

CAPÍTULO 15: ASSISTÊNCIA MÉDICA

Expectativa de vida

1   Os dados estão por toda parte. Para uma breve síntese: "Mortality", Encyclopedia Britannica. Encyclopedia Britannica Online. Encyclopedia Britannica, 2011. Web. 15 de setembro de 2011, www.britannica.com/EBchecked/topic/393100/mortality. E para uma análise das expectativas de vida atuais, ver o CIA World Factbook: www.cia.gov/library/publications/the-world-factbook/rankorder/2102rank.html.

2   Marvin Minsky, "Will Robots Inherit the Earth?", *Scientific American*, outubro de 1994.

3   "Health: A Millennium of Health Improvement", BBC, 27 de dezembro de 1997.

4   De acordo com Platão. Ver John Burnett, *Plato: Phaedo*, 1911, p. 12.

5   W. J. Rorabaugh, Donald T. Critchlow e Paula C. Baker, *America's promise: A concise history of the United States*, Rowman & Littlefield, 2004, p. 47.

6   Clark Nardinelli, "Industrial Revolution and the Standard of Living", *Concise Encyclopedia of Economics* (Liberty Fund, 2008).

7   Laura B. Shrestha, "Life Expectancy in the United States", *CRS Report for Congress*, 16 de agosto de 2006. Ver também: www.pbs.org/fmc/timeline/dmortality.htm.

8   Para começar, eis a lista validada de supercentenários (aqueles com mais de 110 anos): www.grg.org/Adams/E.HTM. Ver também "Supercentenarians Around the World", *Christian Science Monitor*, disponível em: www.csmonitor.com/World/2010/0810/Supercentenarians-around-the-world/Italy.

9   *Livro Guinness dos recordes*, edição de 1999, p. 102.

Os limites do ser humano

10 D. C. Savage, "Microbial Ecology of the Gastrointestinal Tract", *Annual Review of Microbiology* 31 (1977), p. 107-33.

11 Anna-Marie Vilamvska e Annalijn Conklin, "Improving Patient Safety: Addressing Patient Harm Arising from Medical Errors", *Policy Insight* 3, n. 2 (abril de 2009).

12 "More than a Quarter of the World's Countries Struggling to Provide Basic Health Care Due to Health Worker Shortfalls", World Health Organization, Second Global Forum of Human Resources for Health, Bangkok, Tailândia, 25-29 de janeiro de 2011.

13 Saraladevi Naicker, Jacob Plange-Rhule, Roger C. Tutt e John B. Eastwood, "Shortage of Healthcare Workers in Developing Countries – Africa", *Ethnicity & Disease* 19 (primavera de 2009), p. 1.

14 *Ibid.*, p. 2.

15 Suzanne Sataline e Shirley Wang, "Medical Schools Can't Keep Up", *Wall Street Journal*, 12 de abril de 2010.

Watson vai à faculdade de medicina

16 Joab Jackson, "IBM Vanquishes Human *Jeopardy!* Foes", *PCWorld*, 16 de fevereiro de 2011.

17 Bruce Weber, "Swift and Slashing, Computer Topples Kasparov", *New York Times*, 12 de maio de 1997.

18 Bill Hewitt, "Big Data: Big Costs, Big Risks, and Big Opportunity", *Forbes*, 27 de maio de 2011.

19 Collin Berglund, "Watson Artificial Intelligence Being Directed Toward Medicine at UMD", *Capital News Service*, 21 de abril de 2011. Ver também: www.huffingtonpost.com/2011/05/21/ibm-watson-supercomputer-_n_865157.html.

20 Jim Fitzgerald, "IBM Watson Delving into Medicine", *USA Today*, 21 de maio de 2011.

21 Ver: www.youtube.com/watch?v=NByCczOfN4k.

Diagnóstico de custo zero

22 Katherine Bourzac, "X-rays Made with Scotch Tape", *Technology Review*, 10 de outubro de 2008.

23 Carlos G. Camara, Juan V. Escobar, Jonathan R. Hird e Seth J. Putterman, "Correlation Between Nanosecond X-ray Flashes and Stick-Slip Friction in Peeling Tape", *Nature* 455 (23 de outubro de 2008), p. 1089-92.

24 Temporada 6, episódio 16.

25 Entrevista pessoal com Dale Fox, 2010.

26 Entrevista pessoal com George Whitesides, 2011. Ver também: www.ted.com/talks/george_whitesides_toward_a_science_of_simplicity.html.

27 Whitesides, TED, *ibid.*

28 Entrevista pessoal com Anita Goel. Ver também: www.nanobiosym.com e www.technologyreview.com/tr35/profile.aspx?trid=97.

29 Abbie Smith, "'Lab in a Chip' Card to Revolutionize Blood Tests", Healthcareglobal.com, 1º de agosto de 2011. Ver uma demonstração ao vivo: http://singularityhub.com/2011/08/10/new-lab-on-a-chip-is-an-hiv-test-that-fits-in-your-pocket-video.

30 Paul Jacobs, CEO da Qualcomm, comprometeu-se a custear o desenvolvimento do projeto Tricorder X PRIZE. Na época da publicação deste livro, a X PRIZE e Qualcomm ainda estão discutindo o financiamento e lançamento dessa competição. O prêmio visa acelerar a tecnologia para viabilizar a assistência médica abundante..

Sistema cirúrgico da Vinci

31 Ver www.who.int/blindness/causes/priority/en/index1.html.

32 www.orbis.org.

33 Entrevista pessoal com Catherine Mohr, 2011. Ver também: www.intuitivesurgical.com.

NOTAS   393

34 Steve Sternberg, "Robot Reinvents Bypass Surgery", *USA Today*, 30 de abril de 2008. Ver também: http://spectrum.ieee.org/biomedical/devices/doc-at-a-distance.

35 Barnaby J. Feder, "A Medical Robot Makes Headway", *New York Times*, 12 de fevereiro de 2008.

36 Katherine Bourzac, "Robotic Guidance for Knee Surgery", *Technology Review*, 27 de março de 2008.

Robô enfermeira

37 James R. Knickman e Emily K. Snell, "The 2030 Problem: Caring for Aging Baby Boomers", *Health and Human Services* 34, n. 4 (agosto de 2002), p. 849-84.

38 Matthew Sedensky, "Latest US Census Reveals Doubling of Centenarian Population", *Spectator*, 27 de abril de 2011, e www.prcdc.org/300million/-e_Aging_of_America.

39 E esse envelhecimento todo está mudando seriamente o nosso mundo; ver Steven Heller, "Let the 80s Roll", *Theatlantic.com*, 1º de setembro de 2011: www.theatlantic.com/life/archive/2011/09/let-the-80s-roll-in-the-design-world-octogenarians-rule/244452.

40 www.un.org/esa/population/publications/wpp2002/WPP2002-HIGHLIGHTS-rev1.PDF.

41 Ver: www.cdc.gov/nchs/nnhs.htm, mas também Sandra Block, "Eldercare Shifting Away from Nursing Homes", *USA Today*, 1º de fevereiro de 2008.

42 Entrevista pessoal com Dan Barry, 2010, mas para sua biografia na Nasa: www.jsc.nasa.gov/Bios/htmlbios/barry.html; e para sua biografia no *Survivor*: www.cbs.com/shows/survivor/cast.

43 Para uma boa conversa com Barry sobre o futuro da robótica: http://singularityhub.com/2009/11/18/dan-barry-the-future-of-robotics-singularity-university-video.

44 Em seu livro de 2007, *Love and sex with robots*, o jogador de xadrez e especialista em inteligência artificial britânico David Levy sustenta que os robôs se tornarão parceiros sexuais importantes para os seres humanos, e a tendência está evoluindo nessa direção. Jack Scholfield cobriu o tema para *The Guardian* em: www.guardian.co.uk/technology/2009/sep/16/sex-robots-david-levy-loebner.

45 De acordo com o dr. Barry, US$ 1 mil em cinco anos será o preço de um robô de telepresença para uma lar/escritório básico, sem braços, mas com razoável capacidade de navegação autônoma em recintos fechados. Acrescentar braços e torná-los robôs enfermeiras aumentará o preço para uns US$ 5 mil, já que é difícil produzir robôs suficientemente seguros e confiáveis para trabalhar no ambiente doméstico. Eles poderiam custar menos sem as preocupações com segurança.

46 Entrevista pessoal com o dr. Dan Barry, 2011, www.informationweek.com/news/windows/microsoft_news/229300784. A Microsoft vendeu mais de 10 milhões de unidades sensoras do Kinect desde o lançamento em novembro de 2010, tornando-o um dos aparelhos mais vendidos da indústria tecnológica.

NOTAS

47 Entrevista pessoal com o dr. Dan Barry, 2011.

A poderosa célula-tronco

48 Entrevista pessoal com Robert Hariri, 2011. Mas para uma boa conversa de Hariri sobre o tema: www.youtube.com/watch?v=eF3IaYyz8js.

49 O filme *cult* clássico de 1984 *As aventuras de Buckaroo Banzai* retratou os esforços do multitalentoso dr. Buckaroo Banzai (Peter Weller), um físico, neurocirurgião, piloto e músico de *rock*, para salvar o mundo. Não sei se o cirurgião cerebral Robert Hariri sabe tocar algum instrumento musical, mas sei que esse aviador militar (e vice-presidente da Rocket Racing League, a Liga de Corrida de Foguetes) desenvolveu uma das empresas mais quentes de células-tronco, com o potencial de salvar grande parte do mundo da dor e sofrimento.

50 Para uma boa síntese sobre células-tronco e o futuro da medicina: Sarah Boseley, "Medical Marvels", *Guardian*, 29 de janeiro de 2009. Além disso, o National Institutes of Health (NIH) possui um bancos de dados fantástico sobre células-tronco: http://stemcells.nih.gov/info.

51 Entrevista pessoal com Daniel Kraft, 2010 e 2011. Ver também Kraft na TED: www.ted.com/talks/daniel_kraft_invents_a_better_way_to_harvest_bone_marrow.html.

52 Para começar, vale a pena ver Atala imprimir um rim no palco na conferência TED: www.ted.com/talks/anthony_atala_printing_a_human_kidney.html. Ver também: Megan Johnson, "Anthony Atala: Grinding Out New Organs One at a Time", *US News and World Report*, 30 de janeiro de 2009.

53 http://optn.transplant.hrsa.gov/data. No outono de 2011, a cifra era de 89.807 indivíduos aguardando por rins dentre um total de 112.264 na lista de espera.

54 Ver http://newsinhealth.nih.gov/issue/mar2011/Feature1.

55 Kazutoshi Takahashi, *et al.*, "Induction of Pluripotent Stem Cells from Adult Human Fibroblast by Defined Factors, *Cell* (2007). Ver também: http://news.sciencemag.org/sciencenow/2007/11/20–01.html e http://www.sciencedaily.com/releases/2011/07/110720115252.htm.

Previsora, personalizada, preventiva e participativa

56 Para uma introdução: Emily Singer, "A Vision for Personalized Medicine", *Technology Review*, 9 de março de 2010. Ver também: www.systemsbiology.org/Intro_to_Systems_Biology/Predictive_Preventive_Personalized_and_Participatory.

57 Emily Singer, "The $100 Genome", *Technology Review*, 17 de abril de 2008.

58 Richard Troyer e Jamie Kiggen, "New Technologies Spur the Race to Affordable Genome Sequencing", *Bernestein Journal*, outono de 2007.

59 www.mayoclinic.com/health/personalized-medicine/CA00078.

60 Benjamin Caballero, "The Global Epidemic of Obesity: An Overview", *Epidemiologic*

NOTAS   395

Reviews 29, n. 1 (13 de maio de 2007), p. 1-15. Ver também: www.who.int/nutrition/topics/obesity/en.

61 www.scientificamerican.com/article.cfm?id=reprogramming-biology.

62 "Ray Kurzweil, Reprogramming Biology", *Scientific American* 295, n. 38 (2006), p. 706-38.

63 Amy Harmon, "My Genome, Myself: Seeking Clues in DNA", *New York Times*, 17 de novembro de 2007.

64 Outra empresa oriunda da Universidade da Singularidade, a Senstore se concentra em ampliar essa tendência habilitando a comunidade DIY a desenvolver uma nova geração de sensores de baixo consumo e custo para a assistência médica. Ver: www.senstore.com.

65 Entrevista pessoal com Thomas Goetz, 2010. Ver também: Thomas Goetz, *The decision tree: Taking control of your health in the new era of personalized medicine* (Rodale, 2010).

66 Para começar, eis um blog sobre como usar seu iPhone para monitorar ciclos de sono: http://blog.snoozester.com/2011/06/08/sleep-cycle-turn-your-iphone-into-a-sleep-tracking-device. Ver também: Amanda Schaffer, "In Which I Bug Myself", Slate.com, 7 de novembro de 2007. Disponível em: www.slate.com/id/2177551. e para um aplicativo de monitor cardíaco: www.iphoneness.com/iphone-apps/best-heart-rate-monitors-for-iphone.

Uma era de assistência médica abundante

67 Ver Daniel Kraft na TED: www.ted.com/talks/daniel_kraft_medicine_s_future.html.

68 Vital Wave Consulting, "mHealth for Development: The Opportunity of Mobile Technology in the Developing World", United Nations Foundation, Vodafone Foundation, fevereiro de 2009.

69 Stephanie Busari, "Texts Used to Tackle South Africa HIV Crisis", CNN, 9 de dezembro de 2008.

70 Brian Dolan, "White House CTO Officially Launches Text4Baby", Mobihealthnews.com, 4 de fevereiro de 2010.

71 Ver sua palestra na conferência TED sobre o assunto: www.ted.com/talks/bill_gates_unplugged.html. Ver também: www.gatesfoundation.org/topics/Pages/malaria.aspx.

CAPÍTULO 16: LIBERDADE

Poder para o povo

1 Para um bom resumo do argumento de Sen, ver o artigo do economista de Harvard Richard Cooper na *Foreign Affairs* (janeiro-fevereiro de 2000), disponível em: www.

foreignaffairs.com/articles/55653/richard-n-cooper/the-road-from-serfdom-amartya--sen-argues-that-growth-is-not-enough; ou ver *Desenvolvimento como liberdade* de Sen.

2 Megha Baree, "Citizen Voices", *Forbes*, 20 de novembro de 2008.

3 Denis Nzioka, "Security Initiative for Kenyan LGBTI Launched", Gaykenya.com, 28 de março de 2011.

4 www.newtactics.org/en/blog/new-tactics/geo-mapping-human-rights#comment-3114.

5 http://blogs.ushmm.org/worldiswitness.

6 http://wikileaks.org.

7 www.cuidemoselvoto.org.

8 "'Enough Is Enough Nigeria' Receives Grant from Omidyar Network to Promote Transparency Around the Presidential Elections", *PR Newswire*, 22 de fevereiro de 2011.

9 Entrevista pessoal com Eric Schmidt, 2011.

10 Oliver August, "The Great Firewall: China's Misguided – and Futile – Attempt to Control What Happens Online", *Wired*, 23 de outubro de 2007.

11 Conforme relatado por Rosebell Kagumire, um blogueiro convidado no *Christian Science Monitor*: www.csmonitor.com/World/Africa/Africa-Monitor/2011/0613/Africa-and-the-Internet-a-21st-century-human-rights-issue.

Um milhão de vozes

12 Entrevista pessoal com Jared Cohen, 2011.

13 Jared Cohen, *Children of jihad: A young American's travels among the youth of the Middle East* (Gotham, 2007), p. 3.

14 *Ibid.* Ou ver: Caroline Berson, "The Iranian Baby Boom", Slate.com, 12 de junho de 2009.

15 O *New York Times* tem uma boa página de síntese aqui: http://topics.nytimes.com/top/reference/timestopics/organizations/r/revolutionary_armed_forces_of_colombia/index.html; o Center for International Policy tem outra: www.ciponline.org/colombia/infocombat.htm.

16 Harvey W. Kushner, *The encyclopedia of terrorism* (Sage, 2003), p. 252.

17 Mark Potter, "Colombian Kidnapping Nightmare", o *Daily Nightly* em msnbc.com, 28 de março de 2008. Disponível em: http://dailynightly.msnbc.msn.com/_news/2008/03/28/4372333-colombian-kidnapping-nightmare.

18 Para Cohen e Morales: Rick Schmitt, "Diplomacy 2.0", revista *Stanford*, maio-junho de 2010; para uma visão mais ampla: Martia Camila Pacrez, "Facebook Brings Protest to Colombia", *New York Times*, 8 de fevereiro de 2008.

19 Para uma ótima síntese do crescimento exponencial de Um Milhão de Vozes e um ótimo vídeo de Morales contando a história: www.movements.org/case-study/entry/oscar-morales-and-one-million-voices-against-farc.

NOTAS 397

20 Para uma síntese ampla da tendência: Jesse Lichtenstein, "Digital Diplomacy", *New York Times Magazine*, 16 de julho de 2010. Para o que o Departamento de Estado tem a dizer: www.state.gov/statecraft/index.htm.
21 www.state.gov/statecraft/index.htm.
22 Rick Schmitt, *Ibid.*

Bits em vez de bombas

23 Bob Drogin e Tina Susman, "Internet Making It Easier to Become a Terrorist", *LA Times*, 11 de março de 2010. Ver também esta reportagem do *60 Minutes*: www.cbsnews.com/stories/2007/03/02/60minutes/main2531546.shtml.
24 Rhys Blakely, "Google Earth Accused of Aiding Terrorists", *London Sunday Times*, 9 de dezembro de 2009. Ver também: Emily Wax, "Mumbai Attackers Made Sophisticated Use of Technology", *Washington Post*, 3 de dezembro de 2008.
25 Tim Querengesseri, "Cellphones Spread Kenyans' Messages of Hate", *Globe and Mail*, 29 de fevereiro de 2008.
26 Christina Larson, "State Department Innovator Goes to Google", *Foreign Policy*, 7 de setembro de 2010.
27 Eric Schmidt e Jared Cohen, "The Digital Disruption", *Foreign Policy*, novembro-dezembro de 2010.
28 A *Technology Review* fez uma síntese do uso de tecnologia na Primavera Árabe: www.technologyreview.com/ontopic/arabspring; a Foratv fez uma curta entrevista com Jared Cohen sobre tecnologia e a Primavera Árabe: www.dailymotion.com/video/xjgxg9_jared-cohen-technology-s-role-in-arab-spring-protests_news. E para uma visão geral da Primavera Árabe: Jack Gladstone, "Understanding the Revolutions of 2011", *Foreign Affairs*, maio-junho de 2011.
29 Philip N. Howard, "The Arab Spring's Cascading Effects", *Miller McCune*, 23 de fevereiro de 2011.
30 Mary Beth Sheridan, "Autocratic Regimes Fight Web Savvy Opponents with Their Own Tools", *Washington Post*, 22 de maio de 2011.
31 Evgeny Morozov, *The Net delusion: The dark side of Internet freedom* (Public Affairs, 2011), p. 97-98.
32 "The Digital Disruption", *Ibid.*

NOTAS

PARTE SEIS: ACELERANDO AINDA MAIS

CAPÍTULO 17: PROMOVENDO INOVAÇÕES E MUDANÇAS REVOLUCIONÁRIAS

Medo, curiosidade, ganância e sentido

1 Esses quatro motivadores e sua importância relativa são a opinião pessoal dos autores. O interessante é que a busca de sentido se mostra bem mais forte do que a maioria suspeita. Para a versão longa desse argumento, ver *Motivação* de Daniel Pink; para a versão curta, ver: www.youtube.com/watch?v=u6XAPnuFjJc.

2 Monika Gisler e Didier Sornette, "Exuberant Innovation: The Apollo Program", *Springer Science and Business Media*, 25 de novembro de 2008, disponível em: www.rieti.go.jp/jp/events/09030501/pdf/5-4_E_Sornette_Paper5_o .pdf.

3 http://comptroller.defense.gov/defbudget/fy2011/fy2011_budget_request_overview_book.pdf.

4 Dan Vergano, "Proposed Budget Cuts Target Science and Research", *USA Today*, 1º de março de 2011.

O novo Espírito de St. Louis

5 Ver: www.charleslindbergh.com/plane/orteig.asp.

6 Ver www.century-of-flight.net/Aviation%20history/daredevils/Atlantic%202.htm.

7 *Ibid*.

8 *Salt Lake City Tribune* 113, n. 161 (22 de setembro de 1926).

9 Charles A. Lindbergh, Reeve Lindbergh, *The Spirit of St. Louis* (Scribner, 2003), p. 119.

10 "History of Flight: Checking In on the Missing Persons File", *Air & Space Magazine*, 1º de setembro de 2010.

11 http://www.charleslindbergh.com.

12 www.charleslindbergh.com/plane/orteig.asp.

13 Entrevista pessoal com Gregg Maryniak, 2010.

14 Em 1993 foi também Maryniak quem me deu uma cópia do livro de Lindbergh: muitas vezes reconheço que Gregg me ajudou a inspirar a criação da Fundação X PRIZE, mas nossa amizade é mais profunda. Conhecemo-nos desde o início da década de 1980, quando ele era diretor executivo do Space Studies Institute e consultor de minha primeira organização, a Students for the Exploration and Development of Space (Seds). Maryniak, que se formou como advogado de tribunal, é o único orientador que conheço capaz de ensinar mecânica orbital e dar uma palestra sobre o futuro da energia. Uma vez criada a Fundação X PRIZE, Gregg aderiu em tempo integral, mudando-se com sua família de Princeton, Nova Jersey, para Saint Louis para se tornar meu sócio e o diretor executivo da fundação. Grande parte de seu sucesso se deve a Gregg.

NOTAS 399

15 Lindbergh e Lindbergh, *Ibid.*
16 Charles A. Lindbergh, *The Spirit of St. Louis* (Scribner, 2003).
17 Depois que li *The Spirit of St. Louis* e tive a ideia inicial para o PRÊMIO X, uma série de pessoas foram fundamentais em me aconselhar e ajudar a criar a competição. Algumas das primeiras pessoas às quais recorri para conselhos e ajuda incluíram Gregg Maryniak, James Burke (que me instruiu sobre os esforços de Paul McCready em torno do Prêmio Kremer) e Bill Gaubatz, que dirigia o programa do DC-X na McDonnell Douglas. Dois indivíduos que merecem o reconhecimento como fundadores iniciais e coconspiradores são o dr. Byron K. Lichtenberg, um colega ex-aluno do MIT e especialista em carga útil do Ônibus Espacial, e Colette M. Bevis, que foi fundamental na primeira empresa de turismo espacial séria da Society Expeditions de Seattle.
18 Li pela primeira vez sobre Anousheh Ansari na edição de 2001 de "40 Under 40" da revista *Fortune.* No artigo, para meu espanto, Anousheh expressou um desejo de ir num voo suborbital até o espaço. Assumi a missão de localizá-la. Achei-a, com seu marido Hamid, de férias no Havaí, e o primeiro encontro que tiveram ao voltar para casa em Dallas foi comigo. Byron Lichtenberg e eu apresentamos juntos a oportunidade, e eles rapidamente nos ofereceram o patrocínio. Mudamos o nome da competição para PRÊMIO X Ansari em sua homenagem. Anousheh, nascida em 1966 em Mashhad, Irã, foi coautora de um excelente livro de memórias, *My dream of stars* (junto com Homer Hickam), abrangendo as décadas desde sua infância até seu voo privado para a Estação Espacial Internacional. Junto com Hamid e seu cunhado Amir, Anousheh tem sido uma empreendedora serial, abrindo quatro empresas diferentes ligadas às telecomunicações. Sua terceira empresa, a Telecom Technologies, desenvolveu um software de telefonia IP que foi vendido para a Sonus Networks em 2000. A venda proporcionou o capital para patrocinarem o PRÊMIO X. A partir daí, os três fundaram a Prodea Systems. Anousheh e Amir (que também é um grande fã do espaço e o executivo tecnológico da família) participam do conselho de administração da Fundação X PRIZE.

O poder das competições de incentivo

19 Dava Sobel, *Longitude* (Ediouro, 1996).
20 Steve Lohr, "Change the World, and Win Fabulous Prizes", *New York Times*, 21 de maio de 2011.
21 "And the Winner Is: Capturing the Promise of Philanthropic Prizes", disponível em: www.mckinsey.com/app_media/reports/sso/and_the_winner_is.pdf.
22 O PRÊMIO X Ansari estimulou 26 equipes de sete países a se registrarem. Muitas dessas equipes permanecem ativas como empresas espaciais. Alem das equipes registradas no PRÊMIO X, um número significativo de empresas espaciais privadas se formou como resultado da publicidade, mudanças nos regulamentos e interes-

ses de capital resultantes do PRÊMIO X Ansari. Uma relação de todas as equipes concorrentes está disponível no wiki da competição: http://en.wikipedia.org/wiki/Ansari_X_Prize.

23 Como resultado direto do PRÊMIO X Ansari, o Virgin Group investiu mais de US$ 100 milhões na Virgin Galactic. Em seguida, o grupo Aabar Investments (de Abu Dhabi) adquiriu uma participação de 32% por US$ 280 milhões (com planos de investir outros US$ 100 milhões). Ver: www.spacenews.com/venture_space/abu--dhabi-company-invest-virgin-galactic.html. Ao mesmo tempo, o governo do Novo México investiu mais de US$ 200 milhões na construção de um espaçoporto. Ver: http://online.wsj.com/article/SB100014240531119033527045765406902087369 46.html. Empresas espaciais privadas adicionais como a Blue Origin e SpaceX investiram centenas de milhões em instalações privadas de lançamento. Finalmente, existem inúmeras empresas menores com milhões a dezenas de milhões investidos, incluindo: Zero Gravity Corporation, Space Adventures, Armadillo Aerospace, Rocket Racing League, XCOR e Masten, para nomear umas poucas.

24 Essa cifra inclui tanto as centenas de passagens suborbitais vendidas pela Virgin Galactic a US$ 200 mil por pessoa como as centenas de assentos vendidos pela Space Adventures para viagens suborbitais a US$ 105 mil por pessoa. A cifra inclui também passagens vendidas pela Space Adventures para voos orbitais até a Estação Espacial Internacional. Desde 2001, a Space Adventures, da qual fui um dos fundadores e sou vice-presidente, vendeu oito passagens com preços variando de US$ 20 milhões (para Dennis Tito em 2001) a US$ 35 milhões (para Gui LaLiberte em 2009). Ver: www.huffingtonpost.com/2009/09/30/guy-laliberte-billionaire_n_303980.html.

25 O *New York Times* mantém um arquivo de toda sua cobertura do vazamento de petróleo em: http://topics.nytimes.com/top/reference/timestopics/subjects/o/oil_spills/gulf_of_mexico_2010/index.html; a revista *Mother Jones* fez o mesmo: http://motherjones.com/category/primary-tags/bp.

26 Normalmente um PRÊMIO X leva de seis a nove meses para ser projetado, financiado e lançado. A ideia de fazer aquilo num intervalo de tempo comprimido em resposta a um desastre como a explosão do Deepwater Horizon foi proposta pelo novo conselheiro da Fundação, James Cameron.

27 Henry Fountain, "Advances in Oil Spill Cleanup Lag Since Valdez", *New York Times*, 24 de junho de 2010. Ver também: Eric Nalder, "Decades After Exxon Valdez, Cleanup Technology Still Same", *Houston Chronicle*, 17 de maio de 2010.

28 Entrevista pessoal com Wendy Schmidt, 2011.

29 Para uma olhada em apenas dez das equipes que participaram do Wendy Schmidt Oil Cleanup X Challenge, ver: Morgan Clendaniel, "The 10 Contenders for X PRIZE's Latest Challenge: Removing Oil from Water", *Fast Company*, 26 de maio de 2011.

30 John Harrison: Sobel, *Ibid*.

NOTAS   401

O poder dos grupos pequenos (parte II)

31 Amplamente atribuído; por exemplo, *And I quote: The definitive collection of quotes, sayings, and jokes for the contemporary speechmaker* (St. Martin's, 1992), organizado por Ashton Applewhite, Tripp Evans e Andrew Frothingham.

32 Alan Boyle, "Lunar Lander Contest Cleared for Liftoff", MSNBC.com, 5 de maio de 2006.

33 Jeff Foust, "The Legacy of DC-X", *Space Review*, 25 de agosto de 2008.

34 www.nasa.gov/home/hqnews/2009/nov/HQ_09–258-Lunar_Lander.html.

35 Entrevista pessoal com John Carmack, 2010. Ver também: www.armadilloaerospace.com/n.x/Armadillo/Home. Ver também: Loeonard Davis, "Armadillo Rocket Takes $350,000 Prize", MSNBC.com, 26 de outubro de 2008, www.msnbc.msn.com/id/27368176/ns/technology_and_science-space/t/armadillo-rocket-takes-prize/#.TnONNK44ubE.

36 Ver:www.wired.com/autopia/2010/01/auto-x-prize-cruises-into-michigan-for-2010-competition and http://www.wired.com/wiredscience/2008/03/x-prize-rolls-o.

37 Robert (Bob) Weiss ingressou na Fundação X PRIZE em 1996 como vice-presidente e em 2008 tornou-se seu presidente em tempo integral, gerindo todas as atividades e finanças. Bob, que é sobretudo responsável pelo crescimento e sucesso da fundação desde que passou a se dedicar integralmente a ela, passou os primeiros 25 anos de sua carreira como um bem-sucedido produtor de TV e filmes. Ver: www.imdb.com/name/nm0919154. Tendo produzido 20 filmes, é mais conhecido por obras como *Os irmãos caras de pau*, *Kentucky fried movie*, *Corra que a polícia vem aí* (continuações), *Os estragos de sábado à noite*, *Mong & Loide*, *O terror das mulheres* e *Todo mundo em pânico 3 e 4*. Ele também produziu algumas séries de TV clássicas, incluindo *Police squad!*, *Sliders* e *Weird Science*.

38 Ver www.googlelunarxprize.org. O PRÊMIO X Google Lunar (ou GLXP) foi lançado em setembro de 2008, com US$ 30 milhões oferecidos pela Google, como a única patrocinadora, para qualquer equipe capaz de construir e lançar um robô à superfície da Lua. O prêmio recebeu o sinal verde principalmente de Sergey Brin e Eric Schmidt, dado que Larry Page era um membro do conselho da Fundação. Por causa da importância dessa tecnologia para a Nasa, em 2010 a agência anunciou um programa complementar oferecendo até US$ 30 milhões em contratos para equipes que alcançassem os principais objetivos do GLXP. Ver: www.space.com/9343-nasa-spend-30-million-private-moon-data.html. A competição vem sendo agora dirigida por Alexandra Hall, a ex-CEO da Airship Ventures e do Chabot Space and Science Center.

39 Ver: http://genomics.xprize.org. O PRÊMIO X de Genômica do Arconte ofertado pela Medco é um prêmio de US$ 10 milhões financiado pelos filantropos Stewart e Marilyn Blusson e apoiado pelo gigante dos diagnósticos Medco, Inc. A competição

solicita que equipes sequenciem cem genomas humanos de centenários saudáveis em menos de dez dias, a um custo inferior a US$ 1.000, com uma precisão superior a um erro por milhão de pares de bases. Trata-se de uma melhoria de desempenho de preço e tempo de mais de 365 milhões de vezes em relação ao trabalho de Craig Venter em 2001. O prêmio continua em aberto e ainda não foi reivindicado.

O poder das limitações

40 Dan e Chip Heath, "Get Back in the Box", *Fast Company*, 1º de dezembro de 2007.

41 Peter Aldhous, "Genome Sequencing Falls to $5,000", *New Scientist*, 6 de fevereiro de 2009.

Soluções de preço fixo

42 As seguintes competições foram lançadas e premiadas: PRÊMIO X Ansari, PRÊMIO X Progressivo Automotivo, DESAFIO X Northrop Grumman do Módulo Lunar e DESAFIO X Wendy Schmidt da Limpeza de Petróleo. Os seguintes foram lançados mas ainda não premiados: PRÊMIO X de Genômica do Arconte e PRÊMIO X Google Lunar. Na época da publicação deste livro, três PRÊMIOS X estavam em desenvolvimento, e qualquer deles poderia ser lançado no início de 2012: PRÊMIO X Qualcomm Tricorder, PRÊMIO X do Carro Autônomo e PRÊMIO X Tristate de Captura de Carbono.

43 O pedido de orçamento federal para o ano fiscal (AF) de 2011 incluiu um total de US$ 20,4 bilhões para HIV e Aids domésticos, um aumento de 4% em relação ao ano anterior, que totalizou US$ 19,6 bilhões. Ver: www.avert.org/america. htm#contentTable7.

CAPÍTULO 18: RISCO E FRACASSO

A evolução de uma grande ideia

1 Entrevistas pessoais com Arthur C. Clarke, 1982, 1987 e 1989. Travei conhecimento com Clarke em Viena na Conferência das Nações Unidas sobre os Usos Pacíficos do Espaço Exterior. Clarke tornou-se um amigo e consultor de minha primeira organização, Seds, e mais tarde o reitor da International Space University (ISU), a universidade que fundei com Todd B. Hawley e Robert D. Richards (www.Isunet.edu). Essas entrevistas ocorreram durante minhas duas visitas a Sri Lanka e nossas várias idas a Nova York e Washington relacionadas ao seu cargo de reitor da ISU (www.youtube. com/watch?v=d_VRxkuzIbI). Orgulho-me por ter vencido o Prêmio Arthur C. Clarke para a Inovação (www.clarkefoundation.org/news/031008.php).

2 Entrevista pessoal com Tony Spear, 2011. Para sua biografia oficial na Nasa: http:// marsprogram.jpl.nasa.gov/MPF/bios/team/spear1.html. Tony também trabalhou para mim como gerente de programas de uma empresa chamada Blast-Off!, da qual

NOTAS 403

fui CEO entre 1999 e 2001. BlastOff ! foi uma empresa da Idealab concentrada em realizar a primeira missão privada à Lua semelhante ao que mais tarde se tornaria o GLXP.

3 www.nasa.gov/mission_pages/viking.

4 Registros do diretor do Mars Pathfinder, registros do ACE e coleção de formulários de pedido de comando, 1996-98, JPL 264 disponíveis em: http://pub-lib.jpl.nasa. gov/docushare/dsweb/Get/Document-1031/JPL264,%20Mars%20Pathfinder%20 Director's%20Logs,%20ACE%20Logs,%20and%20Command%20Request%20 Forms%20Collection,%20%201996–1998.pdf.

5 Para uma descrição do JPL do processo de inovação do *airbag*: http://mars.jpl.nasa. gov/MPF/mpf/edl/edl1.html. E para o ponto de vista da Nasa: www.nasa.gov/centers/glenn/about/history/marspbag.html.

6 "One Marvelous Martian Week", CNN, 11 de julho de 1997.

7 Ver: http://mars.jpl.nasa.gov/msp98/news/news68.html.

8 Entrevistas pessoais com Rutan 2002-08.

O lado positivo do fracasso

9 Baba Shiv, "Why Failure Drives Innovation." *Stanford GBS News*, março de 2011.

10 Atribuído. Mas ver James Dyson, "No Innovator's Dilemma Here: In Praise of Failure", *Wired*, 8 de abril de 2011.

11 Bryan Gardiner, "Learning from Failure: Apple's Most Notorious Flops", *Wired*, 24 de janeiro de 2008.

12 http://en.wikipedia.org/wiki/IPhone.

13 Entrevista pessoal com Arianna Huffington, 2011, mas ver também: Arianna Huffington, *Mulheres corajosas sempre vencem* (Larousse do Brasil, 2007).

14 Joseph Campbell, *A Joseph Campbell companion: Reflections on the art of living* (Harper Perennial, 1995), p. 202.

Nascido acima da linha da supercredibilidade

15 A primeira pessoa que sugeriu que eu trouxesse a fundação para St. Louis foi Doug King, que acabara de assumir a presidência do St. Louis Science Center. King me apresentou a dois líderes cívicos fundamentais: Alfred Kerth e Dick Fleming. Kerth, presidente do Civic Progress e vice-presidente sênior da Fleishman Hillard, merece grande parte do crédito por nosso sucesso na arrecadação de fundos. Ele concebeu a organização New Spirit of St. Louis (NSSL) e ajudou a lançar o PRÊMIO X acima da linha da supercredibilidade em 18 de maio de 1996. Também fundamental foi Fleming, que ajudou a me apresentar, e também Gregg Maryniak, nosso primeiro diretor executivo, a muitos dos patrocinadores financeiros de St. Louis. Famílias como McDonnell, Taylor, Danforth, Busch, Maritz e Holton contribuíram generosamente.

Marc Arnold, um membro pioneiro do New Spirit of St. Louis, e Ralph Korte, nosso primeiro membro do NSSL, também contribuíram. Todos os membros do NSSL contribuíram com US$ 25 mil cada. Alguns, como o escritor Tom Clancy, contribuíram com até US$ 100 mil. Todos os recursos serviram para sustentar a fundação e sua missão educacional.

16 Travei conhecimento com Erik e Morgan Lindbergh por intermédio de sua tia Reeve Lindbergh. Erik viria a se tornar um conselheiro da fundação e em 2002, no 75º aniversário do voo de seu avô. Recriou o agora famoso voo de San Diego, St. Louis-New York-Paris a fim de arrecadar recursos para a fundação.

17 O crédito por reunir esses astronautas vai para um dos fundadores do PRÊMIO X, dr. Byron K. Lichtenberg, que também foi cofundador da Association of Space Explorers (ASE). A ASE foi uma organização apoiadora do PRÊMIO X, e Andy Turnage, Rusty Schweickart (também cofundador da ASE) e Lichtenberg reuniram o grupo, que incluiu Buzz Aldrin e muitos astronautas do Mercury, Gemini, Apollo e do Ônibus Espacial.

18 Como chefe do Office for Commercial Spaceflight, Smith ajudou a criar e aprovar a legistlação necessária para os voos espaciais privados.

Pense diferente

19 Somente o texto: http://americandigest.org/mt-archives/004924.php; vídeo: http://www.youtube.com/watch?v=4oAB83Z1ydE.

20 Henry Ford, *My life and work: An autobiography of Henry Ford* (Create Space, 2011), p. 66.

21 Joe P. Hasler, "Is America's Space Administration Over the Hill? Next-Gen NASA", *Popular Mechanics*, 26 de maio de 2009.

À vontade com o fracasso

22 "How Failure Breeds Success", *Bloomberg Businessweek*, 10 de julho de 2006. Disponível em: www.businessweek.com/magazine/content/06_28/b3992001.htm.

23 "Out of India", *Economist*, 3 de março de 2011.

24 Michael Schrage, "Exploring and Exploiting Experimentation for Enterprise Innovation: A 5X5X5 Approach", *European Financial Review*, 15 de abril de 2011.

CAPÍTULO 19: QUE CAMINHO SEGUIR AGORA?

O possível adjacente

25 Ursula Goodenough, "Emergence into the Adjacent Possible", NPR, 2 de janeiro de 2010. Ver também: http://edge.org/memberbio/stuart_a_kauffman.

26 Steven Johnson, "The Genius of Tinkerer", *Wall Street Journal*, 25 de setembro de 2010.

NOTAS

27 Kelly, *Ibid.*, p. 350-51.

A busca da felicidade

28 Ver: D. Kahneman e A. Deaton, *Proceedings of the National Academy of Sciences.* USA advance online publication doi: 10.1073/pnas.1011492107 (2010); o próprio Kahneman fala sobre esse trabalho nas P&R após seu "The Riddle of Experience Versus Memory" TED talk: www.ted.com/talks/daniel_kahneman_the_riddle_of_experience_vs_memory.html. Ver também: David Leonhardt, "Maybe Money Does Buy Happiness After All", *New York Times*, 16 de abril de 2008.

29 O Departamento do Trabalho norte-americano tem uma análise disponível em: http://www.creditloan.com/infographics/how-the-average-consumer-spends-their-paycheck.

30 Ver Barry Schwartz, "The Paradox of Choice: Why More Is Less", uma palestra na Google: 27 de abril de 2006. Ver: http://video.google.com/videoplay?docid=6127548813950043200.

31 Provérbios 29:18, versão portuguesa da Bíblia de João Ferreira de Almeida.

APÊNDICE: OS PERIGOS DOS EXPONENCIAIS

Por que o futuro não precisa de nós

1 Bill Joy, "Why the Future Doesn't Need Us", *Wired*, abril de 2000.

2 Eric Drexler, *Engines of creation* (Anchor, 1987), p. 172.

Bioterrorismo

3 Entrevistas pessoais com Andrew Hessel, 2010 e 2011.

4 John Tierney, "Can Humanity Survive? Want to Bet on It?", *New York Times*, 30 de janeiro de 2007.

5 Larry Brilliant, "The Age of Pandemics", *Wall Street Journal*, 2 de maio de 2009.

6 Mark Thornton, "Alcohol Prohibition Was a Failure", Cato Institute Policy Analysis n. 157, 17 de junho de 1991.

7 Letter on Prohibition. Ver Daniel Okrent, *Great fortune: The epic of Rockefeller Center* (Viking, 2003), p. 246-47.

8 Rob Carlson, "Synthetic Biology 101", ver: http://osdir.com/ml/diybio/2010–05/msg00214.html.

9 Jovana Lara, "UCLA Unveils New Laboratory to Fight Bioterrorism", KABC Los Angeles, 20 de maio de 2011.

10 Entrevistas pessoais com Larry Brilliant, 2010.

11 Ver: www-fars.nhtsa.dot.gov/Main/index.aspx.

12 Stan Lee, *Amazing Fantasy*, n. 15, agosto de 1962.

Crimes cibernéticos

13 Entrevista pessoal com Marc Goodman, 2011.

14 Nick Bilton, "Senator Introduces Online Security Bill", *New York Times*, 8 de setembro de 2011.

Robótica, IA e a fila dos desempregados

15 "Timeline of Farming in the US", PBS: *The American Experience*, ver: www.pbs.org/wgbh/amex/trouble/timeline.

16 Existem diferentes porcentagens por aí. O número mais conservador, 21%, vem de: www.agclassroom.org/gan/time line/1930.htm. Em "US Subsidies Help Big Business, but Crush Farmers from Developing Countries", *The Final Call*, 8 de novembro de 2002, os autores alegam que eram 25%.

17 National Institute of Food and Agriculture. Ver: www.csrees.usda.gov/qlinks/extension.html.

18 Entrevista pessoal com Philip Rosedale, 2011.

19 Entrevista pessoal com Vivek Wadhwa, 2011.

20 Entrevista pessoal com Neil Jacobstein, 2011.

21 Douglas Rushkoff, "Are Jobs Obsolete?", CNN.com, 7 de setembro de 2011.

22 Para uma ótima discussão do problema inteiro, ver Eric D. Beinhocker, *Origin of wealth: Evolution, complexity, and the radical remaking of economics* (Harvard Business Press, 2007).

23 Marvin Minsky, "Will Robots Inherit the Earth?", *Scientific American*, outubro de 1994.

24 Rosedale, *Ibid.*

Irreversível

25 Joy, *Ibid.*

26 Gareth Cook, "US Stem Cell Research Lagging", *Boston Globe*, 23 de maio de 2004.

27 Matt Ridley, *The rational optimist, ibid.*, p. 358.

Agradecimentos

Os autores receberam toneladas de ótima ajuda de uma porção de gente maravilhosa ao longo do caminho. Para começar, nossas esposas, Kristen Hladecek Diamandis e Joy Nicholson, sem cujo amor e apoio este livro jamais seria escrito (também somos gratos a Kristen por ter desenhado a linda sobrecapa do livro). Nosso agente, John Brockman, e nossa editora, Hilary Redmon, foram ambos defensores aguerridos deste projeto. Gostaríamos também de agradecer a todos na Free Press, cujo trabalho árduo ajudou a concretizar essa visão. Claro que uma nota de apreço especial vai para Ray Kurzweil por sua inspiração e (no caso de Peter) parceria na criação da Universidade da Singularidade. Somos gratos às dezenas de inovadores, filantropos e pensadores que ofereceram generosamente seu tempo para serem entrevistados para este livro.

Ao longo do caminho uma série de grandes mentes forneceu *feedback* incrível: Carl Bass, Salim Ismail, Dan Barry, Gregg Maryniak, Naveen Jain, Doug Mellinger, Andrew Hessel, Marc Goodman, Kathryn Myronuk, Bob Hariri, Rafe Furst, Tim Ferriss, Chris Anderson e Neil Jacobstein (gostaríamos também de agradecer a Neil por sugerir o título do livro). Kathryn Myronuk, Sommelier de Conhecimentos da Universidade da Singularidade, fez um ótimo serviço de coleta e edição de dados para consulta. Claire Lin, nossa instigadora de marketing criativo, coordenou e implementou uma campanha de marketing de classe mundial, com entusiasmo e encanto. Connie Fox lidou com dois indivíduos superdinâmicos e duas agendas impossíveis e fez tudo parecer fácil. Somos gratos a Mark Fortier por sua liderança em RP, Joe Diaz por sua destreza na mídia social, Jesse Dylan por seu *kung fu* cinematográfico e Vj Anma por sua ajuda em sondar o público. Obrigado a todos na Universidade da Singularidade – alunos, professores, ex-alunos e funcionários – e à equipe do PRÊMIO X – por suas ideias, entusiasmo e apoio. Finalmente os autores gostariam de agradecer a Dezso Molnar, que nos reuniu mais de uma década atrás.

Índice*

A era das máquinas espirituais (Kurzweil), 75, 362, 365
abismo entre ricos e pobres, 50, 67, 97
abordagem de produzir mais bolos, 21-22, 289
abrigo, 28-29, 62, 287, 353,
Ver também moradias
abrigos de idosos: robôs como enfermeiras em, 90, 242-243, 393
Abu Dhabi Future Energy Company, 17
abundância, 22, 24, 26, 27-28, 40-41, 42, 44, 45, 52, 67, 96, 119, 181, 193, 264, 277, 288-289, 291, 292, 354
Ver também pirâmide da abundância
Academia Khan, 227- 228, 250
acessibilidade, como desafio à abundância, 18, 62, 287
Adamchak, Raoul, 133, 374
Advanced Projects Research Agency-Energy (ARPA-E), 205
Advanced Research Projects Agency Network (Arpanet), 83, 210-211
Aeroclube da América, 265
aeroespaço. *Ver* voo espacial
aeroponia, 135
AeroVironment, 156
Afeganistão: invasão norte-americana, 86
África, 22, 29-30, 61, 65, 93, 117, 118, 128, 141, 143, 157-158, 162, 173, 193, 194, 195, 209, 217, 219-220, 224, 233, 241, **297, 299, 300, 304, 314, 320, 323, 324, 329, 335, 336, 337**
Ver também nação específica
África do Sul, 111, 249
Agência de Desenvolvimento e Cooperação Internacional Sueca, 40
agricultura, 33, 82, 112, 113, 118, 123, 124, 128-129, 130-132, 134-139, 141, 142-143, 144-146, 150, 158, 186, 231, **301-307**
Ver também fazendeiros/agricultura; alimentos; fome
agroecologia, 144-145
água, 17, 19, 23-26, 27, 28, 29-32, 49, 59-60, 95, 112, 113, 114-118, 119, 120-121, 122, 123, 124, 125, 127, 129, 134-138, 139, 181, 182, 183, 185, 193, 204, 213-214, 233, 240, 249, 287, 252, **296-300, 306, 309, 310**
Ver também hidropônica; oceanos; saneamento
Aids, 94, 170, 233, 240, 273, **305**, **309**
Air New Zealand, 202
airbags, 276. 277
Airbus, 272
ajuda externa, 67, 183, **299**
al Qaeda, 257
Alcock, John, 265
Aldrin, Buzz, 155
Alemanha, 129, **323**, **337**, 351
algas, 200-202
alimentos, 24, 27, 28, 33, 82, 95, 109-142, 146, 181, 200, 232, 240, 249, 288, **295, 301-307,** 348, 352-353,
Ver também agricultura; fome; *tipo de alimento*
"alkanivore", 160
Allen, Paul, 172
Allen, Will, 141
altruísmo, 50
alumínio: lição do, 15-18
ambientes de aprendizado auto-organizados (AAAOs), 217
América Latina, 66, **304, 324, 329, 337**
Ver também nação específica
amígdala, 48-49, 50, 52, 53, 54
Amyris Biotechnologies, 202
ancoragem, 46
23andMe, 248
Anderson, Chris, 106, 156, 157, 158, 188
Andrews, Emem, 195
Android, 108-109, 187
Anistia Internacional, 21
Ansari, Amir, 267, 280
Ansari, Anousheh, 21-22, 267, 280
Ansari, Hamid, 267, 280
AOL, 172
Apangea Learning, 230
Apollo, programa espacial, 264, 282
Appert, Nicolas, 268
Apple Computer, 152, 181, 187, 219, 278, 281

* Números de página em negrito referem-se aos gráficos.

ÍNDICE

aprendizado, 34-36, 62-63, 77
Ver também educação
aquaponia, 139
aquecimento global, 128, 205, 214
aquicultura, 140-142, 144, 146
Aquion Energy, 205
ar, 26, 33, 49, 60233, 348
Ver também aeroponia
árabes, nações, 66, **336**
Architecture Machine Groups, 218
areia hidrofóbica, 122
Argélia, **313, 328**
armadilhas da pobreza, 182
Armadillo Aerospace, 270
armas: tecnologias exponenciais e, 75
Arquimedes, 78,
arroz dourado, 144, **302**
Artificial Intelligence Lab, MIT, 218
arúspice, 71
"As melhores estatísticas que você já viu"
      (Rosling), 65
Ásia, 141, 241, **299, 302, 304, 324, 329, 336,
      337**
Ver também nação específica
assassinato, 62
assistência médica, 24, 31, 37, 38, 46, 57, 90, 93,
      164, 171, 173, 181, 232-249, 250, 251, 268,
      273, 287, 288, 293, **308-311**, 354
assistência médica P4 (previsora,
      personalizada, preventiva e participativa),
      246
Association of American Medical Colleges,
      93, 235
AT&T, 210
Atala, Anthony, 245
atenção: papel do cérebro na, 49-50
atitude mental, 277-278, 281, 284
ativismo, 251, 253-256
Atwater, Harry, 203
Austrália, **337**
autoaperfeiçoamento: como espinha dorsal da
      abundância, 34
Autodesk, 91, 96
autorrastreamento: para a assistência médica,
      248
Avatar (filme), 91
avatares, 226, 355
aversão à perda, 56
aviação, 92, 156-159, 265-267
Ver também voos espaciais
aviões teleguiados (UAV), 156-158, 188
aviões teleguiados DIY, 156-158

B Lab, 162
bacia amazônica/floresta úmida, 123-124, 143,
      205
Bacon, Francis, 135
Baer, Daniel B., 258
Banco Grameen, 168
Banco Mundial, 25, 60, 112, 162
bancos, 80-181, 349, 354
Bangladesh, 116, 158, 176, 179-180, 249, **323**
Barry, Dan, 243-244
Bass, Carl, 91-93
baterias de íons de lítio, 204-206
baterias de metal líquido, **316**
Beebe, Andrew, 196, 199, 200
Béland, Francis, 268-269
bem-estar: renda e, 286-288
Benedict, Ruth, 27
bens rivais e não rivais, 187-188
Bentley, Peter, 181
Betancourt, Íngrid, 254
Bezos, Jeff, 280
Bigstep, 196
"bilhão ascendente", 23-24, 178-179, 182, 183-
      185, 207, 239, 249, 289, 101, 174-179, 180,
      181
Ver também negócios BoP (base da pirâmide);
      pobreza/pobres
Bill Arnold Middle School (Grand Prairie,
      Texas), 230
BioBricks, 159, 160,
BioCassava Plus, 133
biocombustíveis, 82, 200, 202, 203, 212
biodiversidade, 137, 145, 146
bioinformática, 22, 79
biomateriais, 185
biomimética, 188,
bio-óleo, 201
BioRegional Development, 18
Biosfera 2, 34
biotecnologia, 78-79, 95, 101-103, 122, 130-132,
      144-145, 188, 216, 349, 394-397
bioterrorismo, 240, 394-397
Bishop, Matthew, 169, 170, 171
Blees, Tom, 208
Blue Heron Biotechnology, 81
Blumenthal, Richard, 350
Boeing Company, 202, 272
bomba d'água com peças de bicicleta, 116-117
bomba de infusão portátil, 114
Bones (programa de TV), 238
BP Deepwater Horizon, 268
Bradford, Travis, 213
brainstorming, 283
Brand, Stewart, 132-133, 149-153, 185, 207

410 ÍNDICE

Brasil, 93, 199, **337**
Brilliant, Larry, 345, 348
brim, fabricação de, 176
Brin, Sergey, 89
Broderick, Damien
Brown, Arthur Whitten
Brown, Lester, 129
Buckyballs, 96
Buffett, Warren, 166, 172
"buraco no muro", método educativo, 215-218
Burning Man, evento, 157
Burundi, 220
Bush, George W., 207, 253, 356

cafés, 183-186
California Institute of Technology, 203, 78
Califórnia: energia solar na, 199
Camara, Carlos, 237
Camarões, 180
Camboja, 219
Cambria Consulting, 223
Cameron, James, 268
Camfed, 168
"Cano Inteligente", projeto, 124
Canadá, **337**
câncer, 33, 47, 57, 194, 242, 247, 274,
capacitação, 250-259, 257-258, 259
capitalistas de risco, 179, 186, 204, 209, 264
Carbon War Room, 213
caridade. *Ver* tecnofilantropia
Carlson, Rob, 160, 347
Carmack, John, 270
carne, 139-140, 142-144, 146, **302**
carne cultivada, 142-144, 146
Carnegie, Andrew, 165, 166, 167
carros, 76, 85-87, 89, 178, 187, 202, 203, 271,
348
carvão, 190, 193, 195, 199, 204, 206, 209, **312,
313, 314, 315, 318, 319**
Case, Steve, 172
catalaxia: busca da, 32-34
catarata, 241-242
Celera, 81
Celgene Corporation, 244
células fotovoltaicas, 197, 198, 199, 203
células-tronco, 244-246, 346, 356
cenário catastrófico, 95, 344
cenários catastróficos, 344
censura, 252, 256, 259
Center for Global Development, 195
Central Glass, 121
Centro Aeroespacial Alemão, 195
Centro de Controle de Doenças, EUA, 347
Centro de Empreendedorismo, MIT, 283

Centro de Negócios Digitais, MIT, 283
Centro de Pesquisas Ames (Nasa), 78, 96
Centro de Pesquisas de Energia Sustentável,
CalTech, 203
cérebro, 42, 44-51, 52-54, 57, 67, 76-77, 234,
245, 277-279,
Ver também parte específica do cérebro
Cerf, Vint, 83-85
Change Leadership Group, 220
Chase, Herbert, 237
Chernobyl, 209
Chevron, 202
Children of jihad (Cohen), 253
China, 21, 61, 65, 66, 125, 129, 138, 140, 241,
249, 252, **323, 313, 337, 336**, 352
Chopra, Aneesh, 227
Chu, Stephen, 199
Churchill, Winston, 142
chuva ácida, 56
"ciclo *hype*", 52, **342**
cidadãos idosos, 137, 242
cidades, 120, 183, **297, 300, 306, 324**
Cincinnati County Day School, 226
Cingapura, 138
circuitos integrados no chip de computador, 73
circularidade, 285
cirurgia, 241-242
Cisco, 84, 96, 211, 212,
Clarke, Arthur C., 73, 87, 275, 277
Clavier, Charles W., 265
Clean Edge, 202
clima, 33, 84, 207
Ver também aquecimento global
Clinton, Bill, 81
Clinton, Hillary, 39, 252, 256
Clube de Roma, 19, 195
CNBC, 172
Coca-Cola, 118
Cohen, Jared, 253-256, 257-258, 259
colaboração, 185, 189, 218, 231
Ver também cooperação; grupos pequenos
Coli, François, 266
Collier, Paul, 182
Colômbia, 252, 254-256
3Com Corporation, 210
combustível, 82-83, 86, 133, 200-204, **310**
Ver também tipo de combustível
commoditização, 177
Common wealth (Sachs), 105
Community Computer Center, 152
compaixão, 50
compartilhamento, princípios do OPL e, 18
Ver também colaboração; cooperação
competição. *Ver* prêmios de incentivo

ÍNDICE

Competindo pelo futuro (Prahalad e Hamel), 174
computação na nuvem, 94
computadores/computação, 23, 35-36, 69-70,
73, 74, 75, 76, 77, 78-79, 85-86, 87-88, 92-
93, 94, 104, 124, 150-151, 157, 159, 183, 215-
217, 218-220, 229, 231, 235-236, 246-247,
330, 331, 349-351, 354
Ver também robótica
comunicações, 22, 28, 37, 40, 62, 83, 105, 109,
173, 176, 179, 183, 210, 211, 251, 252, 254,
256, 258, 275, 293, **330-337, 340**
Ver também data; informação; tecnologias de
informação e comunicações (ICTs)
conectividade, 22, 74, 105, 180, 218, **334**
conflito de gerações, 253
Conselho Nacional de Pesquisa Econômica
Aplicada da Índia, 60
consumidores/consumo, 18, 19, 33, 59, 60, 61,
63, 64, 85, 89, 113, 114, 116, 123, 124, 125,
126, 135, 137, 139, 140, 141, 143, 146, 175,
176, 177, 178, 180, 185, 186, 187, 188, 203,
210, 211, 212, 213, 219, 237, 240, 248, 266,
285, **298, 302, 303, 305, 306, 309, 313,
319,** 346, 350
contribuições para a sociedade: pirâmide da
abundância e, 28
controle, da nanotecnologia, 95
controle, vieses cognitivos e, 45
Ver também regulamentação
controle da natalidade, 31
"convergência perturbadora", 51
Cook, Scott, 283
cooperação, 101-110, 165, 259
Ver também colaboração
corações biônicos, 76
Coreia do Sul, 129, 356
córtex pré-frontal, 50
Cotton, Ann, 168
Craigslist, 188
Crapper,Thomas, 125
Credit Suisse: *Relatório da Riqueza Global do,* 171
crianças, 22, 28, 29, 30, 31, 34, 35, 36, 37, 47, 77,
94, 111, 112, 119, 128, 156, 171, 178, 182,
194, 195, 215, 216, 217, 218, 220, 223, 224,
225, 231, 233, **299, 309, 310, 320, 321,
323, 327, 328, 329**
criatividade, 35, 92, 185, 221, 223, 226, 271, 352
Ver também inovação
Crick, Francis, 159
crime cibernético, 344, 349-351
Crowdrise, 162
culturas agrícolas. *Ver* agricultura;
fazendeiros/agricultura; tipo de cultura
cultura: como possibilidade de intercâmbio e

inovação, 64
culturas de biotecnologia, **301, 302**
Ver também culturas transgênicas e organismos
geneticamente modificados
culturas transgênicas e organismos
geneticamente modificados, 130-132, 139,
144-145
curiosidade, 35, 263, 264
Curva *Hype* de Gartner, **342**
curvas exponenciais, 74, 109, 197, 213, 287, 293,
341-342
Ver também tecnologia específica
cuspe: trinca de MacGyver e, 237, 239

Da Vinci, Leonardo, 71
dados, 31, 36, 38, 44, 45, 48, 51, 53, 65, 66, 75,
84, 85, 94, 95, 107, 152, 159, 160, 183, 197,
210, 211, 230, 236, 237, 247, 248, 287, 293,
295-342, 347, 350, 351, 354
Ver também comunicações; informação
DARPA. *Ver* Defense Advanced Research
Projects Agency
Datawind, 109
Daugherty, Dale, 157
Davis, Noel, 265
De onde vêm as boas ideias (Johnson), 183
Deep Blue, supercomputador, 87, 235
DeepQA, software, 236
Defense Advanced Research Projects Agency
(DARPA), 83, 86
Deka Research and Development, 115
DeLong, J. Bradford, 64
democracia, 40, 61, 105, 231, 259, **322**
Deng Xiaoping, 66
Departamento de Comércio norte-americano,
156
Departamento de Defesa norte-americano,
86, 270
Departamento de Diagnóstico de Maryland,
237
Departamento de Educação norte-americano,
227
Departamento de Energia norte-americano,
81, 200, 202, 203
Departamento de Estado norte-americano,
254, 255, 256, 257, 349
Departamento de Justiça norte-americano, 350
Departamento de Moradias e
Desenvolvimento Urbano norte-
americano (HUD), 163
Departamento de Polícia de Los Angeles, 349
DESAFIO X, 269, 270, 292
DESAFIO X Northrop Grumman do Módulo
Lunar, 270

412 ÍNDICE

DESAFIO X Wendy Schmidt da Limpeza de Petróleo, 269
Desafios do Centenário, programa da Nasa, 270
Descobridores de Catan (jogo), 227
desemprego. *Ver* empregos
desertificação, 122
desmaterialização, 186-187, 188, 287, **339-340**
desmonetização, 158, 186, 188, 287, **339-340**
desperdício, 84, 126, 134, 139, 179, 188, **305, 306,**
Despommier, Dickson, 135-136, 137
Development as freedom (Sen), 39
Deville, Henri Sainte-Claire, 16
Dewey, John, 36
diagnóstico de custo zero, 237-240
Dime Hydrophobic Materials, 122
dinheiro, 23, 26, 43, 66, 90, 117, 119, 152, 161, 162, 165, 166, 168, 169, 170, 176, 178, 180, 181, 183, 197, 200, 206, 225, 236, 239, 248, 251, 265, 267, 272, 279, 280, 283, 287, 288, **303**, 353, 355
Ver também pobreza/pobres; abismo entre ricos e pobres; riqueza
direitos civis, 61
direitos humanos, 40, 61, 62, 250, 251, 258, 259, 288
Disney, 196
disponibilidade, 26, 31, 45, 59, 60, 181, 188, 204, 305
Ver também acessibilidade
dispositivos móveis, 22, 180-181, 182, 240, 247, 249, 251, **333, 334, 335**
Ver também telefones celulares; iPhones; *smartphones*
diversificação do mercado, 183
divisão de trabalho, 32, 63, 105-106, 221
DIY Bio, 159-161
DIY Drones, 156, 157, 158, 188
DIY. *Ver* inovadores do Faça-Você-Mesmo (DIY)
DNA, 78, 81, 82, 97, 102, 131, 159, 161, 216, 239, 247, **295, 311**, 345
Ver também culturas transgênicas e organismos geneticamente modificados
doenças, 19, 29, 30, 31, 33, 34, 37, 38, 49, 59, 76, 77, 94, 113, 116, 120, 126, 132, 139, 141, 143, 168, 171, 194, 216, 233, 235, 239, 240, 244, 245, 247, 251, 273, **299, 305, 309, 310**, 347, 348, 354, 356
Ver também saúde/assistência médica; *doença específica*
Doerr, John, 204
DonorsChoose.org, 162

Dorsey, Jack, 39, 256
Draper, John, 152
Drayton, Bill, 161
Drexler, K. Eric, 95
Duke, James B., 165
Dunbar, Robin, 52-54
Dyson, Freeman, 196

Eagleman, David, 48
Earle, Sylvia, 140-142
Earth Policy Institute, 129
Easterly, William, 182
eBay, 160, 165, 167, 168, 169, 188,
economia, 11, 23, 25, 34, 35, 37, 38, 49, 58, 59, 64, 84, 90, 106, 108, 113, 124, 126, 135, 153, 176, 177, 186, 196, 204, **306**, 346, 349, 353, 354
Economist, revista, 145, 169, 181, 283
Edison, Thomas, 278, 282
educação, 11, 21, 23, 24, 32, 34, 62, 88, 97, 106, 113, 118, 168, 171, 173, 186, 193, 195, 215- 231, 249, 250, 251, 287, 291, 293, **295, 320-322**
Ver também professores
efeito auréola, 280
efeito manada, 46
Egito, 258
eGroups, 89
Ehrlich, Paul R., 19
EI Solutions, 196
Electronic Arts, 204
eleições de 2008, 39
eletricidade, 16, 23, 26, 59, 92, 116, 125, 137, 193, 194, 195, 196, 198, 200, 205, 208, 240, **313, 314, 318, 325**
Ver também luz/iluminação
Ellison, Larry, 172
e-mail, 81, 82, 151, **321**, 349
Emerson, Ralph Waldo, 150
emissões de carbono, 17, 132, 134, 137-139, 142, **320**, 348
empreendedorismo social, 112, 161-163, 167-171
empregos, 34, 36, 61, 90, 141, 173, 187, 188, 223, 344, 352, 353, 354
empresas "dez elevado a nove mais", 97
empresas/indústria, 52, 84, 90, 91, 97, 106, 112, 122, 123, 133, 152, 153, 154, 158, 159, 162, 163, 168, 169, 170, 173, 175, 176, 178, 180, 186, 196, 198, 200, 202, 203, 206, 209, 211, 222, 223, 238, 247, 248, 259, 268, 270, 272, 273, 283, 289, 345, 346, 350, 352
Ver também empresa ou tipo de empresa específico
Endy, Drew, 159

ÍNDICE

energia, 11, 18, 21, 24, 28, 32, 33, 34, 44, 58, 65, 77, 81, 84, 87, 96, 113, 115, 116, 118, 122, 123, 125, 126, 127, 129, 137, 138, 139, 158, 165, 173, 177, 179, 185, 188, 189, 193-214, 219, 237, 238, 240, 248, 249, 250, 251, 291, 293, **295, 305, 306, 312-320**, 349
Ver também tipo de energia
energia atômica, 58, 343
energia das marés, **319**
energia de ondas costeiras, **319**
energia eólica, 199-200, 204-205, 206, 212, **314, 318, 319**
energia geotérmica, 212, **314, 319**
energia hidrelétrica, **312, 313, 314, 319**
energia nuclear, 93, 207, 208, 209, 212, **295, 312, 313, 315**
energia renovável, 158, 185, 188, 195, 196, 199, 202, 205, 206, 207, **312, 313, 319**
energia solar, 18, 177, 195, 196, 197, 198, 199, 204, 206, 207, 212, 213, 238, **318, 319**
energia térmica oceânica, **319**
Energy Innovations (EI), 196
Enernet, 211
"Engenharia Visionária", reuniões (Fundação X PRIZE), 21, 164, 227
engenharia biomédica, 22
engenharia genética, 131, 159, 343, 345
engenharia genética: perigos da, 343, 345
Engines of creation (Drexler), 95
Enough is Enough da Nigéria, 251
ensino de colega para colega, 230
Enterprise Community Partners, 163
Environmental Protective Agency (EPA), 126
escassez, 16, 18, 19, 21, 93, 94, 107, 111, 113, 129, 135, 193, 195, 208, 218, 224, 263, **297, 299**, 353, 354
"escassez de conhecimento", 107
"Escola do Futuro" (Media Lab do MIT), 219
escravidão, 58, 61, 62
Espanha, 124, **323, 336**
especialização, 32, 63, 64, 77, 78, 102, 103, 104, 105, 352, 356
esperança de vida corrigida pela incapacidade (EVCI), **305, 309, 310**
Estação Espacial Internacional, 92
Estônia, **336**
"ética do *hacker*", 151
etanol, 200
Ethernet, 210
Ethos Water, 112
Etiópia, 116, 180,
Eu, robô (filme), 88, 344
evolução, 9, 50, 55, 62, 63, 89, 102, 103, 105, 131, 134, 161, 165, 197, 232, 275, 355, 356

evolução biológica, 62, 103
evolução biológica: cooperação e, 103
evolução cultural, 103
"excedente cognitivo", 108
exames de sangue, 38, 237
Exército norte-americano: programa do "supersoldado", 355
expectativa de vida, 10, 31, 49, 60, 61, 65, 66, 232-233, **311**
experts, 15, 56, 78, 242, 253, 279, 280, 282
expressão: liberdade de, 40, 250, 252, 254, 351
Exxon, 200, 201, 202
Exxon Valdez, vazamento de petróleo do, 268-269

fabricação digital
Faça-Você-Mesmo. *Ver* DIY.
Facebook, 53, 106, 162, 172, 251, 255, 258, 292, 347, 349
Fairchild Semiconductor, 73
False alarm (Siegel), 49
Fast Company, revista, 163, 229, 272
fazendeiros/plantadores, 37, 124, 168
Federal Aviation Administration (FAA), 280
Fedoroff, Nina, 20
felicidade, 286-289, 356
Felsenstein, Lee, 152
fertilidade, 31, 65, 119, 120, **326**
fertilizantes, 20, 36, 124, 125, 129, 140, 141
Feynman, Richard, 82, 95
filantropia, 165-171, 172-173
Ver também tecnofilantropia
filantropia, gráficos sobre, **337-338**
filtros d'água, 115, 120, 121, 122
Finlândia, 106, **336**, 356
Fisher, Martin, 162
Fisher, Susan, 356
fita adesiva: trinca de MacGyver e, 237, 238
florestas, 33, 57, 158
fogão elétrico, 33
fome, 20, 30, 31, 36, 41, 47, 57, 104, 105, 139, 168, **304**
Ver também agricultura; alimentos
fome: previsões sobre, 57
fonte aberta, projeto de, 106, 133, 158, 159
Força Aérea norte-americana, tecnologia exponencial e, 72, 73
forças armadas norte-americanas, 52, 134
Forças Armadas Revolucionárias da Colômbia (Farc), 254, 255
Forças de Defesa Israelenses: estudo de Kahneman para, 42-44
Ford, Henry, 26, 166, 282
formação médica, 234-235

414 ÍNDICE

formular as perguntas certas, 223, 224
Forrester, Jay, 19
Fortune, revista, 17, 207, 223
fotossíntese, 196, 201, 203
Fox, Dale, 238
fracasso: aceitação; lado positivo do, 275-282
França, 129, 265, 266, **323, 337**
Freire, Paulo, 36
Friedman, Thomas, 29, 104
frutos do mar, 129, 140, 141, **307**
Fuller, Buckminster, 150, 204
Fundação Gates, 133
Fundação Giving, 172
Fundação MacArthur (John D. e Catherine T.), 141
Fundação Rockefeller, 162, 169
Fundação Schmidt Family, 269
Fundação Skoll, 168
Fundação X PRIZE, 11, 87, 164, 171, 227, 240, 268, 270, 271, 273
Fundo Acumen, 168, 169,
furacão Katrina, 120
futuro: previsão do; autocriação do, 272-284

gado: consumo de produtos de, **302, 303**
Ver também carne
Gagarin, Yuri, 155
Galeria da Fama dos Inventores Nacionais, 72
Gallo, David, 268
ganância, 166, 263
gás natural, 58, 200, 212, **312, 313, 319**
gases de estufa, 143, 206
Gates, Bill, 23, 30, 166, 172, 205, 209, 229, 249
Gee, James, 224
gene receptor de insulina de gordura, 247
Genentech, 159, 204
genética, 23, 62, 78, 131, 159, 161, 168, 216, 247, 248, 343, 344, 345
Ver também DNA; engenharia genética; culturas transgênicas e organismos geneticamente modificados; RNA
genocídio, 62, 351,
Gianopulos, Jim, 164
Gilovich, Thomas, 47
"Giving Pledge", 172
Gladwell, Malcolm, 36, 184
Gleick, Peter, 29
Global Water Trust, 117
Goel, Anita, 94, 239
Goetz, Thomas, 248
Goldcorp, 106, 107
Golden, Daniel, 276, 280
Goodman, Marc, 349, 350, 351
Google – A biografia (Page), 76

Google, 22, 36, 40, 51, 52, 75, 76, 83, 84, 86, 87, 89, 96, 136, 161, 165, 196, 197, 204, 219, 223, 228, 252, 257, 258, 271, 347
Grã-Bretanha, 128, 129, **337**
gráficos: sumário dos, 293
sobre água e saneamento, **296-300**
sobre alimentos e agricultura, **301-307**
sobre curvas exponenciais, **341-342**
sobre democracia, **322**
sobre desmaterialização e desmonetização, **339-340**
sobre educação, **320-321**
sobre energia, **312-320**
sobre filantropia, **337-338**
sobre Pirâmide da Abundância, **295**
sobre população e urbanização, **323-329**
sobre saúde e assistência médica, **308-311**
sobre tecnologia da informação e comunicações, **330-337**
Grameenphone, 176, 180,
Grécia, 233, **295, 323**
Green, Michael, 169
Greenblatt, Jonathan, 112, 116, 117
Greiner, Helen, 90
Gross, Bill, 196
Growing Power, 141
Grupo Consultivo de Desenvolvimento Global e Educação, Fundação X PRIZE, 171
grupos pequenos, 23, 47, 153, 270, 284
guardanapos de papel: trinca de MacGyver e, 237
guerra, 41, 43, 62, 66, 71, 75, 113, 134, 135, 136, 140, 153, 182, 214, 217, 233, 255, 265, **330**
Ver também Segunda Guerra Mundial

Habermas, Jurgen, 39,
habilidades de resolução de problemas: videogames e, 224-227
HAL 9000, computador, 87
Halcyon Molecular, 247
Hall, Charles Martin, 16
Hall-Héroult, processo, 16
Hamel, Gary, 174
Harington, John, 125
Hariri, Robert, 244, 245
Harrison, John, 269
Hart, Stuart, 174, 185, 188
Harvard Medical School, 234
Hassan, Scott, 88-90
Hawley, Alan, 265
Hayek, Friedrich, 32, 61
Heath, Chip, 272
Heath, Dan, 272
herbicidas, 129, 132, 133, 137

ÍNDICE

Heritage Foundation, 222
Héroult, Paul, 16
Hessel, Andrew, 345, 346, 347
heurística, 44, 45,
heurística da disponibilidade, 45
Hewlett-Packard, 123
Heyerdahl, Thor, 59, 63
Hezbollah, 257
hidratação: necessidade de água e, 112-113
hidropônica, 134, 135, 137
"Hierarquia das Necessidades Humanas" de
    Maslow, 27
hierarquia de aprendizado, 35
Hindustan Unilever, 177
hiperagentes, 170
história dos dois vendedores de sapatos, 128-
    129
Hitler, Adolph, 71, 72
Holanda, 123, 131, 143, **323**
Hollywood, 45, 109, 344
Homebrew Computer Club, 152, 153, 218
homicídio, 62
Honda, 178
Hospital Geral de Massachusetts, 234
Hospital Voador dos Olhos, 241
Huawei, 109
Huffington Post, 168
Huffington, Arianna, 278

IA. *Ver* inteligência artificial
IBM, 83, 87, 121, 123, 198, 210, 235, 236
iBot, 115
Ibrahim, Mo, 173
Idealab, 196
Ideias que colam (Heath and Heath), 272
Illumina, 247
"ilusão da validade", 43, 44
Iluminismo, 184
imprensa livre, 182, 183
impressão 3-D, 91-93, 246, 355
imunológico psicológico, sistema
In Vitro Meat Consortium, 142
Índia, 20, 60, 77, 93, 129, 132, 167, 171, 176, 177,
    178, 180, 209, 215, 216, 218, 249, **323, 325,**
    337, 352
Índice de Bem-Estar Gallup-Healthways, 287
indústria. *Ver* empresas/indústria
infecções, 33, 37, 49, 233, 240, **305, 309, 310**
informação, 11, 22, 28, 30, 31, 32, 35, 36, 38, 39,
    40, 43, 44, 45, 46, 48, 50, 51, 53, 54, 62, 233,
    234, 235, 237, 242, 250, 250, 252, 255, 256,
    259, 288, 292, 293, **330-337**, 348, 349
Ver também dados; tecnologias de informação e
    comunicações

InfoSpace, 171
infraestrutura: água e, 112, 114, 117, 118, 125,
    126
infraestrutura: educação e, 35, 224
infraestrutura: telecomunicações e, 176, 181,
    188, 257, 349
infraestrutura energética, 196, 211, 212
infraestrutura médica, 94, 249
Inglaterra. *Ver* Grã-Bretanha
Ingraham, Paul, 102
Iniciativa Robótica Nacional (NRI), 90
Iniciativa SunShot, 199, 203
inovação, 11, 16, 57, 63, 102, 114, 125, 140, 141,
    159, 178, 183, 184, 185, 189, 199, 200, 226,
    252, 263, 264, 269, 270, 271, 278, 282, 283,
    284, **295**, 347, 356
Ver também criatividade
inovadores do Faça-Você-Mesmo (DIY), 114,
    149-163, 289
Ver também pessoa específica
instituições acadêmicas, 77
Ver também instituição específica
Institute for Food and Development Policy/
    Food First, 133
Instituto J. Craig Venter (JCVI), 80
Institutos Nacionais de Saúde (NIH), 81
Intel, 73, 85, 96, 113,
inteligência artificial (AI), 22, 77, 79, 85-88, 94,
    230, 231
inteligência distribuída, 212
Intelius, 171
Intellectual Ventures, 207
intercâmbio, 32, 63
Interfaces homem-máquina: como tecnologia
    transformadora, 22, 220
internet, 11, 22, 23, 34, 35, 39, 40, 75, 83, 84, 85,
    105, 109, 136, 162, 172, 185, 186, 196, 210,
    211, 215, 216, 217, 218, 219, 224, 227, 228,
    236, 251, 252, 253, 254, 255, 256, 257, 258,
    287, **295, 332, 333, 334, 336, 337**, 345,
    349, 351, 354, 355
Internet Corporation for Assigned Names and
    Numbers (ICANN), 83
Intuit, 283
Intuitive Surgical, 241
"investimentos de impacto", 162, 169
"investir em empresas socialmente
    responsáveis", 168
iPad, 165, **340**
iPhones, 74, 87, 181, 278, **340**
Ipsen, Laura, 211, 212
Irã, 39, 135, 253, 349
Iraque, 256, 257
Irlanda, 123, 265

ÍNDICE

Islamoff, Jacob, 265
Ismail, Salim, 110
Israel, 43, 113, 253, 356
Itália, 15, 137, 199, **323, 337**
iTunes, 188

J. P. Morgan (banco), 162
Jacobs, Emil, 200
Jacobstein, Neil, 231, 353
Jain, Naveen, 171
Japão, 90, 129, 135, 138, 178, **323, 337**
jardinagem no alto dos prédios, 136
Jennings, Ken, 236
Jeopardy! (programa de TV), 235, 236
Jobs, Steve, 81, 152
jogos, 186, 225, 226, 227, 230, **321**
Ver também videogames
Johnson & Johnson, 249
Johnson, Steven, 183, 286
Joint Center for Artificial Photosynthesis, 203
Joy, Bill, 205, 206, 343, 354, 355
Joyce, James, 82
Júnior (carro de IA), 85, 86
juventude, 194, 282

Kahneman, Daniel, 42-47, 56, 286, 288
Kamen, Dean, 21, 64, 112, 114, 115, 116, 118, 119, 251
Kasparov, Garry, 87, 235
Kauffman, Stuart, 285
Kay, Alan, 274
Kazi 560, serviço de colocação profissional, 36
Keillor, Garrison, 47
Keith, David, 213
Kelly, Kevin, 51, 73, 151, 153, 286
Kennedy, John F., 199, 264, 282
Khan, Osman Ali "Asaf Jah VII", 167
Khan, Salman, 227-229
Khoshnevis, Behrokh, 91
Khosla, Vinod, 209
KickStart, 162, 163
King, Alexander, 19
King, Martin Luther Jr., 19, 282
Kisumu: água em, **297**
Kiva, site, 162
Kleiner Perkins Caufield & Byers (KPCB), 204, 205
Knight, Tom, 159
Kon-Tiki, viagem de Heyerdahl na balsa, 59
Kraft, Daniel, 245, 246
Kramer, Rob, 117
Kumata, Ellen, 223
Kurzweil Computer Products, 236
Kurzweil, Ray, 71-79, 87, 95, 236

Lab-on-a-Chip (LOC), 38, 93, 94, 239, 347
Laboratório de Inteligência Artificial de Stanford, 86
Laboratório de Propulsão a Jato, Nasa, 275
Land Institute, 131, 132
Lawrence Livermore National Laboratory (LLNL), 125, 203
Lee, Ivy, 166
Lee, Stan, 348
Lei de Moore, 73, 75, 76, 104, 114, 179, 236, **330, 331**
Lei de Proteção aos Dados e Responsabilização por Violações, 350
Lei do Ar Limpo, 57
Lei Seca, 346
leite, consumo de, 134, **302**
Levy, Steven, 26
liberdade, 28, 37, 39-40, 61, 113, 178, 188, 250-259, 287, 288, **295, 322,** 348, 351, 356
liberdade de expressão, 40, 250, 252, 254, 351
liberdade política, 39, 61, 250, 251
Libertando o poder criativo (Robinson), 221
Life Technologies, 247
LifeBank/Anthrogenesis, 244
Lifesaver, garrafas, 120, 121
Lillywhite, Bryant, 184
limitações: poder das, 44, 72, 271-273, 284
Limites do crescimento (Clube de Roma), 19
Lincoln, Abraham, 103, 104
Lindbergh, Charles A., 266, 267, 279, 280
Lindbergh, Erik, 280
Lindbergh, Morgan, 280
Linux, 106, 107
Lipson, Hod, 92
Lockheed Martin, 272
lojas de aplicativos, 186, 187, 244, 288,
London coffee houses (Lillywhite), 184
London School of Business and Finance: estudo da pobreza-telefones celulares, 176
Long Now Foundation, 133
Los Altos School District (California), 228
Lovelock, James, 208
LS9 Corporation, 202
Lua, 73, 155, 213, 270, 271, 282, **295**
luz/iluminação/lâmpadas, 32, 33, 58, 59, 116, 126, 138, 210, 213, 278

MacGyver, trinca de, 237-240
Mackinac Center for Public Policy, 222
Made in Space, 91
Maker Movement, 157
Mako, robô cirúrgico, 241
Malawi, 58
maldição dos recursos, 182-183

ÍNDICE

Malthus, Thomas Robert, 19
malthusianos, 119
mamografia, 238
manutenção da ordem pública, 351
Mao Tse-tung, 66
máquina de diálise, 115, 116
Máquina Internacional Geneticamente
  Engendrada (iGEM), competição, 159,
  160, 161, 345
Marine Institute, projeto Baía Inteligente, 123
Marinha norte-americana, 202
MarketShare, 183
Markoff, John, 152
Marrocos, 31
Marte: viagem espacial para, 135, 155, 213,
  275, 276, 277, 280
Martinez, John, 229
Maryniak, Gregg, 156, 266, **295**
Masdar, Abu Dhabi (cidade planejada), 17, 18,
  21
Maslow, Abraham, 27, 28, 286
Massachusetts Institute of Technology (MIT),
  35, 72, 78, 94, 106, 159, 197, 198, 205, 218,
  219, 222, 232, 283, 348
Matheny, Jason, 143
Matternet, 158
Mayo Clinic, 94
McCall, Jeremiah, 226
McDevitt, John T., 38
McEwen, Rob, 106, 107
mChip, 240
MCI, 83
McKibben, Bill, 208
McKinsey & Company, 111, 268
"método da vovó", 216
Mead, Margaret, 270, 271
Medalha Nacional de Tecnologia, 72, 83, 114
Medco, 271
Media Lab, MIT, 35, 218, 219, 220
medicamentos, 182, 203, 240, 247, 249, 186, 347
medicina. *Ver* doenças; médicos;
  medicamentos; saúde/assistência médica
médicos, 38, 65, 90, 93, 94, 181, 235, 237, 240,
  241, 287, 349
Médicos Sem Fronteiras, 65
medo, 48, 49, 50, 56, 253, 263, 264, 278, 279,
  344, 346
meio ambiente, 11, 34, 56, 85, 132, 174, 204,
  353, 356
Ver também clima; aquecimento global
membros protéticos, 115, 177
Mendel, Gregor, 131
mercado BoP (base da pirâmide), 175, 176, 177,
  178, 180, 182, 186,

Ver também "bilhão ascendente"
mercados negros, 346
Metas de Desenvolvimento do Milênio
  (MDM), 194, **302**
Metcalfe, Bob, 210, 211, 213, 214
Método de Inovação Rápida, 283
Método de Inovação Rápida 5x5x5, 283
México, 160, 199, 249, 268, **323, 328**, 347
microcrédito, 183
microfinanças, 23, 61, 162, 169
Microsoft, 30, 96, 171, 172, 207, 243
Ver também Gates, Bill
microtarefas, 183
mídia: otimismo-pessimismo e, 9, 49, 50, 53,
  267, 346
Miell, Doug, 124
Miguel, Edward, 113
Mills, Arvind, 176
miniaturização, 115, 186
Minsky, Marvin, 218, 232, 355
Mitra, Sugata, 215-218, 219, 230
Modzelewski, Mark, 123
Mohr, Catherine, 241-242
Monitor Group, 169
Monsanto, 133
montadores, 95
Moon, Nick, 162
Moore, Fred, 151, 152
Moore, Gordon, 73
Ver também Lei de Moore
moradias, 24, 163, 353
Ver também abrigo
Morales, Oscar, 254-256
Morgan, J. P., 162
Morozov, Evgeny, 258
Moskovitz, Dustin, 172
motocicletas, 91, 178
M-Pesa, 181
Mubarak, Hosni, 258
mudança, 23, 33, 34, 35, 36, 40, 41, 51, 52, 56,
  61, 72, 74, 77, 96, 101, 105, 109, 111, 114,
  130, 131, 143, 144, 145, 150, 151, 168, 169,
  180, 182, 200, 208, 211, 213, 231, 250, 252,
  263-274, 285, **329**
mudança climática, 84, 135, 136, 168, 207,
Mudança estrutural da esfera pública
  (Habermas), 39
mulheres, 22, 31, 34, 111, 117, 194, 231, 232,
  249, **299, 310, 326**
Mundo Plano de Friedman, 29, 104
Musk, Elon, 21, 173, 280
Myhrvold, Nathan, 207-210

nações em desenvolvimento, 128, 133, 252, 256

Ver também nação específica

nações industrializadas. *Ver* países desenvolvidos

Nações Unidas (NU), 28, 61, 162, 193, 194, 218, 231, 252, 349

Nairobi, 240, **297**

Namíbia, 251

Nano (carro), 178

Nanobiosym, 94, 239

nanociência, 96

nanocompósitos, 96

NanoH₂O, 122

nanomateriais, 79, 95-96, 121

nanorrobôs, 76, 95, 96, 344

nanotecnologia, 22, 79, 95-96, 101, 120-122, 185, 188, 239, 343, 344, 354

Não zero: a lógica do destino humano (Wright), 103

Napoleão I, 267

Napoleão III, 16

Nasa (National Advisory Committee for Aeronautics), 78, 84, 96, 135, 142, 154, 156, 267, 270, 271, 275, 276, 277, 280

National Advisory Committee for Aeronautics (Naca), 154

National Aeronautics and Space Administration (Nasa), 78, 84, 96, 135, 142, 154, 156, 267, 270, 271, 275, 276, 277, 280

National Center for Health Statistics, 243

National Governors Association, 222

National Oceanic and Atmospheric Administration (NOAA), 141

National Science Foundation, 96, 121

Nature Conservancy, 123

Navigenics, 248

nazistas: programa de eugenia dos, 20

necessidades básicas, 27, 32, 58, 233, 286, 287, 288

Ver também necessidade específica

necessidades humanas, hierarquia de Maslow das, 27, 233

Ver também necessidades básicas; pirâmide da abundância; *necessidade específica*

necessidades físicas. *Ver necessidade específica*

necessidades fisiológicas: pirâmide da abundância e, 28, 29, **295**

Negroponte, Nicholas, 35, 218-221, 229

Nelson, Ted, 153

Nenhuma Criança Fora da Escola, lei (2001), 222

Nepal, **323**

neuroeconomia, 278,

neurologia: vieses cognitivos e, 44

neuropróteses, 76

Nevada: carros robôs em, 86

New Energy Technologies, 198

New Harvest, 143

New York Times, 46, 51, 159, 160, 172, 183, 287

New Yorker, revista, 144, 184

Newkirk, Ingrid, 144

Newton (PDA da Apple), 278

Newton, Isaac, 63

Níger, 36

Nigéria, 32, 33, 37, 182, 195, 249, 251

NIIT Technologies, 215

Njima, Mercy, 194

Nokia, 37, 118, 220, 229, 249

Northwestern University: projeto do "Cano Inteligente", 124

Noruega, **323**

Nova York (cidade): produção de alimentos em, 136-137

Nova Zelândia, 107, 138, **323**

Novagratz, Jacqueline, 168

"nuvem das vovós", 217, 230

Nuance Communications, 236

Nungesser, Charles, 266

Nyong, Isis, 36

O capitalismo na encruzilhada (Hart), 178

"O Evangelho da Riqueza" (Carnegie), 166

"o fosso onde estamos é fundo demais para conseguirmos sair", hipótese de, 41, 45, 50, 54, 60

O teste do ácido do refresco elétrico (Wolfe), 149

Obama, Barack (presidente, governo), 39, 46, 90, 103, 104, 207, 227, 256

obesidade, 231, 247, **309**

oceanos, 18, 59, 123, 127, 129, 140, 141, 142, 269

Oersted, Hans Christian, 16

Oldfield, John, 31

Ônibus Espacial, 155, 243

Omidyar, Pam, 23

Omidyar, Pierre, 169, 172

Omidyar Network, 169; rede, 251

One Laptop Per Child (OLPC), 35, 36, 219, 220

One Planet Living (OPL), 18, 21, 186

Oppenheimer, Robert, 82

ORBIS International, 241

Organização das Nações Unidas para a Educação, a Ciência e a Cultura (Unesco), 231,

Organização Mundial de Saúde (OMS), 29, 33, 93, 170, 240, 241, 247, **308**, 345,

Organização Para a Agricultura e a Alimentação (FAO), da ONU, 136, 353

Oriente Médio, 122, 134, 168, 183, 253, 256, 258, **337**

ÍNDICE

Oriente Próximo, **303, 304**
Orteig, Raymond, 264, 265, 266, 267
Osborne Executive Portable, computador, 74, 152, **340**
Osborne, Adam, 152
osmose reversa, 122
otimismo, 46, 57, 165, 246, 272
Ver também pessimismo

padrão de vida, 64, 231, 353
Page, Larry, 21, 76, 89, 96, 97, 280
países desenvolvidos, 29, 119, 241, **302, 304, 320, 336**
Ver também nação específica
Pajama Sam (videogame), 224
Palin, Sarah, 46
pandemia, 10, 38, 41, 93, 94, 139, 143, 168, 170, 233, 240, 345, 347
Papert, Seymour, 36, 218, 219
Papua Nova Guiné, **323**
Paquistão, 104, 251
Pathfinder (espaçonave), 275, 276, 277
PayPal, 165, 173
paz, 67, 96, 168
PCWorld, revista, 90, 235
Pearson, Scott, 227
Peccei, Aurelio, 19
peixes/pesca, 20, 123, 129, 140, 141, 142, **307**
pena de morte, 62,
"Pense Diferente", 281-282
pensamento crítico, 34, 35, 223
pensamento positivo: necessidade de conversão ao, 56
People for the Ethical Treatment of Animals (PETA), 142, 144
perguntas: formular as certas, 223, 224
perspectiva linear. *Ver* perspectivas locais e lineares
perspectivas globais e exponenciais, 50-52, 53-54
perspectivas locais e lineares, 52
Peru, 59, 63, **323**
pessimismo, 42, 55-58
pesticidas, 129, 132, 133, 137, 139
petróleo, 17, 18, 20, 33, 58, 82, 129, 135, 160, 165, 182, 195, 196, 200, 201, 204, 263, 268, 269, **312, 313, 314, 315, 319**, 345
Philanthrocapitalism (Bishop and Green), 169
Piaget, Jean, 218
Pinker, Steven, 62
pirâmide da abundância, 25-41, 88, 110, 113, 163, 173, 177, 181, 182, 188, 250, 251, 263, 288, **295**
Ver também necessidade ou nível específico

planejamento familiar, 31, 120
Planetário James S. McDonnell, 156, 266
plantações verticais, 134-139, 141, 144, 146, **305, 306**
Plantagon (Suécia), 138
Plínio, o Velho, 15, 16
pobreza/pobres, 10, 23, 25, 26, 31, 40, 41, 50, 60, 61, 65, 66, 67, 93, 97, 112, 119, 140, 144, 162, 163, 165, 167, 168, 176, 177, 178, 180, 182, 183, 187, 188, 193, 194, 195, 207, 216, 219, 231, 233, 252, **299, 302, 309, 321**, 356
Ver também abismo entre ricos e pobres; "bilhão ascendente"
Pokémon (jogo), 225
Polaris Venture Partners, 210
política externa norte-americana, 256
Pollan, Michael, 133
poluição, 27, 33, 57, 123, 188, 194, **310**
Ver também tipo de poluição
ponto azul-claro, Terra como, 127
Pony Express, 103
população, 10, 19, 20, 21, 30, 31, 34, 54, 57, 60, 61, 65, 84, 108, 109, 114, 119, 122, 128, 136, 137, 139, 146, 180, 183, 185, 193, 231, 233, 241, 242, 243, 245, 248, 263, 292, **295, 299, 300, 305, 313, 320, 322, 323-329, 332, 336**, 346, 353
possível adjacente, 285-286, 288
PR2 (Personal Robot 2), 89
Prahalad, Coimbatore Krishnarao "CK", 174-179, 239
Prêmio da Longitude, 267
Prêmio Ibrahim por Realizações em Liderança Africana, 173
Prêmio Lemelson-MIT, 75
Prêmio Orteig, 266
PRÊMIO X, 267, 271, 272, 279, 280, 281, 292
PRÊMIO X Ansari, 153, 267, 268, 272
PRÊMIO X de Genômica do Arconte, 271, 273
PRÊMIO X Google Lunar, 271
PRÊMIO X Qualcomm Tricorder, 240
prêmios de incentivo, 21, 143, 227, 264, 267, 268, 269, 270, 271, 272, 273, 274, 289,
Prescription for the planet (Blees), 208
previsões, 20, 43, 57, 75, 86, 94, 247
PricewaterhouseCoopers, 38
Primavera Árabe, 110, 256, 258
Primus Power, 205
Pritchard, Michael, 120, 121
privacidade: perigos das tecnologias exponenciais e, 348
privadas, 122, 125, 126, 137
Procter & Gamble, 202

420 ÍNDICE

produtividade, 30, 90, 124, 129, 145, 146, 179, 180, 183, **342**, 353
professores, 36, 46, 47, 65, 91, 92, 93, 94, 108, 113, 135, 174, 183, 195, 197, 205, 213, 215, 217, 218, 221, 222, 223, 224, 226, 228, 230, 231, 237, 239, 277, **316**, 356
Progressive Insurance Company, 271
progresso, 9, 41, 47, 55, 58, 59, 62, 66, 67, 72, 76, 87, 89, 93, 97, 101, 104, 122, 132, 142, 155, 181, 182, 185, 204, 205, 206, 221, 229, 230, 235, 251, 259, 265, 268, 270, 273, 278, 279, **313, 328**, 348, 352
Projeto 11ª Hora, 269
Projeto do Genoma Humano, 81, 160
Projeto Masiluleke, 249
Prometheus Institute for Sustainable Development, 213
proteína, 81, 133, 139-141, 142, 143, 159, 239
Proteus, espaçonave, 154
prototipagem, 92, 283
psicologia evolucionária, 56
purificador de água Slingshot, 116, 118, 119, 120, 251

QuadCopter (UAV), 157, 158
Quadir, Iqbal, 179-181, 183
Qualcomm, 240
qualidade de vida, 10, 26, 29, 32, 59, 60, 63, 180, 233, 242, 248, 251
Quantified Self, 248
Quênia, 36, 40, 163, 180, 181, 194, 220, 251, 257
Quest2Learn, 226
Quirk, Patrick, 40

RadioShack, 159
raio X, máquina de, 238
Ramakrishna, Sri, 279
Rand Corporation, 235
Rand, Stephen, 198
Raven (UAV), 156, 157
Rayport, Jeffrey, 183
realidade, 42, 44, 51, 54, 56, 144, 195, 230, 234, 249, 285, 289, 349, 354
realidade virtual, 352, 354
reator de onda viajante (TWR), 209
reatores nucleares modulares de pequena escala de geração IV (SMRs), 208, 209, 210
rede de energia, 204
rede inteligente, 77, 123-124, 125, 210, 211, 212, 213
redes, 22, 23, 36, 53, 63, 64, 77, 79, 83-85, 94, 105, 106, 117, 123-124, 125, 150, 152, 158, 176, 181, 182, 183, 185, 199, 204, 205, 210-212, 213, 230, 238, 254, 256, 258

redes sociais, 53, 63, 106
Rees, Martin, 345
regulamentação: de tecnologias exponenciais, 346, 347
Reino Unido. *Ver* Grã-Bretanha
relacionamentos, 28, 52, 53
relações exteriores/internacionais, 253, 257
Relatório da Riqueza Global, 171
Republicanos: reforma da assistência médica e, 46
reputação, 28, 174, 266, 283, 284
responsabilidade, 28, 34, 127, 267, 343, 348, 350
Rettberg, Randy, 159
Revolução do Twitter, 39, 40, 256, 258
Revolução Verde, 130, 135
Rheingold, Howard, 151
Rice, Condoleezza, 254
Ridley, Matt, 32, 55-57, 58, 59, 62-64, 67, 78, 131, 184, 217, 356
Rinne, April, 118
riqueza, 17, 65-67, 165, 166, 171, 172, 176, 185, 187, 264, **309**
Ver também dinheiro; abismo entre ricos e pobres
risco, 29, 37, 49, 114, 143, 180, 194, 205, 230, 252, 264, 267, 269, 270, 272, 275-284, 289, **305, 309, 310**, 348, 352, 354
RNA, 159, 239, 247
robber barons, 164-166, 170
Roberts, John, 56
Robinson, Ken, 34, 35, 221, 222
robô Mindstorms da Lego, 156
robótica, 22, 23, 79, 88-90, 95, 138, 139, 146, 158, 187, 231, 241, 243, 343, 344, 351, 354, 355
Robotics Technology Consortium, 90,
Rockefeller, David, 172
Rockefeller, John D., 165, 166
Rockefeller, John D. Jr., 346
Rockefeller, Justin, 166
Roessler, Paul, 201
RollerCoaster Tycoon (jogo), 226
Romer, Paul, 187
Ronald, Pamela, 133, 145
Rosedale, Philip, 352, 354
Rosenstock, Linda, 347
Rosling, Hans, 65, 66, 67
Ruanda, 220
Ruf & Tuf, jeans, 176
Rushkoff, Douglas, 353
Russell, William, 103
Rutan, Burt, 23, 153, 154, 155, 156, 157, 277
Rutter, Brad, 236

ÍNDICE

Sachs, Emanuel, 197
Sachs, Jeffery, 105
Sadoway, Donald, 205, 206, **316**
Safaricom, 109, 181
Sagan, Carl, 127
Sainte-Claire Deville, Henri, 16
Salen, Katie, 226
saneamento, 29, 31, 112, 113, 121, 125-126, 251, 293, **296-300, 309, 310, 325**
saúde/assistência médica, 24, 28, 29, 30, 31, 37, 38, 46, 49, 57, 59, 61, 65, 66, 80, 90, 93, 113, 120, 132, 133, 135, 139, 143, 164, 170, 171, 173, 177, 181, 184, 193, 205, 231, 232-249, 250, 251, 268, 273, 287, 288, 291, 293, **295, 299, 308-311, 325**, 348, 354
Ver também bioterrorismo; doenças; infecções; expectativa de vida
Scaled Composites, 153
Schell, Jesse, 226
Schervish, Paul, 170
Schmidt, Eric, 51, 252, 257, 258, 259
Schmidt, Wendy, 269
Schrage, Michael, 283, 284
Schultz, Howard, 112
Schulze, Helmut, 122
Scott, Ben, 252
Sears, Richard, 166
Segunda Guerra Mundial, 9, 134, 136, 140, 217
segurança, 28, 56, 138, 141, 180, 208, 209, 257, 266, 347, 349, 350, 351
Segway, 115
semicondutores, indústria dos, 73
Sen, Amartya, 39, 251
Senegal, 219
sensores, 22, 79, 83-85, 123, 138, 210, 212, 238, 244, 248, 287
sentido, desejo de, 263, 264
sequenciamento do genoma, 39, 82, 246, 247, 273, **311**, 345
seres humanos/humanidade, 9, 10, 11, 18, 21, 22, 24, 27, 35, 44, 47, 51, 52, 53, 55, 60, 62, 63, 72, 73, 76, 89, 96, 102, 103, 113, 124, 131, 150, 155, 173, 193, 198, 207, 220, 221, 232, 234-235, 236, 249, 264, 281, 289, **295, 296, 311, 331**, 343, 344, 349, 351, 352, 354, 356
Serra Leoa, 66
SETI@home, 106
sexo, 28, 62, 184, **309**
Ver também fertilidade
SGI, 201, 202
Sheldon, Lee, 226
Shell, 195, 202
Shirky, Clay, 108

Shiv, Baba, 277, 278, 283, 284
Shiva, Vandana, 130
Shoemaker, Paul, 169, 170
Siegel, Eliot, 237
Siegel, Marc, 49
SimCity (jogo), 226
Sinha, Shantanu, 228, 229
Síria, 258
Sistema Cirúrgico da Vinci, 241-242
sistema de expulsão/atração, 145
sistema imunológico psicológico, 46, 47
sistemas de energia de biomassa, 139
sistemas de esgotos, 123, 125, **306**
sistemas de monitoramento de patógenos, 348
Sistemas de Posicionamento Global (GPS), 85, 124, 186, 240, 257, **339, 340**
sistemas fechados, 89
sites: sobre abundância, 291-292
Skoll, Jeff, 167, 168, 170, 172, 345
Skype, 217
Slingshot (purificador de água), 116, 118, 119, 120, 251,
smartphones, 22, 35, 104, 109, 158, 171, 181, 183, 186, 188, 220, 221, 229, 288, **335, 337, 339**
Smith, Patti Grace, 280
Smith, Peter, 218
Smith, Robert Angus, 56
SMRs (reatores nucleares modulares de pequena escala de geração IV), 209, 210
sobrevivência, 27, 28, 31, 32, 48, 50, 53, 66, 111, 114, 120, 171, 220, 233, 285, 355, 356
Ver também necessidades fisiológicas
Social Ventures Partners Seattle, 170
socorro em desastres, 120, 121
Sócrates, 233
Sol. *Ver* luz/iluminação; energia solar
Solazyme, 202
Sony, 196, **339**
Soros, George, 172
Spaceship Earth (Ward), 149
SpaceShipOne, 155, 156
Spear, Tony, 275-279
"Splice It Yourself" (Carlson), 160
Sputnik, 73
Stanford Racing Team, 86
Stanford Research Institute, 151
Stanford, George, 208
Stanley (carro VW), 86
Starbucks, 112
"Star Wars", sistema de defesa antimísseis, 125
Stephenson, Neal, 230
Stoner, Richard, 135
Strano, Michael, 198
Strategy + Business, revista, 175

422 ÍNDICE

Suazilândia, 180
sucesso: definição, 222
Sudão, 104, 258
Suécia, 138, 149, 199, **323**, 356
Suíça, **323, 337**, 351
Sullivan, Nicholas, 177
Summit, Scott, 355
Sun Microsystems, 108, 186, 205, 343
SunPower Corporation, 197, **317**
Suntech Corporation, 196
supercomputadores, 85, 87, 236, 237, 240, **340**
Ver também Watson
supercredibilidade, linha da, 279-281
Sussman, Gerald, 159
sustentabilidade, movimento da, 175
Swanson, Dick, 197
Swanson, Lei de, 197
SyNAPSE (chip de silício), 88
Synthetic Genomics, Inc. (SGI), 201

Tanzânia, 40, 163, 180, 220, **325**
Tata, Ratan, 21, 178, 283
TCP/IP, tecnologia de, 83
1366 Technologies, 197
tecnofilantropia, 23, 101, 163, 164-173, 179, 249, 289, 291
tecnologia contestadora, 178
tecnologia de sensoriamento remoto, 124
tecnologia médica, miniaturização da, 115
tecnologia pessoal. *Ver* inovadores do Faça-Você-Mesmo (DIY)
tecnologia *Ver tipo de tecnologia*
Tecnologia, Entretenimento e Design (TED), conferências, 65, 120,
tecnologias de informação e comunicações (ICTs), 40, 105, 251, 256
telefones *Ver tipo de telefone*
telefones celulares, 22, 29, 33, 36, 37, 61, 102, 105, 116, 118, 126, 177, 179, 180, 181, 182, 183, 240, 249, 253, 257, 288, **333, 334**
telêmetros a laser, 244
televisão, 10, 26, 53, 105, 210, 225, 238
Templeton, Brad, 86
tempo (gastar, poupar, real,), 92, 94, 104, 105, 107, 108, 132, 151, 155, 170, 179, 181, 195, 207, 210, 212, 217, 224, 225, 228, 231, 234, 237, 239, 242, 243, 247, 248, 251, 272, 273, 283, 284, 288, **297, 299, 318, 331, 341**, 353
teorema de Pitágoras, 187
teoria dos dominós, 29, 32, 288
terceirização em massa, 183
Terra (Plínio, o Velho), 15
Terra: como ponto azul-claro, 127
TerraPower, 209, 210

terrorismo, 41, 208, 240, 254, 255, 345-348
teste do poste telefônico, 43, 44
Text4Baby (Johnson & Johnson), 249
The age of intelligent machines (Kurzweil), 75
The Bottom Billion (Collier), 182
The constitution of liberty (Hayek), 61
The decision tree (Goetz), 248
The diamond age (Stephenson), 230
"The Digital Disruption" (Cohen e Schmidt), 257
"The fortune at the bottom of the pyramid" (Hart e Prahalad), 175
The global achievement gap (Wagner), 220
The Net delusion (Morozov), 258
The population bomb (Ehrlich), 19
The rational optimist (Ridley), 32, 57, 62, 356
The singularity is near (Kurzweil), 76, **331**
The spirit of St. Louis (Lindbergh), 266, 267
Three Mile Island, 208, 209
Thrun, Sebastian, 86
Thum, Peter, 111
Tibério (imperador romano), 15
Time, revista, 56, 162, 167, 278
Tom Swift Jr., livros de, 72
tomada de decisões: vieses cognitivos e, 44, 45, 46
Tomorrow's table (Ronald e Adamchak), 133
tório, 208, **319**
Torvalds, Linus, 106
Toshiba, 209, **339**
"trabalhadores do conhecimento", 187
Trans-Mediterranean Renewable Energy Cooperation, 195
transparência, 110, 169, 182, 250, 251
transplantes de órgãos, 245, 246
transplantes de rins, 246
transporte, 23, 38, 59, 62, 64, 104, 105, 115, 138, 139, 144, 158, 178, 200, 268, 287, **312**
Tribogenics, 238
triboluminescência, 238
Turner, Ted, 172
Turquia, **313, 328**
Tversky, Amos, 45, 47
Twitter, 39, 40, 104, 214, 251, 256, 258, 292, 347

Uganda, 40, 180, 220
Um Milhão de Vozes Contra as Farc, 253-256
2001: Uma odisseia no espaço (Clarke), 87
União Europeia, 107
União Soviética, 75
unicelulares, formas de vida, 102
Unilever, 177
Universidade da Califórnia, Berkeley, 64
Universidade da Califórnia (UCLA), Los

ÍNDICE

Angeles: trabalho sobre bioterrorismo na, 347

Universidade da Singularidade (SU), 77-79, 83, 91, 96, 110, 158, 194, 231, 243, 245, 291, 292, 344, 345, 349, 353

Ver também Matternet

Universidade de Colúmbia, 105, 195, 236, 240

Universidade de Illinois: estudos de otimização fotossintética na, 138

Universidade de Maryland: e Watson na Faculdade de Medicina, 236

Universidade de Stanford, 19, 78, 85, 86

Universidade de Tecnologia de Delft, 160

urânio, 20, 208, 210, **319**

Ver também cidades

Urgent Threats Fund, 345

Uruguai, 220

Ushahidi (site), 251, 257

usinas nucleares de fundo de quintal, 209

vacinas, 31, 82, 170, 172, 194, 239, 345, 346, 347

Vanderbilt, Cornelius, 26, 165

"velhos e bons tempos", reação dos, 354

Venter, J. Craig, 21, 23, 79, 80-82, 201, 202, 247, 272, 273

Vestas, 200

vida multicelular, criação de, 102

vida sintética, 200-204

videogames, 151, 171, 186, 224, 225, 226, 229, 230, 270, **321**

viés da autoridade, 53

viés da confirmação, 45, 46, 54

viés da negatividade, 46, 53

viés endogrupal, 53

vieses cognitivos, 45, 46, 56, 268, 286

Vietnã, 64, **325**

Viking (espaçonave), 275, 276, 277

violência, 10, 62, 130, 251, 254, 257, 263, 356

Virgin Airlines, 202

vitaminas e minerais, 28

voos espaciais, 142, 154, 155, 268, 272, 280

Voyager, espaçonave, 127, 154

Wadhwa, Vivek, 352

Wagner, Tony, 220, 222, 223

Walker, Joe, 154

Wall Street Journal, 217, 286, 345

Ward, Barbara, 149

WASH Advocacy Initiative, 31

Washington, D.C.: água em, 123

Water Innovations Alliance, 123

WaterCredit, 118

Watson (computador da IBM), 235-237, 240, 287

Watson, James, 159

Watson, Thomas Sr., 236

Webby Awards, 40

Weiss, Robert K., 271

Wells, H. G., 225

Wertheimer, Max, 27

West, Geoffrey, 185

Westinghouse, 209

What technology wants (Kelly), 51, 73, 286

What the dormouse said (Markoff), 152

Wheeler, David, 195

Whitesides, George M., 239

Whole Earth catalog (WEC), 150, 151, 153

Whole Earth discipline (Brand), 132

WikiLeaks, 251

Wikipedia, 108, 236

Williams, Peter, 123

Willow Garage, 89, 90

Wing, Mike, 83

Wired, revista, 106, 151, 156, 160, 248, 343, 345

Witherspoon, Jay, 17, 18, 186

Wohler, Frederick, 16

Wolfe, Tom, 149

Wood, Lowell, 125, 126, 222

Woods Hole, Instituto Oceanográfico, 268

Wooster, Stanton H., 265

Worden, Simon "Pete", 78

World Is Witness (site), 251

World Wide Web, 22, 75, 185, 210

World Wildlife Fund, 18

Worldwatch Institute, 129

Wozniak, Steve, 152

Wright, Robert, 103

Wurman, Richard Saul, 150

X-15, espaçonave, 154, 155

xadrez: computadores jogando, 75, 87, 235

Xbox Kinect (Microsoft), 243

Yahoo!, 89

Yeager, Chuck, 154

You can hear me now (Sullivan), 177

YouTube, 52, 89, 109, 227, 258, **332**

Yunus, Mohammad, 168, 177

Zâmbia, 36

Zuckerberg, Mark, 23, 172

CONHEÇA OUTROS LIVROS DA ALTA BOOKS!

Negócios - Nacionais - Comunicação - Guias de Viagem - Interesse Geral - Informática - Idiomas

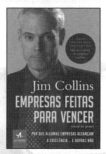

Todas as imagens são meramente ilustrativas.

SEJA AUTOR DA ALTA BOOKS!

Envie a sua proposta para: autoria@altabooks.com.br

Visite também nosso site e nossas redes sociais para conhecer lançamentos e futuras publicações!

www.altabooks.com.br

/altabooks ▪ /altabooks ▪ /alta_books

ALTA BOOKS
EDITORA